主题写作例典

叶圣陶杯全国中学生新作文大赛优秀作品选

王军霞　赵兰玲 / 主编

中国文史出版社

编辑委员会

以题材为中心的写作与思维训练

  写作是什么？我们为什么要写作？多数情况下，写作是为了表达感情、传递思想。如果不能很好地表达思想感情，作文通常也不会得到高分，不会被有品质的报刊发表。

  一般来说，思想、感情的来源有两个，一个是生活，另一个是阅读。其实阅读也是别人记录下来的生活，所以，写作的内容归根结底来源于生活。

  按说每个人都有生活，都有关于生活的所思、所感，但真正能写好文章的却不多。原因不外乎两个方面，一个是内容方面的，另一个是表达方面的。内容的问题是决定性的、根本性的。常言道，"巧妇难为无米之炊"，没有内容，再高明的写作技巧也没有用武之地。而只要有了充实的内容，即便最朴实的表达也能让读者有所收获。孔子说："辞达而已矣。"语言只要能够通畅、明白地表达内容就可以了。对此，苏轼曾有这样一段著名的解释：

  夫言止于达意，即疑若不文，是大不然。求物之妙，如系风捕景，能使是物了然于心者，盖千万人而不一遇也。而况能使了然于口与手者乎？是之谓辞达。辞至于能达，则文不可胜用矣。

  也就是说，能将意思表达得十分清楚，就是最了不起的技巧；而表达清楚的前提则是在心里想得很清楚，这可不是一件简单的事情，一万人里未必能有一个做得到。事实也正是如此，虽然每个人都有生活，都对生活有所感触，但很少有人能够真正做到"了然于心"，很少有人能够洞悉事物的内在规律，了解其前因后果，很少有人能够捕捉心灵刹那间的感受，完整地再现出来。如果能做到这些，那一定就是文采斐然的最优秀的写作者。

  平常总能听到很多中学生抱怨自己的生活太单调了，没什么好写的。其实不是生活本身单调，而是我们缺乏深入细致的观察和思考，缺少真切敏锐的感受和感悟。有时即便有点感觉，往往也如电光石火，稍纵即逝；即便偶尔有些比较深刻的感受，当我们试图去表达的时候，也总会感到词不达意、挂一漏万。因为日常的感受虽然是丰富的、多维的，但大多是下意识的，在转化为明确的意识时大概只会留下十分之一，而这些意识到的内容构成了内部语言。内部语言在转化为文字时，又会因语言的表达影响而损失大半。这也导致很多同学在写作时只能搬用一些现成的套话来凑数，看上去说了不少，其实并没有什么实际的内容。

  如何解决这个问题？我们认为比较好的办法就是：专注于若干话题领域，强化日常思维训练。

  事实上，大多数优秀作家的创作基本题材往往都是相对集中的，例如当代作家中莫言主要写高密东北乡，路遥、贾平凹主要写陕西农村，梁晓声、迟子建主要写东北，余华主要写江浙，刘震云主要写中原，王安忆主要写上海，池莉主要写武汉，因为这都是他们最熟悉的生活。作家们将这些地方的人和事了解得透透的，对于每类人物、每个环境都极其熟悉，因此不管所要表达的主题是什么，所要讲述的故事是什么，都可以在一个真实的背景中十分立体地呈现出来，给人们留下深刻的印象。可以说，要想成为优秀的写作者，一定要有自己长期深耕的土地。正如鲁迅先生所说："读书人家的子弟熟悉笔墨，木匠的孩子会玩斧凿，兵家儿早识刀枪，没有这样的环境和遗产，是中国的文学青年的先天的不幸。"（《不该那么写》）

  对于多数中学生来说，即便没有专门从事文学创作的志向，也同样有必要在某些特定的领域有相对深入的了解和积累，对相关问题进行比较系统、全面的研究，了解其来龙去脉，分析其前因后果，最终做到了如指掌、如数家珍。比方说，如果你喜欢足球，那就不能只满足于知道某个球队的输赢，更要了解足球的专业知识，熟悉知名球星的技术特点，甚至能够将足球同经济社会的发展、同为人处世的道理结合起来，这才能算得上真正的"球迷"。

同样的，喜欢音乐，就要了解各种演奏技巧，熟悉音乐家的创作个性和经典曲目，甚至能够复现某些经典段落的旋律。喜欢美术，总要了解基本的绘画流派、技法沿革，总要知道点凡·高的困顿、高更的逃遁，了解朱耷的"哭之笑之"、齐白石的衰年变法，等等。

当然，每个人的精力有限，这样深入钻研的领域不可能很多，但在整个中学阶段，围绕三五个话题进行有一定深度和广度的思考、探究是可以做到的，而且完全可以和日常的语文学习结合起来。实际上，只要很好地掌握几种重要的话题领域，在考试中，对于很多作文题都可以从自己熟悉的角度切入，做到应付裕如。最明显的例子是2022年的高考作文题"本手、妙手、俗手"这类题目，体育、音乐、美术爱好者，似乎都可以从自己熟悉的角度，来谈论扎实的基本功和巧妙的临场发挥乃至艺术化点染之间的关系。

从另一个角度看，那些成功的作文，其实都是内容充实、有思想、有感情的好作品。通过阅读这些文章，我们也可以观察到作者对生活的深入理解和敏锐感受，领悟到应该从哪些角度把握、处理日常生活中的各种题材。

叶圣陶杯全国中学生新作文大赛作为国内顶级的中学生写作赛事，始终坚持科学的写作理念、规范的竞赛程序，得到全国各地师生的热情支持和积极参与，涌现出一大批内容充实、感情真挚的优秀作品。这些作品能够为其他同学提供优良的便于揣摩学习与借鉴的范例。

从第21届开始，叶圣陶杯大赛增加了省赛题材限制。这样做的一个主要目的就是为了引领中学生在写作时围绕特定题材进行深入挖掘、思考，尽量多地占有相关材料，形成更为丰富的感性经验和更为深入的理性认识，在此基础上进行文章的写作就会水到渠成，应付裕如。

当然，为了便于参赛选手自由发挥，省赛只是规定了一个大致的题材范围，选手仍然可以根据自己的实际情况选择自己擅长的艺术门类和表现角度。从参赛者所提交的作品来看，很多同学的确对艺术有着十分深刻而独到的见解，有着丰富而细腻的经验，在这个基础上写出来的作品，就可以做到有血有肉，真实而生动，蔚为可观。同时，也有大量同学由于本身对艺术没有什么经验、感受，没有深入的观察和思考，写出来的文章就只能是人云亦云、浮于表面。

本辑中，我们将省赛优秀作品按照艺术的主要门类进行了选编，这些作品不但可以告诉我们怎样写好艺术题材的作文，更能够引领我们更好地走到这些艺术形式之中，去体验，去思考，去发现。——这个过程，也许比作文本身更加重要。

而为了检验省赛获奖选手的真实水平，决赛的命题也选择了与"艺术"相关的话题。不过，切入点往往更小、更特殊，参赛选手需要根据题目的要求重新组织材料，表达主题。但只要真正理解了一种艺术形式、具备了较为丰富的艺术欣赏或实践的经验，甚至有自己的观点，写好这些决赛题目同样不费什么力气。反过来，如果平素没有艺术的思维和训练，单靠临场的拼凑也是写不好决赛作文的。

期待你真正学会写作，写出更好的作品。

（蒋成峰执笔）

CONTENTS 目录

话说艺术

题材要求与写作提示

本届省赛的题材范围是"艺术",写作提示如下:

1.这里所说的"艺术",包括美术、音乐、舞蹈、雕塑、戏剧、电影等等。

2.参赛者应该对所要写作的艺术形式有比较深入的了解,具体的写作内容可以包括:艺术创作的规律、艺术家的故事、艺术作品的欣赏、艺术学习的经历等等。

3.提倡从自己的日常经验出发进行写作,体现中学生的学习、生活状况和思想认识水平。

4.参赛作品可以用"艺术"这一题材表现不同的主题思想,如:爱国、责任、理想等等。

解析

从第21届开始,叶圣陶杯全国中学生新作文大赛在省赛阶段规定了写作的题材范围。这样做,一方面是为了使所有的参赛作品基于一个大致相同的平台,更容易进行比较和选拔;另一方面也是为了更好地体现大赛理念,在更大的范围内引领中学生的日常写作。

要写作这个题目,首先要明确:"艺术"到底是什么?

题目提示中已经罗列了常见的艺术形式,如美术、音乐、舞蹈、雕塑、戏剧、电影等。对当代中学生来说,学校里全都开设了音乐、美术、书法等课程,很多学生小时候甚至专门学习过某种艺术,学过钢琴、二胡等乐器,学过唱歌、跳舞,学过绘画或摄影。就算音乐、美术都没有学习过,也至少都看过电影或电视剧,听过歌曲。艺术是人类生活中绕不开的话题。有人甚至认为,人类进入文明时代的标志就是出现了刻画在陶器上的纹饰,有了用于装扮自己的项圈等饰物。

那么,艺术的本质是什么呢?是什么使一种形式成为艺术的呢?是美。什么是美呢?简单地说,美是和真、善相并列的一种价值属性,是事物带给人们的超越功利性的愉悦感。和自然美、社会美等其他形式的美感不同,艺术之美是艺术作品的基本追求。

当然,艺术作品也可以有教化的作用,有实用的价值,但艺术之所以成为艺术，还是因为它带给人们的美感。艺术的美感有多种，最基本的是西方经典美学理论中提出的优美、崇高、悲剧、喜剧等审美形态，以及中国传统美学理论中的韵、趣、奇、意象、意境等审美范畴。这些都是艺术创作最核心的追求，也是艺术欣赏最主要的目标。

既然美是艺术创作和欣赏的核心，写作以艺术为题材的文章就应该围绕艺术之美来展开。不少同学在省赛作文中写了"糖画""打铁花"等非物质文化遗产，这些内容当然可以被视为艺术，但问题是文章的重点应该在于表现这些民间技艺的美感，而不是泛泛地讲述糖画老人的故事，或者打铁花技艺传承人的流失。另外，民间艺术往往在表现形式上具有古拙、质朴的审美特点，和专业的殿堂艺术有所不同，将这些特点表现出来，也可以成就很好的文章。

就写作体裁来说，以"艺术"为题材，既可以写成文学性作品，也可以写成论述性（学术性）作品。艺术题材的文学作品古已有之，仅就写弹琴的来说，唐诗中耳熟能详的名篇就有李白《听蜀僧濬弹琴》、杜甫《赠花卿》、韩愈《听颖师弹琴》、李贺《李凭箜篌引》、白居易《琵琶行》等等。在这些诗歌中，作者不仅用文字再现了音乐的形式之美，而且刻画了音乐欣赏者内心的艺术通感，采用各种比喻手段展现音乐和其他形象（尤其是视觉形象）的共通性，更好地帮助人们理解音乐作品。而这些诗歌本身也都具有了极强的画面感和故事性，成为不可多得的文学佳作。

对参赛的中学生来说，除了写艺术作品的欣赏、艺术家的故事等离自己较远的内容之外，一个值得提倡的写作角度就是写自己学习艺术技能的过程。例如学习绘画的经历，从最初的线条、构图、比例关系、光影对比等技法的学习，到人物个性、情绪、意境等艺术技巧的掌握，总有某个印象特别深刻的环节，把它们记录下来，就是最好的文章，不需要多么高深、宏大的理论。但如果完全没有接触过艺术实践的痕迹，只是照搬别人的套话，或虚构一个贴着艺术标签的故事，那不是写艺术的正路。

写什么，懂什么，这是写作最基本的要求。

♪ 音乐篇

大山的回音

□彭小容（北京大学附属中学高三）

"练……欬……欬……"一声呼喊，打破山鸡的啼鸣，伴着清晨阳光和轻柔的风，起伏回荡在高高低低的山峦，回音徐徐，久久不歇。是的，就是它，那个一直潜藏在我心底的声音。

"蓝蓝蓝蓝练……蓝蓝蓝蓝练……蓝过那片蓝天，亮过那弯新月，一件蓝蓝的素衣衫，衬出美丽的容颜。蓝蓝恋，美在山水间，把四季装点，花桥鼓楼边，本色不曾变。"十年前，我七岁，在声乐课上练习的第一首歌就是这首《蓝蓝恋》。第一次听到它，我就皱起眉头，心想：这是什么歌嘛，唱起来不被同学笑话？旋律并不算悠扬，好像还夹杂着山里的土腥和水汽的味道。歌曲是白老师选的，她和父亲是同乡，都在广西长大。白老师的家乡在程阳八寨，她那弯弯的眉毛下一双亮亮的眼睛，在讲习乐曲的时候充满灵动，让我感觉她也是音乐的一部分。白老师说：蓝色是侗族女孩衣服的颜色，"蓝练"是古蝉歌，这首歌是借蝉声唱颂侗族女子的质朴与美丽。我似懂非懂，唯一记住的就是："蓝蓝蓝蓝练……蓝蓝蓝蓝练……"只觉得唱它的时候好像在回应什么。

上了初中，功课变紧，白老师也调到了外地工作，我的声乐课就这么终止了。无甚感觉的那些曲调也随着老师的身影，在记忆里飘散了。

一年春天，在广西三月三歌节上，一部获奖的侗寨微电影中的配乐吸引了我。我虽听不懂侗语，但总有一股既好奇又熟悉的感觉指引着我。自那之后，我便央求家人暑假回老家住几天。

暑假终于来临，我成功踏上寻声之旅。老家坐落在群山中，亦有右江穿城过，祖辈乘船溯流上，落舱安置两山中。按捺不住兴奋，刚回到县城，我就兴冲冲地去找"阿香"姑。阿姑的脸黄黄的，头发乌黑，有着典型广西阿妹的相貌。我问阿姑会不会唱歌，姑被我问得一脸迷茫，想了一会儿才憋出来一句："甜蜜蜜……"我笑着打断她，问她会不会唱山歌。姑又想了半晌，唱道："唱山歌嘞……这边……"我也只是摇了摇头，《刘三姐》这类作品不对味儿。转了各家亲戚，不是不会唱，就是感觉上不对。连我自己都模模糊糊，找不到记忆里的那个声音。乡里姨婆建议我去柳州找找，那里有侗族的程阳八寨。于是，我们便动身踏上了去柳州的路。

驱车到了柳州的三江县，朋友带我们体验"高山流水"。"高山流水"就是当地人好客的劝酒歌。几个身着侗族蓝衣、头戴银饰的姑娘，请客人坐在中央，一边一个把着碗，分作两边，米酒由竹筒从高处流下，沿着大碗灌到客人嘴边。姑娘们边灌边唱着劝酒歌，那阵仗怪吓人的。劝酒歌很美，人也美，但曲子颇为悠扬，倒像是包装了精美外壳，让人尝不到一点原汁原味。

次日探访老寨，下了公路，入山只有一条道，越往深处越难走。山里的土路夹着碎石坎坎坷坷，树渐渐密起来，路越来越窄，沿途的山鸡"叽叽"的叫声回响在山谷中。风清凉凉从车窗吹来，望远处，深谷翠岭，雾带环山。绕过了道道弯，又过了层层山岭，远处，忽见一木质的尖塔出现在前方，其顶有五六层，皆是飞檐。

车子停在寨门口，木塔即寨门，上檐被雨水浸得腐蚀了，不像县里的新塔油漆未干。入寨先过风雨桥，桥下的小溪急匆匆拖着老水车吱嘎吱嘎地响。过桥迎面一条主街，四周是木楼，楼下一侧是廊檐店面。寨子不算小，建筑虽历经风雨，却保留得很完整。沿着主街向前走，前面的路略加开阔，另一栋更高的木塔立在眼前。这就是鼓楼吗？是侗族人集会、唱大歌的地方？听民宿老板说晚饭后或许会有比赛的歌队在鼓楼排练。

太阳渐西，家家户户冒起了炊烟，待日头转到山沟子里时，村里就亮起了灯。鼓楼前聚集着一些身着蓝衣、佩戴银饰的人，妇女居多，像是刚干完活计，吃完晚饭过来的。中间一个上了年纪的阿萨用手指指点点摆弄着队形。琵琶琴声铮铮响，"加音呀揩"的侗语伴随着旋律悠悠而来，女孩们不情愿地跟着节奏舞动，但因为忘了队形或者忘了动作都你看我、我看你。阿萨好像很生气，古铜色的额头又添几道皱纹，胖胖的身子穿梭在队伍间，训斥着女孩子们。音符们也都各走各的，叮叮当当，一片混乱。侗语的味道确实很纯，朦朦胧胧的，似曾相识。但记忆中的声音就像躲猫猫的小孩，始终耍着性子让我拿不准。天色渐晚，女孩们在阿萨的训斥声中散了，我们也回了民宿暂歇一晚。

次日清晨，山鸡的叫声将我唤醒，引我至山间走走，算是在临行之前和山村道个别吧。忽然，一声"练……欸……欸……"震醒了山谷。在那之后，数声"练……欸……"响起。只见那边山上，无数梯田涌流而下，在那油绿的稻苗之间，一群群女孩手把镰刀，背着背篓，伛偻着身子，仔细地除着杂草。她们不挂银饰，只有发髻上卷着一支银簪。清晨的阳光洒在她们小麦色的脸庞上。为首的一个直起身子，向着大山之间喊出了第一声。紧接着，其他女孩子纷纷直起身子应和着她，她们边摆弄着手里的工具，边随着一挥一割的动作，一声声地唱和着。不知是什么力量让田间的她们如此地整齐，那些声音汇集在一起，伴着清脆的鸟鸣，飞舞在山间，直飞向云端。

她们唱的是什么，我听不懂。但那一声声呼喊，是山涧的流水，是林中的虫鸣，是竹楼里的炊烟，是扎染的蓝衣，是阿妈新做的布鞋，是嫁娘头上叮当的银饰，是手里的镰刀，更是她们一代代的喜怒哀乐。这是大山的回音！猛然间，一个声音从我的心底飞出，驱使我追随着那云间的声音，一同唱出："蓝练……欸……欸……"

（指导老师：刘伊超）

【点评】

作者的寻声之旅既是寻找自己的过程，也是面向民族音乐和文化艺术的"寻根"之旅。文中以散文诗般的语言对十七岁时这趟行旅展开了描摹，向外能见广西的山川风物、民俗生活，向内有作者的懵懂、执着、眷恋，乃至对家乡文化传承和发展的忧虑。全文脉络舒展清晰，又有几分小说化情节设定的起伏色彩，能吸引读者一程一程同去寻找。而结尾在大山间找到的回音，既是为民族文化生命力唱响的赞歌，也完成了一个"闭环"结构。本文获省级一等奖。（包学菊 高校教授）

艺术的独行

□李华轩（江苏省南京市第一中学高二）

时候既然已是深秋，苍茫寥廓的天地之间，举目萧然。厚重的云层将落日的余晖掩映得更加惨淡，沉闷的空气压抑着目力所及的一切，我那小小的扁舟应和着漾起的流水，缓缓奔向那无尽的黄昏、远方的异国他乡。

可叹这天地之悠悠，竟寻觅不出一位知音。华丽喧嚷的宫廷饮宴，怎能容得下我那朴素淡雅的乐曲？那些身处于酒池肉林之中的王侯将相，只是用虚假浮华的赞美来掩盖自己的无知罢了。

我轻轻抚摸膝上泛着淡淡桐木纹的瑶琴，撩拨一下那细若银针的琴弦，便从我的心中点出一个微妙的音符。

只可惜了精美的你，要与我一同忍受那无边的寂寞。师父在将你传给我之后，便隐入山林，再也没有回来，他说他要去追寻自己的艺术之道。

而我……至少我知晓宫廷绝不是自己的归宿。乐师所做的是用琴将具象的天地万物浪漫地、理想地处理成一种美，并将它在人与人之间传递，而不是沦为尊贵身份的象征，抑或是酒席的陪衬。

我需要一位平等的知音，或许这样才能发挥艺术的价值吧。至少……不算辜负儿时的我对未来的展望。

下雨了，密密的雨珠连同猛然到来的黑幕一起向汉阳江砸下。船夫赶紧催船至岸边，一座小山下。丛林似乎成了狂风的琴，在躁动的摇摆中泛出呼啸的阴森。风啊，莫非你也是一位琴师？我能理解你，能读懂你曲中的奥妙，领悟你的所思所想……可是我无法告诉你，就像那苍茫的天地、巍峨的青山与翻涌的江水无法告诉我一样……它们是否领悟了我的琴声。

深夜，月出云开，那柔和的光辉似乎在抚慰着在外漂泊的旅人。我端坐在岩石之上，预备把一支乐曲献给那远在天边的知音。

莫非在追逐名与利的同时，便失去了艺术的纯粹？我也应该在这脱离世俗的荒野，向那些默默的倾听者寻找答案了。

心中有琴，琴中有心。十指已和琴弦融为一体，释放出那磅礴的、蹦跃而出的音符。它们在夜空中汇集、交织、凝聚……听呀，林声、水声、鸟声都此刻寂静下来，它们一定听懂了，对吧？

"善哉！峨峨兮若泰山！"厚重的声音在林中响起。我并未停下弹奏，只是抬眸打量来人：衣冠简朴，一副樵夫打扮，腰间挂一柄铁斧。心中不免惊诧：此等山间之樵夫，安能理解我的乐曲？

没有多言，曲半未止，指锋急转而下，刹那间凝的音符汇散出去，悠扬地缓缓流淌，将我身下的岩石托举至可供遨游的林海。

"善哉！洋洋兮若江河！"他目光炯炯，笑着称赞。

在与他短短几天的交往之中，生活虽然贫瘠，但日日弹奏与倾听却让我感受到了前所未有的自由和满足。每当夜幕降临，我就会静坐山巅，聆听风穿林梢的声音，看星辰在天空中闪烁。这些自然界的声音和景象，渐渐地与我心中的音乐产生了共鸣，或许，大自然本身就是最美妙的乐器。夜深人静，我独坐在残破的庭院中，望着满天星斗，心中涌动着朦胧的憧憬。我的心，似乎一直在寻找那种纯粹的美。

"或许，真正的艺术，并不需要华丽的舞台和繁复的乐器。"我自语道，"它存在于每一次真诚的自我表达中，无论是山间的呼唤，还是溪流的低语。"

可惜，我并未能有幸再次与这位知音相遇。相约的第二年中秋，当我踏着江浪而来，附近村中的老者告诉我他已病故。他说要葬在江边，好让江水送来我远在天边的乐音。

我的曲，只为他一人而奏；我的琴，只为他一人而鸣。失去了他，那我的演奏还有什么意义？

"哗！"是琴木与地面的撞击声。

"嘣！"是琴弦的崩断声。这是它此生奏出的最后一个音符，可惜他再也听不到了。

我的心仿佛也随着琴弦断裂，一种空前的孤独感涌上心头。泪水滑落，我意识到，失去了他，我的音乐似乎失去了灵魂。

倚着他的坟，望向奔腾而去的江水，大风，又来了。我的耳边充盈着乐音，我的手中似乎又有了琴。不，那不只是琴，是那翻涌的林涛、柔韧的江水、厚重的白云……以云作木，以河为弦。

我明白了师父为何将琴送给我，两手空空地信步走向山林深处，留下永不回头的背影。心中有琴，手中自然有琴。每个人都是独行的灵魂，只能创造出独行的艺术，多么真切的共鸣，都掺杂了自己的理解，而命运的变化无常，又让本就渺茫的知音更加难以寻觅和相守。

艺术是发自内心的声音，连琴本身也只是作为向他人传递乐音的工具。

或许，我不需要再找下去了。

我站在那座熟悉的山巅，手中拿着那把断了弦的古琴，深吸一口气，将琴轻轻放在地上，然后闭上眼睛，任由风吹过我的指尖。此刻，我感觉自己仿佛化身为一部琴，心跳成为节奏，呼吸化作旋律。

"艺术的真谛，不在于形式，而在于能够触及灵魂的深处。"我睁开眼，心中充满了前所未有的明悟，"我的音乐，我的艺术，将不再局限于任何表面形式之中。它将是自由的，如同这广袤的绝美的天地。"

这以后，世人都说我断琴绝弦，再也没有弹过琴，殊不知，我日日弹琴。

（指导老师：常悦）

【点评】

这是一首属于自己的心曲，内涵深邃，意蕴深远。漂泊在异国他乡，踏上追寻艺术之道。尽管路阻且长，"我"却孜孜不倦。只可惜知音难觅，任由雨珠砸在江面，任由狂风吹动丛林。"我"端坐岩石之上，弹奏一支乐曲。此时，一位樵夫出现，不管是"我"弹琴时心里想着高山还是流水，他总能道出"我"的心意。然而，次年他却病故，世上再无知音。于是"我"摔琴绝弦，再不弹琴。其实，"我"何尝不是天天弹琴。因为心中有琴，手中自然有琴，大凡江水、大风、林涛、白云无不是心中的音乐。为了表达心声，文章运用了环境、心理、语言、神态等多种描写方法，表现了琴声的高妙与知音的共情。再加上穿插的议论，"艺术是发自内心的声音，连琴本身也只是作为向他人传递乐音的工具"，深化了文章的主题，彰显了鲜明的人物形象。本文获省级一等奖。（夏冬 资深编辑）

黑白键上流淌的人生音符

□王铭玥（山东省泰安第十九中学高一）

钢琴上有着八十八个键，白键如同光明灿烂的人生，黑键则如同人生中的挫折坎坷，二者分处于上下两层，看似各自独立，但若想奏出一首首优美的曲子，黑白两键却是相辅相成，缺一不可的。德国伟大的作曲家贝多芬用钢琴弹奏出风格各异的乐曲，诠释出了人生中的光明与坎坷，带给我深刻的人生感悟。

阳春三月的一个周末，我终于回到了朝思暮想的老家，有机会去田野里撒个欢儿，亲身领略一下久违的田园风光。在蓝天下，一望无际的田野绿油油的，一朵朵可爱的白云把天空映衬得那么漂亮。春天的风暖暖的，轻轻柔柔地吹来，那清新的花草气息，沁人心脾。我和弟弟走在田间的小路上，不由得哼唱起了《田园交响曲》的调子。"姐姐，我听着你哼的曲子，觉得很开心。""嗯，小家伙还真能听懂音乐呢！超棒！"在那一瞬间，我突然明白了钢琴老师的话："玥儿，想要弹好贝多芬的《田园交响曲》，除了练好基本的指法，还必须要亲身走进大自然，去欣赏和感受大自然田园生活的美好，跟随贝多芬音符的流淌去理解他的情感。"

钢琴老师的家在一楼，有个小院，小院里春色盎然，有各种鲜花和绿植，还有一只小鸟在枝头蹦蹦跳跳，唱出清脆婉转的歌谣。在钢琴课上，老师正式教我弹奏贝多芬的《田园交响曲》，我迎着和煦的春风，听着鸟儿甜美的歌声，十分愉悦地开始学习新曲子。老师告诉我："《第六交响曲》，这首以'田园'命名的交响曲是标题性的，正如贝多芬强调的那样，它并不仅仅是用音符去描绘田园风光，更主要的是将自己在大自然中的愉快心境表达出来。乐曲的第二乐章有些是写景的，有潺潺流水声，也有鸟儿欢快的叫声隐藏在乐曲之中。乐章中'村民欢聚'表现民间生活的热闹，但接着被一场暴风雨打断，震耳欲聋的雷声，呼啸而过的风声，气势磅礴。等到雨过天晴，一切都豁然开朗。牧人怀着感恩的心情吹起牧笛，赞美太阳和人以及自然生灵的蓬勃、苗壮……"

当我学会这首曲子，夏天已经悄无声息地来临。夏天是阴晴不定的，上一瞬还在下着暴雨，雷电交加，下一瞬便雨过天晴。乌云密布的天空，眨眼间就变得湛蓝。正如这首曲子所表现出来的一样，当我们身处在大自然中，闭上眼睛听着鸟儿的歌声与流水声，感受暖风抚摸着脸颊，愉悦之感涌上心头。雨过天晴，旧事物的消失却伴随着新事物的到来，一切都是那么美好。但是此时的贝多芬双耳已经完全失聪，这部作品表现了他当时对大自然的依恋之情，他曾写道："乡村生活的回忆，写情多于写景。"作品朴实无华，宁静安逸，与贝多芬的《第五交响曲》同为世界上最受欢迎的交响曲之一。

在这个激情似火的夏季，我开始了贝多芬《第五交响曲》的学习。《第五交响曲》以"命运"为题，是贝多芬作品乃至全世界音乐作品中最受欢迎的一首曲子，几乎是家喻户晓。钢琴老师也教我弹过这首曲子，虽然能完整地顺下来，但是弹出来却实在生硬，无法将情感融入曲子中，也不能与曲作者在不同的时空中达到共情。

步入初中，面临中考，学业压力突然增大，我的学习成绩也开始起伏不定，每天的心情都如同暴风雨般时好时坏。在一次期中考试后，我看到那惨不忍睹的成绩，心中十分痛苦。天公也不作美，刚出校门，就看见天空中乌云密布，好似一瞬之间就会电闪雷鸣。果然，倾盆大雨随即从天而降，我只好去离学校很近的琴房"避雨"。老师在询问完我周身乌云密布的缘由之后，没有过多说什么，而是拉着我走到钢琴前坐下，再次弹起了贝多芬的《第五交响曲》。不同于之前毫无情感的弹奏，在这次弹奏中，我仿佛看到了贝多芬作曲时的情态，感受到了他跌宕起伏的心情，一曲罢，我的心情也随之好了起来……

老师告诉我："玥儿，你知道吗？贝多芬的《第五交响曲》，是一部充满活力、热望未来的作品。朝气蓬勃的快板，就是'命运的敲门'，命运与凶兆始终在激烈地搏斗。行板，是贝多芬对命运的沉思。快板，谐谑曲，两种对立的冲突重新展开，这是英雄与命运的最后搏斗。这个乐章的结尾，鼓声在激动不安的背景上，就像心脏的缓慢跳动，而弦乐则像微弱的呼吸，随着不安定气氛的渐强，使你感觉有太阳在冲破乌云。快板，出现众多主题的交叉变化，终曲尾声很长，最后命运主题以强大的威力在光辉灿烂中持续长达几十个小节，结尾是欢乐且辉煌的一片光明。"

生活中虽然有很多的苦难、失败和不幸，但是也有欢乐、成功和希望，这就是所谓命运。但是，人不能一味地听从命运的安排，应掌握自己的命运，并随时与厄运抗争，战胜命运，只有这样才能得到幸福，才能有所成就，这便是《c小调第五交响曲》这部作品的意蕴所在。整部交响曲以四个乐章的形式从多方面揭示了这种与命运抗争的思想，其中的第一乐章充满了紧张、严峻的气氛，是整部交响曲的基础，体现出各种情绪的变化和人内心最尖锐的矛盾。

德国音乐家舒曼评价贝多芬的作品说："不论你听过多少遍，都会像自然现象一样产生新的敬仰和惊叹。只要世界上还有音乐存在，它就会世世代代传下去。"

在一个春和景明的早上，惠风和畅，鸟儿在蓝天中自由地翱翔，向人们展示着优美的歌声，我走到钢琴旁缓缓地坐下，拿出谱子，弹奏贝多芬的《田园交响曲》。这时三岁的弟弟跑过来问："姐姐，你弹的什么曲子啊？我也想玩，你教我弹钢琴，好不好啊？""好，你可要好好学啊！"说罢，我把弟弟搂到怀里，把他的小手放到琴键上，将钢琴上的八十八个琴键一个一个弹了一遍……

（指导老师：商红梅）

【点评】

钢琴在西方号称"乐器之王"，它的魅力不仅在于其美妙的声音，更在于它所承载的音乐情感和文化内涵。《黑白键上流淌的人生音符》一文的最大亮点便在于作者在学习钢琴演奏的过程中，不仅用手指去触摸黑白琴键，更是用心灵去感受生活和音乐的融合，进而用琴键去演绎内心的深情、传递音乐情感，带给读者启发和深刻的思考。此外，用具体形象的语言描述抽象难懂的音乐，用具体的生活画面去阐释音乐，也是本文的又一亮点。本文获省级一等奖。（尤立增 特级教师）

《二泉映月》的忧伤

□唐雨涵（山东省济南高新区实验中学高二）

在苦难中书写辉煌，流过血的手指才能弹出世间绝唱，他是中国民乐的朝阳。

阿炳的一生如戏剧般充满情节的跌宕。他生平唯一留存下来的影像，只有一张日伪统治无锡时期"良民证"上的标准照。相片里那个戴着盲人眼镜、形容枯瘦的中年人，在一顶破毡帽下面的面孔，透着生活的艰难和沧桑。

也许命运给阿炳的磨难，正是成就他那些动人心魄的曲子的缘由。这个华清和的私生子，生来就被剥夺了拥有家庭慈爱的权利。当他的生母无奈地以结束自己的生命来抵抗世俗的歧视，这个孩子性格中一些隐秘的部分已经可见端倪。在外寄养几年的少年回归生父华清和的身边，他的眼光所见之处，也许更多的是不解的疑惑。

他是叫着"师父"来到当道士的父亲身旁。华清和自号雪梅，精通各种乐器，阿炳勤学苦练，不久就熟练地掌握了二胡、三弦、琵琶等多种乐器的演奏技艺。阿炳在学习二胡时，华清和要求更为严厉，阿炳也学得非常刻苦，琴弦上常常有被勒出的血迹，手指上结满了厚厚的老茧。在师父的严格要求下，阿炳打下非常结实的音乐根基，并对各种乐器使用得炉火纯青。此刻，阿炳还当自己只是个蒙受好心人照料的孤儿。然而，当他长到二十一岁时，阿炳突然在华清和因病去世前知道了自己的身世。

少数人记得他的过往，是不务正业者的潦倒——少年得志便放浪形骸，结果被烟花巷弄瞎了眼，鸦片烟败尽了家，落到了一辈子卖艺讨生活的境地。世事就是这样矛盾，痛苦绝望中的阿炳没有破罐子破摔。再往后的日子里，一个说唱时事、在街头卖艺、以"瞎子阿炳"闻名的创作型民间艺人新生了。

他说，我给无锡的乡亲们拉琴，拉死也甘心。世人都知道《二泉映月》以它那优美抒情的旋律和深切感人的音乐内涵而闻名国内外，我用琵琶弹过，指尖落在弦上的一瞬，我看见大雪像鹅毛似的飘落下来。凄凉哀怨的二胡声，突然从街头传来，只见一个蓬头垢面的老妪用一根小竹竿牵着一个瞎子，在惨淡的灯光下，阿炳用右肋夹着小竹竿，背上背着一把琵琶，二胡挂在左肩，咿咿呀呀地拉着，在飘飘洒洒的飞雪中，发出凄厉欲绝的袅袅之音。我听出他发自内心的悲鸣和诅咒黑暗、憧憬光明的心声。

他以势不可挡的力量表达出对命运的抗争，抒发了对美好未来的向往。似乎是阿炳在倾诉命运对他的不公，厄运带给他的痛苦，他与命运抗争的呐喊，《二泉映月》舒缓而又起伏，恬静而又激荡。他用动人心弦的琴声告诉人们，他爱那支撑他度过苦难一生的音乐，他爱那美丽富饶的家乡，他爱那惠山的清泉，他爱那照耀清泉的月光。在长轮的运用上，具有紧凑起伏的强烈效果，是一种对黑暗现实控诉的情感；而在推挽、滑音的运用上，更是摒弃一般文曲的那种闺怨气息，而代之以硬朗的奏法，多用大幅度的、效果突出的下滑音，颇具气势——温柔、凄苦、文雅、愤恨、明净、不安、诸多情感相互交织宛如夜之皓月一般的乐曲。他将此曲视为自己的眼珠一样重要，他还在不断地修改它，对乐思、节奏加以润色。他要在自己的遭遇上再追加上一段遭遇——音乐的遭遇。同样，他也想在痛苦上再追加一份痛苦——音乐的痛苦。一直到他去世的前半年，他才以一名创作者的胜利的口吻，向外人宣布，它的名字叫《二泉映月》。

六十多年过去了，《二泉映月》依旧是艺术品，举世无双的艺术品。人们或许会在茶余饭后聊起那个瞎子阿炳，他的容貌早已模糊，但悠扬的乐曲在人们的回忆里永垂不朽。他活在每一个被铭记的日子里，被敬仰，被供奉，活在每一次被记起。当他拿起二胡的那一刹那，他将于生命的暗膈空梁中熠熠生辉。于是不明所以的人终于彻悟他口中的艺术，我也理解了他的眼泪，是他在灵魂深处的悲鸣，是连血液都无法流淌的自由。真正的艺术是留不住的，所以艺术家更容易察觉到破碎和残缺，他无数次面向如水的月色，月光照耀在水中，有许多水影倒映在墙壁上，只能听见那淙淙的流水声萦绕在耳畔。

世界是他的艺术，而他是世界的遗书。那些残稿终被敲定完结，他成为那个生前无人问津、死后名扬万里的孤独者，成为那个桀骜不驯表现主义的殉道者，成为那个流浪街头的音乐艺术家，成为那千千万万个破碎又残缺的阿炳。我们和他一样用一生演绎生活的艺术，而艺术本身就是不完美的遗憾。

世界依旧繁华，二胡断了弦，剥开音符，错以为命运会锁住他的喉咙。

（指导老师：卢秋云）

【点评】

与其说作者解读《二泉映月》，不如说作者在解读阿炳。"《二泉映月》的忧伤"也是阿炳的忧伤。文章开篇点出"中国民乐"，让人凛然。继而刻画阿炳的形象，跃然纸上的是阿炳，萦绕耳边的却是如泣如诉的《二泉映月》的曲调。文章结尾，阿炳的容貌淡去，而他的背影更加清晰，《二泉映月》的忧伤渺渺不绝，缠绵于心头。"世界是他的艺术，而他是世界的遗书"是真知灼见，深化了主题，又使"忧伤"达到了顶峰，有出神入化之感。（李林芳 诗人）

城南花已开

□代易瓒（河南省开封高级中学高二）

"城南花已开，春意盎然时。"

初遇那首钢琴曲《城南花已开》，是在青涩懵懂的初一年华。彼时的我，尚幼稚未脱，偶然间耳畔响起这支曲，只觉惊艳。旋律悠扬婉转，音调起伏跌宕，错落有致，轻巧灵动。初闻之下，心中便泛起朦胧隐约的涟漪，仿佛一条温柔恬静的河流缓缓淌过，留下了一道不深不浅的痕迹，似是与我定下了再次相遇的契约。

"城南花已开，岁岁枯荣间。"

再度聆听，已是初三尾声，中考迫在眉睫。那年，我与众多同窗一样，挥汗如雨，奋力追逐着未来的光芒。在题海的挣扎中，我偶然抬头，一切看似顺风顺水，时光便这样悄无声息地滑到了五月。然而，五月的天空并未因考试的临近而显得沉闷，反而被一次突如其来的成绩退步打破了平静。我满心以为自己能够稳居年级前列的信心，在那一刻轰然崩塌。面对惨不忍睹的成绩，我不得不重新审视自己，思考如何在这最后的一个月里做好复习。焦虑与不安如影随形，压得我喘不过气来。

幸运的是，夏风送来了慰藉。在一个焦虑难眠的夜晚，那首曲子突然在我脑海中回荡。我重拾起那副几乎被遗忘的耳机，夏日的夜晚并不喧嚣，蝉鸣声在夜色中隐隐消散，月色如水，轻轻洒满我的小屋。钢琴曲从耳机中缓缓流出，瞬间抚平了我心中原本奔腾躁怒的河流，只留下一股暗流在默默涌动。我恍然惊觉，这曲子婉转悠扬，又不失平淡的忧伤，每一个音符都仿佛藏着一段故事，引人深思。我的心逐渐平静下来，泪水悄然滑落，一切仿佛都释然了。从此，我收拾好心情，微笑着看夏日花开花落，观天边云卷云舒。青春的旅途在十五岁那年缓缓画上了分隔符，而属于我的花，也在城南的一隅悄然绽放。中考这一关，终于在这首曲子的安抚下，安然渡过。我终于明白，时间不会辜负每一个为了梦想含泪奔跑的人，你在冬天种下的种子，来年春天定会亭亭如盖。

"城南花已开，愿你永安康。"

岁月如梭，年复一年，我经历了许多不起眼又琐碎的小事，同时也经历着生离死别的大事。2023 年，那个寻常的日子，我放学回家，突然得知爷爷生病的消息。我艰难地开口询问，只听到妈妈悲伤的叹息，说爷爷因为胸肺部剧痛，被查出肺癌晚期，已经住院了。我大脑一片空白，手脚冰凉麻木，周围的世界仿佛瞬间失去了色彩。我垂眸片刻，问什么时候可以去看望爷爷。妈妈告诉我，爷爷已经睡下了，明天要化疗，让我周末再去。我默默回到房间，刚关上房门便瘫软在地。我把头埋在手臂里，环抱着自己，仿佛是一种自我安慰。突然，我想起了那首曲子，于是无力地抓起手机耳机，颤抖着点开音乐主页，再次点开了《城南花已开》。

熟悉的音乐再次涌入我的心河。在清幽哀伤的旋律中，我慢慢找到了一丝共鸣。我点进音乐制作人"三亩地"的主页，发现了这首歌背后的故事。原来，一个 ID 叫"城南花已开"的骨癌患者，在癌症晚期只有半年时间的时候，委托三亩地为他创作一首钢琴曲。这首治愈的曲子，承载着他的抗癌故事、他的乐观阳光，以及他对陌生人的问候和安慰。那年年关，"城南花已开"病逝，只留下对人们最后的祝福和感谢，愿每个人平安幸福，感谢每个人的陪伴。

"心向城南好风景，花开时节盼君归。愿你身披洁白裳，翘首以盼病愈时。"

我抬眸，泪眼模糊。原来，一个生命有期的人可以这样活着。他可以因病魔而痛苦不堪，却也能在音乐中找到自己的一方天地；他可以在喧闹的互联网上，浏览这个热闹的世界；他可以在阳光洒下时，一遍又一遍地热爱自己短短的人生；他可以在生命将尽之时，抬头期待城南花开；他可以在新年的钟声里，祈愿岁岁平安，只为多看一眼这人间风月无边。原来，一个生命有期的人可以这样痛苦又这样阳光，泪流满面却依然微笑着热爱生活。

我想，他身边的人也该是这样的吧。我们行走在这个匆匆的世界，观望着周围的人一个个离开、消散，融化在触手不可及的远方。对于失去，我们会悲伤，会痛哭流涕，甚至会绝望地想：没有你我可怎么办？但似乎失去就是生活的常态，人的生命亦是如此。我们一次次经历失去，一次次失去别人，最后再被别人失去。这首曲子的一音一弦都藏满了故事，也在轻轻告诉我：失去并不可怕。得到的都有期限，自然应该珍重；但失去便是失去，失去过后依然要过好自己的生活。若想念失去，就让想念安放在心里，陪伴我们过好日后的生活。我们的生命一点点消散，来到世界再离开便是生死之间，只不过太快了。然而生命是有光的，我们照样可以在如白驹过隙的时光里看世界流转，静待城南花开。

生命如此渺小，又如此恢宏。

我释然了。日后我去看望爷爷时，泪水奔涌而出，却不再撕心裂肺。我安静地陪着他，窗棂外的日光照在他沧桑的脸上，镀上了一层安详的金斑。我努力记住他最后的模样。最后爷爷还是溘然长逝，仿佛大梦一场，什么也没留下。

那时依旧是盛夏光年，我失去了至亲，却又好像在一夜之间得到了许多许多。生命仿佛一树花开，灿烂而短暂。我们对生命的态度应该是什么样的？我想，我在这首曲子里找到了答案。

（指导老师：袁泉）

【点评】

《城南花已开》是一篇情感真挚、意境深远的参赛作品。作者以一首钢琴曲为线索，串联起了自己从青涩懵懂到逐渐成熟的成长历程。文章通过细腻的心理描写和生动的场景刻画，展现了作者在面对学业压力、生离死别等人生挑战时，如何在音乐的慰藉下找到内心的平静与释然。作者巧妙地将个人经历与音乐背后的故事相结合，传达了生命虽渺小却恢宏，应珍重当下、热爱生活的积极态度。文章语言优美，情感真挚，引人深思，是一篇值得称赞的佳作。本文获省级一等奖。（桑哲 高校教授）

窄于琴凳，宽过黄河

□余子悦（北京交通大学附属中学高三）

"衣带渐宽终不悔"是什么意思？我不明白。

如果要追逐，总得停下来。什么时候可以停下来？完成夙愿的时候。那如果完不成呢？就不能停下来。我感到恐惧，恐惧疲惫的漂泊。

一声高亢的弦乐从空中抖落，我收起了牵强的愁绪。殷承宗先生苍老的手中流出一串音阶，随后管弦乐加入，变为流畅的协奏。乐音渐弱而未落，又响起了一组和弦，那么明媚，那么庄重。记得殷承宗先生说过，《黄河船夫曲》描写的是中国人不屈的精神。没有愤怒的砸音，没有猛烈的打击乐，只有水，落入沟壑，又涌上来，就这么起伏着，向前。

仿佛西北的烈风在我耳边刮起，七月的音乐厅竟掀起一阵凉意，乐曲渐渐进入了第二部分——《黄河颂》。一瞬间，我飞上了黄土高原，俯瞰那九曲连环。历史滚滚，英雄浮沉，这样恢宏的意境居然承载于如此舒缓又优美的乐章里。我不禁感叹，殷承宗真是在泥沙之中，看到了黄河的柔情。

我们需要一首自己的协奏曲，说中国话，给工农听。怀着这样一颗心，殷承宗踏上了黄河之旅。他跟着船夫拉纤，随着他们摆渡。他让双脚深深接触祖国的泥土。黄河之水天上来，汇入音乐家的胸膛，成为灵感。拖着一架钢琴，他在河边弹，在田垄上弹，在西北的艳阳下弹，在瓢泼的大雨中弹。我仿佛看到了，卷起裤腿的青年，搬着一架大钢琴在黄土中蹒跚，场景滑稽又震撼。

他是为何上路的呢？他为何把行李往犁上一放，就这么拖着，从壶口瀑布一路走到了延安？泥水踏着泥水，狠狠从瀑布上砸进河道，随之而来的是一位青年音乐家，划开棕黄色的湍流，身后留下一条白浪，便是《黄河协奏曲》。

然而，瀑布的前方不是开阔的海洋，而是险滩。随着第三部分《黄河愤》的响起，我由衷感到一阵窒息。一阵悲凉婉转的笛音承接《黄水谣》，将欺凌与耻辱娓娓道来，随后是《黄河怨》低沉又压抑的控诉。生在新中国的我尚且心碎至此，将旧中国那满目疮痍尽收眼底的作者又当多么痛苦。一阵仿琵琶的颤音，道出无尽的脆弱，其中却能看到新生。随即响起管弦合奏，钢琴也开始出现大开大合的和弦，终于音乐走向平缓。我舒了一口气，看来中国已经在腥风血雨之中立住了脚跟。

我突然想到，曾经的中国是黑暗到全然看不见希望的。但是前辈们呢？何止是衣带渐宽终不悔，简直是身死终不悔！凤愿难道会站在那里让你看到，给你一个信念让你走向它吗？凤愿，有就够了。即便是泥水灌进肺里，也要仰起头，哪怕声嘶力竭，也要给还没淹没的同志，送去最后的鼓舞。

《黄河》里的中国从未停下，它的作曲家也从未停下。四十一岁的殷承宗，带着六十五块钱，只身前往美国。他要让世界听到中国音乐。疯狂地接演出，只为获得登台的机会。一开始，在音乐会结束之后他会弹一首中国乐曲。渐渐地，他可以把中国乐曲大大方方放进演出曲目中了。当《十面埋伏》在卡内基音乐厅正式亮相，西方观众称其为"中国第一狂想曲"。被《纽约时报》评为最有影响力的中国音乐家后，殷承宗终于让《黄河》响彻西方世界。曾经让周总理惊呼"冼星海活了！"的中国钢琴曲，获得了西方观众"如同在听贝多芬，收到了鼓舞和力量"的评价。是啊，这是中华民族的力量。黄河的水奔入渤海，浪花打湿了整个世界。

我不禁开始反思，为何没有殷承宗那样在野地弹钢琴，徒步找灵感的魄力？为何总是将成功归于虚无，从而开始逃避？

答案，在殷承宗的采访里。他说，从前他的世界里只有创作，所以他下乡，他入水，他一路走一路采访，他看戏，他听山歌，生怕错过人民的生活。他的世界很窄，只有琴凳那几尺。因此他的世界很辽阔，他能看到中国脆弱中的坚韧，坚韧中的磅礴。什么是激流？不知道！什么是险阻？不怕！豺狼的咆哮？充耳不闻！要让世界听到，听到中国的声音，听到中国人民呐喊的协奏曲！

而我呢？我知道学历可以获得财富，财富可以充裕生活；我看到不怀好意的慈善家、不义而富的商人、伪造实验证据的学者。太多了，看到的太多了，所以无法聚焦；太窄了，看到的太窄了，所以没有冲动。一个人为自己打算，终归没有追逐的必要。为了亿万人，才能成全那个追求凤愿的自己。鲁迅曾说，做一世牺牲是万分可怕的事情，但是血究竟干净，声音究竟醒而且真。没有为民族竭尽所能的愿望，便永远感觉不到清澈的热血，永远没有呐喊的底气。

不要做一粒麦子。要落在地里，要长出一片麦田。

一声尖利的长吟刺破了我的思绪。我顿时心中一亮——殷承宗把《保卫黄河》开头的小号改成了唢呐。原来殷承宗仍然在路上，从前他用西洋乐器为中国敲开世界的门，如今他用民族乐器将世界领进中国的门。"风在吼，马在叫……"熟悉的旋律在耳边响起，整个乐章一直在渐快，丝毫没有停下的意思。

跑啊！我的朋友！跑啊！我的祖国！跑啊！要前进！

衣带渐宽终不悔，为伊消得人憔悴。哪怕人憔悴，心永不憔悴。

（指导老师：才滨）

【点评】

"千古文章意为高",本文立意深刻高远。"窄于琴凳"是作曲家专注于自己的艺术创作,不断求索;"宽于黄河"是作曲家执着于艺术为人民,胸怀家国。音乐的魅力本是借由声音来传达的。作者综合运用多种手法,如通感、联想、想象、景物烘托等,表现乐声起伏跌宕的动态变化,将自己对于钢琴协奏曲《黄河》的感受描述得淋漓尽致。文章首尾呼应,过渡自然,感悟生发水到渠成,读来给人启发和力量。本文获省级一等奖。(尤立增 特级教师)

把音乐画下来

□郭欣媛(辽宁省葫芦岛市第一高级中学高一)

艺术是相融的。

这是她正式踏进美术殿堂时温晴禾告诉她的。

那天,她怀揣着对美术的热爱和向往走进教室,在那里,她见到了她的指导教师——温晴禾。丰腴、优雅,绾着的云鬟和一席黑纱衣裙是温晴禾带给她的第一印象。唯一于她意料之外的,是这间教室里的钢琴——这里不是画室。就在她疑惑是不是走错了地方,温晴禾站了起来,笑得温润:"进来吧,我就是你的老师,我叫温晴禾。"

"今天在这里上课,是因为第一节课我想为你弹一首曲子。"

说罢,她坐到钢琴边,手指落下,琴声响起。黑白琴键间流淌出平缓安静的乐符,随着旋律的深入,一个个音符被赋予了更沉重的力量,激昂、汹涌、热烈而奔腾。她看不懂温晴禾老师跃动的指法,只觉得让人眼花缭乱,可确实有什么东西迎面击中,然后穿透了她。她想到了夜晚,想到了被牢笼束缚的少年,想到少年奋力把桎梏挣脱、撕裂然后揉碎……她想到了许多。

"把这首音乐画下来吧。"

"什么?"

"艺术是相融的。一首音乐也可以通过创作者的意志变成一幅画,不是吗?"

"可我还没有什么绘画技巧……"

"感情不需要技巧。"

就这样,一幅没有丝毫技巧却饱含情感的画,成为温晴禾给她布置的第一个作业。

后来每当她听到音乐的时候都会忍不住去想:这首歌曲讲的是什么故事?这段故事可以用绘画来表达吗?在不同的旋律中,一个个灵感孕育而生,她第一次亲身感悟到艺术之间是相通的。可是她还是认为她的作品仍缺少很多说不清、道不明的东西。

"温老师,你说艺术是相融的,就像美术和音乐那样吗?"

"对啊。戏剧、电影、建筑、音乐,还有美术等等,它们都属于艺术。艺术之间相互融合,但也不要忘记，艺术源于生活，人本身也应融入生活。"

温晴禾老师拿着她的画作——画上是古代战场上一位将军与敌人厮杀的情景——点评道："情感很有张力，技巧也更自然了，不过不妨先试一试更接近生活的题材，因为生活是你最熟悉的。"

于是她开始留意生活中形形色色的事物。于是她发现这些她最熟悉的人和事也有不一样的一面：夜晚的雪花与路灯邂逅，在光影的衬托下摇身成为"流星雨"；墙角的枯树遇到烟花也可以"枯木逢春"；天上的流云每天千变万化……

生活中每时每刻都有美存在其中，这些精彩的瞬间值得被记录下来，成为永恒。

美术的意义大概就是这样吧？

后来有一段时间连着下了几天大雨，她的朋友打来电话："这都下了两三天的雨了，怎么还在下啊……"

她看向窗外，突发奇想："不如坐到窗边，然后闭上眼睛听一听大自然的歌声。"

朋友被她的比喻逗乐："那你也到窗边陪我呗。"

"当然了。"

她闭上眼睛，听雨打在窗户上，听风掠过树枝间……这自然的音乐也可以被画下来吗？

"我突然有一个灵感，等我画好就把这幅画送给你，怎么样？"

"好啊！期待你的作品……"朋友忽然轻轻地笑了，"我才发现这'歌声'居然这么好听，感觉整个人都好多了！"

把画送出去的那一刻，朋友笑逐颜开。

她忽然想起温老师的话："生活是你最熟悉的，希望你的画中有生活，生活中也有画的身影。"

因为生活处处有惊喜，所以画中应有生活；因为画可以给生活带来欣喜，所以生活中也应有画——原来这句话是这样的含义。

美术的意义可能就是这样吧？

这一次，她和温晴禾来到了天安门前，在《义勇军进行曲》中，鲜艳的五星红旗冉冉升起。她们又去了中华民族博物院，各民族特色纷纷呈现在眼前……她们认为艺术创作的意义应该更加深刻……

多年后，她成为小有名气的画家。

望着眼前她的第一个学生，她嫣然一笑："艺术是相融的，请把音乐画下来吧。"

当然，被画下来的应该不止音乐。

（指导老师：张颖）

【点评】

对于"艺术是相融的"这样一个足以用长篇大论来阐述的命题，作者通过轻松自然的叙事方式给出了形象的解析，令人有耳目一新之感。文章开篇就让故事中的人物"温晴禾老师"道出这一主题，在对"她"学画过程的记叙中，"她"在老师指导下的训练是艺术相融的生动实践，老师的点拨是对艺术相融的精辟论述。作者还巧妙地通过几个细节，揭示艺术与生活相融、各民族艺术相融的道理，从而丰富了文章的主题。本文获省级一等奖。（钟湘麟 特级教师）

噪·钝

□杜默柔颖（陕西省西安中学高二）

　　心脏狂烈地跳动着，架子鼓的轰鸣与贝斯的沉吟交织在一起，每一次挥动鼓槌，每一次摇动手指，都牵动着我的心脏搏动，仿佛整个世界都随之震颤。在那个滚烫的黄昏里，我与贝斯相遇，坐在窗边，目睹着落日缓缓沉入层叠的乳白色天际，如同燃着的火柴掉进汽油中，浓稠的白色也跟着燃烧起来。我眼睁睁地看着落日仓促地挪出视线，天边被墨蓝色的浓雾爬满，只剩下一路烧烤摊的灯泡七零八落地散落着。

　　静，无比地静。然而，随着飞驰而过的汽车车灯猛地刺进眼睛，留下一阵眩晕和持久的白光，耳机里响起一阵阵沉闷又不停跃动的节奏，刺激着我的耳膜。随即，一阵阵电流流经大脑，贯穿脊髓，汗毛竖立。那是一种沉重而圆钝的声音，但那种沉重和圆钝又会随着指尖的拨动变得雀跃和欢脱。当人声涌入时，贝斯便成为整首歌曲的心脏，它提供一种近乎执着的引导。不同于电吉他的华丽，不同于架子鼓的暴戾，它始终沉着、波澜不惊，却又总能与听者同频，勾起听者内心深处对音乐的一种痴迷的渴望。

　　我几乎成了一个"贝斯迷"。随着对贝斯的深入领悟，我又迷恋上了朋克、后朋克、后硬核和流行朋克。它们无一不始终刺激着我敏感的神经，在平乏无味的时钟上刻下深深的印记。贝斯的沉闷和执着一次次劈砍开我的皮肉，露出埋藏在深处的炙热的骨头；而它的跃动和欢脱又烹煮着我的骨头，让我不得不翻卷在它极赤诚的旋涡中。它是我在一次次跌倒、一次次困顿中的灯塔，是我深夜学习、备考时的一味祛疲药。

　　我想，这就是贝斯超脱于物质的精神力量，同时也是音乐的力量、艺术的力量。它们往往柔和又包容，在你麻木时又变得尖锐，刺破你眼前深沉的雾霭，抚平你眼底浓浓的乌青。我和贝斯的故事还很长，我的思想被它的节奏缠绕揪扯，我在它的怀里寻找只属于我的乌托邦。

　　直到有一天，我的手指终于真切地攀上了它的肩膀，细细摩挲着那冰冷又坚硬的弦。我尝试着拨动它，果然在那看起来刻板的坚硬里摸到了一种韧性。更加让我惊奇的是，我从贝斯上发现了一种幼苗突破附着在身上的荆棘一般的生命力。在与贝斯纠缠时，时间和空间变得可逾越，我仿佛不在人间。

　　随着指尖的颤动，我的脑海中只剩下振动的余声。我只抓得住那圆钝的声音一瞬而过，而颤动的琴弦告诉我的指尖，它曾来过。我沉浸在贝斯的世界里，沉浸在那个音乐的世界里，沉浸在心脏的噪与贝斯的钝中。即使我无法弹出整段流动的音符，对贝斯小口小口的酌饮也让我无比满足。

　　在那个终于能弹出完整曲子的寒冬里，我走出练习室，迎着如鞭子般的风，欣喜地将冷风咽进肚里，变成小小的火球。于是烈风不再渗骨，血液欢腾，冷气顺着每一个毛孔攀爬。麻木借着指骨不倦地舞动，我的指尖却依旧跳动着，仿佛还提着贝斯在演奏。我挥舞着无知无觉的手，在心中用贝斯对天空嘶吼。我沉溺在贝斯的世界、音乐的世界里，已经全然忘我。于是我摔在石阶最深的缝隙里，抬头凝视着枯枝架起的桥。云被昏黄的路灯氤氲得模糊，暖黄的灯光孕育着跳动的春天。

　　我深深地沉溺进贝斯席卷而来的噪钝中，于是我忘却了人间，只剩一个血液欢腾的冬天。贝斯带来的噪钝是一切精神、思想脱离肉体的感觉。我从中得到安慰和激励、安抚与引导，它像候判所指引但丁的维吉尔，又仿若令人痴慕的贝雅特丽齐。贝斯能演奏出一首首决绝又柔美的诗，每一首都有着深沉忧郁的"唱腔"，每一首结束都给人带来深深的怅惘。于是我忍不住一遍又一遍地听，让心绪一次又一次地跟着贝斯的节奏跑。

我一遍遍咀嚼着贝斯带来的麻痹感，让琴弦的余震煎煮纷杂的神经。我将自己从平乏中揪扯出来，在干涸的心脏里引进绿洲，将自己的思想从日渐匮乏的想象力中解放，为日渐磨平的自己增添棱角。十年、五十年，即使青丝已花白，重新接触贝斯、拥抱音乐，我仍然能从中感受到第一次触碰它时身体的战栗。我依然能想起那无数个贝斯相伴的青春片段，依然能找回初衷和热血。你的热烈与赤诚、你的勇敢和不屈，在长久细密的回忆后，就是对时间飞逝的喟叹与感慨。

由此，我的心脏便不会随身体的老去而衰竭，而是像多年前完整演奏完第一首乐曲后的那种冲动和雀跃一样，再次孕育属于我的春天。我漫步在烟火里、尘埃间，手提的行李只需要一把贝斯和一本乐谱。

雨徒然地落下，我拨了拨弦，只静静地等待黎明的钟声赶来。

（指导老师：李林）

【点评】

这篇参赛作品语言优美，词汇丰富，句式多变，展现了作者扎实的语言基础和良好的语言表达能力。同时，作者通过细腻的情感描绘和丰富的想象力，将个人与贝斯的相遇、相知、相伴的过程娓娓道来，使得整篇文章充满了情感色彩和感染力。作者还通过对贝斯音乐的深入描绘，展现了自己对音乐的独特理解和感悟，这也体现了作者在审美鉴赏与创造方面的素养。总的来说，这篇参赛作品是一篇充满情感、富有表现力的佳作，充分展现了作者在语文核心素养方面的深厚功底。本文获省级一等奖。（桑哲 高校教授）

老胡家逸事

□晋祎（吉林省东北师范大学附属中学高二）

老北京有个手艺人的胡同。胡同里的人不管男女老少都会点活儿，从面人到糖画，从唢呐到唱戏，至少有一样拿得出手。平日里掺着京城口音的吆喝声此起彼伏，攀着缭绕的烟火气，从胡同口摞到巷尾，一日不停地摞了几十年。

老胡家是这里面的一户。

没有气派的四合院，甚至可以说连个像样的屋也没有。几块破木板敲敲打打钉起一支，上头盖几张草皮，里边拿几张布帘隔出来厨房和卧室。屋里算得上值钱玩意儿的，也就墙上挂的一大一小两把紫檀木做的二胡，八角形的琴筒，后面嵌着一个雕木花窗，前口蒙有蟒皮。大的那把，琴杆因为长年磨拉，已略微褪去些浓厚的红，外弦有修理过的痕迹。虽然家里的柜上总是落满灰尘和烟蒂，锅碗瓢盆基本都掉了碴，还从来没换过新，但这两把二胡却永远跟新的一样，干净锃亮。

老胡爷俩就靠这两把二胡糊弄日子。老胡琴拉得很好，《二泉映月》算拿手好戏，尼龙丝仿的弓毛往丝弦上一搭，也能拉出马尾配银弦的效果。邻里们见老胡家地方小，便不常来找热闹，但每每琴声一响，从巷尾直飘到巷口，谁也没法拽住脚步不到那破旧的木屋前去听一会儿。琴虽然拉得相当好，但他却没收几个徒弟。小胡是他儿子，打小耳濡目染，自然跟着父亲学手艺，天赋虽不大好，但是学得认真，拉琴也算规矩。

邻家有个孩子，小名潘子，老胡看他天赋异禀，是个拉琴的好料子，便主动提出想收他为徒。潘子三岁没了爹娘，跟着老胡好歹还有口饭吃，便糊里糊涂地拜了师。潘子和小胡俩小孩也算个伴儿，就这么一直跟着师父学琴。

1998年夏天的一个晚上，潘子转悠回来，衣服也没脱，就兴致勃勃地嚷嚷："师父！隔壁王叔家电视里有个穿西装的男的，肩膀上扛个扁葫芦似的玩意儿，瞅着也像琴，拉起来可洋气了，叫什么东西？"

老胡听见"洋气"，切菜的手一顿，头也不抬地说："小提琴吧，洋玩意儿，没大劲。"

"小提琴？我想学那个！看上去可比二胡时髦多了！"

门帘被掀起，老胡放下菜刀走了出来，眼里闪着点儿火，声音有些冷，像挂了霜："二胡怎么俗了？洋玩意儿就好吗？也没见你学二胡的时候这么来劲！"

潘子有些不服，但是听师父冷下来的声音也没敢再回话，转身又出去了，老胡并没有拦。小胡听见爹提高音量便从卧室里探头往外看，看见爹仍朝向潘子离开的方向，手攥成了拳头，一句话不说。他没敢搭茬，挠了挠头又缩回房，不解潘子几句话怎么勾起爹这么大的火，也没敢开口问。

那天以后，潘子不常来找师父了，倒是三天两头就往王叔家跑，说要看电视。王秉贵也算老胡的旧友，以前跟老胡一起拉琴，后来家里因为拉琴赚得太少差点和他闹翻，只好改行卖货。他看潘子整天心思也不在学琴上了，便叫潘子带了二胡和他来找老胡，让潘子和师父讲明到底还学不学。

"我想学小提琴！比二胡强！小提琴大家都爱听，拿二胡出去我怕被笑话！"潘子攥着二胡喊道。

老胡像浑身被雷劈中一般愣在原地，王秉贵也没想到潘子这么说，赶忙拉住叫他闭嘴。

"好！你小子！这么多年算你师父我白养你！从今往后我没你这个徒弟！你爱上哪学那洋玩意儿就上哪去！"老胡气得浑身发抖，指着潘子破口骂道。

潘子没再说话，撇下二胡头也不回地走了，一走便真的再也没回来。

小胡在卧室里听外面吵得厉害，看着墙上挂着自己也已些许腻烦了的二胡不知该和谁站一边。潘子确实有些大逆不道了，但自己对二胡真就喜欢吗？真就不是因为爹的原因被拉着拽着学的吗？

那一夜，爷俩谁都没睡。老胡坐在门槛上抽了一夜的烟，边抽边咳。小胡本想找爹说说话，但实在听得难受，不知咋开口是好。

潘子走后的第二天，小胡去找了王秉贵，他很想知道爹为什么生了这么大的气，也想知道爹为什么怎样都放不下那把二胡。

王秉贵面对小胡的问题只是笑了笑道："胡扬啊，你还太小，不懂你爹，但是总有一天你会懂的。你爹在坚持一些东西，那东西早晚有一天也会到你手里的。"

小胡不明白，但也并没有继续往下问。

这个插曲并没有很打搅爷俩的生活，只是老胡抽烟比以前频繁了，咳嗽也比以前厉害了，偶尔还需要吃药。小胡问他吃什么他也不讲清，只支吾着说管肺的。小胡叫他去医院他也不听，只说没大事，不要费那个钱。

但医院是不去不行的了。1999 年末的一天，老胡正拉着琴，突然两眼一黑，哐当摔在土砖上，手里的二胡"嘭"的一声落在地上，丝弦在修理处再次断开。

小胡赶紧叫上王叔，背起老胡就往医院跑。医生诊疗以后摇了摇头："肺癌晚期，恐怕撑不过这个年了。"

小胡蹲在医院的走廊里，对面站着王叔，脑袋里还响着医生的话，手足无措地接受着突如其来的噩耗。

"胡扬，你想不想知道，你爹这么多年坚持的是什么？"

王叔的声音突然响起，小胡甩掉眼泪艰难地点了点头。

"我跟你爹是老相识了。我们家里几代都是拉二胡的，传到我们这代自然而然地就接下了祖宗的手艺。只不过我坚持不下去了，其实也挺对不住你爹的。你爹现在拉的是你爷爷留给他的琴，你爷爷临走的时候跟他说的话，他可能从来没给你讲过，但他记了一辈子，也照着做了一辈子。"

小胡抬起头，没待问，王叔的话便又接上了："'我的使命结束了，现在轮到你。握紧这把琴，死都别放。'

"你爹拉了一辈子二胡，不论有没有人听。唯一一次拒绝拉琴是抗日那会儿，鬼子听说他琴拉得好，就想让他来一曲乐和乐和。但是你爹咋都不肯，也不说话。鬼子一气就把那二胡摔了——你爹的二胡弦只断过两次，那天一次，今天一次。"

小胡没有回话，但他懂了。

1999 年的最后一天，老胡走了。

走之前，他攥着儿子给他修好的他爹留下的琴，最后一次拉起《二泉映月》。小胡就靠在床边听着，没说一句话。曲毕，他把琴郑重地交给了小胡，苍白的脸上撑起一丝微笑："儿子，你来一遍，我想听。"

小胡接过琴，强忍着眼泪，握住了琴弓。《二泉映月》再次响起，与前一次同样凄婉，但同样充满力量。

新世纪的第一缕阳光钻透医院白色的窗帘卧在琴声上，小胡拉着二胡记下了爹留给自己的最后一句话："我的使命结束了，现在轮到你了。握紧这把琴，死都别放。"

（指导老师：李艳华）

【点评】

《老胡家逸事》是一个关于二胡艺术传承的故事。"老胡"和他的儿子"小胡"、徒弟"潘子"之间，围绕学二胡、传承二胡技艺发生了矛盾纠葛，"小胡"最终明白了"爹为什么怎样都放不下那把二胡"，也跟祖父、父亲一样，把"握紧这把琴，死都别放"当作自己的使命。故事揭示了民族艺术世代传承的基础就在于许许多多普通人的坚守，给人以深刻的启示。本文获省级一等奖。（钟湘麟特级教师）

草原的呼唤

□康语婷（通辽市科尔沁区第二中学高二）

寒风凛冽而干涩，撞得羽绒服"噗噗"作响，在满是呼啸声的耳边并不突出。晨雾弥漫，世界有种朦胧的美感，像是加了灰白色的高级感滤镜。为了一睹那达慕大会的盛况，我们一家四口已经瑟立在寒风中很久了，视野尽头却仍是一无所获，没有一辆车。

终于，在四道期盼的目光中，一辆车停在我们面前。"上车吧！是不是去那达慕大会的？"我们忙不迭地上了车。"哎呀，老妹儿啊，你咋没打听打听车的时间呢，得亏你来得晚，要前几天，又得等几小时，多冷呀！这时候，人多车少！"司机师傅的热情迅速驱散了寒意，车里变得热闹许多。

"你们当地人是不都看腻了（那达慕大会）？"

"怎么可能？这大会每届都不一样！要不是现在忙了，我一届都不能错过！"

我们不禁又期待了几分。

"说起来那达慕，那呼麦，那气势，每次都能震撼到我。还有什么摔跤、射箭，都很精彩，指定不让你们失望！"司机师傅口气中满是骄傲，勾起了我的好奇心，于是偷偷在网上听了一首呼麦，陌生的蒙古语和独有的旋律别有一番韵味。但此时的我远远低估了呼麦的魅力。

一个小时的车程在畅谈中很快过去。我们站在了草原上，辽阔无垠有了具体的概念，天高地远也变得亲切。出生在内蒙古，却头一次见到草原，有些遗憾。来的人已经很多了，都在拍照等待大会的开始。或许是被这方水土所影响，又或许是风景的魅力，尽管有些人已经等了很久，手机都快拍没电了，爽朗的笑声仍充斥在这计算不出体积的空间。

五彩烟雾迸射，大会开始。我们坐在观众席上，忽听到一阵声音传来，仿佛千军压境，地面震感也明显许多。我们站起，伸着脖子努力向远处眺望。只见万马奔腾，旗帜飘扬，让人热血沸腾。观众席上传来一阵欢呼——当然有我的一份力。"马阵"很快向我们"袭来"，看得更加清楚。马背上的少年们笑得自由肆意，身体前倾，一只手握着缰绳，一只手攥着旗杆高举，马在他们的一声声"驾"中驰骋，速度飞快。在他们的蒙古袍、头发乃至旗帜上都看到了风的力量。这样的美是那样的毫无保留，是那样的野性自由！"鲜衣怒马少年郎"出现在脑海中，挥之不去。

没有报幕，没有主持人，没有花里胡哨，他们利索地布置好场地，就准备开始下一个节目了——有的是他们展示自己民族文化的渴望与急切，有的只是质朴与直接。周边有些本地人开始向我们介绍，接下来要开始的是呼麦。

台上架起了鼓和麦架。表演者依次上台，其中两个人手中拿着马头琴。一阵急促的鼓声响起，气势磅礴，而后慢慢减缓，接上了背景音乐，悠扬而神秘。主唱声音低沉沙哑，和着音乐，仿佛与音乐合为一体，成为另一种乐器，为音乐增添了一抹厚重感。低低的吟唱与鼓点儿，让我们不禁屏住了呼吸，却在马头琴加入的一刹那骤然变化，整个世界仿佛忽然明亮。鼓声震天，马头琴手随着拉弦的节奏抖着腿，点着头，气氛欢乐而轻松，主唱声音也越发清晰。而此时，观众席上的众多本地人仿佛彩排过一般，共同吟唱起来，一时之间，天地间有了回声。高如登苍穹之巅，低如下瀚海之底，宽如于大地之边，这个世界仿佛有了边界。四面八方的声音汇到一起，却出奇地和谐、震撼，这是一种来自民族记忆深处的久远回音，是民族的伟大力量。而我们，在领略这样的风采，也在见证各民族的交融与发展。

歌曲接近尾声，鼓声逐渐消失，主唱也收了音，就在我们要站起鼓掌时，又被一阵悠扬厚重的声音夺去了注意力。两个马头琴手一反刚刚的欢快，拉弦的手以缓慢的速度弹奏出的音乐深沉又粗犷，仿佛在低低地诉说着民族的历史。音乐结束，我们还沉浸在这一场一波三折的艺术盛宴中，久久不能平复。

回家路上，载我们的竟还是送我们来的那个师傅。我们已经相熟，谈着这盛会的精彩。谈起这又遇见的缘分，师傅笑着说："在这开车的人不多，时间长，路还不好走，容易出事故。我这是技术好，就盯上这活儿了，挣钱嘛！"他接着说，"这几年，这大会才开始火起来，人就来得多了。不过，我们这大会火起来真是应该的！"我们都点头，表示赞同。

不仅是因为这个民族艺术的精彩，更是因为我知道民族团结交融的时代驱动力不容小觑。这是来自草原的呼唤，是草原上的民族对世界的呼唤！

（指导老师：刘淑杰）

【点评】

文章题为"草原的呼唤"，意在描述草原文化瑰宝对人心的震撼与对世界襟怀的敞开。文章诸多细节描摹真实且生动，比如"羽绒服'噗噗'作响""辽阔无垠有了具体概念"等。作者在叙事的过程中融合了描写、议论、抒情等多种表达方式，加深了读者的印象和认识，"马阵""呼麦"等都让大家切身感受到蒙古族文化的民族内涵和民族情感。首尾处借司机的话语侧面赞美那达慕大会的精彩，结构圆融。结尾点题升华，勾起了人们对草原传统活动的无限向往。本文获省级一等奖。（劳雅丽 特级教师）

化琴

□许家悦（江苏省常州市田家炳高级中学高一）

我本是株垂垂老矣的枯木，纵百载光阴匆匆流逝，最终留给我的，只有那枯枝败叶。如今早已不必在乎生存，就算电闪雷鸣又何妨？是以在枯败之日，闪电给予我重重一击，随之引起熊熊山火……

好似长梦初醒，只是我不再是原来的我了：人们称我"雷击木"，是上好的木材。有人又为我缠上七根粗细不均的线，还起了个新名字——瑶琴。

第一个来抚弄我的人叫成连，他每每弹拨，就算是我也不禁沉醉。不过他的弟子并不讨我喜欢，三年学琴，明明技艺精湛，却弹不出成连那般令人拍案叫绝的曲子来。琴，对他来说便只是工具，奏出声音的工具，他好似生来就如此冰冷、生硬。成连也感受到了，他在与那位小徒弟对弹后，捋了捋胡须，语重心长道："伯牙，你三年下来琴艺愈发精湛，不过你还少一样东西，我属实不才，教不了你。"成连眯着眼，悄悄观察着伯牙的反应，"这样，为师的师父方子春可谓是一代宗师，他老人家长居蓬莱,过几日我们一起去寻他。"伯牙的眼睛似是亮了一亮,连忙答应。

终是到了蓬莱,成连将我赠给了伯牙,说自己先去找方子春。伯牙信了,日日抚琴,我并没有感受到他的情感,好似空壳,如我还是枯木时一般,只有动听婉转的曲,不见刻骨铭心的情。伯牙终是等不到成连,毕竟他早已离开,仅留他一人在名为蓬莱的孤岛上苦苦等待着可能完全不存在的方子春。高山连绵起伏,偶有鸟雀飞过,茫茫天地大,渺渺如一粟。他看向我,没有被欺骗的愤怒,只是一种如深深黑夜探不出,又不似一摊死水般无趣的极其复杂的情感:"将你留给我,是抛下我了吗?"他将我抬起,欲摔下去,却又收回手,带着我找到了一处山谷。

他将我放平,抬手轻轻一弹,倒如那水波漫漫,空灵辽远。这一弹,又含了他多少悲、多少苦?那水波渐行渐远,他便再拨一弦,出手,又在琴尾处撑着。他伸手去扩大那水波,涟漪层层,思虑万千,流水浩浩荡荡,只是激起便是抚不平、流不尽的。多少次视我为工具,我便只觉自己内心深处也不过是株枯木;而如今他视我为友,才以曲向我倾诉着自己的情绪,我知晓的,便是枯木化琴,也是可以产生美妙的乐曲的。

一曲弹罢,伯牙自己也是心下一惊,琴技提升的最后一样便是情感,那是他自己从不曾去考虑的。

"原来方子春是自然,自然便是方子春。"他摸着我,指尖触过我身上浮刻的花纹,眼底是抑制不住的欣喜,我这株枯木竟也跟着充满欢欣。

后来他带我回去,拜谢了成连,幸而成连没将我收回,我伴着他成为远近闻名的大琴师。但心思充盈着乐曲之美的人,却活在这个人人自危的世界。伯牙只能空守着心,独奏着孤冷的曲,没有人会懂得他,虽是早已离开了蓬莱,他好似依旧在那孤岛之上。枯琴无语,我也不好劝慰,能为他做的也不过代替他向尘世吐出心声罢了。是夜,月照深林成疏影,水流浅沟聚游鱼,情深悠远寂寥,但枝干折断的声音显得过于突兀。伯牙吓了一跳,断了我一弦。

"先生不要怕!在下只是打柴人,听得先生一曲,不由得痴了。"

"你懂琴?那还请告知我方才所弹为何曲?"

"孔子赞颜回的曲子,不过第四句时断了一弦实是可惜了。"

伯牙听闻,喜难自抑,忙邀他来听自己弹一曲,那打柴人像是能读出伯牙的心事,情不自禁赞赏起来。我能感到伯牙是欣喜的,甚至比当年悟情时更喜一层,"情"字好寻,知音难觅,多少悲怆的曲子终不及这曲激动欣喜的悦耳。两人互通姓名,那打柴人,叫钟子期,他们约定好下一个中秋再会,便含泪分别。

但第二个中秋,只有冰冷的坟冢在他们相会的河边等待着伯牙。伯牙悲痛万分,坐在钟子期坟冢旁,弹响他们初见时的乐曲,似巍巍高山轰然倒塌,涓涓流水流到尽头,他滴滴泪花滴落在我身,欲说还休,只他一人的孤凉。

他将我抬起,狠狠摔了下去。我不怨他,钟子期已死,世间便再无伯牙,世间亦再无枯瑶琴。

我是一把被摔断了的瑶琴,但我有情,应会在这残破琴声下,再有枯木逢春的那一天。

(指导老师:曾轲)

【点评】

本文将家喻户晓的"伯牙学琴"的故事新编,取几点因由,随心意点染。在把握古人古事精神的基础上,进行想象虚构、细节描摹、气氛渲染,将故事讲述得细腻充盈。文章将瑶琴人物化。瑶琴作为叙述者、见证者、领悟者,颇有意趣。最后的点题水到渠成,令人击节叹赏。从开篇枯木化为结尾瑶琴，改变的除了有外在的形，还有内中的意——有情，方能枯木化琴。其实，"艺术需有情"的题旨并不算新颖深刻，然而文学的趣味至少有一半来自巧妙构思与精彩讲述。本文获省级一等奖。（岁雅丽 特级教师）

唱片店里的音乐家

□梁家睿（湖南省津市市第一中学高二）

我的童年，那段无忧无虑的时光，是在泥巴街悄然度过的。那是一条再普通不过的小街，灰色的水泥地面，星星点点的店铺点缀其间，还有路旁那几盏随风吱呀作响的路灯，无论从哪个角度看，都显得那么平凡无奇。

然而，就在这条街的东头，却藏着一家与众不同的唱片店。它的屋檐下挂着一串风铃，每当微风吹过，便会响起一阵清脆悦耳的碎响，仿佛是大自然的乐章，引领每一个踏入店内的人进入一个全新的世界。

推开店门，映入眼帘的是店内简约而不失雅致的陈设：门口的枫木柜台，透出岁月的温润；墙边摆满了各式各样的唱片，每一张都承载着不同的故事和情感；桌子上的唱片机，静静地等待着下一次的旋转；而屋子中间，则摆放着一架略显古老的钢琴，它仿佛是整个店铺的灵魂，散发着迷人的魅力。

这家唱片店的老板，名叫阿鑫，一个三十多岁的中年男子。我第一次误打误撞地走进这里时，他正闭着眼睛，沉浸在唱片带来的美妙旋律中，躺在摇椅上轻轻晃动着。直到我出现在他面前，他才恍如从梦中惊醒，不好意思地抓了抓他那乱糟糟的鸡窝头，轻轻地放下唱针，微笑着问我："是来买唱片的吗？"

我支吾了半天，最后只挤出一句："我就进来看看……"

他笑了笑，扭头望向屋子中间的那架钢琴，问我："你喜欢音乐吗？"

我用力地点点头，心中充满了对音乐的热爱和向往。

"那我给你弹首曲子吧，怎么样？"他兴奋地站起来，跳到钢琴椅上坐下，拍拍椅子的另一边，示意我过去坐。

我有些迟疑，但还是走了过去。他见我这样，便一边打开钢琴盖，一边问我："你觉得音乐是能够被看见的吗？"

音乐能被看见？这个问题让我有些愕然。我刚想开口询问，阿鑫的手指已经轻触琴键，优美的旋律瞬间流淌而出。我来不及思考，便闭上眼睛，沉浸在这美妙的音乐中。我仿佛看到了蔚蓝的大海冲刷金色的沙滩，微风吹拂着白云，轻轻拂过我的脸颊……

等等，风？哪里来的风？这感觉太真实了！我猛地睁开眼，却惊讶地发现，屋内的一切竟然已经消失，取而代之的是一望无际的大海。我竟然站在了海堤上，海浪的声音清晰可闻，海面在阳光的照耀下荡漾出金色的波纹，空气仿佛变成了温顺的绵羊，一只只趴在我的身旁……我瞪大了眼睛，不敢相信眼前的一切。

然而，这只是一个开始。随着阿鑫的弹奏，周围的景色开始变幻莫测，一会儿是繁星点点的夜空，一会儿是绿草如茵的草原……我仿佛置身于一个奇幻的世界中，无法自拔。

当一切归于平静，我又回到了那家唱片店。阿鑫已经弹完了曲子，正微笑着看我。我惊叹道："你是怎么做到的，这么神奇？"

他托着腮，装作仔细思考了一番，然后神秘地说："这个嘛，是秘密。"他的手指在琴键上轻轻跳动，一只海豚竟然从键盘上跳出，在空中游弋了一会儿后，又跳回键盘里，溅起一圈圈星光。

这便是我与阿鑫的初识。从那以后，我几乎每天都到那家唱片店，去"看"音乐。我称阿鑫为魔法师，但他更乐意别人叫他音乐家。他说："这有什么值得称赞的，音乐本就如此神奇，只不过现在大多数人都感受不到了……"

阿鑫很少谈及他的过往，每当我问起，他总是避而不答。我去问泥巴街的其他人，他们也只是摇摇头，说阿鑫是个神秘的人物。一听我说阿鑫会弹钢琴，他们便哈哈大笑起来："他会弹钢琴？叽里咕噜的，我可听不懂。"

我愤愤不平地去找阿鑫倾诉，他却对此习以为常，不以为意地说："只是每个人的喜好不同而已。"然而，我注意到他默默地攥紧了右手，仿佛那里藏着他不愿提及的秘密。

阿鑫铺子里的唱片，大多是些老歌。他说这些都是"时代的精华"，每一首都承载着那个时代的记忆和情感。一说起这些宝贝唱片，他便会拉着你围在唱片机前，滔滔不绝地讲个不停，直到你听得头晕眼花。

有一次，我问他为什么不自己写写歌，他擦唱片的手顿了顿，将脸藏在唱片后，好一会儿才说："我的作品发表出去，也应该没人会欣赏吧。"

"我会！"我冲他喊道。他放下唱片，向我挤出了一个十分难看的笑容，然后走向钢琴。

我跟着他坐在钢琴凳上，他埋着头，双手放在黑白琴键上。我看不见他的表情，只注意到他的手在微微颤抖，但迟迟没有按下一个音符。忽然，他的手游走起来，随着琴键的不断跳跃，周围的一切都暗淡下来。高音闪烁跳动，化为点点星光，凝在夜幕上，抹开道道银河；低音浑厚流淌，化为缓缓波流，铺在大地上。水天相接，钢琴如小舟一般，随着波浪起起伏伏，静得可怕。

"轰隆"一声，天边响起一道炸雷，随后一团团黑云压住了天，脚下的水流汹涌起来，大浪一个接着一个拍打过来。头上是闷雷滚滚，脚下是浪头汹涌，我吓得慌忙抓住凳子，而阿鑫依旧投入地、全力地弹奏着，好似末世中的歌者，在风暴中摇摆不定的船上极力呐喊。忽然，一个大浪猛地打来，将我们打翻在激流中，迎面而来的是令人无力的窒息感。

阿鑫弹完曲子后，好久都没有回过神来，只是静静地望着琴键。那一刻，我仿佛看到了他内心深处的孤独和无奈。

由于上学的缘故，我不得不离开泥巴街。离开的那天，阿鑫站在车后，笑着冲我挥手。他高瘦的身影在人群中渐渐变小，最终消失在来来往往的人流中。这一别，就是好几年的时间。

日子一天天过去，天上的星星来了又去，同学们讨论的新歌换了一批又一批，而我，却总是回想着与阿鑫一起听唱片的日子。那些唱片虽然年代久远，但每一次聆听都能让我感受到新的奇幻和美妙。阿鑫曾说，那是大师们用音乐讲出的他们的故事。

我对同学们口中的新歌并不感兴趣。纵使作者向里面铺满了抓耳的旋律，塞进大量音效，那也只是无神的躯壳。我很惊讶，为什么从这些音乐中，我明明听到歌手唱出"星辰大海"，却看不到繁星满天；明明注明"完全原创"，我看到的却是来自不同歌曲的音符凑在一块儿唉声叹气。我不敢想象，音乐竟然没有了灵魂，如此干瘪空虚。一项本应绚丽多彩的艺术，被折磨成了这般模样。

我好像能明白阿鑫那时的话了。也许，并不是人们看不到音乐，而是这个急躁繁杂的世界冲刷掉了音乐的灵魂，将音乐变成了牟利的工具。如此，人们又怎能从中看到什么呢？

周围一片空白，听着机械的"动次打次"，我感到莫大的不安和空虚。于是，趁着一次长假，我逃回了泥巴街。

路面经过翻新，铺上了柏油，大小店铺也换上了新招牌，但阿鑫的唱片店没有变，屋檐下的风铃仍在清脆地唱着。我推开店门，阿鑫还是老样子，顶着一头鸡窝似的头发，在靠椅上优哉游哉地晃荡着。

几年过去，我长高了不少，模样也有些许变化，但阿鑫一眼就认出了我。我们相视一笑，仿佛回到了过去那些美好的时光。他告诉我，由于生意不景气，他也开始教起了钢琴。说起这个，他明显高兴起来："那些孩子弹奏时，眼神都是清澈的，看着音符在他们的手指边舞蹈，简直和我那时学琴时一模一样……"

他突然顿住，长舒一口气，然后选择了继续说下去。原来，小时候的阿鑫也同那些孩子一样，被奇异的景象所吸引，怀着极大的热情去学了钢琴。二十多岁时，激情满满的他写了人生中的第一首曲子。当时有个人找到他，声称能帮他将曲子发表出去，但条件是要签上别人的名字。

"因为你不红。"那个人直截了当地解释道。

阿鑫听罢果断拒绝，把人给赶了出去。此后，他拜托一位朋友帮忙，将他精心雕琢后的成品发表。然而，这首作品却如同扔进大海里的石头，被淹没在了正在兴起的商业化浪潮里。

"很可笑，是吧？精心打磨的原创竟比不过十来分钟拼凑的潮曲。"阿鑫摆摆手，站起身，从墙角拉出一个小箱子。他拍拍上面的灰尘，郑重地打开，摸出了几张唱片。套封很普通，上面只有两个飘逸的大字——"阿鑫"。

"那件事之后，我托那位朋友帮我灌了几张唱片。"他将其中的一张交给我，笑着说，"还记得第一次见面时我弹的曲子吗？喏，现在给你了，上面还有我的亲笔签名哦！"

我看着手中的唱片，心中涌起一股难以名状的感动。愣了一会儿，我也笑着回应："音乐家阿鑫送的礼物，那我可要好好珍惜！"

我拆开套封，轻轻地拿出唱片，放上唱针。熟悉的音调传入耳中，昔日的奇幻景象再次展现在眼前。我与阿鑫坐在海堤上，听着阵阵海潮声，眼望着海面在阳光下荡漾出金色的波纹。空气仿佛温顺的绵羊，在优美的旋律中慢慢晃悠着……那一刻，我仿佛又回到了那个与阿鑫共度的奇幻世界，感受到了音乐的无穷魅力和魔力。

（指导老师：谌志惠）

【点评】

《唱片店里的音乐家》是一篇充满奇幻色彩与深刻寓意的作品。作者以细腻的笔触，描绘了一个隐藏在平凡街道中的神奇唱片店，以及店中那位名为阿鑫的神秘音乐家。通过"我"与阿鑫的相遇，读者被带入了一个由音乐构建的奇幻世界，感受到了音乐的无穷魅力和魔力。这篇作品让我们重新审

视音乐的价值和意义，也让我们更加珍惜那些能够触动心灵、激发想象力的音乐作品。本文获省级一等奖。（桑哲 高校教授）

当钟声响起时

□林涵（西南大学东方实验中学高三）

214步，那是从教室到三楼琴房的距离。在前几年，这三个阿拉伯数字比我家门牌号更令我印象深刻。

我的视线落在门把手上，锈迹斑驳，陈旧不堪。我轻轻推开门，眼前的景象令我一怔，空荡寂寥的房间布满灰尘，如囚笼一般狭小，只有我皮鞋后跟的声音在木地板上回荡。这与我记忆中总是明亮宽敞的琴房截然不同。对旧事物的缅怀总容易带进美好的滤镜。

回琴房看看只是一时心血来潮，从那年放弃以后，我有五年没有触碰过琴键了。窗外应景似的响起知了的鸣叫，我下意识抬头瞄了眼身后的老式挂钟，八点一刻，是回家的时候。从前我会在这里练习四个小时，直到八点一刻，这曾是我人生中最为重要的时间节点。倘若未选择放弃，现在我是否还会练习到这个时刻呢？头顶上的风扇发出"吱呀吱呀"的喊叫，为这闷热的夏夜带来一缕凉意。我思绪纷杂，脑子里像被人随意抹在墙上的糨糊般黏稠，缠得我无法思考。

钟声响了。

我站起身来向门外迈步，却感到一丝令人不适的眩晕感。兴许是供血不足吧，我心想。我甩了甩头，想把眩晕感连同那些深埋在心底的懊悔与不甘一并甩走。

"妈妈和你说的比赛考虑好了吗？手伤真的是原因吗？"声音忽远忽近。

手伤是我多年不愿揭开的伤疤，刻在我心底。因为打球误伤了手，我放弃了那场于我人生有转折性意义的比赛，放弃了钢琴，放弃了我自己。

我猛地低头看了看右手上的那道疤，触目惊心。在几分钟前，它还是已随着时间的推移慢慢淡化的伤口，好似淡出我的生命。可为何它又变得如此鲜活，像带有生命一般，伴随着阵阵的痛意漫延，渗入我的心脏，全身被这种异样的痛感所包围。

钟声再次响起，随之响起的是妈妈的声音。

"回家再说吧，今天老师和我说你最近上课心不在焉……"

我抬起头注视着那张熟悉又陌生的脸。许久未见，好像少了些皱纹，又好像多了丝活力。因为放弃理想，我与家里人大吵一架，一气之下报了北方的院校，远走高飞。我与妈妈之间的关系自此降到零下，仅停留在过年打个电话寒暄的程度。

"妈，你怎么在这？"我缓缓张开口，发出的却是同十六岁一般变声期的少年的声音。

"什么'怎么在这'？我看你打球不是伤手，是伤头了吧？"妈妈的眉间拧出"川"字，眼睛上上下下扫视着我，仿佛我精神真的出了问题。

好像有人往我脑袋里扔了增稠剂，上课、打球、比赛……突如其来的巨大信息量压得我喘不过气。带着这一脑子糨糊，我上了车。一路向北，窗外掠过的是这座老城的夜景。我看到了楼下的沙县小吃依旧客人爆满，我看到了那只总爱趴在榕树下偷懒的哈巴狗，我甚至听到了社区广播准点播放的那首《明天会更好》。

没变，没变，一切都没变。

周遭的一切犹如一把把不带刃的剑，戳进我的五脏六腑。到家后我冲进洗浴间，用一捧一捧的冷水扑打自己试图清醒过来，可都徒劳无功。窗外不知何时下起了点滴小雨，闹钟上的秒针"咔咔"地弹跳着，衬得夏夜蝉鸣更加嘈杂。我闭上眼睛，感受着太阳穴上紧绷的神经一根根被挑断。在琴房感受到的那一抹凉意，好似灌入我的身体。

我重温了一场清醒梦境，回到了 2018 年，回到了放弃一切理想的那一年。

可我想要改变这一切，碌碌无为的生活不是我所期望的。我想要的，是站在台上，指尖与琴键交触，感受着灵魂与艺术的碰撞，迸发出的一切音阶的交替都令我着迷，那是慰藉我精神的良药。从指间流淌出的旋律，从一开始，仿佛就在描绘一根原本存在的音弦。

我开始了两点一线的练习生活，四个小时，八点一刻，日复一日，同往常一样。我忍受着伤口带来的痛楚，突破了当时导致直接选择放弃的瓶颈。时间很快就将我带到了比赛当天。我坐在场馆门口，手指在大腿上轻敲着，模拟的是乐谱的节奏。放置在门口的那座笨重的摆钟被人敲响，那是入场信号。我的心也随之震响，那是坚持的映照。

《九月雨的心脏》，重振了我的勇气。

我深吸了一口气，迈着坚定的步伐走向大门。

我回到了琴房。

在我眼前，等待着我的，只有那一架三角钢琴。我抬头看了眼表，九点整，我还是回来了。我上前一步将挡板打开，用指尖轻轻点触着一个又一个的黑白琴键。我的内心似乎被那一场似真似假的梦境给点燃了。

我决定，重拾梦想。

这次，我不会再选择逃避。我的梦想是触手可及的现在，而不是遥遥无期的未来。

雨水汇聚成的小池塘倒映着夜的黑，我向前一步，黑色融进了白昼。钟声回荡在这座寂静城市中，车灯，独属于南国温热的风，带来了熟悉的记忆，湿润了我的眼睫。

未来的舞台等待着我的到来，朝着溅开的飞沫，拾起过往，琴键乐谱中的音符，沿着白昼的轨迹，我将到达理想的彼岸。

（指导老师：杨建功）

【点评】

《当钟声响起时》一文以心理描写为主要手法，生动细致地描述了"我"重回琴房的感受和重拾梦想的过程，展示了艺术的巨大魅力。文章将写景、叙事、抒情紧密地融合在一起。多次写"钟声"意象，赋予其丰富的内涵，它是"我"往昔学琴生活记忆的标识，又是推进心路历程的线索，更是坚持理想追求精神的象征。本文获省级一等奖。（钟湘麟 特级教师）

艺术家

□毛逸灵（浙江省余姚中学高一）

2011年，上海下雪了吗？我已经不记得了。或者说已经过了十二年后的现在，我作为两个孩子的爹，早就不关注魔都了——这座燃烧过我生命的城市了。但认真想起来，我仿佛还能在每一个夜深的梦里看见一双烈火般悸动的眼睛。十二年前那个倔倔的青年好像一直被埋在我记忆的雪底下。嘿，石强。

当年我也是这样认识他的。那时候我还是上海那么多追梦人中的一个，每天十一点下班的社会边角料。某天我熟练地摁灭整层楼的灯，背着破破的公文包下了楼，迷迷糊糊瞥见了一个邋遢的身影，蹲坐在大楼下的石阶上，笨拙地用右手给左手缠着绷带。说是绷带，实际上不过是一条脏兮兮的布条，想必是从这小伙的破背心上扯下的。他察觉到二楼的灯灭了，轻喷一声，吃力地站起来，双手撑着膝盖痛苦地抬眼白我。我没说话。

他见我优哉游哉地锁上大门，又叹了口气，沉重地将自己砸向石阶。鬼使神差，我决定去看他一眼。我矫健地跳下去，也坐在石阶上，摔得屁股痛，仍旧不说话。我轻轻地坐在他旁边，轻轻地从包里掏出手电——没有这东西我每晚回出租屋怕是要摔得鼻青脸肿。轻轻扣下开关，照向他的伤口，汩汩血流。他从牙缝里挤出一个谢字，之后就毫不客气地借着光包扎。

不知道为什么，看着他倔强的神情，总让我想到老家的狗。土黄色，好像永远都洗不干净；总是到处跑，但不知道在跑什么。他开口了："哥，你能陪我待会儿不？"他灼热的眼看向我。

我默默点点头，虽然已经很累了，但明天是单休日，好歹能随心一个夜晚。和别人聊聊天，没什么不好。"哥，我是安徽的。你打哪儿来？"

丝毫不带偏见，我感觉他呼出的每一口气都是黄沙漫漫的，但他的眼珠子是那样纯粹的乌黑，又像是炽热到能喷出火来。"我也是安徽的，勤力村。""哥，我没听说过你们这村。我七岁就来上海了。"

我皱着眉头看了他一眼，这一看打开了他的话匣子。两个人随意地瘫坐着，他轻轻松松地给我讲从七岁到如今十五六岁他的经历。他一定说这是经历，我觉得这是实在意义上的遭遇，甚至是灾难。毕竟没有哪部苦情电影里的主角像他一样，第一年当童工就被砖头砸掉了两个指头，后来还有两年和杀人犯共处一室。他说这些都不重要。他拧着眉毛，最后缓缓地告诉我，当初来上海，是想圆一个音乐梦。他说他早晚要参加超级男声，去拿个十强回来。他说他叫石强，天生就是十强的命。我渐渐来兴趣了，这小子聊天儿像说书似的，蛮有意思。

他说五六岁的时候爸爸教他怎么在城乡接合部的垃圾堆里寻宝，以及他是如何机缘巧合下拾到那盘磁带，好奇地插入村长家的收音机。那时候，一首首残缺的重金属摇滚乐激发了他瘦小身体中的狠劲儿。他甚至动过日日夜夜听那些歌的念头，但村长老婆的鸡毛掸子太厉害，他只能一边跑一边哭，一边嘴上诅咒这个狠心的女人。

他说他来上海后遇到过很好的人，一个四十多岁的老工友残疾后将一把正式的吉他——相比于他在工地上没日没夜地号叫，伴着一把老旧的吉他总还是更动听些的——送给了他。没学过，啥也没学过，他只能用长满老茧的手慢慢抚摸着几根细细巧巧的弦，总算探出了调子。反反复复弹几首儿时听过的甚至不知名字的歌，他的七八年就这样浸泡在苦水里过去了。

他还说："哥，虽然咱是第一次见面，但以后我成名了一定能给你签名。"我抱着公文包轻轻笑了，这小子还没被岁月毒打够吗……他郑重地坐直，直视我，一字一顿："我一定会成为艺术家的。"我也困了，看着陆家嘴通明的灯光，眼睛里涩涩的。"嗯嗯，你一定会成功的。"我半哄半骗地撂下话就走。

迷迷糊糊朝出租屋走去，他在背后追加一句："哥，我一定会找到属于自己的艺术的。"我回一声疲惫的"嗯"。他又激动地喊："你也会的！"我笑了，这种话，就像烟，都不用刮风，走两步就散了。换作是我再年轻四五岁时，肯定也会没头没脑地相信这种说辞。但我已经是个单休无年假的产出机器了，最好的艺术就是坦然接受生活的折磨。

我也不知道为什么今晚我会想到这么多往事。越来越接近过年了，我们打算明天启程回安徽老家。两个孩子小小的身体轻微地随呼吸起伏，像两座小小的峰峦似的。我深深闭上眼，马上回安徽了，这么多年过去了，也不知道石强过得怎么样了，但愿他已经实现艺术梦了。不过现在想想，他真的很勇敢，或者说是莽撞。我两个崽子才四岁，老婆就逼着他们学钢琴和朗诵，每个月得烧掉近万块钱，也不知道是想浇灌出什么卧龙凤雏来。这样真的能学出艺术来吗？倒是石强野生彪悍的心能生长出艺术吧。

闭上眼安心躺下，我眼前开始浮现他抱着闪闪发光的吉他，酷炫地站在大舞台上接受台下听众的注目和尖叫。石强，那么要强的一条土狗，肯定已经圆梦了。我昏昏沉沉地睡着了。

回到老家，又是随处可见的土狗，倔倔的，脏脏的。我总不由自主地想到石强。今年天气蛮冷的，安徽下雪了。除夕那天，我带俩娃去放爆竹。拐过熟悉的街道，来到一片空旷的场地。正准备点火，一个灰色的男人平淡地告知我们，这里一会儿要进行锣鼓吹打，不要放爆竹。我的眼睛对上他的眼睛，一种电击的感觉爬上我的心脏，我刚要开口，他拢了拢灰扑扑的毛领，拍拍手走了，我觉得更像落荒而逃，不是逃离我，是逃离年轻的自己，那个在手电的光下勇敢发出自己的光的少年。俩娃只觉得扫兴，和我一起窝窝囊囊地回家了。

吹打的喜庆活动开始，我丢下全家人来赴约。没有人邀请我来看，也没有多少人来看，不过是一个小小的广场上一支残缺的队伍蹩脚的表演罢了，哪有手机精彩。我在冷风里缩了缩脖子，一眼就抓住了最角落里那个灰蒙蒙的男子。石强。他吹着唢呐，摇头晃脑，一副职业乡村音乐家的样子。我忍不住被他逗笑了，他还没发现我，继续卖力地吹着。笑着笑着，我被寒风逼出了眼泪，石强，在我心里你已经是全国最强的艺术家了。

虔诚地听完他的演奏，我目送着他快速地收好器具。别人都直接回家了，他迟迟不肯走，深深地对面前的空地鞠了一躬，走了。

回家了，我一边回想着他的谢幕，一边听到老婆又在训斥俩娃不好好学诗。令人心烦意乱的打骂声闯入我的耳膜，汇成十二年前那声"哥，我一定会找到属于自己的艺术的"。新年的鞭炮在窗外炸开，像是庆祝谁的新生，又像是歌颂谁的落幕。

（指导老师：程载国）

【点评】

作者用自己的叙事视角和情感深度，将读者带入了多年前上海的雪夜，又停留在安徽老家的角落，让我们遇见了怀揣音乐梦想的青年石强，走进了一个关于梦想、艺术和生活挣扎的感人故事。文中的情感渲染十分到位，作者通过对石强生命韧性和艺术理想的形象刻画，以及主人公自身对生活经历的反思，展现了人物内心世界的复杂性和丰富性，以及对艺术价值理解的多元性。文章采用第一人称的叙事方式，带来小说虚构的效果，也使得故事更加真实可信。文章语言质朴而充满力量，作者巧妙地运用了描写手段和修辞手法，增强了文章的表现力和感染力。本文获省级一等奖。（包学菊 高校教授）

因热爱跨山海

□薛凯心（山东省曲阜市第一中学高一）

主持人余音：听众朋友们，大家好！欢迎收听 FM90.0 兆赫，中央人民广播电台《音乐之声》节目。我是主持人余音，本期节目的主题是"因热爱跨山海"。我们请到了一位传奇歌星，他在音乐之路上，克服重重困难，执着追求对音乐的热爱。这位歌星有着怎样的成长经历呢？下面，请把话筒交给他，让他来讲述自己的故事。

歌手：感谢主持人！听众朋友们，大家好！我出生于台湾，从小就活泼好动，对新鲜事物充满好奇。虽然因为顽皮常常惹得大人生气，但也有例外，那就是见到钢琴的时候，我就会立刻安静下来。见到钢琴的第一眼，我就深深地爱上了它。母亲发现了我的音乐爱好，用家里所有的积蓄给我买了一架钢琴，给我请了当地最好的钢琴老师。看到老师纤细的手指在八十八个琴键上舞蹈，美妙乐曲如同清风流水般从钢琴里流出，一份热爱、一份执念，就深深地进驻我的心田。在母亲的严格要求下，加之我对音乐的敏感，我学得特别快，一般乐曲，老师弹奏一遍我就能复弹出来。

年少的时光倏忽飘远，我在音乐方面有了些积淀后，开始了自己的音乐创作，写了些歌词并为歌词谱曲。十八岁时，我参加了一档综艺节目，希望获得评委的认可，找到展示音乐才华的机会。但评委说我口齿不清，写的歌也让人听不懂。在我打算离开时，主持人看完了我的歌谱，叫我去他的唱片公司打杂。虽然是打杂的工作，但我坚信，我离梦想又近了一步。

这期间，我写过很多歌，但总是被拒绝。他们看不懂我的作品，听不懂我的歌。我很难过，因为我把最真挚的情感都融入了歌曲中，无论是爱国、亲情、爱情还是为事业而拼搏的歌……为什么就是遇不上能懂我的人呢？

但是我从没想过放弃，创作歌曲是我的生命，我怎么会因为别人的不理解而停步呢？我相信凭借我对艺术的热爱和不懈努力，我终将会遇到"伯乐"。

主持人余音：这样看来，您的音乐之路充满坎坷，您又是如何走向成功的呢？

歌手：在公司工作了一年多，有一天，老板将我叫到了办公室。我当时忐忑不安，以为是老板要将我裁掉。但他不是要裁员，而是交给我一个任务，让我在十天内写完五十首歌。如果他能从中选出十首，就给我出专辑。我欣喜若狂，这可是个千载难逢的机会。

接受任务之后，我飞奔到超市买了两箱泡面，开始闭门写歌。我静静地坐在那里，手中拿着一支笔，不时地在纸上轻轻划过。我的脑海中充满了各种思绪、各种情感，有一路走来的艰辛、对艺术的狂热、对生活意义的思考。一串串美丽的音符伴随着这些想法在脑海中显现。我仔细雕琢每一句歌词，日日夜夜，废寝忘食。

十日后，我真写完了五十首歌。我满心欢喜地找到了老板，可他却给了我"当头一棒"。他说这些歌曲他一首也听不懂。我的心情沉重，犹如乌云密布。失望像冰冷的箭矢，无情地射向我的心灵。我开始怀疑自己：难道我写的歌，真的不被大家接受吗？难道我热爱的艺术之路，真的走不通吗？

这期间，我创作了《星晴》。这首歌从作词作曲到和声，都由我自己完成，它以星空为背景，以爱情为主题，讲述了关于爱与梦想的故事。歌词中"手牵手，一步两步看天空数星星"，既表现了我对童年生活的回忆，又表达了我对爱情的憧憬——那种纯粹、简单的爱情。背景音乐简单而恬淡，就像是雨后干净的天空。之后，我又创作了《可爱女人》《龙卷风》《简单爱》《稻香》等歌曲。

就在这时，我的幸运之神降临了，他是公司的音乐总监。他鼓励我，说我日后一定能成为华语乐坛天王级的人物，还说要给我出专辑。在他的力荐下，我在 2001 年出了第一张同名专辑《Jay》。

主持人余音：听到这里，我想听众朋友们已经猜到您是谁了。下面让我们连线一位听众！

幸运听众：您好，主持人。我觉得是周杰伦！我是他的铁粉！

主持人余音：没错，他就是周——杰——伦！后面的故事大家可能就很了解了。他多次获得金曲奖，也多次登上央视春节晚会，努力地将华语歌曲发扬光大。

幸运听众：真好！我还想问周杰伦先生一个问题。请谈一谈音乐在您生命中的作用。

周杰伦：首先感谢您的支持！每当遭受挫折时，我都会去听音乐或者去创作。我把对生活的理解融入了歌曲中。歌唱让我释放了压力，也能慰藉他人的心灵。音乐是我的朋友，我热爱它，并因它而克服了巨大的困难。为了弘扬中国风，我创作了《兰亭序》和《青花瓷》；为了鼓励灾区群众，我创作了《稻香》；为了感恩妈妈，我创作了《听妈妈的话》。

主持人余音：好的，谢谢周杰伦先生。艺术源于生活又高于生活。周杰伦先生因热爱音乐而跨越山海，因为音乐而战胜了宿命。他的歌声能冲刷掉疲惫、洗去世俗的杂尘，给处在低谷的你带来希望，让你带着爱和自由幸福地生活。

又到了说再见的时候了，感谢您的收听！让我们在周杰伦优美动听的《稻香》中结束今天的活动。相约明天，不见不散。

《稻香》背景音乐响起："不要这么容易放弃，就像我说的，追不到的梦换个梦不就得了。为自己的人生鲜艳上色，先把爱涂上喜欢的颜色……"

（指导老师：郭冉冉）

【点评】

这篇文章以访谈的形式，生动地展现了周杰伦先生的音乐成长之路和心路历程，令人深受启发。通过周杰伦的叙述，我们不仅能够感受到他对音乐的热爱和执着追求，更能体会到他在面对挫折和困难时所展现出的坚忍和不屈。文章通过具体的事例和细节，将周杰伦的音乐人生描绘得淋漓尽致。同时，文章也传达了一个重要的信息：艺术源于生活，但又高于生活，只有真正热爱生活、感悟生活的人，才能创作出真正有生命力的艺术作品。整篇文章充满了正能量和感染力，让人在聆听周杰伦音乐的同时，也感受到了他那种因热爱而跨越山海、战胜宿命的精神力量。这是一篇值得一读再读的优秀文章，相信它会激励更多的人去追求自己的梦想，去热爱和拥抱生活。本文获省级一等奖。（桑哲 高校教授）

宿命回响

□杨丛蕊（山东省昌乐二中高三）

　　我，是一首歌谣。哪里有人唱响或演奏出我的旋律，我就出现在哪里。

　　我已记不清是什么时候诞生于世的了。我只记得，我的"母亲"是一位面容姣好的女子。她轻启薄唇，声音细软，将我带到了这个阳光明媚的世界。我看到她与恋人在盛开着蒲公英花的旧城楼上约会，他们吟诗诵曲，互相表达自己的心意。我看到微风吹散盛开的蒲公英，吹动青年男女的纤纤发丝，纯真恣意的笑容在夕阳的照映下熠熠生辉。我看到他们在暮色正浓时挥手告别，看到他们在田埂欢笑着耕耘、收获。

　　原来，我是一首情歌啊，我想。

　　周游的乐官给了我一套衣物——一页薄薄的宣纸，书写下了我的乐章。当钟鼓同奏、琴瑟和鸣时，我被带去了王宫。我看到了与我见过的景象截然不同的景象：我看到了歌舞升平，纸醉金迷，雕梁画栋，玉石满地。众多的乐师共同构筑我的躯体，有的敲编钟，有的鼓瑟，有的吹埙，有的鸣箫……悠扬婉转。我看到舞女和着节拍舞动身姿，展现出千娇百媚。我看到一位身穿华服的人居于高位，后来我才知道，那个人被人们称为"王"。

　　我看到"王"微微皱起了眉头，他只是哑了哑嘴，满庭的琴师和乐官竟都不由自主地颤抖起来，我从未见过人有那样的姿态——竟像瑟瑟缩缩的狗一样匍匐在地。"粗鄙至极！"我听到王这样评价我。不是这样的呀！我想，"此曲只应天上有！"明明是街坊大众的一致看法。我和那位乐官一齐被赶出了王宫，他做了吟游歌者，他带我去了很多很多地方。我见到了北国飘雪，江南曲水，大漠孤烟，深山密林，飞瀑幽谷……

　　悠悠数载已度，直到我见到了别样的景象。我从一位寡妇的口中传出，她衣衫褴褛，紧紧地抱着小小的襁褓。襁褓里的孩子早已没有了气息，青紫的眼皮紧闭着。寡妇努力地使自己的声音保持平静，可沙哑撕裂还是从喉咙间挤出。她没有哭泣，因为她的泪水早已流干了。我看到这一幕，心似乎被一只手紧紧攥住了。我环顾四周，看到了四起的烽烟、成河的鲜血。人们痛苦呻吟的悲鸣盖过了前方传来的阵阵枪响。目及之处尸横遍野，满目疮痍。我还看到了奇怪的、陌生的人——他们生着或红发，或金发，满口异语腔调。我看到他们对我所熟悉的黑发黄皮的人们刀枪相向。

　　我的泪水流下来，我想，或许我是一首亡国之曲，抑或是一曲挽歌？

　　我感到痛心疾首，不愿再看到这样的场景，我在纷飞的战火中沉沉睡去。直到我被叽叽喳喳的议论声吵醒，我发现一位身穿蓝黑制服、扎着双麻花辫的学生正将我的乐章谱进一本书。书中还有许多歌谣。我侧耳倾听他们的谈话，他们有的纵横七海，阅遍千秋；有的初出茅庐，不谙世事。我听他们讲自己是思乡曲，是离别歌，是冲锋号，是劳动调……我不由得陷入了深深的沉思：那么我呢？我到底又是什么呢？

　　后来，我被带到了一艘颠簸的轮船上，一对年轻的夫妻深情地握着对方的手，共同唱起我的旋律。我看到他们的眼眶盈满泪水，船上的其他人也都肃穆凝神，不知是谁先起的头，沉吟着附和起来，一船的人竟然齐声唱了起来。风呼啸着穿过甲板，却并没有打散他们沉沉的歌声。我环顾四周，昏黑的海水下暗涛汹涌，海平面将我所熟悉的大陆一点点吞噬殆尽。原来他们是被迫离别故土的游子啊。

那么，莫非我也是一曲乡思、一曲别离？我想。

我在天地间徘徊着寻找答案。有一天，我来到了一个全新的地方，一个富丽堂皇的地方，硕大的风琴管高高嵌在雕着天使神像的墙壁之中。我再次看到了红发、金发的人，我的身体禁不住颤抖起来，昔日的不堪流水般涌入我的脑海。可令我感到奇怪的是，我也同样看到了我所熟悉的人，他们共同坐在一方高高的奏台上，拨弄着不同的乐器。我望向台下的观众，肤色、发色、瞳色各异的人并排着坐在一起，脸上都是陶醉的神色。我渐渐适应了他们的注视，在辉煌的大殿里翩翩起舞，我感到自己被源源不断地注入力量。我循着那力量之源找去，原来是那些我从未见过的乐器正叮叮当当地奏响我的旋律。恍惚间，我仿佛看见了红瓦白墙的农舍，福音荡漾的教堂，意气风发的斗牛士……一曲奏毕，我听到了雷鸣般震耳欲聋的掌声，仿佛一股冲天的力量，我几乎破空而上，直冲云霄。那一刻，我终于找到我所希冀的答案。

我不仅是一首歌谣，我更是人们口中所说的"艺术"啊！我从劳动人民的臂弯中诞生，载着他们的情思、愁苦、哀怜、无奈。我既是人民的精神产物，也是人民力量的显化；我是古曲旧韵的生生不息，又是中声洋调的缠绵交融；我是批判继承，也是开拓创新；我站在时代的潮头，又化作刺破黑暗的红缨枪，向着新时代高歌猛进！

如果生命是一首苦涩的歌，那我便是冥冥之中的宿命回响。

（指导老师：郄翠萍）

【点评】

《宿命回响》以"我，是一首歌谣"开篇，在时间和空间流动的过程中，"我"的故事和情感一点点叠加，一点点掀起高潮，正如一首乐曲，每一段旋律都谱写着闪耀的人生，每一个音符的回响都是时空的闪烁，轻轻一唱，就传出一个"情"字。语言风格淳朴古雅，如山涧泉鸣，似环佩铃响。本文获省级一等奖。（尤立增 特级教师）

绘画篇

只此青绿

□杨舒元（江苏省苏州外国语学校高二）

翩翩袖，缓缓舞，青衫襦裙慢踱步；纤纤手，浅浅眸，舞袂翩跹是此图。

舞台的光落在她们身上。低首，敛笑，俯身，展臂，每一个动作都像水岸的芦苇，阴柔而不脆弱，水袖轻垂，我看到王希孟在勾勒《千里江山图》，又看见它被轻展平铺在故宫博物院的展柜里，在幽暗的灯光中生发光彩。

那是重峦叠嶂的青山，是烟波浩渺的江河，是渔村野市、水磨长桥、茅庵草舍、水榭亭台。少年王希孟一笔一笔描摹着他理想的大宋江山。初见时以为青得不羁、绿得荒谬，然而再细看时，我发现我从未见过那千年不变的青与绿交织的绚烂繁华、融合的古典优雅。

我无法想见王希孟如何用石绿和泥金绘制这卷千古名画，但我确实有幸窥见国画艺术的一角。

记得初学国画的画室，不大的屋子里摆了几张长桌，铺了白毡子，毡子上左一笔右一笔地被染成了彩色。老师不用调色盘，叫我去柜中拿来大小不一的碟子、盘子和碗，有的盛水，有的调色，有的盛墨，他便在那简单的器皿中调出大千世界的五彩斑斓。几支用了很久而被染上颜色的毛笔，在他手中恢复了生机，在墨痕水晕中花鸟虫鱼活灵活现。

枇杷。藤黄与朱砂调匀至枇杷果的橙黄色，一支小白云毛笔润湿，颜料润至笔肚。铺开宣纸，下笔微微用力，一笔从左至右，一笔从右至左，勾出一个湿润橙黄的圆，用墨笔轻点果蒂。然后用另一支笔蘸淡墨画两片枇杷叶，再用焦墨勾勒叶脉。

葡萄。酞菁蓝和曙红调匀，笔法与枇杷相同，汇成倒三角状。然后将少量紫色调入淡墨中，于间隙勾出圆形，这是背面的葡萄。一串葡萄，润润的紫红色，在一起挤着，遮遮掩掩的，煞是好看。再加上一缕缠缠绕绕的藤蔓，很是生动，仿佛已在葡萄架上摇摇欲坠了。若能再用墨笔绘一只小虫，更是可爱，连甜蜜的果香都漫溢出来。没有完美的透视，没有高光的加持，但是让我一看到就觉得，葡萄本就是这个样子的。

梅花。大白云蘸焦墨，信笔画下傲雪凌霜的枝干，再用小笔画细枝末节。而后点蘸曙红，于枝干两侧点染梅花。五瓣成一朵，也可以画花骨朵。画时要注意用品字形的结构，切忌一字排开。点好后再细细描出花蕊。这便是红梅树上探出的一枝，从凛冽的寒风和晶莹的雪中一直探到我的画纸上，傲骨仍存。

兰草。"一笔长，二笔短，一笔二笔成凤眼，三笔破凤眼，四笔五笔为补笔。"念着这句口诀，墨色或是石绿的兰草仿佛在春风中颤抖着抽出嫩叶，翻动这叶片的正反两面，一簇簇一丛丛生长在宣纸上。

此外，还有荷花、墨竹、牡丹、麻雀和小鱼等。

不能不说中国画是有魅力的。无论是工笔花鸟还是写意山水，无论是黄公望简远逸迈的《富春山居图》，还是赵佶丰满富丽的《芙蓉锦鸡图》，都是历史激起文明的浪花，在水何澹澹的悠悠古韵中滋润中国人的生命精神。它绘的是灵动晶莹的大虾，是红如火炭的杨梅，是成双成对的鸳鸯，是清新渺远的江帆楼阁，亦是执笔者的生平、意趣和理想。它画得文人的哲学思想，也画得君王的威严和理想；它画得隐者的隐逸之心，也画得俗世的人间烟火气。它不是朦胧的印象派，不是诡谲的抽象派，它写意写的是山水花鸟的意蕴，写的是画家自身的精神与意趣。它工笔工的是一朵花一片羽毛的细腻，工的是对自然万物的认真和尊重。

遗憾我不能与王冕共绘墨梅，无法与黄荃同描珍禽，国画的鼎盛显然不曾被我赶上，文人墨客或俗世奇人中的画家我亦无法一探究竟、一谈为快。而我愿用并不精湛的技巧，亦以敬畏之心执笔弄墨，挥洒来自遥远古代的情味和姿态，细嗅墨香，看颜色在水润中缓缓生长。在名称如诗般美好的颜料的调和、变幻与交织中，我仿佛时而着青色的襦衫，时而着墨色织金的马面裙，在春日踏青或在夏日乘凉。此时傲骨铮铮的红梅，亭亭如盖的枇杷，都会像我庭院中的熟客，时时使我留恋。

我希冀笔下万物入画，摇曳生姿，更企盼留白间逸趣常在，风骨永存。在那青绿山水之间，我亦着襦裙，挽衣带，缓缓漫步于祖国的水墨河山之间。

（指导老师：朱建平）

【点评】

作者有着极致的语感，如诗如画，意蕴隽永。如诗，是指作者的语言极富韵致，有着诗性的节奏和美感，读来仿佛一首优美的散文诗，颇具文学气象；如画，作者颇得中国画意蕴，无论大写意，还是小工笔，作者都得心应手，"枇杷""葡萄""梅花""兰草"，每一帧都栩栩如生，都写出自成气候的技法，作者不仅有着文学底蕴，于画，一定也是功力在身的。文章道出中国画的真谛，"青绿山水"和"水墨河山"又在虚实之中将文章带进了更阔大的境界。（李林芳 诗人）

一幅画的温度

□洪照航（山东省实验中学东校高一）

我的作画进程卡住了。

我要画一幅人像，主体是姥爷。姥爷年近八十，是著名的建筑结构工程师。漫步在城市里，路边的建筑好多都是姥爷的设计，从小妈妈就会指给我看，因此姥爷是我心目中的英雄。我想用一幅画，画出姥爷的睿智和风采。几个月前，姥爷开始变得爱忘事，医生诊断出他有阿尔茨海默病前兆。姥爷整个人少了些精气神儿，这让我的画卡在眼神的描绘上——我可不想画一个没特点的老头儿。

我决定先放一放我的画，趁假期跟爸妈去旅行。我们把小猫"呆萌"暂时寄养在姥爷家。呆萌是一只活泼可爱的小公猫，有一双翠绿的大眼睛，身体上铺满了黑灰色的绒毛。它很黏人，喜欢"聊天"，用喵喵叫和人一问一答。

旅行归来，我们去姥爷家接呆萌。走进书房，姥爷正在书桌前静静地看书。阳光透过树叶从窗户滑入，轻柔地伏在姥爷身上。呆萌静静地趴在姥爷手边，两只灰色的爪子舒适地伸在前面。它用尾巴环抱住身子，眼睛似闭似张。忽地，呆萌伸了个懒腰，姥爷便腾出翻书的右手，抚摸了一下呆萌的大脑袋，而呆萌也回应地轻声喵了喵，随后就打起了呼噜，以表享受。窗外一阵微风吹过，风铃清脆地响了几声，伴着沙沙的翻书声，融成一片午后的美好。静谧的时光中，姥爷背上斑驳的树影碎得格外好看。一人，一猫，一本翻动的书，一块跳动的树影，我猛然找到了画的灵感。我翻出画笔画纸，开始勾勒眼前的场景。呆萌蹭着姥爷的手，姥爷宠溺地看着呆萌——我要捕捉住姥爷的眼神！

一瞬间，我仿佛成了姥爷。是我，在悄然翻动着那本书；是我，在和呆萌聊天。恍惚中，我感受到姥爷藏在时光里的沧桑所化成的孤独。七十多年的生命，已在他手中流去。如今，他已经没有了那份意气风发，没有了那份追逐时代的心。他在时间的河里逐渐迷失，他的记忆就像水流里一粒粒的鹅卵石，缓缓磨平，渐渐消失。或许是呆萌，让姥爷眼中重新焕发出光芒；或许是呆萌，让姥爷得到了温暖的陪伴吧！

我们决定让呆萌和姥爷多待一段时间。几天后，我带着画儿再次来到姥爷家。时间已是黄昏，姥爷坐在沙发上，呆萌躺在姥爷旁边。呆萌听到声音便伸长了脖子，瞪大了双眼好奇地张望。夕阳斜斜打在姥爷身上，他脸上那密密麻麻深深浅浅的皱纹明明暗暗地凸显出来。红橙的光染红呆萌滑顺的毛发，也为姥爷抹上半边儿的金黄，天边的云被烧红了边角，金黄的天空散发着庄严的光芒。

姥爷真的变了，他高兴地站起来，热情地招呼我们。他拿出一盘橘子，然后去给呆萌加上猫粮，添上水，随后，一脸轻松地坐到沙发上，乐呵呵地给我们聊呆萌，评论呆萌的吃相，吐槽呆萌的睡姿……他说的每一句话都夹杂着快乐，他那已经些许浑浊的眼睛中再次燃起了生活的光。姥爷的话都是家长里短，却蕴含着快乐，每一句话都会消融一小片夕阳。姥爷与呆萌一人一猫缓缓退入金光中，留下残梦般的影儿映在我心上。影子逐渐拉长，但丝毫挡不住此刻的闪耀。我拿过调色盘，开始调配光影的颜色。姥爷棕灰色调的衣服，有金黄色高光的花白头发；呆萌蓬松的灰色毛发，绿色的大眼睛；金黄色的空气，金黄色的话语，金黄色的温暖，交织在我的画板上，那些光影仿佛成了永恒。

我明白了，医生治不好的，是孤独；人们买不到的，是陪伴。脑海中，眼前的景象和手中的画儿逐渐融合，一人一猫的身影愈发清晰。呆萌只是一只可爱的小猫，它却深深温暖着一个老人，融化了他的心，重新点燃了他生活的希望。它完成了本该我们做的事情：给予姥爷陪伴与温暖。或许啊，这种陪伴，这人与猫间的爱与联系，正是那源于生命与生命间的感应。这份陪伴，犹如一件艺术品，美在我眼中，美在我心里。

我的画完成了：温暖的色调下，姥爷睿智坚定的眼神望向呆萌，一手拿着书，一手抚摸着呆萌；呆萌享受地半眯着眼睛，伏在桌上打盹。我能从画里听到微风的低语，听到呆萌的呼噜声，听到姥爷心里的满足。我希望，呆萌能陪姥爷更久一点，再久一点；也让这种陪伴的美，流传下去，流到我心底。

（指导老师：赵光银）

【点评】

虽然亲情主题在历次竞赛中是常备元素，但作者将亲人间的陪伴和爱比作艺术品，又以跨物种的情感交流为主线，强调了生活中真挚情感的永恒价值，展现了作者对美的独到理解和感悟，其笔墨所到之处其实就是一幅充满情感和生命力的画作。文章中对细节的描写尤为出色，如阳光、树影、风铃声等元素的描绘，不仅营造了宁静祥和的氛围，也加深了读者对场景的印象。比喻和拟人等修辞手法也运用得当，增强了文章的表现力。本文获省级一等奖。（包学菊 高校教授）

凡·高 向日葵 我

□董千慧（浙江省慈溪实验高级中学高二）

第一次接触文森特·凡·高，是在初中的美术课上。熊熊燃烧的向日葵、流动的星空、静谧的黄房子、金黄的麦田，在我的视线刚接触到它们的那一刻，便有一股挣脱了画布的灿烂与明亮喷薄而出，带着张牙舞爪的热情蜂拥而至，霎时间将我重重包裹。

似乎置身于一个全新的世界。

那一刻，周边的一切全部放空，我忽视了美术老师慷慨激昂的解说，无视了同学们因惊叹而产生的嘈杂，也许也忘记了我此刻的身处之地——我的眼眸中只剩下了向日葵怒放的铬黄的花瓣，充盈着阿尔八月阳光的色彩，与明净如湖水般的蓝相碰撞，拽着我的灵魂回到亿万年前的宇宙大爆炸，目睹纯净的铬黄与湖蓝在星云中明灭交织又拉扯分离，伴着一声巨响被抛洒到广袤无边的宇宙之海。

震撼！

回过神来，我继续聆听老师对凡·高生平的简要介绍。与我的想象相反，凡·高短短的一生并不幸运：热烈追求的女孩对他不屑一顾，真诚对待的好友弃他而去，连最基本的温饱都得靠弟弟接济。世人无法理解他的疯狂与热情，认定他为疯子。

但凡·高始终保持着纯粹与热情。

"在我们的心里或许有一把旺火，可是谁也没有拿它来让自己暖和一下；从旁边经过的人只看见烟筒里冒出的一缕青烟，不去理会。现在让我看一看你，应该干什么呢？人们必须守护那把内心的火，要稳着点，耐心地等待着，有谁走来，挨近它坐下——大概会停下来吧？心里多么着急。"在写给弟弟提奥的信中，凡·高提及心里的"一把旺火"，语调也变得柔软起来。我无法忽视这封家书字里行间流露出来的真挚、温暖与坚定，无法质疑凡·高对内心崇高理想的虔诚与信仰，更无法平复自己在看到这段文字时心中掀起的惊涛骇浪……在无数个无人问津的日子里，凡·高始终保持着内心的柔软与澄澈，拢住双手，小心翼翼地保护着那团名为"理想"的火焰，坚定不移地纯粹、热情，向往世间一切美好，热爱太阳。

美术老师提到，向日葵是凡·高钟爱的创作对象之一。"我想画上半打的《向日葵》来装饰我的画室，让纯净的铬黄，在各种不同的背景上，在各种程度的蓝色底子上，从最淡的维罗内塞的蓝色到最高级的蓝色，闪闪发光；我要给这些画配上最精致的涂成橙黄色的画框，就像哥特式教堂里的彩绘玻璃一样。"凝视着屏幕上凡·高的文字，我的心中也划过一抹跃跃欲试的期待。

像是看出了我们的期待，接下来的美术课里，老师没有继续讲下去，而是在大屏幕上投屏了一幅《向日葵》让我们自己临摹感受。是饱蘸热情的柠檬黄，与少许纯白颜料均匀混合，晕出流光溢彩的金色。我一边入神地观察着屏幕上一朵朵形态各异的向日葵的瓣与叶、形与神，一边手下画笔灵巧地游动，在画纸上细细勾勒出向日葵的轮廓。手腕稍稍用力，一抹抹生动的金黄便于画纸上点染开来，在湖蓝色背景的衬托下更显出其熠熠生辉的张扬、绚烂夺目的明媚。不一会儿，大片或深或浅、或偏橘调或偏黄调的向日葵花瓣连接在一起，已然呈现出一派星火燎原之势，层次感与饱满感跃然纸上。尽管我稚拙的向日葵没有凡·高那样热情奔放的笔触，但画面中所呈现出的那种仿佛有金光流泻的饱满色调仍然让我着迷。此情此景之下，我福至心灵，忽然理解了凡·高对向日葵的痴狂。

凡·高坚持用最真挚的热情去拥抱世界，追逐纯粹的美好，但他鲜明的色彩和热烈的风格却为当时的艺术界所不容。在突破传统的绘画审美，开创后印象派绘画的路上，他一路披荆斩棘，但同时也被横生的尖锐荆棘刺得遍体鳞伤。"凡·高的一生是悲惨的，但他把他的痛苦磨难，转化成了画面上热情洋溢的美。痛苦是容易表现的，但糅合热情和痛苦，来表现人世间的激情、喜悦、壮丽，前无古人，也许后无来者。"如是所言，凡·高用饱蘸血与泪的画笔，创作出的却是宛如阿尔八月炽热耀眼的阳光般的《向日葵》。凡·高用色彩和热情编织出了一个五彩斑斓的世界，通过绚烂奔放的《向日葵》传递出了无限的热情、温暖与生机，驱散一切阴霾与黑暗。

静静凝视着凡·高的《向日葵》，暖黄的色彩缓缓流淌，带着能够治愈创伤的热情与力量。我感慨于凡·高奋不顾身追逐理想的热情与疯狂，更为他化苦难为美好的伟大而深深感动。

我小心保留下了美术课上临摹的向日葵，配上了凡·高挚爱的橙黄色画框，摆在了卧室的床头。流光溢彩的金黄色，不仅是凡·高人格的象征，更代表着凡·高对艺术的虔诚信仰和对理想的不懈追求。每每遇到生活中的小挫折或看似难以克服的困难，看到床头的向日葵，想到凡·高，我的心中便又激荡起直面挑战的激情与力量。

"提奥，我想告诉你，世界的这个角落在我眼中，空气清新，色彩也令我陶醉，淡橘色的落日，照得田野几乎是蓝色的了，还有璀璨的黄色太阳。"在一片开满向日葵的金黄世界里，凡·高不断往前奔跑。远方闪烁的理想，是麦芒，是火焰，抑或是——太阳。

（指导老师：张竞）

【点评】

作者带着深挚的情感、细腻的笔触和专业的视角为读者奉上了一堂凡·高艺术鉴赏课，展现了个人对美术作品的独到理解和内心世界的共鸣。文章开篇即以凡·高的《向日葵》为引，展开了对色彩和情感的生动描绘，并将自己的学习和情感体验与凡·高的艺术追求相对照，使作文具有了强烈的个人色彩和感染力。而且作者对艺术家的共情和理解，又是通过凡·高信件和相关论述的引用来支撑的，在认识层面也深化了艺术感悟，起到了画、文印证的同一作用。作者还应思考的是如何从外在的描述、热情的礼赞转化到更多自我关联，使文章内容如题目所示，让"我"与画家、作品并立，特别是让结尾变得更加充实。本文获省级一等奖。（包学菊 高校教授）

路口的传承

□徐佳莹（内蒙古阿拉善盟第一中学高一）

"艺术，看于眼中，绘于笔上；艺术，思于脑中，藏于歌内；艺术，燃于心中，隐于舞里。艺术，是绘画中游走的颜料，是音乐中跃动的音符，是舞蹈中旋转的姿态，是心灵深处的呐喊，是……"

"啪"的一声，书被一双稚嫩的手猛地合上，手的主人将书不耐烦地扔至一边，随后，看着黄昏的微光，不知在想些什么……

"许巧，来和老师打个招呼！"许巧回神，双手撑在椅边，起身不情愿地往房间挪去。

许巧低低地向老师问完好，便不再听大人们说什么，而是打量起画室。

简单的装潢和数不清的画作。一幅手捧光芒的女孩向前奔跑的画作吸引了她，她连忙趁母亲不注意跑了过去，匆匆扫了一眼后又跑了回来，心里默念着："余莲……"

雪花纷纷落下，许巧听着音乐在画室里排线，日复一日。

一天清晨，许巧照旧背着包向画室走去。推开画室门，她为看见的第一个人不是黄老师而有点震惊。眼前的女生在与老师讨论着什么，披在肩上的长发随着她说话的动作来回晃动，好看的眉眼微微上扬。回头看见许巧，她笑着对许巧道："你就是许巧吧，我是你的学姐余莲。""余莲……"许巧一边默念名字一边说，"学姐好。"老师站在一旁笑呵呵："许巧，这是我以前的学生余莲，老师也知道你的问题，也不强迫你和老师多交流，有不懂的问她就行。"许巧点了点头，随后跟在余莲身后走到自己的位置上，拾起画板边的铅笔，想继续排线。余莲递给她一杯热奶茶，许巧不解地抬头，正好看到余莲那双清澈的眼睛。许巧一愣，接过奶茶问道："学姐，不画画吗？"余莲眉毛上挑，用铅笔在面前的画板比了两下后，开口说："绘画从来不是任务，而是一种悠闲又惬意的放松方式，画画是为了记录下每个美好的瞬间，这样才不会厌倦。"余莲一边说着一边拿笔在纸上飞舞，许巧只是默默听着，时不时吸两口奶茶。"香芋味的……"许巧心想。余莲笑了一下，将画板举向她，画板上是铅笔绘出的一个人。许巧思索再三后开口："这是……我吗？"其实不难看出是她，但画板上的女孩自信又落落大方地笑着。余莲笑了："对啊，你笑起来肯定很好看！"许巧微微低下头，不知是不是奶茶的缘故，她心里暖暖的、甜甜的……在余莲看不到的角度，许巧轻轻地笑了。

往后的日子里，余莲带着许巧从排线到静物，从水粉到油画。从此，不论春夏秋冬，有余莲的地方，身后总有个"小尾巴"。许巧也慢慢地尝试着社交，虽然小心翼翼，但脸上有了笑容。可只有在余莲面前她才能真正发自内心地笑，画室里，两个女孩的笑声被风吹向远方……

随着两人的相处日久，许巧对余莲的称呼，从一开始小心翼翼的"学姐"变成现在不假思索的"莲姐姐"。两人日复一日地练习，许巧的画技也越来越精湛，可每次似乎总差一点点……

"巧巧，明天有时间吗？姐姐带你去玩呀！"余莲说。许巧满心都是比赛，可最终拗不过余莲，点了点头。

隔天，许巧到了约定的地点，远远就看见余莲一袭白裙站在建筑物前左顾右盼，许巧快步跑去，余莲迫不及待地拉着许巧进了馆内。

许巧看着这华丽的室内装修，顿时手足无措。余莲带着许巧进了大厅，各式各样的画作在玻璃窗内被人们观赏。"看！大部分名画都在这里了，不愧是名画，用色大胆又感情丰富！"余莲说。许巧点点头，问道："姐姐，我们为什么要来看画展？快比赛了呀！"余莲沉默良久，回道："巧巧，记得我和你说过，绘画从来都不是任务，所有名画都有特点，可唯一共同的是，他们的作者为这些画作添加了情感。如果只是单纯的绘画，那么那只是一张空有涂鸦的纸；可如果赋予了情感，那就是一个故事的封面！"许巧明白了余莲的良苦用心，点了点头。两人把比赛抛至脑后，自由自在地玩了一天，许巧放松了不少。

那天之后，许巧的思路打开了，也有了创作的灵感，各种类型的画作得心应手。她日复一日地练习，比赛也终于悄然而至。

终于，两人站在了比赛场地。许巧的母亲在旁边一个劲儿安慰许巧，这段时间她也看到了许巧的改变，已经很知足了。许巧安慰母亲自己没事，可余莲从许巧紧绷的身体和微微发抖的双腿可以看出，她紧张极了！

余莲带着许巧签字后进了场地，进场前一刻还在鼓励她。

许巧进考场后深吸了一口气，看到题目后微微一笑。余莲嘴上让她别紧张，自己却在外面来回徘徊，每一分每一秒都如此漫长。终于铃声响起，只见许巧一脸笑容地向她跑来，余莲心中的石头终于落了下去。"莲姐姐，妈妈呢？""外面太冷了，我让阿姨去车里等。""哦，姐姐，你知道吗，这次比赛不限形式！""是吗？主题是什么？""嘿嘿，就不告诉你！"

几天的放松后，万众瞩目的比赛结果终于揭晓。许巧激动地查看名单，看见排名后愣住了，等回过神来，迫不及待地向门口大喊："莲姐姐！第一！真不可思议！"余莲立马拿过手机，反复确认后两个女孩激动到尖叫。可还没高兴一会儿，就有电话打来。余莲按了免提，话筒里传来骂声和讽刺声。余莲意识到那边说了什么时便挂了。她意识到事情不对，立马上网搜索本次大赛。果不其然，大多数人对于许巧这个新人却能拿第一非常不满，纷纷刷屏比赛有黑幕。许巧自然看到了，对于她来说无疑是非常大的伤害。许巧一把夺过手机跑进画室，反锁了房门。余莲怕许巧做傻事便跑到门口，喊着安慰她，自己却手忙脚乱地掏出手机。看着事态愈发严重，余莲迫不得已将画室监控、大赛官方声明和许巧的作品一并上传，才平息了此事。

许巧的画题目叫《初识于你》，画中的女孩大方地笑着递过一杯香芋奶茶，纷飞的大雪，是衬托画中女孩的背景。余莲笑了，这是她呀，画得真好！余莲敲了敲画室的门，许巧见事情平息，终于大哭一场，余莲拍着她的后背给她顺气。

几个月后，窗外从白雪纷飞变成了绿树成荫，树枝伸进窗来，带着一小片叶子。许巧看着叶子不知在想什么……"巧巧！"许巧被一声呼唤叫得回过神来。"怎么了姐姐？"许巧朝余莲笑着说。"我要出国了。"许巧的笑僵在脸上。"为什么？"许巧一脸焦急。余莲回道："我要去国外深造绘画，这样才能回来教你更多。"

许巧不解地说："可是姐姐，我学这些就够了，你为什么还要出国再学？只是因为热爱吗？"余莲坐在椅子上，手里拿着笔在纸上有一搭没一搭地画着，就像她们第一次见面一样。良久，余莲开口："不只是热爱，我有将艺术传承下去的责任，只有传承，艺术才能生生不息……""可是只有你一个人传承还是无济于事？中国那么大！"许巧立马反问。余莲看了她一眼说："巧巧，你知道吗……"

飞机起飞，向远处飞去。许巧看着那架飞机离开，直到再也看不见，她也不愿离开。

多年后，又是盛夏，又是蝉鸣的下午，一位扎着高马尾、打扮干净利落的女生站在机场，笑得落落大方。女生回过头，看到好友从厕所回来了，说："许巧，我家里出了点事，可能不能陪你等学姐了……"许巧点了点头："你去吧。"在漫长的等待后，许巧的手机响了一下，她满怀欣喜地拿起手机。看见手机上的消息后，她的瞳孔猛缩……机场瞬间哭声四起——每个人的手机上陡然出现一张飞机不幸坠落的照片……

"学姐，学姐？"许巧被小学妹叫得回过神来。身旁的小学妹不解地问："学姐，怎么不画了？"许巧苦笑一声："没事，我们继续看这个明暗分界线……""学姐！"许巧的声音被突然打断，"为什么你要一直学绘画呀？只是因为热爱吗？"许巧眼神微垂："不，更是为了把艺术传承下去，这是我的责任！""可只有学姐一个人简直荒唐，中国那么大！"

许巧没有立马回答，转头看向黄昏微光照着的那幅手捧光芒的女孩的画作，想起几年前她也问过同样的问题，她面向小学妹，说出的话与记忆里的重叠：

"也许我一个人的力量是渺小的，但没关系，下个路口有千千万万个我！"

（指导老师：侍竞）

【点评】

读罢文章，感受到的传承，不仅仅是艺术的传承，更是热爱生活、热爱艺术、乐于助人的精神的传承。许巧热爱画画，但不善于与人交往，是余莲，许巧的学姐，用一杯香芋奶茶和细心呵护治愈了她，让她变得开朗阳光。"绘画从来不是任务，而是一种悠闲又惬意的放松方式，画画是为了记录下每个美好的瞬间，这样才不会厌倦。"余莲的话让许巧打开了思路，在后来的绘画比赛中取得优异成绩。当许巧被质疑时，余莲帮助她证明了她的清白。多年后许巧也这样真诚地对待自己的学妹。文章语言流畅，起承自如，故事感人。本文获省赛一等奖。（段玉芝 作家）

梦中的麦浪

□何依璇（北京市第十二中学钱学森学校高二）

三轮车颠啊颠，麦浪荡漾无边，飞鸟从白云深处钻过，藏进了山岗一片片。

"唉，我们小时候收成可没这么好。"

东北的农村没有江南水乡的小桥流水、碧波荡漾，亦没有沿海城市的天高云淡、海浪微扬。蝗灾、寒冷早已一寸寸地磨灭掉了黑土地上这群孩子的柔情与温婉，只剩下最淳朴的对家乡富强的渴望。

爹坐在我旁边叹了口气，双眼直勾勾地盯着面前金色的海洋。回村的路上阳光正好，成片的麦田伴着阳光翻涌出一层层的波浪。

这是我第一次到阳田村。爹说这次带我回去看望爷爷，顺便去感受一下真正的东北家乡。

脱贫后的村庄显然与我想象的不一样。尘土飞扬的土路已被柏油马路所替代，街边的土房子也早已褪去旧衣穿上新装。家家户户的墙上遍布着色彩鲜明的画作，这些画作所展现的，是农民对新生活的希望。

二叔远远地向我们招手，跟我说这都是爷爷一笔一画画上去的。爷爷是以前的村长，也是新中国成立后最早的一批画家。有个专业名词来形容他掌握的这种艺术：农民画。

青灰色的石砖上，先用纯白的颜料打底，再以饱和度极高的鲜明颜色凸显主体。

画中，有抱着庄稼笑容灿烂的淳朴男人，有身着红色背带裤开着拖拉机的年轻姑娘，有穿梭在田野间放风筝追蝴蝶的天真孩童……墙壁上这一幅幅画，展现了村民的美好生活。

真是代表幸福的画，我在心里暗暗想。

"快到家了，小希，你可以先去田边玩一会儿，别走太远。"

爹摸了摸我的头，轻轻地开口。我猜到他和二叔可能是想兄弟叙旧，自然不好打扰。

太阳落山之际，麦田深处吹来微凉的晚风，稻草人手牵着手随风舞动。屋舍片片相连，灶房中的人又开始忙碌起来，烟囱中飞出来的精灵在余晖中翩翩起舞。

站在比我还高的麦子中，透过排列紧凑的麦穗，我遥遥望着农民画在墙壁上连成一座壮丽的画廊。

"看这些画怎么样？"

身边不知何时来了一个老人，虽已是耄耋之年，但他的眼中却透出年轻人特有的冲劲和不畏艰险的胆量。

"可惜啊，画了一辈子画，还是没能见到这些画面全部实现。"

我眨了眨眼睛，默默地听着他讲话。

"我们这些农民唯一懂的艺术估计就是农民画了……九十年代，我想通过这种方式来让外界知道我们村的存在，我想以此来带动我们村的知名度和经济发展。"

他顿了顿，随即把头低下，淡淡地开口："果然还是不行吗？艺术真的就这么不重要吗……不是的。"

我静静地看着他，沉默许久，连倦鸟都等不及，扑扇着翅膀飞回山林深处。

"你可以去找我爷爷，他画农民画很厉害。爹说，正因为有了他的这些画，我们村成了旅游发展特色村，直接脱贫致富了。你看远处的柏油马路——"

我指了指远方："和城市里的一模一样。"

他看着我手指的灯火处，怔了几秒，随即轻轻地笑出了声："好啊好啊……我们那时候连麦子都没什么收成，现在竟然能变成这样，好啊好啊……"

老人慢慢地摇了摇头，踱步走回我的身后。

"哈哈……那我就放心了。"

时间太晚了，夜幕一点点落下，遮住了最后一丝光亮。恍惚间，我看见他越走越快，步子越来越轻盈，身形也逐渐变得年轻。

在路的尽头，他已经不是那个老人了，而是变成了一个充满活力的青年。他轻轻地支起自己心爱的画架，对着前方的麦田静静地看了一会儿，接着，他张开双臂，对着远方大声歌唱："我的愿望是看到金色的麦浪，看到阳田村在闪耀中走向富强！"

爹轻轻地推醒了我。

睁开眼，我从被压弯的麦秆子中坐起身。夜空浩瀚，繁星点点，刚才的事情不过是麦香中的一场梦。

后来爹带我回了老宅。其实，爷爷在我很小的时候就已去世，他没有带走什么，却给我们留下了很多。

那块冰凉的墓碑上，照片中正是梦中青年耀眼的模样。

离开阳田村之前，我一张张地拍下了村中墙上的农民画。这些伟大的艺术作品将带领越来越多的农村人走向幸福的山岗。

三轮车颠啊颠，颠走了贫困一年年，奔向了光明一片片。

临走时正是黎明，太阳从蔚蓝深处升起，麦子在田野中摇曳出一地金黄。

我回头看去，青年还架着那块旧画板，一笔一笔地描绘着眼前穗状的阳光。

那已不只是他梦中的麦浪。

（指导老师：刘国富）

【点评】

作者通过"我"跟随爹的一次返乡之旅，以梦中的麦浪和农民画为切入点，呈现了乡村振兴大背景下新农村的新气象。"我"看到家乡的土路已经变成了柏油路，土房子也变成了新的模样，农民画栩栩如生……正是靠着农民画，村子发展旅游业，从而脱贫致富。还有层层麦浪，更是吸引了"我"，并睡在麦田中做了一个有关爷爷和农民画的梦。作者的初衷是美好的，并且达到了一定效果。同时，这次返乡之旅，也加深了我对故乡和亲人的感情。语言优美生动，在表述中，再注意一下用词的准确、生活的常识和逻辑会更好一些。本文获省赛一等奖。（段玉芝 作家）

留白无界

□杨潍瑄（吉林省长春外国语学校高二）

在中国传统水墨画的创作中，"留白"常常是美术巨匠们喜欢使用的手法：笔墨停顿之处，即是"白"所生之地。北京大学美学教授朱良志在其作品《一丸冷月的忧伤》中提到，中国山水画具有"静寒之境"。相对于填充整幅画卷，中国画更讲究"留白"，但这"白"并非空与无，而是别有一番韵味。

画卷是静止的，却蕴含着大动；画中之景本是没有生命的，却又是另外一种生命存在的形式。白不是空，空也不是无。"色即是空，空即是色"，此乃空色本相也。

"白"是白茫茫一片大地真干净——烟花易冷，繁华终尽。《红楼梦》中，曾经风光无限的贾史王薛四大家族，终究是家业凋零，金银散尽，"飞鸟各投林"，尽显孤独。墨色生白，生出人生的布景，"白"不是空无一物。明末画家朱耷身为皇室贵族，改朝换代后沦为下等之人。其画作以水墨写意为主，笔墨凝练沉毅，笔致简洁，用墨极少，十分善于运用留白。而其留白的特色造就了其艺术的高峰。自从经历了人生巨变，朱耷的心境也逐渐"荒凉"，这一变化淋漓尽致地展现在了他的水墨画上：他的留白不仅是对中国画深邃的理解，更是在展现万物不与之关联的、刻骨铭心的孤独。"白"是生命的冷寂。朱耷不拘泥于追求外在的形似，而是着力向内求索，表达出孤独者的叩问，呈现水墨间所生之白。如我此刻孤独悲伤，那我便是朱耷的画中立于悬崖枯枝之上的鸟，俯瞰世间：一城一郭，尽展孤寂；一花一草，皆是悲啼。在留白的功力下，孤独与每一个忧伤的人共情。

"白"是含蓄内敛，言有尽而意无穷——意在言外，弦音不绝。齐白石画的虾以灵动闻名，乍看一张画纸上只有零星几只虾，余下皆为留白。正是这大篇的留白给予了虾活动的空间，让它在无法窥见的河流中自由地跳跃，达成纯粹的无我之美。所以这世间的留白是白居易《琵琶行》中的"别有幽愁暗恨生，此时无声胜有声"；是王羲之《兰亭序》中的"每览昔人兴感之由，若合一契，未尝不临文嗟悼，不能喻之于怀"；是苏轼《定风波》中"回首向来萧瑟处，归去，也无风雨也无晴"。这种古今心境肝胆相照的体谅，是武则天的无字碑，是曹操的衣冠冢……这种时空的隔世呼应，也是一种留白。"白"是空间，是懂得，是允许自己自在的盈缺。

"白"是放下累身功名牵绊，潜心深修——自在无为，水到渠成。《维摩诘经》里有一段关于天女散花的记载。正在菩萨为弟子讲经之时，天女将花撒向菩萨与弟子，散落在菩萨身上的花全落在地上，散落在弟子身上的花却像糨糊般粘在弟子身上。弟子们想用神力使花瓣掉落也无济于事。此时天女说："观诸菩萨花不着者，已断一切分别想故。如是弟子畏生死故，色、声、香、味，触得其便也……结习未尽，花着身耳；结习尽者，花不着也。"林清玄说："幸福不常驻，便温一壶月光下酒。"能把去年的月光温到今年才下酒，这是风趣，也是性灵。

"白"是不求时时美满万事皆如意——以物观物，不贪不餍。中国画讲究"七分画，三分白"，但鲜有人能决然做到，只好用"满"来填补。多出的那一点点，便是境界和格局的差距；空出的"三分白"，是空间，是格局，是对万事万物的全然理解和成全。留白带来了更多自由的想象，不只是墨色中的深情渴望，更在于留白中只可意会的景外之意。让创作者和"读者"成为各自人生的主人，才做到了将自我的内在表达融于作品之中。不痴物，不餍求，小满便刚刚好——"将满不满，且不会盈满而亏"。小满是度，是留给生活的品味和空间。

"白"既有我亦无我，物我一体的浑融摒弃了利欲，与外物不再有对立的关系，自然而不可雕琢。以物观物，不知何者为我，何者为物。至于艺术，便是由有限的墨迹中生出无限诗情。我们无须在意是补白抑或留白，只需顾自修行，自有读者，自有后来人……

（指导老师：刘明娜）

【点评】

"留白"是中国传统水墨画的常用艺术手法。本文结合人生、世态和事势，对"留白"的意义展开了阐述："'白'是白茫茫一片大地真干净——烟花易冷，繁华终尽""'白'是含蓄内敛，言有尽而意无穷——意在言外，弦音不绝""'白'是放下累身功名牵绊，潜心深修——自在无为，水到渠成""'白'是不求时时美满万事皆如意——以物观物，不贪不餍"。因此，本文既是艺术之论，又是心态之论、生命之论、社会之论，给人以多维的启迪。本文获省级一等奖。（钟湘麟 特级教师）

寤歌

□张敏行（山东省蒙阴第一中学高二）

零

夕阳斜斜地照进教室，空气里的粉笔末映着橙红色的光。梦幻金光如薄雾渐渐氤氲，屏幕上的高清图片一时间朦胧起来，思绪缥缈，讲台上的声音随之淡远。我只听见他说：八大山人，要用生命告诉世人，纵为亡国俘，气节韧不屈……

一

我一个激灵回过神来，迷茫间似是身处梦境。眼前景象寥落清寂：草屋一座，野花半朵，瓜田三畦，蓬蒿盛多。即使左傍山右临水，却也是残山剩水无趣味。我确信自己从未来过这里，却于冥冥之中觉得有几分熟悉。不知有什么驱使着，脚步慢慢挪向那座破败的草屋。

越过丛丛野草，我终于看见了茅檐底下暗淡无光的牌匾。一块木板斜斜地隐匿在阴影里，上面四个大字映入眼帘——寤歌草堂。几乎同时，我听见柴门里传出歌声：

"一室寤歌处，萧萧满席尘。蓬蒿丛户暗，诗画入禅真。遗世逃名志，残山剩水身。青门旧业在，零落种瓜人。"

凄苦但苍毅，孤寂却坚定。我猛然知道自己来到了哪里。

推开柴门，不出我所料，我看见了他——那位面容清瘦无比，然而眼神锐利坚毅的老人。他并没有因为不速之客的到来大发雷霆，只是看我一眼，继续他的吟哦。我木然地看着他一边唱歌一边种瓜的样子，直到他放下锄头，才向我说道："寒舍偏远，世人难至，见者是缘。施主何不进屋休憩半刻？"

二

草屋狭小，室内除了日常生活所需，即是笔墨纸砚。他把最体面的那张桌子当作了创作之地，相比于其他勉强称得上是"家具"的东西，那张一尘不染的桌子显然是他心里最重要的物件。

桌上厚厚一沓作品，皆出自他之手。我一张张翻阅：从业已泛黄的米家小楷，到水墨未干的禽鸟枯木；从略显青涩的运笔走字，到传神深刻的落墨渲染；从悠闲随性的写写画画，到国破家亡的笔笔血泪……画册上的东西，真切了起来；我心里的什么东西，仿佛也萌动起来。

霎时间，脑海里涌入许多许多事情，堵在眼眶，化成泪水悄悄往下淌。我慌忙擦干眼泪，生怕滴落在他的作品上。幸好，老人仍在种瓜并高歌，没有人发现我的狼狈。我沉下心，继续细细玩味着他的画。

一幅墨梅，夺了我的目光。

不同于王冕"朵朵花开淡墨痕"的茂盛清秀，他的墨梅，枝干中空，树形畸曲，似是缘于天灾人祸而被拦腰截断的枯树枝头又抽出了新枝，花瓣也只有零星几朵，藏匿在枝条中间。乍看，不秀美，不修长，不直挺，不繁茂，似乎与传统意义上的美毫不搭边。然而，它似乎有着魔力，让人越看越觉得心生敬畏，越看越觉得有独一无二的美感。你看它苍劲有力的根牢牢扎在地下，你看它纵然半身截断却也孤傲挺立。没有暖风细雨，唯有风刀霜剑；没有沃土膏腴，却有枯木兀立。它依然坚强地活着，即使残瓣零落，也要绽放生命之歌。

多像啊，它是你的写照吧。国破犹如惊雷轰顶，崇祯吊死的那三尺白绫，也勒死了你的半条命。十九岁的少年本应鲜衣怒马，而经历了同族尽死、父亲离世的你，如同那半截枯树，生机耗尽。你逃亡，幸得偷生，然而妻离子散，你终是剃了头发，皈依佛家。那些日子里，不论是屠夫还是贫农索画，你都是大笔一挥，慷慨相赠，枯木上渐渐生出新芽。后来啊，你做了道人。只有你自己知道，你不是相信佛祖天尊有神灵，只是你不愿留着那肮脏丑陋的辫子，和那些手上沾满大明鲜血的胡虏并道而行。只有你知道，你朱耷没了家国，也依然是大明子民，也依然是不屈的八大山人。手无兵戈，你只能用画笔倾诉忠贞与愤恨。不惧杀身之祸，你在画上题写"南山之南北山北，老得焚鱼扫虏尘""梅花画里思思肖，和尚如何如采薇"……

清醒地，用生命，唱着大明悲歌。

三

远山未黛，木叶微脱。

老人衣衫素朴，箕踞于田间。纵是如此，一股清洌的气度还是从他从不妥协的眉宇间倾泻。他似乎没有传闻中那么古怪疯癫，也没有那样潦倒悲惨到需要别人来可怜。

我问，您做这一切，真的值得？

他只笑笑，似是把所有回答都寄托在那大片的留白中。

世间艺术家千千万，而朱耷之所以成为朱耷，是因为白——画面的留白、人格的洁白，甚至是画作里出了名的"白眼"。众人道他半疯半傻，而只有真切听见过他热烈心跳的人才读得懂他的画。"墨点无多泪点多"，这泪不是辛酸，更不是哀怨，而是真正的英雄主义，是敢于孤军奋战的勇气，是敢一生与痛苦做伴的气概。他也曾描花摹鸟，而唯有蕴藏了八大山人满腔家国情、一生愤愤志的"白眼"禽鸟才是真正触得艺术真谛的至宝。

那一刻，我知道他想说，值得。

四

老人起身，夕阳橙红的光照在他身上，他不喜不怒，不悲不嗔，就静静地站在那里看向我。恍惚间，老人背后的田野草屋尽数褪色，只留下他一人兀立茫茫虚空，正如他留白的艺术、留白的人生，需要用心，才读得懂。

我仿佛听见是他在说：我八大山人，要用生命告诉世人，纵为亡国俘，气节韧不屈……

夕阳洒在脸上，视野渐渐清晰。我惊讶地发现自己正坐在教室里，讲台上的人正讲评着朱耷的画作《个山小像》，画上老人不喜不怒，不悲不嗔，只是静静地站在那里看向我。

我凝眸，那一刻，似乎那位老人，亦是艺术本身。

（指导老师：姜雯）

【点评】

"窸歌"是一个人觉醒时，对人生与历史的感慨与思考，也是对生命存在意义的探索和表达。文章作者思接千载，从教室到神游故堂，交游先贤，品鉴佳作，触摸灵魂，从而完成了一场思想的洗礼。从这个角度看来，"窸歌"作为一种文化，跨越了时空的界限，慰藉过孤寂的先贤，浸润了上进的学子，也势必吸引更多的人去思考、欣赏、传唱。本文获省赛一等奖。（劳雅丽 特级教师）

她说

□杨守涛（浙江省龙港市第二高级中学高一）

我总是听见，不存在于现实的声音。

那声音透过肉体，穿过骨骼，滑过肌肤，击入了我的心脏。那声音跃过了我内心的壁垒，穿透了我，可并无进攻气势，撩拨我的心灵后又远去。

我听见很多人说，这是一种病，要治。可他们的声音嘈杂，使我不敢相信他们所说的一切。于是我便任由她的声音勾住我的手指，将我带去远离现实的幻想。

在她言说的世界里，色彩有了生命，他们有着自己的个性、思想。我看见了，仿若艺术画作般，他们与线条纠缠，相互叠染。在他们的生命中，任何天马行空的想象都能够被实现，于是他们先是组成了光和视线，为他们设想中的人类开辟了以目光开辟世界的小路。在这另类的世界，他们的幻想决定着人类的道路，可他们中又有谁明白，在那边的世界，人才决定着他们的命运呢。

在思绪之间，指缝流入几点色彩，我便拾起他们细细端详几番。当我诧异为什么这些色彩会落入我的指间时，我又听见她的声音。

心灵上的难以忍耐将我拽起，脚步迈动后缓慢前行——我想要找到声音的源头，我想看见那最深处的、最接近真相的一切。

在那里的尽头，我什么都没看见，但她仍在说着。我不明白为什么，我不想要回应，也不需要回应，但她仍然能够回应我的心意。

色彩弥留的世界转瞬即逝，现实将我挽起。在后来的后来，我看见过夜里的霓虹，感受过光线的照射，看遍了世界，却再也没有找到那些色彩，也没再听过那穿透我的声音。

吹抚过发梢的风像是想要告诉我，这些并不存在于现实中的念想无论多有毅力也是无法找寻的。但我若是在我现如今也才短短十几年的生命中放弃了我的念想，那我又如何坚持往后余生的一切呢？

他说，学艺术有什么用呢，又赚不到钱。他说，画画不能为你带来学术上的进步。可我依稀记得，在曾经的曾经，她说过，色彩能为这平凡的世界带来艺术的具象和不同人的想象。

纸和笔的触动带来线条，颜料混合后得出合适色彩，之后画下画作。每当笔触碰纸面时，我的内心才会再被触动，哪怕不再有那声音，我也深深地感受到色彩掌握在自己手中，触动时绽放的、无形化作有形的生命力。错愕间仿佛再来到那个世界，再在掌心里抓住富有生机、富有幻想的色彩。

或许我再也没有方法去往那里，听不到那不再陌生的声音了。但在回想去往的那一瞬间，在拿起画笔和纸触碰的瞬间，我好像得到了在这平凡世界的一点属于我的色彩，我好像想起了那最初向我诉说的声音。

那时，她好像在说：

"既然喜欢，就不要在乎旁人言语，踏上你心里向往的路。"

我好像也正是因此，才将色彩、线条与那时的一切铭记于心，到如今仍然热爱这艺术，和向往着那偶然间触碰到的世界。于是我便也不再倾听阻碍我前行的言语了——我不想将理想葬送于并非我画笔下的抉择。

笔下的色彩，我想将他们拾起后抛向空中，将原属于他们的生命力交还给他们。但我却没有能够比拟魔法的能力，于是我将理想一同押给我所热爱的这一切作为赌注，而红线便是将他们的生命在绘画上重现，让艺术重新赋予他们该有的形状，就像那一刻跳动的色彩。

我不知道赌注的结果如何，但这是已经压入枪膛的子弹，我定会将其发射向目标，不论它是否会反击又或是躲避。我的理想既然已经成为赌注的一部分，那么我就要当好这一名赌客。

我要还我心目中的艺术一个生命，同时也为了填补我那童年中消失的世界，然后站在这平凡世界的顶端，将那充满生机的色彩撒向世界，让艺术为这个平凡的世界带来趣味，让色彩为心灰意冷的人找到光明，让他们的视线充满彩虹。

当我将要扣下那幻想中的扳机时，我看清了她的身影、她的面庞。短暂时间的缝隙里，我在那一瞬间听到了她口中的呢喃。

她说："要为这或许破损不堪，又或许平凡至极的世界，带来我的艺术。但我更希望的是，那是你理想中你的笔下的艺术。"

我的心脏倒泄出了声音，我认出来了，这就是从前的声音。我的意识再被抽动，却怎么也离不开身体，自始至终都只有我一个人。恍惚间，画笔下的色彩飞跃入空，我的眼里，满是由颜色组成的夜空。我看见了我所期盼的、我所想要的、我想要用一生去追逐的著作，由无数线条、无数色彩组成的鲜艳未来，将色彩赋予生命后产生的未来，也是我梦寐以求的未来。我定要用画笔去实现我看到的这一切。

那声音一定就存在于我的心里，而她说的，我终于听清了。

（指导老师：薛碧莹）

【点评】

这是一篇充斥着意识流、逆向思维的"感知"之作，寄予着作者对艺术的深刻理解和执着追求。在作者笔下，"艺术"是具有生命力的，开篇神秘的"她"的召唤正是艺术对作者具有吸引力的具象体现。在一般思维中，通常会描写我们对色彩的认识，而这篇文章却反其道而行之，写色彩主导着人类的视野，这种将客体主体化的描写方式，更能充分体现艺术与人之间的共鸣。正是基于艺术的独特生命力，所以作者对待艺术的态度是去功利化，回归纯粹的、理想的艺术世界。为此，作者在心灵世界中与世俗进行了抗争，心理描写较为细腻。文章自"声音"起，至"声音"终，从"倾听"到"听懂"，首尾呼应，逻辑自洽。本文获省级一等奖。（尤立增 特级教师）

给我以货真价实的眼泪

□张宸畅（复旦大学附属中学高一）

AI 创作的价值，在于让人们意识到真实的眼泪的意义。

——题记

红、黄、蓝，我在画纸上将它们抹开，笔底染出一道斑斓的虹，梦在白纸上成形，定格成我那名为"艺术"的荒诞梦想。我举起手机，液晶屏上那张 AI 的画如此炫目，衬得我的作品更加不堪。我将画纸撕下，沮丧地揉成团，丢进垃圾桶中。手机屏幕泛着冷光，像在嘲笑我的庸常。眼泪从眼眶中滑落，清晰可感。

艺术是什么？

我无奈地重新贴上美纹纸，擦干眼泪，拿起铅笔，重新描绘起那片秋日风景。起形，调色，铺色，设色。明与暗在叶间跳跃交织，枫叶上明亮的朱砂红与地平线上深重的普蓝色相生相对，几只鸥鹭掠过天际，成为远景上小小的黑点，似将消散在远山淡影中。

艺术是一张张色彩、素描、速写作业，是我那荒诞不经的梦想，也是只有人才能成就的最伟大的事业。

一周过去，我把色彩练习，线上交了上去，随后又开始贴纸、起形。批改后的作业很快发了下来，鲜明的红字印在图片最上方。我拿了个平平无奇的分数。同学叽叽喳喳地在群里炫耀自己的不凡。我感到眩晕。而得了高分的作业却带有明显的 AI 痕迹——色彩明亮，线条无序。艺术大抵是死了。

AI 是所谓"百年不遇"的人造天才。我被那样的光芒刺瞎了眼。所谓艺术被这样撕下了最后一层名为"人性"的遮羞布。我们再也无法骄傲地宣称我们是唯一一个有感情的种族。我们亲手为自己缔造了一把双刃的达摩克利斯之剑。

而我只能可耻地用我最后的武器，用我脆弱的眼泪对答这无解的疑惑。

时间不会因为悲伤而驻足，也不会因为快乐而停留。我的未来像是被时代宣判了死刑。辗转难眠的夜中，只有我一个人的独角戏。我想：我应该放弃吗？平凡不代表理所应当地被替代。我只是不想籍籍无名地成为一粒沙，我起码得为自己能变成一块金子抗争过。我并没有什么为艺术挽尊的伟大理想，也缺乏那样深邃的哲学思辨。我只知道，如果想要证明艺术是人的艺术，就只能咬着牙用尽全力去完成它。

我依然练习着绘画，耳朵里塞着耳机，蹲坐在画板前，眼睛透过厚重的镜片看向那张轻薄却重逾万斤的纸。日光明明黯淡，照不亮我的暗室；心血却已滚烫，燃出了一片鲜红。起形，调整，铅灰的线条如同一首现代诗，在白纸上流淌开；调色，上色，厚重色块在纸上凝结，如鱼鳞般层层叠叠，彼此扣合；红、黄、蓝在调色盘上层叠，各色从此而生，犹如三生万物；黑、白、灰在笔尖流淌，明明相互对立，却又彼此成就，相克相生……我的世界被彩色淹没，先前的萧索如同未曾出现，静静地消失在了时光中，不曾带走一片云彩。

尽管我后来发现，这样的我只是一个安静的笑话。

AI绘画开始出现在各种地方，出现在地铁站里的广告灯牌上，出现在各种品牌的宣传海报上，出现在蛋糕包装盒上，出现在我生活中的每一个角落。那种无孔不入的宣传像是一句轻蔑的挑衅，轻轻地告诉我所谓的热爱总会被时代抛弃。曾经人们处处推崇如同打印机般写实的油画，然而现代艺术的代名词却是抽象艺术；曾经凤凰牌自行车是新潮的代表，而现在人人都开着新能源车。总是有人要被发展的世界抛弃，留在过去的回忆里。那么现在的我们，曾经以当白领为荣，未来却是处处指望AI了。这样却正像不会用手机的老年人，就像还在坚持我心目中"人的艺术"的我。

那么，我呢？

我不想放下笔。我知道这没用，但是我就是想坚持着，在这场风浪中留住最后一点尊严。我微不足道，不值一提，但我还是想给自己一个简单的证明：艺术是人的艺术。我用苦涩的眼泪涮笔，起码它是真实的；用不灭的热忱调色，起码它还在燃烧着；用金色的青春提亮，起码我还短暂地占有着。我只是画画，继续描绘我想画的风景，画我所爱的人。画画突然有了魔力，让我不再在乎所谓天才究竟如何。

AI正在悄然融入我们的生活，而箱子外面的众人，似乎也终于意识到了。大家开始高喊着反对AI，开始要求各大平台下架AI绘画功能……我在荒诞中品出一丝温暖，那么多像我一样的平凡人，在向这个即将碾过所有人的车轮宣战，要求平凡的权利。我们不接受默默无闻地沦为时代的垫脚石。平凡也该有个姓名。这个世界已经有了太多的天才与人造天才，好像本应理所应当的"一般"变成了原罪；这个世界变化流动得太快，好像做不了弄潮儿便是愚蠢的下里巴人。我们是螳臂当车，不自量力，但艺术在这一刻，真正绽放出了人的光芒。艺术从未死去。

所以，艺术是什么？它是热爱，是真诚，是人文关怀，是在冰冷世界中的最后一处让我们相濡以沫的庇护所，是我们共同的世外桃源、共同的乌托邦。只有它能让我们意识到，原来货真价实的眼泪如此珍贵。原来不止我一个人，在为理想而坚持。

而时间的玫瑰，最终为你我盛放。

（指导老师：丁悦）

【点评】

文章以AI创作的兴起为背景，展开对艺术原创性的思考，这一立意在当今技术快速发展的背景下具有很高的现实价值。文中流露出的对艺术的热爱和对AI技术的反思，情感真挚，能够引起读者的共鸣。作者通过个人经历的叙述，展现了艺术创作中的挣扎与坚持，能激发更多同龄人对艺术与技术、情感与创造之间关系的思考。文章还融合了艺术、技术、哲学等多个学科的视角，显示了作者宽广的知识面和跨学科的思辨视野。本文获省级一等奖。（包学菊 高校教授）

寻找艺术

□ 袁语璐（浙江省宁海县知恩中学高一）

"嘿，小木不要走神了，看着我怎么画！"师父看着小木严肃地说道。

小木突然缓过神来，尴尬地笑了笑："对不起，师父。"

"你要总是三心二意，是学不好艺术的。"

小木只能羞愧地低下头，也不好意思再说些什么，这些话，师父已经跟他说过好多遍了。不过道理他都是懂的，就是无法一心一意地去做这件事情罢了。他无奈地摇了摇头，轻轻地叹了口气。

师父见到他这个样子，很是无奈："小木啊，你到底喜不喜欢画画？"

小木抬起头，犹豫了一下："喜欢当然是喜欢了，但是每次让我把它当作任务去完成的时候又无法专心致志。"

师父摸了摸小木的头，慈祥地笑了一下："如果你不知如何是好，我觉得你更应该去好好体验一下这艺术的美，技术什么的并不是艺术最重要的，重要的是你发自心底的感受。"

发自心底的感受……小木在心中暗暗地想，我喜欢的艺术到底是什么样的呢？古往今来，大多数画作都是一些山啊、树啊，或者动物、植物之类的。这些事物往往能引起人们的情感共鸣。但这些似乎对于现在的我来说都有些深奥。嗯，那我该怎么办才好呢？

看着陷入沉思的小木，师父突然站在小木面前，把手伸向小木："小木啊，跟师父一起去走走吧，灵感源于生活，那才是真正的艺术。"

小木看着师父点了点头。

于是师徒二人便一起踏上了寻艺之旅。

当经过花园时，小木心想，花园是一个很美好的地方，有五彩的花儿、健壮的树，还有悠闲的人们。清澈的湖水里，鱼儿自由地游来游去，说不定在这里就可以找到灵感了呢。今天天气也非常好，蔚蓝的天空找不到云儿的影子，太阳肆意散播着温暖。多么美好的景象啊！

"师父，这里好美啊，要不把这里画下来吧！"

师父看着小木摸了摸他的头，说："小木啊，灵感是你自己找的，你想画什么你就把它画下来，不需要经过我的同意。"

小木找了一个视野非常好的地方坐下，把绘画的工具都一一摆了出来。可刚拿起笔，又不知这么美的景色，该从何处下手。

只见一只蝴蝶飞过，振动着它的双翅。小木的眼球立即被其吸引。但他很快缓过神来，不行，我要专心致志的，不能被这些事情干扰。

可视线重新回到画布上，那支举起半晌的笔又不知在哪落下才好。

"师父，我还是不行，这该怎么画呀？"

"也许这不是你想要的灵感呢，再等等吧。"

小木不是很理解，还能等到什么呢？

又过了些许时间，小木的画布上，还是空白一片。难道画画真的不适合我吗？难道我真的一点天赋都没有吗？小木的心中很是烦躁。

"师父，我不想……"话还没说完，小木突然眼前一亮。

只见一对母女，母亲拉着女儿的手慢慢地走着，走到一把长椅上坐下。母亲穿的是医院的病号服，但是在女孩的脸上并没有看到忧伤，反而洋溢着笑容。女儿依偎在妈妈的怀里，这母女俩其乐融融，触动了小木的心。

哇，也许这才是所谓的灵感吧。"师父师父，我找到灵感了，你看那对母女！"

空白的纸上终于被填上了颜色。上面并不是多高级的山水，只有一把长凳、一对母女，女孩依偎在母亲的怀里。柔和的颜色使这画面充满了温馨与美好。不，应该说这种画面本就充满着美好。

小木给师父看了他的画："师父，我懂了，灵感源于生活，而这艺术也是来自生活。这不只是一幅画，更寄托着我们人类的情感，虽然她们只是普普通通的一对母女，但是在她们身上我们可以很明确地感受到亲情的温暖。"

师父看着小木，欣慰地笑了："不错哟，小木画得很不错！"

但是小木却摇了摇头，看着师父的眼睛："不，师父，我觉得我画得还不够好，并没有非常完美地表现出这种感情，要不我重画一遍吧。"

"不，小木，没有谁能把这种画面完美地呈现出来，但是就是这种并不是特别完美的画才能体现出人类之间的共情，有时候不完美也是一种艺术。"

小木摸了摸脑袋："我懂了，师父。"

从此以后，小木便到处寻找他的灵感。不是带着目的地去寻找，而是用他的心去感受。不是为了作画而作画，而是为了记录下这美好的情感。也许这就是艺术的真谛吧。

（指导老师：徐萌琪）

【点评】

这篇小小说围绕"寻找艺术"而展开。尽管故事情节设计比较简单，人物形象并不饱满，有些描写还不够贴切，但读来令人舒心。"什么是艺术"是一个见仁见智的话题。师父指点小木关注心底的感受，不必追求刻意的完美，从而改变了小木作画的态度。文章叙述语言简洁，清新自然，趣味盎然。本文获省级一等奖。（尤立增 特级教师）

鹤

□郑雨函（吉林省镇赉县第一中学校高一）

　　那是只下凡的鹤，再愚钝的人也能一眼辨出鹤身上的轻尘，心中不自觉地想，皑皑的翅膀不应染上人间的俗色。

　　鹤爱看画。坊间传闻，在弯月下，鹤有时会在画前留下一根尾羽，隔天这幅画会被卖出寻常作品难以企及的天价。继而人们将这根羽视为珍宝，视为对艺术的高度赞扬。人云亦云，人们开始疯狂地乞求那根羽，无论是想要得到艺术的认可，还是想要大赚一笔，羽被奉为"座上宾"。

　　鹤借着微风，于天空中游荡，晚霞浸染了鹤下方的云，但不曾在鹤眼底留下色彩。鹤倦了，落在云上，用喙轻啄翅膀，落下三两根羽毛。

　　俗，太俗了。鹤想着，人间的艺术都是这样的吗？

　　鹤振翼，卷起一小簇云朵，下方是所谓"艺术家"纸醉金迷的景象，因为子虚乌有的认可，一幅幅平庸的画卖出了上万的价格。稍微懂行的人都知道，相比流芳千古的画作，面前这幅只能叫作涂鸦画。

　　但有那根羽。

　　月光泼向鹤，鹤默然。

　　权力与艺术交织，鹤不解，它厌恶铜臭味，想寻觅一缕墨香。无果。总有人会意识到什么是真正的艺术的。鹤如是想道，抖抖羽毛，入了一场庄周的梦。

　　时过境迁，物是人非，鹤不知睡了多久，飞入凡间，人间早已没有羽的传闻了。这样就能找到真正的艺术了吧。鹤天真地想。鹤飞啊飞啊，落在一位作画的青年的画板前。青年在画绿水青山，画中的山并不显眼，似是和青葱的树木融合在一起了；细水长流，漫步向云端。

　　哦，奇特的水。鹤说。

　　青年眼神飘向鹤的方向，只瞥见一抹白。水为什么一定要甘愿伏地呢，就像人一定要委身于权威之下吗？青年的话中带着傲。鹤想，他的确有傲的资本。

　　你说，什么是艺术？鹤问。

　　青年眸中闪着疯狂。艺术，就是要凌驾于万物之上，我画的画，即是艺术。青年狂傲不羁的话映出他的自信。鹤没有说话，悄然飞走了，独留青年一人。青年抬头，未见人影，倍感怪异。

　　自此，鹤伴随在青年的身边，陪他走过春夏秋冬，陪他经历荣辱浮沉。鹤看着他的年龄与日俱增，名为时间的马鞭鞭策他继续向前走，他身上布满了伤痕。青年的傲气被残酷的社会吞噬了，当年不可一世的画家，如今是个圆滑的小老板，游走在各种场合之间，追名逐利。

　　鹤一直在看着，一直在看。

　　青年，不，现在应该叫先生了。鹤不想叫他大老板，虽然其他人都这么唤他。鹤看到先生坐在家中的花园里，它轻轻飞落，如数年之前一样。先生亦没有回头，细细品茶。

　　你说，什么是艺术？鹤问。

　　先生默然，他想起当他还是个籍籍无名的小画家时，坐在家附近写生，有人莫名其妙问了一句。

什么是艺术？

先生眼神微移，正如心中所想，又是那抹白。那抹白穿过了重重安保，来到他身边，不贪财，不贪利，只为问一句什么是艺术。先生摩挲手上的表，状似不经意地说，我曾以为，我画的画，可以被称为艺术。

可那些人称那是涂鸦画。

遥想当年，青年带着自己的画作，踏入名利场的时候，被高价收购了一张画，自此直上云霄，赚了大钱，又惨遭捧杀，自己为之骄傲的画作被贬为不值一钱，那些人却笑称只是资本的游戏。青年愤懑不已，经历了可称是腥风血雨的十几年，他跻身在资本的玩家位。从高处再看那些所谓的资本家，糜烂，奢侈，贪污，受贿，让青年陷入迷茫。

先生答，我不认为我的画是艺术了，但现在我可以高价收购"艺术"，那些名人的画，我已经有能力买下它们了，我有能力拥有所有艺术了。我没资格做出艺术，但我可以买下它们，我是不是很厉害？

鹤不语，飞走了。先生摇着茶杯，哼着小曲。曲名《青花瓷》。

鹤这次没有陪着他了，寻了一处安生地，以地为席。天公赋予鹤一场好眠。人间的故事仍在继续，但已经与鹤无关了。

又是一年夏，鹤醒了，发现景象与睡前相差无几，便踏入人间烟火，寻那位先生。待鹤寻到那位先生的时候，才恍然觉得时间的无情——先生坐在藤椅上，已经到了古稀之年。

你说，什么是艺术？鹤说。

先生闭着眼，不语。沉默漫延在庭院中。先生叹气，艺术到底是什么呢？我认为我的一生可以称为艺术。可这一生太稀松平常了，毫无亮点，甚至可笑，我的人生写成一本书，也就只能被称为笑话罢了。

骤然，先生睁开眼，人生中第一次看清了鹤。不同于保护区的鹤，他眼前的这只鹤气质非比寻常，出尘的气息围绕身旁。一只仙鹤，先生想。

先生眼中映着日光，这让鹤想起夏日青山绿水的初见，那青年身上的傲气，眼中的疯狂，与现在如出一辙。先生紧紧盯着鹤，他悟了。

鹤啊，我知道什么是艺术了，只要我为艺术献身，我就是那高贵的艺术。先生狂笑，直起身子，大步迈到鹤身前，面部略显狰狞，在鹤耳边喃喃道，死亡是艺术的赞歌。

先生又躺回藤椅上，日光洒在他的脸上，藤椅缓缓摇晃。不知道先生在梦里会不会看见年轻的自己，会不会想起当年的初心，会不会缅怀过去的自己。

鹤想，在梦中结束一生，或许会很幸福。

随后，鹤嗤笑一声，愚钝的人啊，活着才是最美的艺术。

生命是艺术的圆舞曲。

（指导老师：霍秀艳）

【点评】

艺术作者都很关注自己的作品，视之为思想、情感、才华、追求的外化。但生命本身也是一个作品，而且要用整个一生去创作、去成就。如果缺少大智慧，一定找不到生命的出路，自然也找不到艺术的出路。这篇小说主题深刻，表现手法精巧。作者创设"鹤"这一有灵性的意象为主角。故事在鹤的两次睡醒后承转，鹤三问先生"什么是艺术"，既让情节变得脉络清晰，故事紧凑，还能一波三折，反转迭出。结尾处"生命是艺术的圆舞曲"赋予文本主旨以耐人咀嚼的余韵。本文获省级一等奖。（劣雅丽 特级教师）

滚烫的画

□包舒扬（南京市第十三中学高三）

我是一幅画。

我被挂在博物馆里已经很久了。

创作我的画家已经面目模糊，不过我对他的故事记忆犹新，大概是人们常提起他的缘故。

我出生在一个阴暗逼仄的小房间，他去世后，我被遗忘在画廊角落，最后被搁置到积尘的仓库。那儿安静。

一切的转折在一个普通的上午——也许是下午。毕竟仓库里没有太阳，你不能指望一幅老画记得那么清楚。

那位把我丢进仓库的画商，找到了我的画家的名字，心满意足地把我交到另一个商人手中。几经转卖，我的身价越来越高，我的画家终于出名了。

后来我来到了博物馆，这时我的画家已经很有名了。来看我的人很多，有衣冠楚楚的博主，也有举着相机的背包客，有瞪着好奇眼珠的小孩儿，也有坐在轮椅上的老人。不过，他们都得排队。顺着潮水般的人群涌来，再如潮水般地退去。

我很骄傲，一开始。我享受目光与掌声，这可是作为被湮没在仓库里的老画的我未曾见过的。那时的我终日与黑暗里的细尘和蛛网为伴，有时会响起新画们怯怯的自我介绍，更多时候大家都在沉睡。在这里，我的新舞台，我每天迎着亮起的筒射灯开启精神抖擞的一天，整整衣领，捋捋发须，用最饱满的热情迎接我的访客们。

打量来往的访客是我为数不多可以做的事之一。每一张面孔后都有不同的故事。后来我学会了人的语言。有些风尘仆仆的人来到我的面前，凝望我喃喃："这就是他……"有些衣冠楚楚的人面对镜头侃侃而谈："解构主义……先锋……致敬……"

更多人来到我面前，不解地大声嚷嚷或小声嘀咕："这是画的什么呀？""不咋像啊！""排老长队了……""这也是艺术？"我都听得见。虽然我是幅大大咧咧的画，但这些细碎的言语比岁月的风尘更伤本画的脆弱自尊。

对了，什么是艺术？

那天，我在闭馆后溜到落地镜前，第一次仔细打量自己。我不是身着帝政裙在秋千上轻盈跃起的贵妇，不是锁在深宫自怨自艾的仕女，不是金色麦田里收割麦子的劳动者。我是我。

我没有丝绸般光滑柔顺的长发，没有柔软细腻的肌肤，没有蕾丝珍珠装点的衣裙，可我本不是写实的肖像，你不能用真与不真评判我的价值。我没有大卫一样力与美兼具的手臂，没有他深邃的眼睛与维纳斯一样丰腴有活力的脸庞。你不能用美与不美定义我的存在。我是我，我有我的美丽，在我简单的线条下有对所谓真理无声的反抗，我有我的骄傲，在我一成不变的画面下是对传统的挑战。

我更加卖力地展现我自己，每一个清晨，我都兴致勃勃地面对每一位来访的客人，然后用我最精神的一面告诉他们什么才是我。来拜访的人越来越多,他们提前一月预约,再排上一两个小时的队,在我面前停留短短三十秒。他们慕名而来,慕的不是我画作的名气,也不是我的画家的名气,而是上月那位侃侃而谈的网红的名气。他称我是"先锋",于是我就成了"先锋"。

画呢,真的很奇怪。我得到了地下室仓库里的那些画最渴望的灯光,住上了属于我一个人的大展厅,享受着看不尽的目光。我该知足,可我却希望实现我的价值。

我的价值又在哪里呢?

是眼前这些"慕名而来"的拜访者吗?他们需要的是我的艺术、我的思想,还是我一文不值的皮囊?

环保主义人士用胶水把自己的手粘在了我面前。他需要关注,我分他一些。他实现了他的愿望,我实现了我的价值,好。窃画贼将我偷去卖钱,他需要钱,我没有钱,可我能给他带来钱。他得到了需要的钱,我实现了我的价值,很好。摹画的人按照我的样子制造赝品,无数个我从流水线上被"创作"出来。我创造了 GDP,虽然不知道这个数字有什么用,但是听新画们说这个数越大越好,那我觉得,也好。

我的面前被安上了玻璃挡板,环保人士被请走,我挺担心他的手。窃画的人被警察抓到,我挺担心他,他会不会像那些表现不好的画一样被关在地下室?可人们只关心我,我的名气更大,排队的时间更长,来看我的人更多。可依旧,无人与我思想共振,无人与我灵魂共舞。他们千辛万苦地来,他们什么都带不走。

我忽然理解了我的画家,他是我故事的开头,我的血管里流着他的血,我的脑子里激荡着他的思想。他创造出我的臂膀,比掷铁饼者更加有力,用来挥洒他的思想。他捶打出我的双腿,用来踏破传统的羁绊。可惜,他的名气不是因为他的思想,而是因为他的情史和落寞的结局。我感到讽刺,与这个世界格格不入的尴尬和无力改变的颓唐。在他死去的近一个世纪之后,我终于看见了他。

我是他最后一幅自画像。

在他离开很久以后的一个深夜,我从博物馆的小窗下坠,像当初的他一样。当然,作为博物馆里的画,我走不出这个巨大空旷的展馆,上面一句是我的幻想。我试探地活动了一下我僵硬麻木的四肢,它们不再有力。然后,"啪"的一声,我碎了,从不到一人高的展台上,流出滚烫的思想。

也许不断有新的画作填满这座巨大的展厅,画作会老去,滚烫的思想永恒。

(指导老师:张苓)

【点评】

文章构思新颖,立意深刻,在赋予一幅自画像"人格"的同时,展开了充满趣味的故事化想象,又凝结着作者哲理化的真诚思考,完成了一篇面向自我、世俗和价值存在的生动寓言,也相当于完成了对个体心路的梳理。"画作"从沉寂到重新被发现,从自我确认到自我否定甚至透露出某些心理学的象征意味,让读者不禁引为映照,省思自身,从作者"滚烫"的思想汲取热量。本文获省级一等奖。

(包学菊 高校教授)

黑猫

□吴铮（山东省实验中学高三）

    我又遇见了那只黑猫。

    雨水还在落叶上绽放，没过黑猫的脚掌，它安然地在雨中踱步，像是世界五彩喧嚣中的一个黑色缝隙。我跟着它走过田垄、花坛和咖啡厅的石阶。在街道尽头，它转头望向我，那一刻雨滴落在地上绽开成蝴蝶，围绕它翩翩飞翔。轻轻一跃，它跳过石墙，走向它自己的远方。

    这是我最后一次遇见那只黑猫。在那之后，我将修改了无数次的那幅画作底稿，原封不动地投递到学生艺术大赛邮箱中。

    对于从小学画的我来说，"艺术"已定格成画布上的色彩。用笔着墨，每次渲染，不过是将情感投射在笔尖之上，描绘着内心的底色。我的底色，大概总是让人看不透的漆黑吧。初遇那只黑猫，当它用清澈深冽的绿眸望向我时，我感到灵魂随它泛光的黑毛竖立，全身战栗。巧合的是，本届艺术大赛正以"猫"为主题。于是它稳坐着背对我，掉转头来的那个凝视便被我用大面积的黑色颜料定格。只有双目的荧荧绿色，如点点星火，穿透厚重的油料味空气。

    这毫无疑问是我现阶段能达到的最高水平，再添一笔也是累赘。但集体研讨时，我还是象征性地画上几根枯草，盖住画板才来到画室。

    我的位置在角落。老式空调下方冰窖一样冷，呼啸的风却能盖住四周说笑声，给我以丝丝暖意。有同学搭话说想看看我的底稿——毕竟我是全画室专业第一，这次大赛，除了我，别人都说我能拿头奖。一番思想挣扎后，我一手揭开画布，一手接过她的画板。

    那是四只纵向排列的猫，毛发几色相间，憨态可掬。技法虽称不上优秀，却能感受到她对猫的真心喜爱。而我的画被她盯了半响，换来一句"真的很厉害"。我不知所措，赶忙换回画板盖上画布："不好意思，吓到你了吧……"她摆摆手："你的猫很酷，虽然我更喜欢可爱一点的小猫，但是这么酷的一定很少人画得出来。"

    "这次大赛除了'猫'这个主题没任何限制。因此说白了，不过就是借猫来表现自己。这是蔡老师说的，他还特别提到了你呢，他说你的画很独特，因此没太多共鸣，但这在艺术里不是坏事。"

    受到些许鼓舞的我，在那之后的课上却像被泼了一盆凉水。应试技巧上，几个老师都强调丰富画面，增加色彩。看着大家连换几张画纸添加内容，我也如是堆叠不属于我的色彩。到最后看着那只黑猫坐在一片红绿相间的草地上，在身后众人注视下转头凝望，我感觉那原本平静的绿眸多了几分怨气。

    我终于鼓起勇气去找蔡老师改画。在画室院子里，我又与那只黑猫相逢。这次它叼着一根火腿肠徘徊许久，在一个杂草丛生的角落旁若无人地享受起来，只偶尔瞥我一眼。吃罢，伸出舌头舔舐乌黑的毛发，从围墙的缺口一跃而出。

    蔡老师看了我乌黑的底稿和花花绿绿的几版修改稿，涂掉底稿上的几根枯草，抽出一张修改稿和底稿摆在一起："你自己喜欢哪幅？"

    "底稿。"

"那就投底稿。这幅画不是画猫，而是画自己的内心。你心里也这么大怨气吗？像修改稿？明明第一只最能代表创作者，不要让自己的画脱离自己。"

"可是那些老师都这么教……"

"艺术没了内核还谈什么画面？他们教的是参赛技法，你技法很不错，不要被比赛套住，画想画的就是自己最好的艺术。"

离开画室，下雨了。我打起伞，雨珠绕着伞边落下成一圈透明的帐幕。透过它，我又看到那只猫自在踱步，快步跟上，它回头看了一眼，不再理我。一人一猫走了好远好远，鞋袜湿透时，我感到阳光洒进雨珠的屏障，洒在模糊的心中。其实我也并不了解那只黑猫，只是先入为主地把它看作自己——其实它远比我有智慧，有安然享受食物、孤身在雨中漫步的勇气。它引领我走到尽头，翻出石墙，像雨滴落在水中，而涟漪久久泛在心中。

那幅画获奖后被挂在少年宫美术厅里。画上的黑猫每天与游客对视，有的低头走过，有的驻足停留，或褒或贬。我在旁边记着笔记，了解技法上的不足。但我知道，我的艺术底色不会轻易改变了。

（指导老师：康勇）

【点评】

这篇文章的作者让现实中的黑猫和画作中的形象交替出场，将艺术的探讨和人生的探寻扭结为一个共同的命题——发现自我、认识自我。这对同龄的作者、读者而言，都是必答题，但却并不容易。作者幸运地与黑猫相遇，似乎获得了指引，不仅借助绘画的过程找到表达的出口，也最终明了了自己的青春和艺术底色。作品体现了极强的观察和刻画功力，对自我心理的揭示很到位，其他配角人物的描写也推动了情节、主题的发展，整体读来颇有几分成长小说的文学意味。本文获省级一等奖。（包学菊 高校教授）

扎西的画

□王鑫（北京第二外国语学院成都附属中学高一）

望着男孩黑亮的眼睛，我由衷地说："扎西，你的画，是艺术。"

近期，报社筹备社会人文纪实的期刊，我作为地区板块的负责人，与小文一同踏上了 Z164 次火车，前往西藏采集人物素材。幸运的是，我得以靠窗而坐，沿途欣赏格尔木的璀璨星子、昆仑山脉的千年冰雪，以及错那湖畔优哉游哉的牛羊，这一帧帧风景如同慢节奏的电影在眼前播放。

抵达吉隆沟乃村后，多杰在村口热情地迎接了我们。他递上洁白的丝织哈达，我们收下了这份诚挚的祝福。多杰领着我们走进碉房，鲜明绚丽的墙面、家具和木梯映入眼帘，但最吸引我的却是外墙石头上的彩痕。灰白的石头上，翠绿的、赤红的线条杂乱无章，却隐隐约约勾勒出太阳、草原的图像。"这是我小儿子扎西用他阿妈的矿石画的，他六岁，现在调皮得很。"扎西，这个名字在藏语里寓意是"吉祥"。

"阿爸，我回来啦！"一个穿着湖蓝色藏袍的小男孩跑过来，扑进了多杰的怀里。扎西倚在他爸爸的臂弯里，转过头来朝我们问好。我这才看清，那张小麦色的脸蛋上，两颊带有高原红，一双黑亮的眼睛尤为澄澈干净，让我记起了夜空南边的星子、错那湖碧澄的湖水，仿佛一切都倒映在他的眼眸中。

"我每天会帮阿爸放牛，晚上赶在日落前收牦牛毛。"扎西有一搭没一搭地和我们聊着天，"这是小努尔，它前天才出生。"他指着远处一只小牦牛，一只母牛正温柔地舔舐着小努尔的毛。"哦，对了，我要给你们看看我画的小努尔。"纸上铺着黑色的线条，圆圈代表身体，三角形则是牛角；绿色的波浪线勾勒出碧绿的草波；大面积的天蓝色在纸张上方渲染开来，留有几团空白作为白云的点缀。这幅画儿充满了孩子气的写意和天真纯粹。"还有这个。"因白雪覆盖而显现的灰蓝色的山峰、一簇簇深绿色的树丛、石灰色的方块状碉房……扎西眼中的乃村就以这样稚嫩可爱的笔触呈现在眼前。另一张画儿上，橘红的圆代表太阳；天边紫色的云彩轻轻飘动；暖黄的色块堆叠起来，从云层里透出光斑；深色的线条斜涂而成，描绘出夕阳下的树影。"扎西，这些简直就是艺术。"我笑着摸摸他的头。男孩黑亮的眼睛眨了眨："真的吗？这些画都是艺术？""当然。"

"那我要画好多好多的画儿，把它们都变成艺术。"这个帮阿爸放牛的小小少年郎说出了一句既稚气又充满志气的话，"我还要去草原的另一边，把我看到的一切都画下来。""草原的另一边是什么呀？"我不禁好奇地问道。

草原的另一边是什么？是宏村的水榭长廊、村头的红杨和银杏构成的"牛角"、灰白墙面、大红灯笼、飞檐翘角以及山间的莺啼声。这一令人痴绝的景象，不正是徽州的水墨艺术吗？是九寨沟的瑶池仙境、孔雀绿的海子、石壁上黄绿色的苔痕、冷杉树影的斑驳以及层林尽染的美景，青绿之间展现的是大自然水与光的艺术。还是国画《北海公园》和《首都之冬》中所描绘的朱红墙面、彳亍的路人、由远至近的雪中小路、萧疏奇崛的树干、红墙黄瓦的宫殿以及雪中玩乐的孩童所构成的北国风光冰天雪地的艺术。

扎西啊，你的画同样也是艺术。

画中的草原、雪山、树木、太阳以及那些牦牛等西藏的生灵在你的画笔下显得生机勃勃且灵动。正是因为你眼中世界的纯粹和美好，你用画笔记录下了生活中的种种细节，这便是艺术本身。何为艺术呢？在你的画中我找到了新的定义：以孩童的眼睛观察世界，用稚嫩的笔触描绘出生活的美好。一个藏族小男孩捡拾着生活中的点点滴滴，怀揣着天真细腻的情感将西藏的山的顶峰以及湖的彼岸一一画下。你放牧时伏在小努尔耳边的低语、倚在大树上与光影玩捉迷藏的游戏以及阳光下自由肆意的奔跑……这份孩子气啊，真是最为珍贵了。要知道毕加索十四岁就能画得像拉斐尔一样好，但他却用一生去学习像小孩子那样画画儿。扎西啊，要保留这份孩子气继续你自己的艺术吧！

临走前我将关山月先生的画册留给了扎西。那本画册扉页上写着："不动我便没有画，不受大地的刺激我便没有画。"这句话仿佛是对扎西未来艺术之路的预言。

……

再一次见到扎西是在北京的青年画家美术展上。十几年前那个放牛的小小少年郎现在已经身姿挺拔，他微笑时两颊的高原红让人感到亲切又温暖。扎西身穿红褐色的大襟藏袍，羊毛的立领，领口和袖口用金线绣有蜿蜒的云纹，佩戴着一枚质地温润的蜜蜡，独特的蜡质光泽让人回想起十几年前那个阳光下的高原草地。他认出了我，那双本就黑亮的眼睛更是闪着墨玉一样的光亮，将我拉回了格尔木的星空和错那湖澄澈的湖水之中。

"看来你真的做到把你的画变成艺术了，扎西。"我由衷地赞叹道。

"是因为你的启发我才找到了自己的艺术之路。"他微笑着回答，"保持着对生活的一腔热爱，用画画儿来表达我的情感和想法，今天我才能站到这里。"

我看着眼前这个真诚的少年，与十几年前那个说"我要画好多好多的画儿，把它们都变成艺术"的小男孩身影重合在一起。那句充满稚气又有志气的话如今已经变成了现实。今天他已经走到草原的另一边，画下了草原另一边的风景与人文。

所谓"万般滋味都是生活"，艺术的千滋百味皆源于生活。在我们生长的大地上已然结有蓬勃的生命力，在旭日高升时绽放光彩。繁花落尽又何妨？只要心中还有花落的声音，任它一朵一朵地落下，依然能在山间绘出生命的咏叹调。生命是艺术创作的源泉，而艺术则是对生命意义的探索与表达。人们将艺术作为精神寄托，在其中找寻心灵的慰藉，寻求平和的精神力量；人们在艺术中进行生命的反思，找寻自身存在的价值，寻求新的生命体验；人们通过艺术实现生命的超越，找寻现实的、梦幻的、美好的心灵归宿，寻求生命的升华与蜕变。当画作被注入了生命力时，艺术便拥有了灵魂。

从外墙石头上的彩痕到纸上笔触稚嫩的彩画，再到画展上独具风格的画作，那样童真，那样赤忱，那样充满生命力！扎西啊，你的画，一直是艺术。

（指导老师：田先方）

【点评】

这篇高一同学的参赛作文展现出了其敏锐的观察力和丰富的想象力。作者通过细腻的笔触，将生活中的普通场景描绘得生动有趣，令人仿佛身临其境。同时，作文中的比喻和拟人等修辞手法运用得当，使得文章语言优美，富有感染力。此外，作者还能够巧妙地将个人情感与所描绘的景象相结合，使得作文不仅具有画面感，更充满了真挚的情感。当然，作文在结构和逻辑上还有待加强。部分段落之间的衔接不够自然，导致整篇文章的流畅性略受影响。此外，作者在表达观点时，可以更加明确地阐述自己的思考和见解，以增强作文的深度和说服力。总体而言，这是一篇充满灵性和潜力的作文，只要作者在结构和逻辑上稍加注意，定能写出更加出色的作品。本文获省级一等奖。（桑哲 高校教授）

苗染

□贡雅涵（江苏省镇江中学高二）

又是一年暑气难消，在家里作坊辛苦了半年的爸妈相约出门旅游避暑去了，我也就有家难回。舍友们都兴冲冲地回家去了，宿舍里只剩下提不起干劲的我和阿柳。

"苗子禾，你爸妈又出门了？"阿柳看我兴致索然地翻火车票，突然一个鲤鱼打挺翻过来坐在我的床上，"没处去的话，要不要去我家搞点艺术？"我翻了个白眼，没好气地问他我们两个理工男能搞什么艺术，我也就小时候被爸妈逼着上了一段时间的绘画班，现在估计都还给老师了，也没听说他有什么艺术功底。他却神秘兮兮地凑到我耳边说："我阿爸可是大艺术家！"

于是，当我反应过来时，我已经登上了去往苗寨的火车。

"我真的不是遇上人口拐卖了吗？"一瘸一拐地拖着我的大行李箱上山，我感觉我的老腰都不是自己的了。不过很快峰回路转，一大片开阔地展现在我们眼前。

到苗寨了。

我战战兢兢地跟在阿柳后面，听着他阿蒙纳罗地叫，别人也好像叫他什么宝翁寨柳。我呢？啥都听不懂，啥也不会说，在他叫人的时候跟着他后面点头哈腰的。好吧，我承认我是有一点害怕，这人生地不熟的，年纪大一点的叔叔婆婆虽然慈眉善目，但我这种小辈总有一种敬畏感。

"阿爸，我回来啦！"阿柳的家在山上相对于寨子里更高一点的地方，屋子里转出一位五六十岁的男子，我便知道这是阿柳的父亲了。

"叔叔好。"万幸的是阿柳的父亲会说标准的普通话，方便我这个对他十分好奇的家伙来提问。于是当我问他是做什么工作的时候，他憨厚一笑，跟我说他是染布的。

"啊？"我转头看向阿柳，在他的父亲去给我们倒水的时候，我恶狠狠地抓住阿柳的衣裳，连名带姓地喊他，"不是，柳染你小子耍我？"他有些心虚地望向一旁，但马上回过神，告诉我他父亲确实是艺术家。

"所以你爸是做什么的？"

"点蜡成画，苗族蜡染。"

确实，后来我清晰地晓得这算得上一种艺术，还是"非遗"，但这小子的心虚也不是没有来由的。当第六天他父亲下山的时候，我还不知道，他跟他父亲对我的介绍，是特意从学校赶来帮他一起替他父亲染布的。翻译一下，我，是这小子拐来的苦力。

当我意识到这一点的时候，已经是到苗寨的第七天了。骂骂咧咧地将压植物的石磴从已经泡好了马蓝的缸中捞出的时候，我忍不住后悔。我明明看到了这小子往这缸里加清水，我竟然没有问一下他是在干吗，现在好了，被热情好客的苗家人招待一番，舒舒服服地跟他玩了六天，这个苦力我也拉不下脸不做。

"没事，你后面还是会有几段假期的，相对来说。"我默默地白了他一眼，他给我们俩订的火车票是将近一个月后，如果没有假期真要我干个十几天的话，我真的会和他拼命的。

将墨绿色的水从缸中一勺一勺舀出来，倒在白布上慢慢渗下去。水的颜色比最纯的绿宝石更绿，绿到发蓝。如果不是我的手也被染成绿色，我相信我可以有更多的词汇来夸它。被阿柳从缸底捞出的马蓝已经被泡成了枝状物，最后一点汁水也被挤进了新的缸里。缸里的水上泛着厚厚一层深蓝却又泛白的水沫，阿柳抱来了一大坨东西。

看着他将白花花的粉状物倒进了原来的缸中，我不免有些好奇，探头探脑的。

"是石灰。"

"石灰加入马蓝水中并接触空气发生氧化还原反应，石灰作为碱介质与载体让靛青靛玉红吸附沉降……"

"停停停，我不想在学校以外的地方看到化学了，谢谢！"

把它们充分搅拌，盖上水缸盖子，今日的工作就已经完成了。后面几天没啥工作，但是已经知道未来"悲惨命运"的我肯定没法好好玩了，和阿柳一起把课业做了做。

又是一天黄昏，夕阳正好，阿柳出门打水。写完今日份的作业，我伸个懒腰走出了阿柳房间，猛然发现桌上放了什么东西，是……两坛酒！

这么光明正大地摆在桌上，肯定是让我喝的。心安理得地开了一坛，尝了一口，度数很低。

端着酒坐在院中摇椅上，正值盛夏黄昏，蝉鸣声声清脆但不聒噪，夕阳远远地落下去，天空是橙色的，柔软的风抚在我身上，一种独属于夏天的凉爽的感觉淡淡地浮出来。

我很快开了第二坛，感觉日子悠闲惬意。远远地看夕阳，倏忽间后背一凉，转头一看，阿柳回来了。

我在看夕阳，柳染在看我——手上的酒坛子。这是什么鬼故事啊，偷喝直接被抓到，阿柳眼睛都要冒火了。

"这么自觉，马上要用的材料被你喝掉了。"

我没说话，对阴阳怪气的阿柳进行"眼神盯住"攻击。

很快，他破功了，从原来是他父亲现在是他住的房间中又拿出了三坛，开封，开始陪我喝。

不出我所料，他那肯定留了足够多的备用酒。

他了解我，我也了解他。他知道我喜欢喝酒，不可能把要用的东西大大咧咧地放在桌上，我也知道他是如此，这也是我为什么可以放心大胆地喝。

夕阳是暖暖的，给我们两人镀上一层金光。我们就在这阳光下谈着过往，憧憬着未来。

我和阿柳的关系一向是很好的。

我还能遥远地想到初入大学我俩的第一次见面，我对他的印象很深刻，好吧，是一个姓和民族的巧合。

"苗子禾？姓苗？你不会是苗族人吧？"那时候我正在跟另外一个舍友聊天。

"当然不是了，完全不是啊，话说回来，苗族也没有姓苗的吧？"

"是有姓苗的。"他横插了一句嘴。

"啊？你怎么知道的？"

"因为我是苗族人。"

好吧，静谧美好总是让人回望从前。我拿起那两坛没开封的米酒往坛子里倒，阿柳也往里面倒了烧碱，然后就是用木棍搅拌。

然后是养缸，这段时间每天抽出来时间搅拌就可以了。

"石头剪刀布！"我出的剪刀，阿柳是石头。好吧，看来今天搅拌的工作落在我头上了。

日子似乎就这么一点一点地慢下来了。十天，我浅浅的肤色深了些许，"老腰"也不痛了，也很少像之前在学校一样睡不好觉了。一切都如同世外桃源一般，如画，如艺术，是一种淡泊却又充满烟火气的美。

水已经变成了草绿色，经过阿柳的鉴定，应该是成功的。

然后应当是点蜡了，像阿柳父亲这样的熟练工可以直接用蜡绘画，而像我们这些初学者，绘画功底不那么强的人，可以先在布上画草图。但很显然，我们俩没有人带铅笔，签字笔什么的会留下印迹，显然不合适。

阿柳捡了一点柴火，在炉灶底下烧了又烧，搞出两支并不是那么专业的木炭笔来，我们俩拿着小份的白布，边聊边画。因为我们这两份是试染，并没有什么具体的图案要求。阿柳的父亲明天会回来做一些客单，我在网上看过他父亲开的网店，销量意外地并不低迷，还有大批的爱好者。听阿柳说，每一年都会有一些人来这里学习体验这一手艺。而且看他之前做的那些单子，好吧，我不得不承认，阿柳父亲这艺术功夫还真的很好。

事实证明，我学到的那些东西并没有完全还给老师，轻轻松松地就画了棵柳树出来，指给阿柳："看你的。"

阿柳也不甘示弱，画了几根草出来，非说那是禾苗，也把我画出来了。

然后拿着蜂蜡棒将我们辛苦绘制的图案描上一遍，其实他父亲这里还是有更多的精细工具的，但是显然我们用不到。

最后就可以染色了，将缸中水表面一层蓝花花的水泡滗出来，捞出一瓢草绿色水，将我们俩的"大作"放入其中，泡上一段时间之后捞出来晾着就好了。

当理论上染好布时，阿柳的父亲也回来了。

"这……怎么染成这样了？"很意外的，我们俩的作品似乎失败了，并不怎么上色，我的语气中有着浓浓的失望。

阿柳的父亲轻轻地用手在阿柳的后脑勺敲了一下，用苗语说了些什么，转头看到我之后换了汉语："这小子又忘记泡布了，要泡水一晚，去面浆，宝翁——"阿柳的父亲抱出了一大堆布，毫不留情地招呼着他去办事。

我也凑上去："你的苗语名叫作宝翁啊。"接着毫不留情地征用了这个名字。对于我来说，从此时开始，柳染的大名就永久丢失了，还有将近两年的大学生活，他一定会被我叫作"宝翁"的。

自认理亏毁了我一份作品的他也没有说话，苦兮兮做事去了。

于是第二天，他的父亲开始工作了。他父亲的手艺很好，画的禾苗比宝翁好多了，这份"非遗"的成品也很美。意外的是我们那两份"残次品"也没有被扔掉，被宝翁偷偷收起来找人做成两个香囊，上面缀着一些银饰，美极了。

一切都很好，但美中不足的是，一个月快到了，我就要走了。

苗寨人给我们举行了热情洋溢的欢送仪式，我也尝到了很多别处酿的酒，各有特色，但似乎都没有那度数不高的米酒美味，我确实有些莫名地伤感了。

第二天，我拎着行李箱准备下山，却看到宝翁也拎着箱子，跟我一道走了。

"不是，等等，你为什么跟着我一起离开了啊？"

"反正作业也做好了，父亲还巴不得我不在家呢，而且，"他笑得有点不怀好意，"你们家不是酿醋的吗，我好像听说你们家也是'非遗'啊，过去学学。上次你生病的时候，我可拿到了伯父伯母的号码，他们俩也同意了，"我背后一凉，"他们可让你好好招待我呢，不然你认为这二十几天的饭菜是让你白蹭的？"

呜呼，我的钱包要大出血了。

好吧，也算我这个外行人传承"非遗"的学费吧。

（指导老师：徐燕）

【点评】

《苗染》能够在一众作品中脱颖而出，源自它对"艺术"与众不同的理解。很多作品关于"艺术"和"非遗"工艺的描写都会将重点放在工艺流程的介绍、匠人形象的塑造以及"非遗"精神的弘扬上，而这篇文章却另辟蹊径，借助悬念设置、回忆穿插、心理描写等手法，展现了"我"与伙伴之间的深厚情谊、体验"非遗"工艺过程中的轻松快乐、苗寨恬静悠然的生活图景等。"艺术"不是作为崇拜、学习的客体出现的，而是成为生活的一部分，这种对"艺术"深入又富有个性化的理解是这篇文章最具价值的思考。本文获省级一等奖。（尤立增 特级教师）

千万孤独，艺术圆融

□姚易瑶（江苏省苏州第一中学高一）

"瞧！这里有条鱼在翻白眼！"我兴奋地指着一幅画叫唤着。

妈妈笑着说："这是八大山人的作品。"

"八大山人？八个人一起画的吗？"

"只有一个人。你看，四个字竖着写，合起来又像什么字？"

"哭？还是笑啊？"

"对啊，好像'哭之'，也像'笑之'，又哭又笑，哭笑不得。"

"为什么哭笑不得呢？"

"因为孤独。"

这是小时父母带我参观博物馆时的对话。虽然我不懂画作的深刻意蕴，但就是这次的游历让我对翻着白眼、肚白脊黑、眼大嘴尖的小鱼产生了浓厚的兴趣，于是我开始拜师学艺，专攻山水花鸟画。

经过多年的学习我才悟到，这有趣的一只只白眼背后蕴藏的却是无尽的苍凉。这些白眼带着睥睨尘世的孤傲，也带着无奈的不屑和愤恨。失却了明王朝的江山，八大山人拒绝做清朝的子民。身心备受摧残，是家国破碎的必然结局。这种剧痛，无人能够抚慰，我想只有在艺术的世界里，他才能获得一种恣意和超脱吧。

艺术从来都是一条孤独的路。

石头，浓重的黑，加深其固执的个性。而在摇摇欲坠的巨石之下，以淡墨勾出一朵小花、一片微叶。巨石的张狂粗糙，小花的轻柔缠绵，构成了极大的反差。孤独的花儿不因有千钧重压而颤抖、萎缩、猥琐，而是从容地、自在地、无言地开着，绽放自己的生命。

鱼群，摆着相同的姿势，缓慢游动，像是停滞了，忘记水之存在。但眼睛中透出坚定，没有一丝恍惚，冷眼看着这个世界，抒发着自己的性灵。

还有孤独地蹲在地上的鸟。耸着肩，单脚站立，仿佛世界剥夺其站起来的权利。敌人强大，而个人委屈渺小。白色的眼仁，将所有的同情拒之千里，藐视一切俗物、机心。

好的艺术就是能让人通过这一瞬间的凝固感受到生命的存在。人是个孤独脆弱而短暂的生命存在，如何在偶然的历程中追求必然的意义，或许只有艺术能让我们实现"超越"。八大山人的孤独体现的是遗世独立的通脱情怀、横而不流的生命尊严、独与宇宙相往来的超脱精神。危重是外在的，宁定却在内心。一朵小花、一枝菡萏、一只孤鸟也有生命的尊严，也是一个充满圆融的世界，外在的危机是可以化解的，而生命的尊严是不可失去的。

与此类似的张岱《湖心亭游记》："雾淞沆砀……唯长堤一痕，湖心亭一点，与余舟一芥，舟中人两三粒而已"；苏轼在《赤壁赋》中感慨："寄蜉蝣于天地，渺沧海之一粟"；杜甫在《旅夜书怀》中悲叹："飘飘何所似，天地一沙鸥。"宇宙中的一只船，江海中的一只鸥，都反映出人在苍茫的天地之间寥落地挣扎着的生命困境以及从此困境中突围的可能路径。桑地亚哥在连续八十四天没有捕到鱼的情况下，决定独自出海，一人、一船在无垠的深海中，与巨大的马林鱼、成群结队凶恶的鲨鱼殊死搏斗。虽面临着体力、精神以及内心的多重挑战，但他与大鱼的角力不仅仅是对生存的追求，更是对个人尊严的捍卫。我们每个人好像都在与一种不明的力量角逐，在下沉的负重中不断攀缘。博尔赫斯说："生活是苦难的，我又划着我的断桨出发了。"当我痛苦时画几只翻着白眼的鸟来消解烦闷，当我彷徨时临摹一枝卓立于荷塘之上的菡萏以寄托情志，虽难得山人神韵，但亦可让我从中获得心灵的救赎。

尼采说："我走在命运为我规定的路上，虽然我并不愿意走在这条路上，但是我除了满腔悲愤地走在这条路上，别无选择。"这是一种深层的生命自信。八大山人的画已经把"少"做到了极致，没有一笔多余，没有形态与形势的束缚，但每一笔又是那么洒脱，这是建立在对生命尊严、生命价值和意义的充分理解上而获得的控制力。画面中经常出现的若干长长的曲线一气呵成，变幻无穷。它可能是荷花梗，也可能是孤石、树枝，或者是动物身体上的某一部分。从笔墨上看，这条线上体现了浓淡干湿、粗细变化，气息连贯流畅；从构图上看，它就像人的脊椎，支撑起躯干，形成向上的趋势，让整个画面具有了一种风骨、一种精神。

或许最聪明的处世方法，是既对世俗投以白眼，又与之不相矛盾地生活。我觉得艺术其实并不是疗愈的方式，艺术的本质就是疗愈。艺术让我们摆脱了寂然暗哑的宿命，让我们能够用一种共情和意会的方式与自己联结，与他人联结，也与天地联结。最终我们学会的，是与大自然的琴瑟和鸣，与身边人的和谐共生，是身、心、灵的同频共振。

（指导老师：周月芳）

【点评】

文章从八大山人画的一条翻着白眼的鱼说开去，首先说到八大山人的孤独。明王朝的江山失去了，八大山人当然不肯做清朝的子民，大的形势之下，无奈而孤独，只能用画画来排解，"这些白眼带着睥睨尘世的孤傲，也带着无奈的不屑和愤恨"。在艺术的世界里，八大山人获得一种恣意的超脱。由此引发"我"的思考，"我"想到张岱、苏轼、杜甫以及尼采等人面对困境时的态度，从而得出艺术可以疗愈人生，让人生更加圆融的结论。作者善于观察，勤于思考，娓娓道来，写出了这篇既有灵性又带有哲思的文章。本文获省级一等奖。（段玉芝 作家）

戏曲篇

昆殇

□余宬熠（江苏省邗江中学高一）

> 前世，我走在江南水乡，带着淡淡的忧愁，浅唱低吟一场风花雪月的梦。倚窗而望，眼波流转，场景变换，蓦然瞥见那淡雅如莲花的容颜，嫣然一笑，悄然退场，隐匿于繁华之外。
>
> ——题记

六百年前，当文艺复兴的曙光划破欧洲中世纪黑暗夜空的时候，在遥远的东方，有一种声音，伴着胡笳长笛荡涤开来，这就是诞生于南中国昆山脚下的天籁之音——昆曲。

昆曲，原名"昆山腔"，是中国古老的戏曲声腔、剧种，现又被称为"昆剧"。昆曲是汉族传统戏曲中最古老的剧种之一，也是传统文化艺术，特别是戏曲艺术中的珍品，被称为百花园中的一朵"兰花"。

我自幼痴迷昆曲，便主动去学习昆曲，更是梦想着成为一名昆曲表演艺术家，可我一次次的自我满足和自以为是彻底地揉碎了我还未成熟的梦想。

"袅情丝吹来闲庭院，荡漾春如线。"我唱道。

"停！"一个严肃铿锵的声音打断了我，"唱腔不够缠绵，挽花碎步太僵硬，不够自然，水袖失去了原本的生命力。"

我委屈。我学习昆曲已有六年，自认为技艺精湛，身段娴熟。老师却每次都不满意，丝毫不留情面。

许是老师太严格了些。我想。

终于有一天，老师不留脸面的批评彻底挫伤了我的自尊心。我便负气出走，另寻良师。

新老师很和气，总是不乏赞美之词。"唱腔纤细，挽花碎步婉约灵动，太美了！"我便有些飘飘然，我想，还是这位老师好，不像之前那位老师，鸡蛋里面挑骨头。

很快，我便自那闺阁深处，觅一段锦屏人的春愁婉转，化作一唱三叹的水磨调，演绎了《牡丹亭》的一往情深；自那华清池边，寻一段大唐盛世的歌舞升平，化作水袖飘飘，演绎了《长生殿》中的爱恨情仇；自那秦淮河畔，觅一段南朝往事，化作李香君的扇上桃花。

我还熟练掌握了《玉簪记》《红拂记》等曲目，也博得不少赞美之词，心里便生出更多的优越感。

不久有一场昆曲大赛，我便自信地报了名，希望在大赛中脱颖而出，一举夺魁。

深思熟虑之后，我选了自己最擅长的《牡丹亭》中的《步步娇》。演完后我一副稳操胜券的模样，等待专家点评。

"昆曲中的水磨腔讲究气无烟火，气若游丝，你的唱腔纤细有余，却略失圆润，而挽花碎步有些僵硬，身段不够袅娜风流，少了几分韵味。水袖是昆曲中举足轻重的部分，讲究灵动飘逸，以全情思缠绵之意，你对杜丽娘的诠释还未达到这一境界。"

我有些愕然，而后是深深的后悔。

沈宠绥在《度曲须知》中说，昆曲"功深熔琢，气无烟火，启口轻圆，收音纯细"。水磨调流丽悠远，听之足以荡人。一字之长，延至数息。"一唱三叹中无论是闺阁闲愁、离人相思、兴亡之叹，都淋漓尽致，风情万种，檀板慢拍中，让人心魂摇曳，神思悠然。"

我恍惚地想起了那个严肃铿锵而苍老的声音。原来之前老师说过，只有至严的要求才能获得完美的效果，而我却不以为然，固执己见，如今回首有一种大梦初醒的茫然，几年苦练付诸东流，唯有深深的后悔。

忆起儿时，老师就曾对我讲："昆曲无他，唯有美字，婉转的曲调和晦涩的唱词，道尽了所要表达的风花雪月。"而我却从未好好地去领会。我好像不该这样，但现在，也只能这样了。孩提时想当昆曲表演艺术家的梦想也不复存在，成了我的梦想之殇。

其实，戏曲是一种深情，会让人明白千古情思、困顿、孤寂，不止自己一人。昆曲是一扇窗，通过它，我们看到自己衣袂飘飞、情意缱绻的前世。

斗转星移，戏曲在多元的娱乐形式中已经悄然落伍。昔日京剧的红火时代似乎也即将成为记忆，而昆曲更是如华丽但陈旧的丝绸一般，虽然光彩照人，但难以保存。习惯了快节奏生活和快餐文化的我们，似乎再也静不下心来听这如春雨般缠绵细腻的江南艺术，以致昆曲爱好者与从业者的人数不断下降。

昆曲是美，于心灵深处渐渐沉积，是岁月带不走的最美情怀。昆曲也是殇，是传统文化的殇，在朝朝夕夕的岁月变迁中流散，成为现代发展的遗憾。

耳边好像传来了花衣凄哀的声音："原来姹紫嫣红开遍，似这般都付与断井颓垣。"

（指导老师：孙桂平）

【点评】

作者以自己的亲身经历，向读者讲述了她学习昆曲而学无大成的过程，这是作者成长中的痛，也是成长中不可或缺的人生经历，而作者能把它写出来，说明作者已反思并从中吸取教训。"我"酷爱昆曲，理想是成为昆曲表演艺术家，因为老师的严厉负气出走，另寻新师。新的老师要求不严，夸奖甚多，让"我"飘飘然，在比赛中却败北。此时"我"方才明白"严师出高徒"，但为时已晚，这是"我"学习昆曲之殇。同时作者亦感慨昆曲"在朝朝夕夕的岁月变迁中流散"，是中国传统文化之殇。文章以昆殇警示大家，眼光独到，入木三分。如果结尾再增加一点反思和呼吁，是否会更利于昆曲这一传统文化的传承，同时让文章更有力量呢？本文获省赛一等奖。（段玉芝 作家）

岂曰无衣

□朱思妍（浙江省绍兴市上虞区华维外国语学校高一）

"www.pingtan.com. 无结果。"冰冷的 AI 女声再一次响起。我站在空无一人的学习区里，周围的 4D 墙上模拟着西风残照，湿润的虚拟晚风拂过发梢，仿真音响里传来枝叶沙沙声。林风起寒昏，琼浆凝清华。

我记得，爸爸说，妈妈是位评弹艺人，要一直守在茶楼书场里，不能回来。

我记得，爸爸说，评弹、琵琶、茶馆和书场，那都是很久以前的东西了，你在学习区里都学不到。现在这个科技社会啊，还上哪儿去找呢？

那天在学习区里，所有人都躲开我，大声地唱着歌。

"无衣是个冷血怪物。"

"无衣把自己的妈妈杀死了。"

我想解释，但没人听我的。我觉得我应该哭，但我没法哭出来。在回家的路上，鹤唳雀默，繁星纠葛，野色溶溶，孤影寥寥。那夜，爸爸开了一瓶烈酒，泛黄的液体摇晃在杯口，烧烫了脸颊，烧红了眼眸，像是把一辈子的故事烧成了一晚的长度。

爸爸说，当年妈妈唱的评弹可是数一数二的精妙，这六白、做功、八技、弹唱样样到位，再衬上那折扇白绢与软软吴歌，真叫"繁弦惹得流珠雨，凤嗓招将拊掌雷"。他用合成技术在可视屏上呈现——野外溪旁，曲水流觞，一个长发女子身着青凤旗袍，与天地共存，与山川共色。我听到了爸爸所说的琵琶声，"叮叮咚咚"，清越疏长，生脆空灵得像是跨越千年的碧草葳蕤而来。田田叶间，吴音漾漾："不惧严霜透骨寒，一枝芙蓉独自开，留得个清白身躯归泉路，芙蓉谏当不得招魂幡……"

我问爸爸："妈妈一个人在茶馆书场，不会孤单吗？"

"那茶馆书场上啊，有千里江山万里海，有今古兴亡世盛衰，有我们炎黄子孙上下五千年的文化结晶，热闹着呢……无衣，你知道吗？你的名字就是妈妈起的，'岂曰无衣？与子同裳'。有了你，我们都不会再孤单了……"

后来，爸爸带我去了一趟书场茶馆。那里看得见花枝堆锦绣，听得见天街弄曦光。唱一曲炉香景长，歌一调柳青梅黄。依稀鱼密语，朦胧鸟谈天。石板连水，芳翠连天。

爸爸捧着杯清茶，在我身边坐下："无衣，对不起，我一直瞒着你妈妈去世的消息。"

一只飞雁掠过天空，万籁俱寂。

"你是我最杰出的作品，像极了你的妈妈。除了你是个机器人，没有感情。

"妈妈总是反驳说，无衣听我唱评弹时，眼里可有光呢。

"你妈妈是一个很伟大的评弹艺人，也是一个很伟大的艺术保护者。这茶馆是当年乾隆皇帝下江南时来过的地方，相传埋着那御用的螺钿紫檀五弦琵琶，不少人都偷偷去挖……你妈妈怕这几千年前的艺术被毁掉，就每天守在茶馆里，大清早抱着琵琶唱评弹，日落了绕着茶馆逛……而她，就是……就是阻止一伙人的时候……被人刺到了大动脉……

"不少人说你妈妈傻，为了一个琵琶葬送青春、舍弃小家，但他们不知道，你妈妈是个伟大的人。她这一辈子为了华夏文化、九州艺术，不枉这人间一遭、千年长叹！"

入夜了，凉风习习。我在茶馆书场里并无睡意。这家茶馆里当年曾上演幽篁古曲、弦琶琮铮，如今却只剩下如铁长风，在年复一年里涤荡着岁月的尘埃。远处，爸爸的声音飞上了月梢，琵琶声铮铮入耳："看他们夫妻乐、儿女欢，享荣华、弄私权，也不过镜花水月同一般。迅速光阴容易过，难逃无情七尺棺……"烟柳画桥掩着远处的群黛，皎皎清辉流淌，檐角下水声潺潺。风灯在千年古庙的青砖墙上高悬。这就是妈妈的茶馆书场啊！

我想起妈妈在茶馆唱"一枝芙蓉独自开"。我想起爸爸眼眸里汹涌的江流。我想起"岂曰无衣？与子同裳"的千古绝唱。多少乐手伶工锣鼓喧天，多少将相鬼才金戈铁马，多少人为了这一脉九州而生，多少人因这一脉九州而不朽。冥冥中，我好像有了异样的情愫，那不属于冰冷的机器，而是属于一个活生生的存在，属于一个活生生的华夏后代。我的骨子里有赤液烈血在滚滚流淌，连着这四海升腾、九州激荡，连着这茶馆，连着这华夏，连着这华夏世世代代的艺术瑰宝，连着这华夏世世代代的使命与担当。

梦中的女子莞尔一笑，衣袂飘飘："荣枯有数，得失难量。何惧玉殒，何惧香消。只怕再也品不到流传百世的香茗云华，只剩下几座静穆而悄然的茶馆亭台；只怕再也找不到评弹折戏的吟讴百转，只剩下这连绵而凛然的万古江山。心正所愿，我不后悔。"

月影沉沉，江海茫茫。死生契阔，继兮遗响。何惧孤步，百川共缪。岂曰无衣？与子同裳！

（指导老师：陆红苹）

【点评】

本文将"人工智能"与"评弹艺术"结合起来，既写出了亲情的守望，又承载着传承民族文化的责任。文中，作者将自己虚拟成一个AI机器人，成为人类家庭中的一员，并渴望拥有妈妈的爱。然而，妈妈在一个遥远的茶馆书场里唱评弹，那是孤单寂寞的，却因为一份责任而变得伟大。"我"没有见过妈妈，有关妈妈的故事是从爸爸那里听来的。在妈妈的熏染下，一股赤液烈血在"我"的骨子里流淌，激起了传承华夏文明的使命与担当。本文采用想象的手法，通过虚构人物和故事情节的方式来传承文化艺术并呼吁加强文化保护，具有很强的现实意义。AI机器人都有了传承华夏文明的担当，人类更应该如此。本文获省级一等奖。（夏冬 资深编辑）

惊梦游园

□杨竣涵（河南省洛阳市孟津区第一高级中学高二）

"不到园林，怎知春色如许……"那悠长细腻、宛如古韵的闹铃声并未唤醒沉睡中的方觉夏。她翻身熟练地关掉闹钟，又欲沉入梦乡。然而，恍惚间，她忆起今日乃昆曲大师兰咏芳的告别舞台。她猛然间坐起身，简单整理后，便匆匆出门。

"还好，还好，戏还有三分钟才开始。"方觉夏深吸一口气，心中却生疑惑，"奇怪，为何如此冷清，莫非是我走错了地方？"环顾四周，并未见到预期中的人潮涌动，她再次确认手机定位，"永芳园，没错，就是这里……"正当她思索之际，园内传来了哀婉缠绵的戏声。

"原来姹紫嫣红开遍，似这般都付与断井颓垣。良辰美景奈何天，赏心乐事谁家院……"

方觉夏无暇多想，推开永芳园那半掩的门，大步流星地走入。只见一位佳人，右戴红白鬓花，左佩水蓝偏凤，身着白底百蝶刺绣对襟褙子，下着雪兰镶边蝴蝶百褶裙，头戴同色同纹刺绣观音兜，脚踏玫红绣彩鞋。她水袖轻扬，唱腔婉转，凤眸含笑，眼角微挑，步履轻盈。空旷的园中，唯她一人在台上踌躇，低吟浅唱。瓦楼深墙，春意渐逝，那佳人风姿绰约，更添一抹哀婉。

"朝飞暮卷，云霞翠轩，雨丝风片，烟波画船。"方觉夏看得痴了。儿时，她只能通过电视屏幕一窥兰咏芳那窈窕典雅的身姿，一颦一笑，皆显风雅。如今，大师近在眼前，她只想再近些，看得更真切些。于是，她悄悄走到戏台前。

兰咏芳似乎注意到了这唯一的观众，眼中闪过一丝惊讶，但随即化为温柔。她没想到，竟会是个年轻的小姑娘。

"锦屏人忒看的这韶光贱！"一曲未终，兰咏芳便停下动作。方觉夏不明所以，只是用尽全身力气鼓掌。兰咏芳见她这副憨态可掬的模样，忍不住掩面轻笑。

"咳咳……姑娘贵姓芳名？"兰咏芳缓缓开口，全然没有了扮演杜丽娘时的哀伤，眉目间满是慈爱与温和。

方觉夏愣了片刻，才赶忙答道："我叫方……哦，晚辈姓方，小字觉夏，单名一个'晴'字。"

"方觉夏，方觉夏……连雨不知春去，一晴方觉夏深。好名字，好名字。"

听到赞许，方觉夏微微一笑。

"今日春香不在，方姑娘可愿与我将这出《游园》唱完？"方觉夏从兰咏芳的眼中看到了隐隐的期许。

"这……我虽然看过您这戏成百上千遍，熟悉其唱腔、戏词与身段动作，但我毕竟没有受过专业系统的训练，也从未登台唱过。"方觉夏羞愧地低下头，"怕是要让您失望了。"

"无妨，试试无妨。"兰咏芳说着，一挥水袖，做出"请"的手势。方觉夏受到鼓舞，从戏台旁侧跃步而上。恰在此时，园外传来嘈杂的话语声。

"快点，戏都开始了！"

"这可是兰大师最后一次彩扮，别给耽误了。"

"爹，这戏好看吗？"

……

方觉夏心中暗叫不妙。若有了观众，演砸了可就不只是丢自己的面子了。她心中的退堂鼓越敲越响。然而，一只纤细的手搭在了她的手臂上。方觉夏感受到了这纤细手掌上传来的坚定力量。抬眼望去，只见兰咏芳的凤眸依旧温暖地注视着她，轻轻点头。方觉夏明白，这眼神中还包含着鼓励与安慰。

"唱就唱，又不是没练过。人嘛，总要勇敢迈出这一步，破了这个第一次。方觉夏，你可要争点气，不仅为了你自己，也为了兰大师，不能把这戏给演砸了！"想到这里，她抬起一只手，覆在那双纤细却充满力量的手上。两人相视一笑，手掌间传递的，似乎不只是激励，还有传承与延续。

"各位看官，您且听好！"方觉夏学着戏前的提示喊道。

随后，悠扬的配乐响起，只听二人唱道：

"小姐，这是青山。小姐，这是杜鹃。"

"遍青山啼红了杜鹃。"

"小姐，那是荼蘼架。"

"那荼蘼外烟丝醉软。"

"小姐，是花都开，那牡丹花还早呢。"

"那牡丹虽好，他春归怎占的先。"

"小姐随我来。"

"闲凝眄。"

"小姐，莺燕叫得好听。"

"生生燕语明如剪，听呖呖燕声溜的圆。"

二人唱腔或悲切动人，或婉转缠绵。一曲终了，台下掌声雷动。此时，方觉夏才发现台下车水马龙、座无虚席。

"再来一个！再来一个……"台下众人呼喊着。方觉夏心中有些窃喜，自己唱得似乎还不错。她邀功请赏般地看向兰咏芳，兰咏芳只是点头，眸中多了几分赞许。

"要再来一个吗？"方觉夏无声地问着，兰咏芳能看出她的小得意。

"那就接着唱。"她笑着答道。然而，方觉夏并未察觉到兰咏芳语气中的淡淡忧伤。

得到肯定的答复，方觉夏喜上眉梢，张嘴便要唱起《山桃红》：

"则为你如花美眷，似水流年……"

她咿咿呀呀地唱着，托扇转手，颇有模样。兰咏芳见她如此，退到一旁，侧身倾听。她感到自己的身体开始变得轻盈，周围的光影开始扭曲。

"好景艳阳天，万紫千红开遍……"方觉夏又唱起了《画眉序》。转身时，她瞥见兰咏芳的身影，只见她周身流光紫绕，身姿却变得模糊，渐渐看不清了。她想上前探寻，但正唱着戏，怎能说停就停？于是，她只得紧皱着眉头，继续唱下去。

"困春心，游赏倦……"唱着唱着，方觉夏忽然感到头上一沉，身子一坠。低头一看，却见兰咏芳的戏服和佩饰尽数到了自己身上。再回头望去，哪里还有兰咏芳的身影！

戏服上身的那一刻，方觉夏似乎明白了什么。她身上承担的，已不只是这沉甸甸的戏服了。她知道,还有比这更重的东西需要她去挑起。想到这里,方觉夏唱得更加投入了。从《山桃红》唱到《画眉序》,再从《江儿水》直唱到尾声:

"软哈哈刚扶到画栏偏,报堂上夫人稳便,少不得楼上花枝也则是照独眠……"

她直唱到天黑,唱到听众皆散去,园内灯火亮起。她在永芳园内转了一圈又一圈,看那芍药花开、青桥石板。此时,淅淅沥沥的雨落了下来,她正感时伤事,面颊上早已分不清是泪还是雨。忽然,几道惊雷落下,惊得方觉夏一颤,一个趔趄,仰面向后跌去……

"不好!"方觉夏惊叫坐起,心中仍有余悸。她抬手摸脸颊,泪还未干。环顾四周,自己的房间再熟悉不过。

"原来竟只是一场惊梦……"她喃喃自语。瞥了眼闹钟——凌晨三点二十八分。她辗转反侧,久久无眠。

"不到园林,怎知春色如许……"闹铃再次响起,这次方觉夏没有赖床。她翻身关掉闹钟,拿起手机准备记录昨夜的梦,却忽然看到一条消息推送:"痛悼!国学昆曲大师兰咏芳于今日凌晨三点二十八分因肺癌医治无效逝世,享年五十八岁。"

推送的头条黑压压地如布满弹孔的墙壁一般,堵住了方觉夏的眼睛。她艰难地读着这些令人心碎的文字,有些字仿佛突然不认识了。虽然昨晚园中所历让她预感到了些什么,但方觉夏还是不禁泪流满面。

窗外的雨似乎比昨晚永芳园的雨更猛些。树被这雨打得发出难听的欷歔声,有雨插进泥土的动静。窗子未关紧,几阵凉风透进来,吹起桌角略显潮湿的纸笺。纸笺翻飞几下,便飘摇坠地。方觉夏赶忙下床去捡拾,只见那纸笺上流动着她前几日的思绪:

月上柳梢眉,流年镌刻阑干泪。

几度寒声碎,惊鸿一瞥残眸未。

独饮醉,又是一年梧桐坠。

忘断若水,牡丹亭下又是谁?

一生缤纷零落能几回?

将纸笺放回原位,方觉夏转眼瞥见一旁安静伫立的相框,里面裱的是兰咏芳第一次登台的剧照,唱的就是那段《游园惊梦》。方觉夏拿起相框,手指轻轻地摩挲着那秀美的面容,从顶花拭到水衫,再从水袖抚到彩鞋……

多想午夜梦回,再见她扬起明净的春容,霎时便增添了夜的静美。到那时,再听她唱那句"生生燕语明如剪,听呖呖燕声溜的圆"……

(指导老师:韩灵菲)

【点评】

这篇文章以细腻的情感和丰富的想象力,构建了一场跨越现实与梦境的昆曲之旅。作者巧妙地运用昆曲的戏词与情节,将主人公方觉夏对昆曲大师兰咏芳的敬仰、对戏曲艺术的热爱,以及对生命无常的感慨融为一体。文章通过梦境与现实的交织,不仅展现了方觉夏与兰咏芳之间奇妙的艺术传承,还深刻揭示了时间的无情与艺术的永恒。这是一篇情感真挚、意境深远、富有艺术感染力的佳作,充分展示了作者的才华与潜力。本文获省级一等奖。(桑哲 高校教授)

剧院

□ 王天蕊（山东省临清市第一中学高三）

孟庄的人颇爱听戏。

街角有个老剧院，以往每年都有戏班子演出。演出前几天，院墙上贴满布告，路过的人们卖弄着清脆的大嗓门："来戏啦！来戏啦！"不久便传遍整个孟庄。演出当天，一听到敲锣打鼓声，人们便纷纷赶来，里三层外三层，围得水泄不通。

枝繁叶茂的老树在街角矗立，探出院墙的藤蔓随曲折的小巷伸向远方。剧院旁，时常传来孩子们爽朗的笑声。一角钱一块的彩色糖果深受孩子们的喜爱，因为糖纸可以折成千纸鹤，载着梦想飞出天窗。

云霞在天空的半边晕染出血红，破碎的光斑倾洒，温柔了剧院一去不复返的时光。

那个初春的傍晚，剧院里面有好多人，熙熙攘攘。

剧院，承载着孟老三美好的回忆。

儿子小的时候，孟老三常带他到那里玩。"周梁桥，清风亭，巴山汉水，残阳欲坠，一棵枯树矗立在半空……"孟老三经常听戏，所以对这些戏词烂熟于心，时常对着儿子哼上两句。春日里，柳枝抽出嫩芽，慵懒地搭在高高的屋檐上，显得剧院如此静谧、安详。一旁的小店敞开一扇门，有时会迎来大红蛱蝶的造访。儿子喜欢站在琉璃瓦上，注视着剧院的一切，将瓦片踩得咯吱咯吱响，为剧院奏出独特的乐章。孟老三就陪在儿子身边，安静地度过一个又一个下午。

儿子名叫远方，是镇里有名的学霸。长大后，他不负众望，考上了名牌大学建筑系。八月里一个闷热的午后，孟老三在全镇人的注视下将远方送上车，咯咯地笑道："好好读书，等你回来，我再带你去剧院玩。"

转眼三年过去了。前不久，远方打来电话，说几天后要回家过年。孟老三乐得直不起腰。每天傍晚，他都要站在山头，注视着火车驶来的方向，急切地寻找那个熟悉的身影。

血红色逐渐褪去，满天星斗如约而至。万家灯火通明，为朦胧的黑夜点缀上些许暖意。孟老三轻唱："周梁桥，清风亭，巴山汉水，残阳欲坠，一棵枯树矗立在半空。"他心想，儿子不在身边的这几年，自己年龄大了，也没咋去看过戏，等儿子回来，一定得一起去剧院逛逛。

忽然，一阵急促的脚步朝他奔来。"爸！"孟老三一听，激动得热泪盈眶。他转过身，紧紧抱住远方："想家没？咱快回家。对了，你还记得剧院不？你小时候……"听到剧院，远方怔了一下，欣喜的笑容僵在脸上。

孟老三觉得气氛有些怪异，一种不祥的预感涌上心头。他似乎想说些什么，可话到嘴边，却一个字也吐不出来。路旁的青松将树枝摇得沙沙作响，父子俩却异常安静。

第二天清晨，孟老三起了个大早，换上平日里舍不得穿的西服，走近儿子房间，稍做犹豫，最终叹了口气，独自一人离开了家。

不知不觉，他走到剧院旁。那曾经最熟悉的地方，此刻却使他踌躇着，不再迈出一步。他的眉心拧成"川"字，使得本就布满皱纹的脸上平添了些许苍老。红润的面容不复存在，取而代之的是无尽的苍白。凛冽的寒风砸向他的身躯，刺痛的寒意使他清醒了些许。他目光呆滞，拖着傀儡似的形骸，艰难地移动。

剧院太陌生了。

它疲倦的身躯依旧像原来那般坚守在自己的岗位上，只是屋檐下的灯笼已染上了灰尘。旁边冯家糕点铺的招牌掉下一个"家"字，贩卖日用品的三轮车只剩下空空的车身。人，是一个也没有的，就连黄鹂的啼声也变成了乌鸦的悲鸣。剧院，似乎变成了孟老三不认识的样子。这里已经很久没有唱过戏了。

"周梁桥，清风亭，巴山汉水，残阳欲坠，一棵枯树矗立在半空。"他似乎想挽救些什么，又好像在唤起某些回忆。

他不知道自己是怎样走回家的。坐在门前的台阶上，他一个人默默地抽着烟。

远方见孟老三回来了，便从房间里走出来，站到他身后："爸，我这次回来，其实是打算和你商量一件事的。"孟老三收起脸上的沮丧，抬起头。"我们系里有个旧建筑改造的项目作业，昨天你提起剧院，我就想着，不如我去联系系里的老师和同学，将它改造成现代化的吧？"

孟老三凝视着儿子认真的面庞，熟悉的面孔此刻显得如此陌生。他低下头，嚯完最后一口烟，将烟头扔在地上，用力地踩。然后又点燃一支，吸进去，吐出浓浓的白烟。

片刻，孟老三起身："跟我来。"

父子二人走进老街，来到剧院旁，像小时候那样。

孟老三弯腰拾起地上的琉璃瓦，递给远方："瞧瞧，上面还有你的脚印哩。"远方接过来，瓦片静静躺在他的掌心，似乎有千斤重。孟老三取下一根柳枝，哼唱："周梁桥，清风亭，巴山汉水，残阳欲坠，一棵枯树矗立在半空。"落日的余晖为父子俩镀上一层金光，炊烟袅袅升起，空气里氤氲着饭香。

走啊走啊，父子二人走到胡同口，对面是一望无际的麦田。目光越过麦田，可以看到城市的喧嚣。那里灯红酒绿，车水马龙。

"远方，知道爸为什么给你取这个名字吗？

"远方，爸希望你梦在远方，走得越远越好。

"远方，你知道吗？人是要向远方走的，心却是要在故土扎根的。而那些老祖宗留下来的东西，它们是根，可得好好传承下去。

"远方，爸想说，人只有把根埋得深了，才能走得远啊！"

孟远方沉默了。烟火气飘向暗蓝色的天空，蒲公英飞过他的头顶。天色已晚，他眼中清辉洋溢，照亮剧院，照亮了整个孟庄。

年后，远方叫来好多人，说是要把剧院恢复成原样。那个初春的傍晚，剧院熙熙攘攘。

孟老三闻声赶来，远方朝他笑笑："爸，我知道，每个人心里都有一个剧院，建筑学是为了让它更完美，而不是被摧毁。"

（指导老师：罗建敏）

【点评】

文章记述父子两代人的故事，以一所老剧院为扭结点，串起了父亲过往的眷恋、儿子此时的理解，情节有序，人物生动。作者又给这个家庭故事加入了传统戏曲退场、建筑科学"救场"的时代因素，显示出了对社会现实观察、思考的深度，也由此提出了一个理想化的解决方案——儿子用现代技术为父圆梦。至于这种想象的合理性和故事结尾的完整性，可能是作者和读者都要继续思考的。本文获省级一等奖。（包学菊 高校教授）

戏人

□邱晨曦（浙江省乐清中学高二）

　　明明是儿孙齐聚一堂的新年，他却像前几年一样，独自找一个角落，蜷缩在这座老屋的深深阴影中。那佝偻的背，像受潮的木屑，无力支撑起漫长岁月里的落寞与孤寂。

　　"台下人走过，不见旧颜色——"孙女看的短视频里，突然漏出一句戏腔。那一点点藏在流行歌曲里的腔调，却如尖锐的刀片，瞬间刺破了沉寂的空气，也刺进了他的耳膜。他直直地站起，身旁从小窗里透进的一缕阳光，直直地映在他的脸上，照亮了他深嵌进脸颊的皱纹，银白的发丝在阳光下闪着光，却因突如其来的惊愕而久久地立着。

　　我看着他，仿佛又看见了那个二十几年前的戏子，那个在舞台上熠熠生辉的父亲。

　　孩子们抬头，惊讶地看着面前的老人。他们那稚嫩的双眼里，映着这位从未有过如此情态的外公。他们不知道，这位在他们生命中只是一位温和老人的外公，曾经有过怎样的故事。他们不知道，那未曾与他们重叠的五十多年时光里，他是怎样一位名震一方的伶人。

　　老人固执地要爬上高高的楼阁，他让老伴搬来木梯，非要亲自去拿那套尘封的戏服。他站在梯子上，手颤抖着伸向那套他许久未碰的戏服，眼里竟泛起了泪光。在没人看见的地方，他默默地想起了几年前搭档的话："这戏服就是我的命啊，自从穿上了，便再也脱不下来了。"

　　他双手捧着戏服，小心翼翼地下了梯子。内袄、外褂，他一一穿上，那熟悉的重量像是往他枯朽的身体里注入了新的生命力。他感觉自己像是一根被点燃的火折子，"嚓"的一下，生命之光又亮了起来。但他好像又想到了什么，心里又黯淡了些许。他知道，那个属于他的舞台，已经一去不复返了。

　　当他穿好行头回到客厅时，孩子们已经被老伴嘱咐着纷纷入座。老伴坐在那张小板凳上，就像二十几年前一样，准备聆听他那最后一曲的落幕。

　　他轻咳一声，理了理自己那长长的水袖。他用那双抚过无数戏折的手推开了厅堂那扇虚掩的门。他看了一眼门下那条瓷砖分割线，那高高的戏鞋踏下来，少了几分木戏台的吱呀声，但他想，这里便是他的舞台了。

　　"咿呀呀——"戏声响起，水袖轻拂，推开了《白蛇传》中许仙和白蛇的初见。戏鞋的底在坚硬光滑的瓷砖上敲击出不一样的质感。"或许时代已经改变了吧，老伙计。"他在心里默默地对那个已经不在的搭档说。他和他的搭档都老了，但只要戏服着身，他们便还能唱。

　　他旋转着翩翩起舞，仿佛化作了《梁祝》中的蝴蝶。戏词从干涸的双唇间滑出，搭档的身影又隐约出现在他的面前。两人唱过《西厢记》《碧玉簪》《追鱼》……曲中的他们不再是他们，而是那些敢爱敢恨、同生共死的戏中人。他们身着戏服在戏本中穿梭，体验着千百种人生。

但台下总有人要看，台上总有人要演。起初戏园座无虚席，人来人往；后来人潮逐渐散去，只剩下寥寥无几的观众。他看着台下的他们，感觉薄薄的戏本也变得沉甸甸的。他在台上讲述着他们的故事，而台下的他们也在观看着他的故事。一次次的落幕带走了台下的人，也带走了台上的人。师弟师妹们放下了棍子、长剑，推开那扇虚掩的门，再也没有回头。他忘记了自己到底有多少次在唱完戏后回到那黑漆漆的后台，只听到自己的叹息声回荡在空荡荡的房间里。

终于有一天，戏园也谢了幕，他和搭档收拾了戏服一同回了家。那个曾经辉煌一时的舞台就这样落寞地消失在了岁月的长河中，只留下了他们心中那段无法忘怀的记忆。

昔日的台下和现在的他们重合在一起，孩子们坐在沙发上看得入了迷，其中的几个甚至也"咿咿呀呀"地学了起来。阳光打在他们的脸上，和那被台上灯光照亮的脸重叠在一起，形成了一幅美丽的画面。

他第一次感觉到一幕戏竟然会有这么长，仿佛跨越了时间和空间，将过去和现在紧密地连接在一起。

"人老了，泪水也老了，竟不住地流。"轻薄的泪水陷进沟壑般的皱纹里，无人看得出他的悲伤。他知道这是他最后一次在这个舞台上表演了，但他没有遗憾也没有抱怨。因为他知道，即使舞台不再存在，即使观众已经离去，即使岁月已经流逝，但那份对艺术的热爱将永远伴随着他直到生命的尽头。

当许仙千辛万苦地寻找白娘子而不得时，这幕戏终于落下帷幕。虽然没有真实的幕布落下，但客厅的帘子被老伴轻轻拉上，屋内一片漆黑。十几岁的孙子孙女们都听得津津有味，许仙未曾寻得白娘子，便有几分戛然而止的意味，让他们意犹未尽。他们忘记了时间的流逝，仿佛置身于那个遥远而又熟悉的世界里。

老伴轻轻扶起了他，他仍然痴痴地望向下面。不一样的是，他知道他谱写一辈子的戏折子没有断了尾，而是隐约看到了有点点繁星以一种新的方式重燃起来，照亮了他的心。

当一切归于平静后，留下的只有那份深深的怀念与无尽的回味。

（指导老师：南琳婕）

【点评】

文章通过一个家庭聚会的背景，巧妙地将过去与现在、传统与现代连接起来，让读者感受到戏曲艺术跨越时间的魅力。作文的叙事结构紧凑，情节推进自然，通过老人对旧戏服的珍视和对戏曲的再次演绎，将老人的情感世界和艺术生涯娓娓道来。

语言的画面感和表现力较强，情感渲染也十分到位，老人对戏曲的执着、对舞台的眷恋以及对过去的怀念，都在细腻的描写中表现得淋漓尽致。特别是老人在客厅中再次演绎戏曲的情节，将个人的情感与艺术的传承完美融合，令人动容。此外，作文通过对老人内心世界的深入挖掘，展现了戏曲艺术在个人生命中的重要性，以及它在现代社会中的传承和发展。这不仅是对一个老伶人的致敬，也是对戏曲这一传统艺术形式的深刻思考。本文获省级一等奖。（包学菊 高校教授）

黑白中的彩

□贾敏（山东省济南外国语学校高三）

"我要放假了，还回老家吗？"

母亲总是默不作声。

自打我出生，父亲和母亲就外出去别的城市了。和爷爷奶奶生活了两三年，在火车的隆隆声中，我也被载出了老家的那座平房。

长大后，便很少回去了。

爷爷年轻时落下了糖尿病的根，年纪越大，并发症越来越多。空荡的小平房里，只有奶奶坐在堂屋前，有时是晒太阳，有时只是呆呆地望着天。

上初中时，我还经常回老家。但回家的欲望，也只是想同乡下的堂妹玩。老家的电视还是黑色的方盒子，视野不大，屏幕昏暗，我漫无目地按着遥控器按键，跳过无数个无聊的频道。"就这个吧，听听戏，孩儿。"奶奶打断我，屏幕停在了戏曲频道，然后屋子被悠长婉转的戏腔环绕。生、旦、净、末、丑……好吧，我只认得那捏着兰花指、涂着红嘴唇的小旦。

奶奶总是呆呆地坐着，一听见有戏，才着急忙慌地赶着去。"王集会"是隔壁村子里的庙会，在我的记忆中，每年农历三月初六都会开办，会上一个重头戏就是请戏班子来唱戏，奶奶这时就是搬着马扎第一个去抢位的人。木头扎的台子上几位角儿撑着步子走圆场，声音铿锵有力。

我印象中的"王集会"，就只有模模糊糊的一两次，而对外出听着戏乐得开花的奶奶，也只有那单薄的朦胧的片段记忆。

奶奶一共生下两个儿子，村子里分给两所院子，数年后儿子们各自成家，都像插了翅膀一样飞往远处了。爷爷身体不便，奶奶便独自看守小院。奶奶操劳完两边的家事，又披上衣服又着双手，呆呆地坐看。电视里放着戏，任凭悠长的戏腔将整个屋子填满。戏声笼罩下的一天，天还没亮，奶奶便起床，把很少有人光顾的屋子收拾得干净透亮。孤独的日子，一过就是小半辈子。每当想起奶奶，我便想，这样的日复一日，是黑还是白？

黑白的，没有色彩。

高二那一年，爷爷去世了。那天，我在学校准备一次大型考试，母亲没有告诉我爷爷的死讯，直到与母亲通电话时才得知这晴天霹雳般的噩耗，然而遗体已经被送走了。我质问母亲为什么不及时告诉我，责备她为什么不把我也接回老家给爷爷送葬，得到的却是一句："告诉你又能有什么办法，人早晚该走的……"我愣了，电话那头如此冰冷毫无温情的声音，是妈妈……

母亲这样，是因为与奶奶关系不好，自然对爷爷奶奶的事情不上心。不知她年轻时发生过怎样的事，妈妈总是埋怨奶奶。我捂着耳朵，痛恨听见这样的一字一句，痛恨这宛如死灰的家庭成员之间的关系。

我心疼奶奶，尽管她是母亲口中的"碎嘴子"，可我觉得她嘴不碎，她倾吐出来的，是那些积淀已久的委屈。

爷爷过世后不久，我终于抽空回到家中，那座四处笼罩着黑白的毫无色彩的平房如今变得更加暗淡。这次回去,终究是不一样了。奶奶搬了马扎,在院子中呆呆地坐着。堂屋里的黑盒子不再唱戏了,我也已经好久没再见过奶奶乐呵呵地听戏了。我也搬了马扎,坐在奶奶旁边。奶奶抓着我的手,用她布满皱纹的大手抚摸着我:"那可是我好生养大的亲儿啊……妮儿嘞!"奶奶一句颤颤巍巍的话语打破了沉寂,我心头一紧,听她向我倾诉:"你爷爷出殡的时候,他耍酒疯,说我的脸就像个霜打的茄子!他把那一肚子不知道哪来的气冲俺撒,俺害怕……俺也不敢说活……"我知道,是父亲又冲她撒气了。多么令人痛心的事情,一个年近八旬的老人流下孩子般的眼泪!颤抖的濒临崩溃的声音让她说不下去了。此刻,我厌恶母亲回到老家与奶奶形同陌路、避而远之,我只想做奶奶的倾听者,坐在她身边,倾听她呼吸的韵律,支撑她黑白的被万箭刺穿般的心。

这以后的日子,更加地黑白无力了吧?是啊,我从此再也没见过奶奶听"王集会"的戏,再也没见过电视上捏着兰花指、涂着红嘴唇的小旦。

奶奶还是像以前一样,打理着两家的院子,想这个了,就去这边坐坐,想那个了,就上那边待待。可谁知,她每日为之付出的父亲却像个冷血动物,她想他,又怎么敢说呢?她总是呆呆地坐着,是在想百里之外的儿孙们,还是在痛心那厌恶自己的儿子儿媳?我想,她的生活里只有黑白了吧,电视里、"王集会"中唯一的彩色又去哪了?那彩色是被黑白掩住了,被灰色湮灭了,灵动的戏曲,在这死灰般的生活中又是多么苍白无力!它渐渐消失了,在奶奶的日复一日中,消失了……

过年的时候,家中所有人围在一起吃团圆饭,奶奶搬了凳子,默默地坐在桌子的角落旁,机械地嚼着口中的水饺,缓缓道出一句:"过去的时候,嚼树皮都觉得香,现在生活富裕了,吃什么倒都觉不出香了。"家中没有人回应,但这句话在我心中刻下深深的烙印。

春晚中唱着京剧,比以往的戏腔都要悠扬,我想叫着奶奶一起来听,以为她听见戏能像以前一样热情,她却只是摆了摆手,用手撑了一下沙发,起身离开了。我看了一眼冷漠的父母,望着木头桌子上黑白的爷爷的遗像……

我不懂戏,分不清什么生角儿净角儿,更分不清京剧吕剧。后来我明白,奶奶其实也不懂戏,她懂的大概只是戏中的热闹,这戏啊,是她黑白生活中那唯一的一点色彩。

(指导老师:刘雪红)

【点评】

作者带着对祖辈的深切理解和对乡土中国的深情眷恋,记录了奶奶的日常生活,从而由她生活的乐趣——戏曲生发出了"黑白"与"彩"的比喻。借助这个比喻,作者又看取家中代际的亲情关系,形成了自己的心绪和思考,产生了与祖辈更多的共鸣。文章的写作是认知家庭生活状态和乡村世界变化的过程,文笔略带忧伤,场景刻画细腻。如果以"黑白中的彩"为题,现在看来"彩"的提炼和深化还有空间。本文获省级一等奖。(包学菊 高校教授)

先生难眠

□杨子夏（山东省淄博第七中学高一）

先生卧在床上，翻来覆去，覆去翻来，迟迟无法入眠。

先生许有知天命之年，膝下并无半儿半女，眼见得这手艺即将失传，心中总是空落落。局势也动荡，自己虽有报国之志，却也只得以说书为生。

第二天很早，先生便坐起身，先踢踢腿、拉云手，以舒展筋骨，再深吸一口气，缓缓呼出。换好衣物，拿好折扇，动身赶往茶馆。

茶馆不小，底下坐着一百来个闲人，暂无事可做，喝杯茶，听听书，消遣消遣。先生站在台前，清了清嗓子，张口道："道德三皇五帝，功名夏后商周。五霸七雄闹春秋，顷刻兴亡过手。青史几行名姓，北邙无数荒丘。前人撒种后人收，无非是龙争虎斗！"一拍惊堂木，全场拍手叫好。

一连讲了两个时辰，到了午时，先生才坐下，有一个七八岁的小伙计，赶忙端过来一杯茶，笑脸盈盈，道："师傅，您辛苦了。"先生刚刚端起茶，饮了一口，还未下咽，便茶叶茶水一齐喷出，怒目圆睁，问道："伙计，你刚刚叫我什么？""师……师傅？"茶杯被摔得粉碎。"师傅？师傅是什么意思？伙计，别看不起说书人，我们虽与唱戏的、拉车的同属下九流，但我们可都是孔夫子的门生，谁见了不得叫一声'先生'？你倒好生无理！"言罢，愤愤然离去。

近了三更天，先生吹灭了灯，忽地响起了叩门声。先生迈着方步，打开门，正是小伙计，跪在门前。先生大吃一惊，赶忙扶小伙计，小伙计不起，声音中略带哭腔："先生，老板把我撵走了……他嫌我不会说话，我这要奔外乡了，惹得您不痛快，心中不是滋味，特来给您道声歉。"先生怒目圆睁，怒言："你起来，早就民国了，这大清的陋习，你怎还留着！"又叹息一声，"孩子，你心地不错，若要实在没有出路，以后就陪我说书吧。"

一晃几年过去，北方战乱，先生带着小伙计奔向南方，小伙计嘴上功夫也练得大差不差。"徒儿，一百单八将都是谁啊？""天魁星，呼保义宋江；天罡星，玉麒麟卢俊义……"一口气说下，不带停顿。先生笑道："好，好啊！你记住，这都是反抗反动统治的英雄。哈哈！我这手艺终可以有后人了！"

又过了十余年，小伙计终于出师，有时先生身体不适，便叫小伙计替代他上台表演。这天，先生听着坊间谈话，说共产党大胜利，现在全国统一，应该不久就要建国了。先生又睡不着了。第二天清早，先生招来小伙计，要他陪自己回北京。小伙计不情愿，担心没有生意，先生指教："说书的，只要有一把折扇、一块惊堂木，四海皆家。再说，你我也有十几年没回家了。"

终于回到北京，先生强撑着身体，尽管步履维艰，仍早早赶到天安门广场，此时早已人山人海，先生领着小伙计，挨个地道平安。到了下午，毛主席说："中华人民共和国中央人民政府，今天，成立了！"随后，掌声雷动，喝彩连连。

第二日，先生病危，躺在榻上，小伙计坐在榻旁，握着先生的手。先生费力坐起，小伙计再也忍不住，哭了出来。先生解劝道："徒儿，我知这是回光返照，你也不要太伤心，我这生知足了。我自小便盼望这中华一统，如今新中国成立，心愿已了。哈哈哈……徒儿，我一生无子嗣，因此视你如己出，我必须告诫你，我们乃是孔圣人的门生，须心怀天下，只有这样，咱才配得上一声'先生'！"言罢，先生合上双目，不断捯气，直到没了动静。"师父——"小先生哭喊。

一转眼十几年，小先生结了婚，有了孩子。又是十几年，小先生一直尝试教孩子讲书。

孩子听着枯燥的评书内容，味同嚼蜡，时常逃到别处。孩子无意间接触了迪斯科等新兴音乐，便更加无心说书，最终与小先生大吵一通，自己动身前往外地。小先生求人找了许久，杳无音信，索性不再理睬，但到了晚上，却迟迟无法入眠。

……

村中的青年都走了，只剩下蹒跚的老人与小孩。望着毫无活力的村庄，只听得慵懒的鸡鸣和无聊的犬吠，小先生更是彻夜难眠。

……

"先生，给我们讲讲岳飞岳元帅吧！"

"哈哈，好啊……岳元帅手扶栏杆，吟诵'怒发冲冠，凭栏处，潇潇雨歇'……"小先生突然哽咽了，随即潸然泪下，"师父啊！折扇仍存，惊堂木还在，只是这书，要失传了啊……"

（指导老师：于莲）

【点评】

文章题材新颖，从茶馆说书人的角度切入，行文得心应手，颇为不易。"说书的，只要有一把折扇、一块惊堂木，四海皆家"概括了说书人的一生，形象勾勒较为成功。但后半部分稍显气力不够，"小先生"教孩子一段显得潦草，"村庄"一段有点生硬。好在结尾一段"折扇仍存，惊堂木还在"让人振奋，使文章余韵悠长。（李林芳 诗人）

华阴老腔

□王英汉（北京市第一〇一中学怀柔分校高一）

一声长吼回荡在天际，久久回荡。

你来不及细听也无须听清那长吼源自哪里其中含着些什么字词什么意思，只知道是被一种陌生一种新鲜一种苍苍凉凉紧紧地攫住了，并且隐约感到在它的下边，似有沟壑纵横，华山高耸黄水流，渭水洛水也在流。

忽然大幕拉开。皱褶横亘的黄土高原。高原布景的前面，是一些农家常用的木制条凳。而一帮对襟短打的朴实农民从幕后走出来，手持各种自制乐器，或者拿了大老碗旱烟袋或线拐子，各自入座。

那是一双双常摸锨把车辕和粗麻绳的手。

乐器奏响了。一派阳刚之气一阵紧一阵慢一阵激浪四溅。那敲锣的虽然只拿着一只锣槌，却同时敲着大锣小锣，手若翻花。当他敲得大汗淋漓的时候，就脱了外衫裸出双膀，只留个两侧开口的白粗布汗褂遮着前胸后背。接着外衫一摔，啐涎掌心搓搓手，就像要去淘粪或去铲土，但不是；他又以槌击锣，让锣声再次汇入雄壮的音乐音调掀起了美丽的波涛。

剧场里爆出阵阵热烈的掌声。

再看时，已是白眉白发被称作"白毛"的老农坐在台前。他手抱六角月琴，弹、唱、说、念，一人为之。那月琴已不知是何年做的，弹了多少遍了，几条紧绷的弦下尽是手指弹下的印痕，印痕连成一片。虽然粗糙且陈旧，但恍惚间，它却像真正的月亮一般，被抱在白毛的怀里。啊，不！白毛其实这时候整个的人就是一轮最美丽的月亮了，闪烁着月亮的光，发出月亮的响声，而满台的星星都拱卫着他，每件乐器每个声音都跟着他跌宕起伏跟着他闪闪发亮。

其实他这时候也不是月亮般地唱，而是在吼，是由脑后发出口腔大张的高八度的吼。发达的嗓子发达的野性基因。他的吼声高亢、激越、苍凉，如一只强悍的鹰，总是盘旋在云际天际，而乐器的相对柔美的伴奏，却如滚在三条河里的流水，铃声悠扬，总是贴着地面游走。

那演唱其实是七分说唱、三分舞蹈。他们不时挥臂、呼喊，不时摆动身子。而唱到了情不可抑时，便如风雨卷来，一起跺起了双脚。

天苍苍何其高也，路漫漫何其远也，那是一种人类心魄的高度和广度。走在这样的路上，他们的脚下踩出了多么雄壮的音响，咚咚咚咚！

接着，月琴又抱在嗓音稍有嘶哑却又震撼人心的张喜民的手中。他吼得万籁俱寂。他的吼声里有历史和黄土的颗粒："太上老君犁了地，豁出条渠豁成黄河。""一声军令震山川，人披衣甲马上鞍。"没有任何包装，没有任何雕饰，只是生命的本真生命的赤裸裸的自然呈现，却散发着醉倒人的艺术魅力。神话传说，英雄故事，挫折牺牲，浪漫的和现实的，快意的和悲壮的，粗粝的和绵软的，都在他的演唱里闪着异彩，成为对一个民族文明史的艺术追忆。一辈辈祖先的可亲影子，就在那追忆中闪闪烁烁。

也许是那一声声铿锵有力、直击人心的嘶吼，也许是那一段段百转千回、悠扬婉转的曲调，也许是台上台下演员的倾力演唱、人们的激情感染……或者，是藕断丝连的缕缕乡愁，是深结于心的归属与认同。前三者自不消说，确实打动了很多人，却难以让人有更深层次的、发自心灵的震颤和共鸣——这种共鸣，是需要共同的记忆和情感的。

华阴老腔一声喊，震了天地。这种深刻而广阔的民族归属感和文化认同感，让我们在与西方文明接轨、渐渐西洋化、渐渐遗忘了民间小调的时候，可以被一曲乡音震得泪流满面。这实在是一件可喜又可悲的事情。喜的是，像老腔一样的民间文化依旧可以轻而易举地引起我们的感动和震撼；悲的是，像老腔一样的民间文化居然可以轻而易举地引起我们的感动和震撼。难能方为可贵，都是越不容易得到，才越发觉得珍贵，觉得眼前一亮。

现在的人们，是不是已经走得太远，以至于都要看不见回家的路了呢？

家家户户四合院、七折八拐胡同弯弯的景象已经不复存在，似乎连带着那些陈旧又充满温情的习惯也跟着一同去了。听得别人提起，才会恍然大悟，惊喜非常：就应该是这样的啊！老腔是如此，老规矩是如此，甚至连大名鼎鼎的国粹京剧，也不知道有多少个孩子有过完完整整听一出戏的经历。这片土地记忆的格调，就在我们这一代中逐渐被更改；这片土地文化的精粹，就在我们这一代中逐渐被掩埋。偶然听到、看到、感受到，所带来的震撼终究是短暂的，短暂之后又是长久的遗忘；而我们需要的，从来都不是遗忘。

在追逐更加多样的未来的时候，有时也需要停下来，多看看来时的路。即使登上顶峰，一个没有自己独有回忆的人不是一个完整的人；即使快速发展，一个没有自己独特文化的国家不是一个值得尊敬的国家。希望在不久的将来，我们领略到和老腔类似的民间艺术时，不会再如此"肤浅"地被震撼。

一声长吼回荡在天地，久久回荡。

（指导老师：英玉梅）

【点评】

老腔蕴藉着关中的文化气韵，传承着华夏的历史血脉与民族性格。然而，在现代社会的快速发展中，我们的内心却出现了黯淡与荒芜，老腔提醒了我们，历史意识不可空白。本文以华阴老腔为题材，通过生动华美的语言，展示了传承者的精彩表演，使读者对这一技艺有了真切具体的感受。更为可贵的是作者不仅尽力写出老腔给人的震颤共鸣"是什么"，还努力阐释"为什么"，并提出"怎么样"。这就使文章不仅具有文学艺术的欣赏价值，还具有社会历史的思考价值。本文获省级一等奖。（劳雅丽特级教师）

外婆和她的戏友们

□鲍博颖（浙江省金华市汤溪高级中学高三）

我的外婆一向沉默寡言，生前辛勤劳作之余，最感兴趣的便是哼唱家乡的婺剧。我从孩提时代起对婺剧的认识，全都源于我外婆和她的戏友们。

他们白日里都是在田间挥汗如雨的农民，面朝耕了一辈子的黄土，背对晒了一辈子的烈阳；日落西山，酒红色的晚霞漫过大片的田野，一个个白日辛劳躬耕的身影便挺直背脊，一扯汗巾，铺开板凳，带着自家的黄锣板鼓、唢呐二胡，在外婆门前组成了一支草根婺剧团。阿婆阿爷们大多没有受过正式的教育，每人却都夹着一本发黄发皱的曲谱，彼此教着学习识谱和奏乐。

说是奏乐，其实只是各方乐器拼和着罢了，远没有专业婺剧团来得规整，但自有一番质朴的力量。那时我还年幼，印象最深的是开场时的那一段大鼓，初听是声声喧闹，沉淀到后来便是生命与力量的低吼。沉闷浑厚的鼓点在残阳里滚动，或金或赤的霞光流淌在那一张张黝黑色面庞的沟壑阴影里，击鼓人沉默着抿嘴，只是手臂不停地扬起，落下，复扬起，显出庄严肃穆的神情。接着是锣声响起，伴和着唢呐悠长的回响，延宕成一声声或高或低的呐喊，在坦荡如砥的田野间起落，给高踏以平实，给荒凉以生命。

老人家们尤爱唱奏的戏曲是《法门寺》，每每唱到"此一去千秋细裹分明"，字字抑扬顿挫，掷地有声，在沙哑粗朴而不失豪健的嗓音中唱出一种情义与力道，好似将唱词在黄土尘沙碎石中滚锤过千万遍；唱《宋宫仇》那句"日月当空每日见，春秋离月隔来年"，则在深长低回中延展出农民对于田野与生命的感念。田间的劳动者们那在太阳下的汗水与沉默，借着戏曲转化为另一种声音与语言，苍茫而久远地回荡在这片同样静默的大地上，翻腾着深切的真情，一种原始的对于大善大美大义的追求。

这是贴近于生命本真的无名理想，它不是某个必须到达的终点，而是一个不断延伸的有血有肉的过程，是田间一个个微若芥子的存在，于尘埃间抬头、仰望、追求灵魂尊严的方式。

这些苍老的农民的声音，在戏曲中久久回响于这片广袤的天空之下，最终沉入土壤，成为大地的一部分。在一支又一支戏曲中，他们沉默、低吟、呐喊，他们思考、叩问、回答。

长大后便不再与外婆同住，几次探望，她都卧床不起，声音嘶哑，再难唱一支完整的曲子，只是枕边还躺着那本被翻得起皱的曲谱。后来再听到婺剧，是在外婆的葬礼上。那些同她一起唱戏的旧友，有些已经不在了，在世的几乎都带了旧时演奏的乐器，敲打着同他们面庞一样斑驳的铜锣，扯着嗓子低低地唱那些曲词，"涉万水，翻千山""血代墨，纸代笔"……我跟着他们一起轻轻地唱，唱着外婆的戏，唱着这片土地的歌。阳光翻卷着尘土的气息在我舌苔上蔓延。

我忽然意识到，眼前这些苍老的面孔一直在以一种质朴的戏曲的方式，来呈现他们的生活与血肉。

他们的艺术，是一副嘶哑的嗓子和一颗坚持歌唱的心。

而正是这样的艺术，将我与外婆、与这群低唱着的老人相连接——它连接着生者与逝者、后辈与前辈，连接着一颗心与另一颗心。我觉得自己头一回真正听懂他们的戏，那出在尘土中起落飞扬的戏，一如他们的生命本身。

这或许便是艺术的力量所在。它不仅是一种美的展现，更是使人得以有尊严地活着的方式。它既消解了物质的贫瘠，又重构了精神的丰盈，使人能够从肉体的劳苦中"落落大方地走出"，呈现出灵魂的坚韧与力量，并将这份力量延续、传递，使之成为生命的崇高语言。

它也教会我们更为切肤地体察他人的生活，并学会以一种谦逊的方式，对生命致以崇高的敬畏。正如海德格尔在凡·高的画作《农鞋》中看到一位农妇生活的苦难，和对于大地的希冀与眷恋，我们通过艺术而感知其中人的存在，聆听那些沉默的大多数的声音，从而在共情与同理心的基础上，与世界建立起更为深刻的联系。

重回那片田野，我听见婺剧的声音依然回荡在整饬无垠的大地上，如同土地中亘古流淌的生命的血脉。或许婺剧将永远地扎根于这片土地之上，携带着耕耘者的真情与希冀，不断向上生长，升向那片理想的天空。

（指导老师：鲁春燕）

【点评】

这篇以"艺术"为题材的参赛作文，别开生面地将表现对象确定为一群普普通通的农民——热爱家乡婺剧的"我外婆和她的戏友们"，表现了艺术与生活、艺术与人生、艺术与人民的关系。文章有博大的时空视野，将厚重的历史感与鲜活的时代气息、雄浑的表演场景与生动的细节刻画融合在一起。在表达方式上，描写、叙述、议论有机结合，既让人获得真切的艺术感染，又引人进入深刻的哲理思考。本文获省级一等奖。（钟湘麟 特级教师）

星

□ 陈罗豫（浙江师范大学附属中学高一）

山间的夜本是平静的，劳累了一天的人们常常是倒头就睡。整日低头劳作，眼睛亦如黑夜般沉寂，似乎已没有了生机。

但年关前后可就不尽然了，今晚便是如此。人流从村的四面八方涌来，汽车把村庄围得严严实实。说摩肩接踵，那是太轻描淡写，简直可以说是寸步难行了。每个人的脸上都洋溢着微笑，原本混沌黯淡的眼里似乎落进了一粒火星，流动着罕见的光彩——炼火，要开始了！

挤过人群，登上一幢小楼。夜风轻拂，树影、人影、山影，杂糅一片；星光、火光、月光，零星点缀。村中心的小广场上已然升起了一柱烈火，宣告着狂欢的倒计时。山间，一线火光蜿蜒而下。紧随着，一阵锣鼓喧天，人群随之骚动，千百双眼睛里透着无法抑制的激动。在开路的火光中，四个吹手卖力地吹着唢呐，曲调愈发高昂，又急转而下；两个鼓手狠命击打大鼓，沉闷有力，击破人们的拘束。村里人，城里人，农民，闲人，老人，小孩，不论男女，无问东西，人群尽情欢呼。火把照映着一行十五位勇士，他们刚上山接受了圣泉之沐浴，正准备向如山般炽热的火红的焦炭发起冲锋。

勇士们裸露上身，向赤焰展开他们热情的胸膛；他们各执一铁杖，向烈火发出震天的怒号！忽地，乐鼓声止，每一双眼睛里都倒映着火焰肆意扭动的身躯。人们仿佛这时才想起夜的寒冷与黑暗，鸦雀无声，只剩眼前烈火炙烤大地的"噼啪"声……

猛地，如雄狮惊起，卧龙腾飞，呐喊声冲破夜的桎梏，勇士举杖袭向冲天的烈火。"呼啦"一声，铁杖挑起几丈高的火花，如真龙现世，火龙盘旋，刹那又消散于黑夜。热浪袭面，纵使身在小楼，也不免被热火震动。观众们的欢呼声一浪高过一浪，眼里迸发出的光彩如同天上的星星，撼动夜空。

火堆被摊平了尖。勇士们放下了铁杖，赤手空拳奔赴火中。锣鼓声挟人群掀起一个又一个的高潮。最健壮的汉子一马当先，只见他一把揩去脸上的汗珠，双目瞪圆。烈火在他的眼里流动着，黑色的眼眸里仿佛装着整个星空。身躯向前微倾，双手撑地，双脚凌空跃起，一连串的后空翻如悟空再世，驾筋斗云般划过火堆。所过之处，火星四溅，火焰向前倒伏，硬生生在烈火中冲开了一条道路。那汉子猛然一跃，踏着纷扬的火花，稳稳落地。人群中爆出一阵掌声，四周的烟花也争先恐后地蹿向夜空。大人们赶紧用大手捂住孩子们的耳朵，孩子们也赶紧用自己的小手贴住那双大手。一声声爆鸣，打破了远空的宁静，击碎了夜空的星星。

鼓点密集而下，勇士们的步伐也愈发急促，侧手翻接着后空翻，后空翻紧跟着前手翻。黑的眼睛，红的火光，流动的红，迅疾的黑，回转的红，跳跃的黑，如黑夜山林中掠过的鹰，如闪耀长空的千万星。在扭曲膨胀的空气里，人与火，逐渐地融合、分离，眼里掺杂着火星，闪着无惧，透着无畏。勇士们的每一步，都会激起无数的火花，赤焰在身边环绕，红光照亮他们脸上每一条纹路，火舌狂妄地舔着他们的脸，焦炭疯狂地烤着他们的脚，热浪肆意地扑着他们的手。但他们不畏惧这些，反而更是要扑向它们，用比它们更加炽热的心去战胜它们，战胜自己！这使人想到了凤，浴火重生之凤，涅槃而飞之凤，百鸟争朝之凤。火是阻碍，是困难，是人从心底畏惧的一切。但火更是热烈，是奔放，是不惧一切突破的精神！西方以神喻火，中国神话以火为源。

究竟是普罗米修斯铤而走险盗取火种，还是燧人氏受天地之恩赐授火于百姓？抑或骤雨之时，雷击树木而生火？因信火，而炼火；因炼火，明心火。重山环抱之地，却迸发出比火更甚的热情。土地给予他们身躯，黑夜给予他们眼睛，而他们用这身躯去抗击烈火，用这黑眸去寻找光明。

火堆发出一声沉重的喘息——炼火已近尾声，火星逐渐淡去。人群缓缓散去，不多时，山间便又恢复了往日的宁静。夜，依旧寂静，但人们那如黑夜般的眼睛中，闪着几颗星星。

（指导老师：练仲）

【点评】

本文主要记叙了浙江金华地区年关举行的民俗活动——炼火表演。开头描述表演前山间的寂静，反衬出后面将要展现的热闹场面，颇能吸引读者的注意力。结尾概述表演后的氛围，以静衬动，写人们被炼火深深吸引并沉醉其中的情景，呼应了开头。文章还采用点面结合的写法，如第六段先从"面"上描写勇士们的一系列动作，如"放下铁杖""奔赴火中"。接着从"点"上描写"最健壮的汉子"，再现了他揩汗、瞪眼、微倾、撑地、跃起、后空翻、一跃、落地等动作和神情，充分体现了参炼者赴汤蹈火、勇往直前的人文精神。文中大量运用排比、比喻等修辞手法，气势磅礴，生动形象，让人拍案叫好。本文获省赛一等奖。（夏冬 资深编辑）

戏影里的璀璨灯火

□朱轶萱（安徽省铜陵中学高一）

"梦短梦长俱是梦，年来年去是何年。"笛声悠扬，缠绕着清淡的水磨腔，白色的绣衣翻卷，丝绸上的奇花异卉忽隐忽现。戏影婆娑，灯火阑珊，道不尽的是唱腔戏词的温雅婉转，诉不完的是英雄佳人的思绪万千。

戏影里展现着形形色色的表演技艺。锣鼓声响起，帷幕拉开，舞台上的布景亦真亦幻，时而小桥流水，时而曲径通幽，一扬旗便是千军万马，一挥鞭就是山迢路远。演员登台：粉色的颊，黛色的眉，翻转的水袖，流水般的台步，一颦一笑都带着别样的风味。戏剧不仅是一种娱乐与欣赏的方式，更是一种艺术形式。剧情的辗转起伏、演员的全情投入、道具舞台的精细布置……都是一部好戏必不可缺的部分。以一部经典的戏剧作品《茶馆》为例。它通过老北京茶馆老板的一生反映了半个多世纪中国社会的历史变迁，剧情紧凑，情节跌宕，折射了一个时代，其深刻的寓意不言而喻。此外，演员细腻的表演技巧不仅将角色的情感和内心世界表现得淋漓尽致，而且将整场戏剧推向一个情感共鸣的高潮。舞台的设计、音乐、灯光等其他元素的配合恰到好处，营造出一种怀旧、伤感的氛围，让看客仿佛置身于那个时代。

戏影里演绎着耐人寻味的人生故事。"倩影镜花前，未曾走远；是谁的眼波，醉了水中莲"，这是粤剧《白蛇传》里的唱词；"菩提树檐葡花千枝掩映，白鹦鹉与仙鸟在灵岩神岘上下飞翔"，这是京剧《天女散花》中的戏韵。古色古香的词、悠远绵长的韵，会把整个舞台都熏染得更加如梦如幻。故事情节的起承转合便在戏词、戏韵的旖旎腔调中舒展开来。若情节如同一卷徐徐展开的画卷，那角色便是其中晕染的水墨。在戏剧中，角色通常具有鲜明的个性特征和情感变化。他们的悲欢喜乐、磨砺成长，使我们感触良多。让我们感动的不仅仅是这些小人物悲欢离合的命运，也是他的内心世界，更是他身上折射的一个时代、一个社会。以一部现实主义戏剧作品《平凡的世界》为例。如一位哲人所言："心有一隅，房子大的烦恼就只能挤在一隅中；心有四方天地，山大的烦恼也不过是沧海一粟。"孙少平的心中便有着四方天地。他是一个对苦难有着深切的认识、对生活有着深邃的理解、对精神世界有着深刻追求的人。他有铮铮铁骨，有强大的精神力量，有巨大的勇气。从学生时代的"非洲人"到成年时代的"揽工汉"，他经历的是艰苦卓绝的奋斗人生，在痛苦与磨砺中，他形成了一种对苦难的骄傲感、崇高感。我欣赏他的苦难的哲学，钦佩他对劳动的认识，更羡慕他对生活的理解。不仅是他，还有身肩家庭责任而从不言弃的孙少安，热情似火却牺牲在抗洪前线的田晓霞……这么多形形色色的人物，让我们能够更好地了解那个时代人们的生活状态和内心世界。同时，《平凡的世界》也传递了一种积极向上、自强不息的精神，激励着人们不断追求自己的梦想和人生价值。

戏影里辉映着其心可鉴的赤子之诚。当看完《穆桂英挂帅》的时候，我热血沸腾，因为在那里我看到对祖国的一片赤诚；当欣赏《红鬃烈马》的时候，我潸然泪下，因为我感受到了传统文化中人们对爱情的那份坚贞和执着；当回顾《四郎探母》的时候，我眼睛发酸，那是三千年来刻在中国人心中的一份感恩和热爱。

每一代人，都从历史中走来，又向历史中走去。中华文化源远流长，而戏曲更是历史长河中璀璨的明珠。当今中国正处于百年未有之大变局中，挑战与机遇并存，在接纳新事物的同时，不能忘却传承。我们不仅要在新时代弘扬戏曲文化，更要推陈出新。"戏曲艺术是从过去来的，但它活在今天，而且我们也非常希望它能够走到未来。"王珮瑜作为传承国粹的佼佼者，通过多样化的新平台和渠道，演绎和讲述着京剧故事。她以传承戏曲艺术为己任，不媚新亦不迁旧，不管何种表现形式，都是为了"让更多人爱上京剧"。传统与现代的碰撞，成就了一个惊才绝艳的王珮瑜，也成就了戏剧国粹生命力的延续。如今，"国潮"风起，"新中式"备受推崇，作为青年，我们更要站在时代的风口浪尖，将戏曲文化、戏曲品牌"打出去"，向世界展示中国自信。

"一点深情，三分浅土，半壁斜阳。"走进戏影里的灯火璀璨，体悟人间百态；蓦然回首，应是路远梦萦。

（指导老师：赵亚平）

【点评】

"戏影里的璀璨灯火"是什么？是"形形色色的表演技艺"，是"耐人寻味的人生故事"，是"其心可鉴的赤子之诚"。本文以点面结合的方法，从艺术形式、题材内容、思想价值以及传承现状四个方面对戏剧进行了评述，使读者对戏剧有了真切的感受。个别段落还可以进一步充实。本文获省级一等奖。（钟湘麟 特级教师）

且听戏韵

□周雨珊（福建省厦门英才学校中学部高一）

莲步轻移，自成小桥流水，鸟语花香；回眸巧笑，便是风华绝代，仪态万方。开嗓乍唱，倾泻一泓清泉；水袖一甩，搅动万顷碧波。戏幕起，笙歌婉转，霓裳翩翩；戏幕落，看客嗔贪痴恋，似已成为戏中人。

我见过的最爱看戏的人，是我的祖父。他是个老戏迷，只要戏班子一到村里，他总是第一个赶到戏楼。除了看戏，他也爱哼戏词。望着天上成对的飞雁，他会高吟"碧云天，黄花地，西风紧，北雁南飞"；听着秋天凄凉的鸦叫，他会唱"只见古树枯藤栖暮鸦，嗟呀，遍长途触目桑麻"。高亢嘹亮的嗓音，流利婉转的唱腔，那时还天真稚嫩的我听着这神秘玄幻的戏词，望着陶醉其中的祖父，虽不明白，但心中对戏剧早已萌生爱慕，那是一种说不清的情愫。

与京剧初次邂逅，是在那灯火阑珊处，只惊鸿一瞥，便惊艳了我整个童年。村子里要来戏班了，我满怀欣喜地随着祖父一同去看戏。进入戏楼，等待着戏剧开幕。渐渐地，台下的看客越来越多，络绎不绝，一群大人簇拥在前面，我看不见戏台，只能用力踮起脚，从人群的一点缝隙中去看，像从门缝里看风景。不知坐了多久，蓦地，灯光骤亮，只见一袭水袖丹衣登场，肤若凝脂，气若幽兰，踏云步，袄裙软垂流缨，兰花指，转手腕花繁密。只听清越的京胡声劈面而起，演员们咿咿呀呀地唱着："他教我收余恨，免娇嗔，且自新，改性情。"高亢的嗓音夹杂着胡琴的深吟，细而慢，似从远方迤逦而至的溪水。从这个与众不同的视角看戏，好像进入了山隔水阻的世外桃源，这里的人长眉凤眼，千般柔媚，万种风情，一颦一笑都包含着无限韵味。

"好个《锁麟囊》，人生难料啊！"祖父轻轻拍拍我的头，那被风尘浸染的失去光华的眼中似有泪光盈盈。我似懂非懂地点点头，只觉热闹，却不知此刻心中对京剧的热爱已如波涛汹涌的海浪，在内心的最深处激起最美的浪花。

从此，在祖父佝偻着背蹒跚地走向戏楼时，身后多了个垂髫小儿。我随祖父一起细品这一出出京剧，在倾听中感受它的魅力，在观赏中品悟它的轻巧与千姿百态。我总觉得这戏台上的人，这戏台的幕布后，这京剧与祖父之间，还有更多不为人知的秘密。

后来我远走他乡求学，离开了这个小小的村落，与祖父，也与京剧辞别了，却不承想这一别竟是与祖父永远的诀别。后来我回家，妈妈痛心地向我诉说祖父逝去的事实，患心脏病的他常常拖着虚弱的身子去看戏，一次去戏楼看戏归家的途中，不小心摔倒了，永远留在了戏中。走到祖父房间里，房间空空如也，只有抽屉内满满存放着泛黄的词本，我无声地看着这些祖父视若生命的珍宝，泪水不经意间滴落，心中除了深深的悲痛和留恋，还生出了几分敬佩。他穷其一生，追寻自己热爱，燃尽生命之灯，点亮京剧之魂。不知为何，我总觉得这或许是祖父最好的归途，他能永远在自己最爱的戏楼外一辈子，能与京剧相守终生，仿佛从前的看客已成了戏中人。曲终人散，离散的不是戏人，不是归客，是祖父逝去的一生，是一个繁华灿烂的时代，唯有一片痴心还长存于世。

多年后看京剧，从前成对做伴的老人与小孩，如今只剩下孩儿。我怀着沉重的心情，踏进这熟悉又陌生的戏楼，但此时看戏的人已是寥寥无几，仿佛京剧的辉煌已随祖父离去。京胡仿佛凄厉地喊起来："看大王在帐中和衣睡稳，我这里出帐去且散愁情。"是《霸王别姬》：虞姬为霸王歌舞助兴，水袖起，兰花指捻，舞蹁跹。竹扇合，衣袂潋滟，眸底暗。蛾眉微蹙，眼中无限悲情。听，她只是缓缓地唱了句"猛抬头见碧落月色清明"，霸王便明白她胸腔里流血的心，声声啼血，句句断肠，一转身，倒在了千年前清冽的剑锋下。戏楼风冷，油灯下影子修长，京胡苍凉，琴声呜咽，何其壮丽，何其凄美。

"红颜叹，此生足矣，缘尽又何妨！"此刻我看见的不是表演，是艺术与生命的融合，是一个穿越时空的幽魂重现历史的悲情，是无奈与叹息。台下我衣衫已湿，忽由此品出许多苍凉，恍惚听到祖父说："真的，这戏如人生，总是离人泪，难料啊！"泪水依旧止不住地流，我要像祖父一样，怀着真挚而炽热的心，做戏剧的观赏者与支持者，在戏剧的星火逐渐黯淡之际，成为守望在台下的点灯人……

此后，又观赏了电影《霸王别姬》，看到了这个时代下程蝶衣与段小楼的悲欢离合，窥见了戏台上的大师们矢志不渝地追求艺术的完美，探寻着艺术的真谛，他们用纯粹打造出了惊世骇俗的作品。这戏台大幕后的秘密似已被揭开，祖父与程蝶衣一样，京剧与他们的生命相互成全，在他们的现实生活里，京剧艺术就像乌云缝隙里的一道光，治愈了他们的苦难，而京剧也正因为有他们在坚守，才得以延绵传承。京剧艺术已然渗透他们的生命，而他们的生命也已然活在对艺术的至高追求与热爱之中。

"是谁活在戏中，入戏痴魔已成疯。"戏台上，人们用艺术创造生命；戏台下，人们用热爱感悟艺术。这段戏韵摇曳的青春岁月，是艺术在启迪生命，在延续、拓展生命……

且随戏韵浅唱低吟，醉在这情深似海的戏中，于一隅梨园，唱出戏曲艺术的赞歌，找到生命的归属……

（指导老师：张玉山）

【点评】

"戏韵"是艺术之韵，更是生命之韵。"戏台上，人们用艺术创造生命；戏台下，人们用热爱感悟艺术。"这是作者从"祖父"到"我"的坚守和传承的经历中提炼出来的真切体会。本文不仅主题深刻，而且文采斐然，句式整散自如，长短相谐，叙述婉转，议论隽永，似悠悠的岁月长河中流淌着典雅戏韵，通篇耐人咀嚼，余味绵延。本文获省级一等奖。（钟湘麟 特级教师）

启思向前，常虑一二

□潘柏如（浙江省温州市第八高级中学高二）

幼时居县城，彼时尚无瓯越大桥能将天堑变通途。然而，母亲仍会选择在某个朗晴的周末驱车一小时有余带我进城：进城去看剧，在一个大大的剧院，马蹄形的剧院。

出场与谢幕的推演轮转间，《爱丽丝漫游仙境》《仙履奇缘》《胡桃夹子》……一部部戏剧里亮眼的假发、夸张的发饰、鲜艳的裙袂、抑扬顿挫的语调，和花朵与昆虫对话的爱丽丝、得到神仙教母帮忙的辛德瑞拉、带领玩具大战老鼠的胡桃夹子，如此种种熔铸成幼时我奇幻炫彩的精神世界。舞台上往来的各色立体人物走马灯般路过我的童年，纸张上想象中的静默人物有了直观可感的实体形象。童话书籍因舞台展演在我的眼里可以五彩斑斓地流动跳跃，"长途"看剧也让我有了对周末时光的小小期待与渴盼。

读书那年，因父母工作变动，我跟随着迁居城区。家距大剧院的直线距离仅一公里，哪怕是徒步前往，也只是幼时母亲从县城驱车而来时间的四分之一。于是，看剧成了生活中唾手可得的事情。《汪汪队立大功》《恐龙归来》《冰雪女王》《灰姑娘》《绿野仙踪》……一部部经典儿童剧如珠玉般嵌进我的生活，让我甘之如饴。

不知从何时起，在与儿童剧的相遇中我渐渐觉察出了一丝异样。以往的期待渴盼被一种不知名的诉求牵引着走向另一个方向。直到我在初中课本中读到《天下第一楼》《枣儿》等戏剧作品，之前的惶惑与某种内心涌动在瞬间被打破。诉诸夸张外饰与顿挫语言的儿童剧已经不再是我内心所需。激烈的戏剧冲突、繁杂丰富的人物、厚重多味的戏剧台词完完全全地攫住了我的眸子，真正的戏剧作品就当这般熠熠生辉，给人恒久触动。

在课堂上，屈原复杂矛盾的内心独白迸射魂灵深处的呐喊，是生之颤动，亦是灵之呐喊，独白用它特有的力量让赤诚者发声。小小一间"福聚德"，收放自如的卢孟实、强撑病体的唐德源、自负的罗大头……人从众的烤鸭店之命运浮沉里，是风云变幻的动荡历史。正所谓"城头变幻大王旗""你方唱罢我登场"。一生劳作、不离乡土的老人，留守家园的孩子，不管岁月短长，漫长的等待都是人物常态化的求索。我咀摸着历史人物的亡国痛楚，倍感愤怒，更悯惜高洁的灵魂。我感慨着历史风云的舒卷中形色各异的多种面孔，不禁唏嘘感喟。我渴望等待着的老人与孩子能在村头看到走来的人，又深知时代裹挟下的外出者的种种不易。我在这种非单一输出的戏剧作品中再一次找到了曾经的期待与渴盼。

然而，从初中课本戏剧作品的片段式阅读中走来，我仍感不足。要读完整的戏剧作品，想读更多的经典作品。我开始跟随老师的指引与自己内心的神往，沉潜于更多更优秀的经典戏剧作品中，观人生、体人世、悟人情、寻意味。

《茶馆》《雷雨》《威尼斯商人》《玩偶之家》等作品，填补了我对阅读的渴求，也补足我对这个世界尚浅的认知。作为高中生的我，深知戏剧不只是停留在静态的文本欣赏，更是我们应对生活时，关注自身与关注社会现实的有益支点。

印象最深、感受最复杂、情感最浓重的莫过于《茶馆》。

不消说王利发精明圆滑、呕心沥血的惨淡经营，也不消说裕泰茶馆里前后出场的近五十人之形象的多元，更不消说《茶馆》呈现了新中国成立前近半个世纪中国社会的风云变化。我在对《茶馆》三幕剧的往返式观读中，看到一幕一个时代茶馆变化的真相；在北京三教九流人物的插科打诨中，看到不同时代中人性的卑劣至极与魂灵的孤高自洁；在茶馆竭尽全力的自我保全中，看到旧中国灭亡与新中国诞生的必然。

戏剧作品的内核感知不只在剧本情节发展的把握，不只在矛盾冲突的厘清，不只在人物个性化台词语言的分析……创作者作品完成后，在传播中有不同的个体感知与评赏，作品被拥有不同学识涵养的受众品鉴后生成了全新的样貌。这是戏剧作品诉诸文字与形象带来的最佳产出。

看到王利发兴致勃勃坐在柜台上开始营业，眼前赫然出现老舍先生庄重的面庞和他那努力尝试、充满奋进力量的伟岸形象。看到王利发积极迎合潮流实行改良之策，脑海浮现的不是老舍先生的积极，反倒读出苦心经营却生意惨淡、受到时代重捶的悲哀。看到裕泰茶馆被人霸占，阔别多年的这些老人互诉不幸，含泪为自己撒起纸钱，我分明看到老舍先生不单纯是在塑造人物，更是把自己写进了作品，让人物为自己发声。那渐渐暗将下去的茶馆的灯光又何尝不是先生的人生之光呢？暗将下去的茶馆的灯光，是"舍弃自我"努力直面艰辛生活的不易。在互诉不幸时，作为倾诉者的先生，好像在诉说全家靠母亲替人洗衣裳做活计维持生活的艰难，好像在倾诉"文革"中不忍屈辱内心沉痛的决绝。

所以关于曹禺、夏淳等艺术家认为《茶馆》后两幕不及第一幕精彩的评论，我想说：作为时代痛点的亲历者与赤诚的爱国者，《茶馆》第二、三幕是老舍先生代入自己痛感的真实输出，二、三幕没有削弱整部作品的魅力，而是彰显了痛点的真实与痛感的真切。这是时代巨浪下质朴真实生命的抗争与痛彻心扉的倾诉。

中国现代小说家、文学家、戏剧家、语言大师、人民艺术家，这是文学界对老舍先生的美誉，而我还想给先生再加一个标签——"启痛者"。如果说在儿童戏剧中我看到的是这个世界童年时代的美好，那么此刻我看到的则是这个世界成长中的痛楚。特别是老舍先生的几部戏剧作品，无一不是借个体痛楚之感开启时代之伤的豁口。

"我只认识一些小人物"，这是老舍先生时常说的一句话。这话的另一层意思是：我是一个小人物。老舍先生的墓碑上印刻着"文艺界尽责的小卒，睡在这里"。言下之意，我虽尽责，但我仍是一个小人物。家庭贫苦之痛与时代创痛齐齐压在老舍先生身上，他却将自己亲历的痛楚幻化为有力量的文字，传递一种生的力量。先生，伟哉！

如果说经典现代戏剧细呈的是动荡时代的剪影，那么当代戏剧观照的则是当下正在浮现的痛点。《来自新世界》，叙说人们经历的种种怪诞事件。新世界中的"人"是被服务的权贵阶层和统治阶层，新世界中的"化鼠"是帝国的奴隶和市民阶层。从温馨到残酷的剧本演变背后，其实是对未来帝国主义文化及其制度的再探索与再想象。

如果说童年时母亲的引导像冰心《荷叶·母亲》中擎着的有力荷叶铺展起我对开启生活的渴盼，初中时学校艺术教育的浸润像泰戈尔《金色花》中圣洁纯净带笑的金色花触动我对延展生活的思考，时至今日，高中阶段的我在逐梦大学的路上，看到北大新闻与传播学院2020级博士研究生刘欣"多重人生"的故事，她的一句"可能不光是思想的指引，还有心和生命的指引，这对我而言更重要"，在刹那间攫住了我成长的眸子。刘欣一面在故事的田野中创作，一面自我思索且大量阅读。她在北大这个"宝藏园子"里不断打磨提升，目前以纪录片为媒介去触摸世界脉搏。在刘欣的选择中，我似乎看见了未来的自己，去到更广阔的中国大地上，做一个真正听清她脉动的时光记录者与思考者。

确然，十七岁的我不再满足于外部的投喂。我开始启思向前，常虑一二。我想成为有明朗眸子、澄澈灵魂，有独到见解，敢于表达的独一无二的自己。

（指导老师：朱小红）

【点评】

本文以"看戏"为主线，记叙了作者在小学、初中、高中三个阶段沉浸在戏剧的帷幕中，一边快乐成长，一边感悟人生。不同的人生阶段喜欢看不同的剧目，也有着不同的感受，无论是儿童剧还是课本剧，都是不可多得的精神食粮，喂养着"我"，使"我"启思向前，常虑一二。在写法上，本文以时间为序布局谋篇，做到内容紧凑、层次清晰。儿童剧使"我"对周末时光有了小小的期待与渴盼，初中课本剧攫住了"我"的眸子，高中生的"我"在"看戏"中关注自身与社会现实……这种由浅入深的过程，恰是成长的标志，也是艺术鉴赏能力提升的外在表现。本文获省赛一等奖。（夏冬 资深编辑）

雕塑篇

刻刀下，万物生

□李松霖（上海市晋元高级中学高二）

当急速的雨滴从高空击打池塘的时候，水面也热烈地回应了它，如同沸腾一般，此起彼伏地凸起一粒粒水花。随后，清新的泥土气息铺天盖地而下。老家的雨，急骤、直率。

我跑回家里。窗前，姥爷的刻刀正慢慢琢磨一块树根。雨水带来的气息和声响破窗而入，涌至身边，姥爷任其窥探，浑然不觉。

那块带刺的树根是姥爷从地里捡回来的。现在的村里，常能捡到别人不要的树枝、树根。把这些拉回家，再破成柴火，太费劲了。这个西北小城，产煤。

"姥爷，从我回老家你就在刻了，到现在还没刻好啊，我帮你拿到城里用机器刻吧，很快的。"我说，"刻字，刻花纹，都可以。"

"我要那么快干什么？再说这个是金刚藤的根，上面有刺，快不了。"姥爷笑着说，"你的性子就是太急了。现在比过去快了不知道多少了，走路快，做饭快，洗衣服快，地里的果子熟得快，你们也长得快，大家都喜欢快，但是慢也有慢的乐趣。"

我想起米兰·昆德拉的小说《慢》中勾勒的现代人的生存状态，一时语塞。在小说中，人们就像射出的子弹，顺着惯性向前冲，最终却连方向都无法把握。是啊，慢的乐趣怎么就失传了呢？

一个月之后，在暑假即将结束的时候，姥爷终于刻好了这个金刚藤的根雕。这是个什么呢？真不好说。这个根雕，通体黝黑，一尺多高，干枯嶙峋，弯曲盘结，根瘤凸出，还有几根刺张牙舞爪，冷硬地竖着。

"看着十分厉害的样子啊！又丑又凶！"我说。

姥爷非常自得："感到厉害就对了！金刚藤是一味中药，有祛风、活血、解毒的功效。这是它的根茎，带刺的。这块树根，我一眼就看到了。我就怕雕了让它变得不厉害了！"

姥爷很有兴致地带我上楼，给我展示了他的其他雕刻。真没想到，从中医院退休后回到乡下居住的姥爷，居然雕刻了不少东西。

一个茶匙，一端是一只胖蝉，一端是取茶的平匙，翅膀上的花纹清晰细腻，身体圆润可爱，仿佛是夏日的午后，它刚刚从梧桐树上饱吸了清凉的汁液，正低头酣睡。

另一个根雕，我觉得是一头野猪站在悬崖边，气势汹汹做俯冲状。姥爷说："这是海浪中的船，你看船身都倾斜了，我给它取名叫'海角'。"姥爷又拿起旁边一个说，"这个像很多山峰簇拥在一起，叫'天涯'。天涯海角看似遥远，其实相望相连。"

我笑了："这么看的话，确实像船。还是你取的名字好。"

姥爷说："我没下功夫，就是喜欢，刻着玩。也不强求像什么，就着树根的样子，就近取形，求个神似吧。"

姥爷说着，拿起一根短棒："看，这个叫'降魔棒'，我就打磨了一下，其他几乎没动。"我一看，其状果然能降魔，淡黄色的短棒上分布着褐色的根瘤和刺状的凸起，散发凌厉的气息。这是一棵李子树的树根。

姥爷的根雕，古朴稚拙，浑厚有力，不避其丑。这些原本埋藏在泥土中的生命，经过刻刀的雕琢，以一种"非我而又是我"的姿态呈现，仿佛能让人看到树根怎样在地下匍匐，沿着隐约的水汽向下扎根，一路与坚硬搏击，留下种种挣扎的姿态，形成虬结的样貌。时不时地经受寄生于根部的细菌的缠斗、胶着、噬咬，最后和解共生，形成膨大凸起的根瘤。当初痛，如今丑，然而力量也在其中。

姥爷并不打磨或割去这些根瘤，也不强求形似。朱光潜说，风行水上，自然成纹。根雕只是求其天然，顺其自然，因势求之。

因为姥爷的关系，我开始有意关注根雕艺术。

原来，根雕就是流传于老家陕西的一种传统民间工艺。唐宋和明清时期，经济繁荣，根雕艺术极为繁荣，在民国时期日渐衰落，20世纪80年代又重新兴起。只是在当下这个快节奏的生活中，大部分根雕都成了流水线上的批量产品，脱脂、去皮、清洗、脱水、定型、加工、配淬、着色等工业化的加工程序使之标准如一，惟妙惟肖，却千人一面，少了田园泥土的野趣；在利益最快变现的功利时代，也少有人肯下慢功夫，如相马一般"相木"，用一把刻刀悉心琢磨如何留其天然，巧借天然，将自然形态与人工雕琢自然地结合起来。钱穆曾说，好的艺术，背后要有人。一种艺术形式，离开了追逐者淡泊名利的心，向岁月俯首的心、尊重自然的心，是难以生长的。

去年初，我家附近新建成一座"木文化"博物馆，里面展示了很多根雕艺术精品。在地铁便捷、商业繁荣的上海闹市区建一座这样的公益博物馆，真是有魄力有情怀的举动。去年暑期的社区志愿者服务活动，我便选择了去这座"木文化"博物馆做志愿者。

"这个仿品，仿的是战国时期的根雕作品《辟邪》。《辟邪》是目前发现最早的根雕作品，在马山一号楚墓发现。"当我在明亮清凉的展厅，向参观者介绍根雕作品的时候，心头又浮现起那静穆的景象——雨天，老人，窗前，刻刀。

喧嚣生活里有静气，急速奔跑中慢下来，顺势而为自然天成，这是姥爷作为非专业雕刻者的内心独白，也可用于自我疗救，让我在自己身上克服这个时代的某些弊病。也许，我未必能成为雕刻者，但根雕艺术所凝聚的智慧，同样可以伴我一生，并润泽我身边的年轻人。

长长短短的刻刀，刀锋凌厉，光芒冷静；干枯冷硬的树根，原本做柴，或许腐烂。雕刀入木，凝眸屏气，千山静穆，一河凝寒，时光流转中，春风做剪裁，刻刀之下万物生，也琢磨自己的一颗心。

（指导老师：朱洁文）

【点评】

本文围绕"刻刀下"来写"万物生"，不仅突出了雕刻技艺，而且写出了文化传承。开篇采用自然环境描写，渲染出一种恬静、自然的气氛，为下文写"雕刻"蓄势。姥爷退休后便回到乡下操起刻刀，精心地完成自己的艺术作品。文中，作者将雕刻技艺融入人物对话和具体的场景之中，既富有生活画面，又给人带来触手可摸之感，而"慢"与"快"的思辨性也体现出来，蕴含着对生命的感悟和对传统技艺的敬畏。一方面是姥爷在乡下雕刻，另一方面是"我"参加"木文化"博物馆的志愿者活动，两个人以不同的方式传承民间工艺和民族文化，让根雕艺术在润物无声中走进人们的心里。结尾重温姥爷的"雕刻心经"，进一步深化了根雕艺术所蕴含的人生哲理，引人深思。本文获省级一等奖。（夏冬 资深编辑）

跛足的雕塑家

□赵陶然（苏州工业园区星海实验高级中学高二）

他又一次拐进大道旁的巷子，下意识地将雕塑工具的重量尽可能落到那条健全的腿上。巷子里很幽暗，他安心地把目光落在身前，不担心看到自己蹒跚的影子。回到工作室时，他已经决定好今天的工作内容——一尊新的阿波罗雕塑。

在大理石前站定，他飘忽的目光触碰着逼仄房间里的一纤一毫。日光穿过虫蛀的矮窗，石面泛亮，在他看来，太阳神的金色卷发闪耀如是。运石的麻绳纠缠着，他想象宙斯之子胳臂的强健，支离的刻刀散乱着，他得到阿波罗的盔甲的暗喻。通过思维的脐带，灰色的现实滋养了金色的理念，他脑海中至善至美的太阳神借以成形。

他摸索起锤和尖凿。

当他握住凿子时，真实的触感却带来一阵茫然，使脑中的幻象开始褪色。他不敢怠慢，着手刻出大致的人形。一开始，不断落下的石屑给他以熟悉的踏实感；随着这种近似体力劳动的进行，燥热涌上他的额头，他模糊地想起前几天集市上的烈日。当时，有几个顾客驻足在他雕刻的神像前。"至善至美的太阳神！这是尊好神像。不过，这神态似乎有些刻板了……"他坐在阴影处，没有冒险拖着残躯站起来。

石屑落着，他的双手覆满了白灰。从第一次接触石雕的那天起，他就相信，这世界的背后有太阳一样、唯一不变的美的理念，他是用锤凿把它从大理石中挖出来的人。因此，他从事雕塑的历史就是他雕刻太阳神的历史，他雕刻太阳神的过程就是他追求艺术至美的过程。——石头初具了人形，他换了工具，准备按脑中的幻象细化它。

他从头颈开始，力求表现出高贵、肃穆、纯洁。他不准有粗鄙，所以忽略阿波罗的急躁；他不准有矛盾，所以忘记阿波罗的易怒；他不准有亵渎，所以摒弃阿波罗的多情。可是他越拒斥缺点，灵感就越远离他，最终他悲哀地发现石像的面庞如此模糊，和他先前的所有作品一样。——是啊，他追求艺术至美的过程，也是他不断失败的过程。何止"神态有些刻板"呢？"面孔略显模糊""姿态有点陌生""表情微显冷漠"……他与至美永远只差一步，这一步却宛如鸿沟。

他决定转向肌肉的刻画。为了雕饰威武，他驱赶自己挫败的经历；为了凸显力量，他驱赶自己久站的酸痛；为了和谐与完美，他驱赶从胎里就注定缠绕他的、如鲠在喉的、关于他的瘸腿的所有记忆。可是他越逃离丑恶和痛苦，美也就越远离他。凿刃失去了理性，不知深浅的沟壑出现在雕像腿部，他最忌讳破坏的地方。

暮色已至，令他沉醉的日光隐去。他机械地点亮了灯，看清了自己的过失。他惶惑地补救，结果下意识雕出的是干枯的肌层和畸形的骨头。他愣愣地盯着，想到自己此生谨慎地行走阴影、自欺地龟缩小屋，这般千方百计躲避的痛点，何以又会出现在他手底？在呆滞的沉默中，一种狂暴的大笑击中了他。他带着残酷的自嘲决定，要把这尊雕像进行到底。大概从来没有人在大理石上欣赏过瘸腿，正如从来没有人会从雕像上分一个正眼给雕塑的作者。等他完成这座像，人们却不得不用正眼看他。

自塑像工作进行得比他想象的顺利许多。在自轻自贱的怒气中，他把宙斯之子浑圆的臂膊切削成石匠劳累过度的胳膊。酸痛也提醒了他，于是他把太阳神挺拔的肩颈压弯，成为因工作而微驼的脊背。如果说他先前是艺术之神的仆人，此刻他已是自己的主人。他不再需要乞求头脑施舍的那一点幻象来创作，他的双手本身就是灵感。这双曾严格地追寻理念中完美轮廓的手，以一种他自己都未知的才能挥洒着狂乱却更真实的线条。如果不是暴怒后的疲惫突然袭来，或者是他突然对上了石像模糊的面孔，他几乎难以驾驭这种取代了理性的激情。

他忽然退开几步。石像轮廓线条粗粝，姿态沉郁，透露出人的痛苦与人的真实。这位跛脚的雕塑家好像刚从石头中挣脱出来，第一次仔细地凝视自己、揣摩自己、认识自己。他的身上还留有一点模糊与迷惘。他上前雕刻自己的腿，被他藏在阴影中却忠实地支撑他的跛腿；雕刻双手，他一度对其失去信心、却仍固执地穿梭于碎石与锤凿之间的手；雕刻面孔，他那为自卑而阴郁、为理想而不屈的布满髭须的面孔；雕刻眼睛，他的被理念的幻象灼烧过而终于转向内心的双眼。那眼中忽然滴落的泪水，落在他手上，冲开一道尘土的痕迹。

矮窗透出的灯光暗了，他在黑暗中恢复了平静。

午后，集市，好天气。几个行人皱眉近前，驻足在他和他的雕像前。他是个石雕般沉默的跛子，他的作品是座狂人般残缺的石雕。他们的眉毛像被火烧了似的跳起来。"太阳底下竟有这样的雕像？"细看之下，他们未出口的讥嘲被精湛的雕塑技巧折服了。粗粝与柔和并陈，狂放与理智同在，暗示着这尊雕像正是沉重的现实经过峭拔的精神雕刻而成。

更多的人驻足此地，人群围而不去，始而纷纷地呼喝嘲骂，继以惊奇地交头接耳，终于静静地琢磨忖度。人们的目光在他与石像间往返。那条跛腿，极尽丑陋、畸形与干枯，却浮动着一种浑浊而深邃的生命力，神像从未拥有过这样的生命。卑微者未必看到崇高却看到了尊严，伤病者未必看到健康却看到了宁静。他的艺术，未必至善至美，却是至真的。

"阳光之下竟有幸见到这样的雕塑家和他的自塑像。""人们啊，这是我，也可以是你们。"

散市的时候，邻人惊讶地看见这位跛足的雕塑家背着工具步履蹒跚地走在阳光照耀的大道上。他的雕塑底座上刻着：艺术从残缺中得到真实，残缺从艺术中得到尊严。

（指导老师：徐飞云）

【点评】

这是一篇设计精巧、富有人生哲思的小说。小说的故事情节简单而集中，只是跛足雕塑家雕塑新的阿波罗神像的过程。然而，文章叙述却展开有致，环环相扣。对阿波罗像头颈、肌肉、胳膊等雕塑的过程，伴随着雕塑家与自我残缺和解的过程，伴随着对完美执念释然的过程。这个世界没有完美，学会接受人、物和事的缺憾，是我们一生的必修课。内心无物，才能体会到一切都如此崇高美好。神像浮动着浑浊而深邃的生命力，因为它是沉重的现实经过峭拔的精神雕塑成的。从"幽暗中蹒跚前行"起，到"阳光下蹒跚前行"合，使文章首尾呼应，结构严谨。文章中人群的反响部分，在讲故事的过程中，暗中巧妙点题。人们从雕塑中看到一个活生生的人，每个人可以和他一样，可以选择沉沦，也可以选择觉悟。文章以小见大，缩龙成寸，意蕴丰厚，颇见功力。本文获省级一等奖。（尤立增 特级教师）

雕刻元勋

□鲁朝智（湖南省永善县溪洛渡高级中学高三）

老爸望着光秃秃的楼顶，想把上面用木板围起来，不仅美观，招待客人也方便。

屋后堆着的木头也不知道过了多久，稍一搬动灰尘就直朝脸上扑来，还有小虫子爬来爬去。放得久了又被虫蛀，也不知道能不能用。老爸正值壮年，我也快成年了，正是使得气力的时候，不多会儿，两人便把木头运上了车。爷爷见了也要跟着去，路上商量着去哪里改木板更合算。

城南有几家，但都不好。去车站下边，那里有个和爷爷相识的老木匠，以前木工活都是去找他的，价钱公道也放心。

一路上看见好多店门前都堆有木板卖，都是那种工厂里面出来的，看着方方正正，标的价格也不贵。我问老爸："为什么不买这种？多方便。何必费这么大的事呢？"

老爸说："这种厂里出来的板子，质量外形都还好，也便宜，就是长得都一样，不太适合我家那种。"

我想了想也是，现在发展得这么快，工业化的东西看着没有以前的那种感觉。

我们到了后，那个老木匠正弯着腰在雕刻着一块很大的木材。爷爷先下了车，跟那老木匠打招呼，顺便掏出怀中的烟递了过去。

见到有人来，他便放下了手中的活计，朝我们走来，边接过烟，边听着爷爷说："陈工，来请你改点木板，改成一公分半那么厚的，你看一下。"说完，指着车上的木头让陈工看。

他打量了一会儿说："这种木料改成一公分半的板子会不太结实，依我看改成两公分的才好，你看行不？"

他们在商量着，我无聊地打量着周围，看见堆在一起的木材和树根。随着视线的转移，我的目光被塑料布盖着的只露出半截龙尾的木雕吸引。

看不见的部分被遮掩，静静地在角落里躺着，也许会有人细细擦拭。我开始想该是怎样的龙形，看着外观，猜出个大概，应该是游龙，踩着云团漫游。怀着好奇心，我想要拿开塑料布看一看全貌，但想了一下子，还是等爷爷他们或问问陈工。

爷爷他们很快便聊完了，我一边指着那方塑料布一边问："老伯，那边的雕像我可以揭开看看吗？"

"行，你随便看。"陈工带着骄傲的神情回答。

得到允许后，怀着激动的心，我扯开了塑料布。映入眼帘的不是想象中的游龙，而是一块还未雕完的浮雕，那龙不过是用于装饰浮雕的陪衬物。整条龙从后面攀抱着这块浮雕，龙头高昂地从左上角探出，张大嘴巴，怒目圆睁，仿佛下一刻就要冲出来。整个浮雕，以飘动的五星红旗为背景，从左向右雕刻着不同姿态的人物，但都身着军装，威风凛凛。我看那其中最靠前的、胸前挂着好多枚勋章的人物有几分像朱老总，靠近仔细瞅瞅，这就是朱老总。以前爷爷挂在墙上的那个人物像就长这样。这是朱德，十大元帅之首。

手指顺势向后感受到粗野的线条，目光随之而动，看着那叼着烟斗、留着大胡子的，这不就是曾在湘西两把菜刀拉起一个军的传奇人物贺龙元帅吗？从南昌起义再到两万五千里长征，他给中国革命的进行加了一把火，为新中国的建设做出了卓越的贡献。我又看了一眼叼烟的大胡子，贺龙元帅的形象总是令人印象深刻。

粗犷的线条逐渐变得和缓内敛，我的眼睛像是定在了那身体前倾，一脚蹬在战壕上用望远镜观望的身影，如此熟悉的感觉，这是正在指挥百团大战的彭德怀元帅！我知道，他指挥过多场重要战役，其中最著名的抗美援朝战争更是让世界见识了中国人的拳头是十分的硬。毛主席高度评价："谁敢横刀立马，唯我彭大将军。"

另一幅画面上，刻刀雕刻出健壮高大的骏马，饱满的肌肉线条，力量像要涌出来，意气风发的少年将军骑在马上握紧缰绳作势冲锋。我不知道这是谁的形象。

剩下的还有一大片空白未雕。

未完成的作品总是让人心急，我急切地想要知道后续。这幅作品雕刻完的话，应该是十大元帅群像。我记得十大元帅好像有朱德、贺龙、聂荣臻、彭德怀、林彪、刘伯承……想了好久都记不得其他几位了。生活学习中都太过缺乏他们的影子。读书以来关于他们的文章，只有小学时学过描写刘伯承的《军神》，陈毅回家看母亲的那篇题目我却是忘了——对了，还有陈毅元帅也是。

意犹未尽地看完，我问陈工："老伯，这雕的是不是十大元帅？"

他十分惊讶地说："是啊！你怎么看出来的？"

"家里以前在墙上挂过他们的画像。"我回答道。

陈工感慨道："现在知道这些的人少了，特别是像你们这种小娃娃呀，十个里面只有一两个知道了。"

我有感而发："他们好像一直藏在历史中，有人会一直记得，也有人会遗忘。"

之后帮忙搬运木头时我就一直想：他们逐渐被人遗忘，如果人们对阅读枯燥的历史文献没兴趣，那不如欣赏一幅美丽的画卷或者一尊栩栩如生的雕像，因为人们对生动的图像总是记忆深刻。除了陈工的木雕之外，我们还能为他们做些什么？

回去的路上，我看着路两旁堆放整齐的木板，又回头看了看拉着的造型各异的一车木板……

（指导老师：张应立）

【点评】

作者对一次偶然发现的木雕作品展开了写实描绘和细致思考，生活化、画面感的语言中呈现了对匠人技艺的赞美，对英雄人物的崇敬，对历史记忆的追怀……可以说，作品叙述有致，见物生情，情动神思，外在描摹和内在思路也形成了相当密切的并行之势。如果按照"雕刻元勋"的主题来看，前面记叙事由，引出木雕的部分还可以再压缩，以便让"焦点"尽早出场。本文获省级一等奖。（包学菊 高校教授）

朽木

□ 胡世骞（浙江省奉化中学高二）

　　郭一茯的包里明摆着会生金子，反正郭老头儿是这么认为的。

　　郭老头儿是郭一茯他爹，一个年逾花甲的爹。六十来岁的人其实不能叫老头儿，但郭老头儿做的是木雕手艺，整日要带着他的锤子、凿子、刻刀和锉刀钻进那间一到傍晚就伸手不见五指的匠房里。他在木头上细细耕耘时，又时常蜷着身子，眯着眼睛，于是眼角的褶皱就挤出来了，身形就越发地佝偻了，人自然就显得老气。况且村里人也图方便，爱这么叫。郭老头儿，吃了没？郭老头儿，上哪里去啊？他自个儿是不在意的，老头儿就老头儿呗，做个长辈咋个不好？再说，他的心思都在木头上，哪会去管一个微不足道的称呼？

　　郭老头儿的木雕水平，在桔村那一带绝对是登峰造极的，登的还是甩亚军十万八千里的高峰。木雕手艺是祖传的。从会骑牛、砍柴、掏鸟蛋的时候起，郭老头儿就开始接手祖业了。大半辈子的功夫，能不让他行云流水，刀下生风？每每村里婚宴、寿宴或有人升官晋爵，都爱请郭老头儿出面雕几个东西，添添喜气。东西花样很多，大件的如龙腾凤舞、危崖啸虎；小件的如喜上眉梢、菩提佛手。

　　雕塑嘛，普通人也就看个大概，好比是欣赏一个绣花枕头，外面是牡丹大朵、鸳鸯成双，大家看了都叫好。至于里面裹的是细棉还是草包，那是不管的，那是文人的事，把草包说成金条，也是文人的事。村里人虽然没见过什么世面，没什么文化，做不了文人，但认个细巧、分个粗陋的本领还是有的。只是郭老头儿的"绣花枕头"，绣的是金丝，填的是鹅绒。暂且不论他肯送出去给乡亲们的新件，就算是在他放厢房"吃灰"的旧件，也是白璧微瑕的宝贝。单说那个原本堆在墙旮儿的宝塔，有八层，一尺高，就像一个真家伙。那飞檐的瓦面抛得光亮，每扇镂花门窗都能翻开。更绝的是树，别人雕树叶，用浮雕，叫因其自然，叫顺势而为，其实是省工时，将就将就。可郭老头儿不一样，一概当作微雕，拿一把不比头发丝粗多少的什锦刀慢悠悠地磨，七日一棵树。不过如果不是因为雕工细、木质脆，当年西门的那只野猫蹿进家门时就不会把塔雕碰个粉碎，郭老头儿就不会追着那只畜生打了三里路，而那座塔雕也就会风风光光被摆在县城的店里，最后被收进某个藏宝阁中了。

　　对县城的木雕店，郭老头儿和郭一茯总是意见不合。郭老头儿不是神，不是仙，自然要吃饭，木雕手艺就理所当然成了他的饭碗。郭老头儿用的料子，基本都是木雕店里的俞老板带的。既然料子都给了，点明了来处，那这个成品就是名花有主，一并由俞老板收了，工钱也由俞老板付了。本来这也还算一件好事，毕竟收购的人都有了，日子自然也太平些，总不至于一时饱一时饥了。但小县城的资本家，大家都看得通透，剥削压榨，换着花样儿多揸些油水。在这方面，郭老头儿倒也显得大度，都似有些禅心了。吃得饱，穿得暖，还能攒点小钱，怎么不够？郭老头儿每次都这样劝说儿子，但郭一茯不听，到手的鱼怎么能塞别人嘴里？肥水不流外人田，你倒好，全灌人家摇钱树下了。咋了？准备普度众生啊？你这是人老了，木头雕多了，脑袋也跟着成榆木了。但是郭一茯不好蹬鼻子上脸，不然，怕是要变成西门的那只畜生。所以他干脆直白点，不如自己开一家，产地直销，不可能拼不过他。郭老头儿听了直摇头。这一来没文化，二来祖上说要给人家留口饭的。人家经商的经商，咱雕木的雕木。天命也是命，这么大一桌饭，难道你一个人吃得下？听了这话，郭一茯觉得他爹有一种刘姥姥的自知之明。

不过，说实在的，郭老头儿也确实是信命的。当年郭一茯的娘生他的时候没挺过来，郭老头儿两行清泪，说，唉，命不好，你娘掌上的命线短了。郭一茯周岁庆生的时候，郭老头儿请来街口的瞎子算了一卦。瞎子说郭一茯额低眉高，是五行木盛，怕有祸事。郭老头儿一听，心噌地绷紧了，忙求高见。瞎子也不忙，先一脸镇定地把钱一收，然后告诉他，叫郭一茯少碰木头。又说金可以克木，让他多干些金活，命保住了，顺便包里就生金了。郭老头儿又一听，蔫了。这传了百年的手艺，就这样栽了？那咋办，手艺重要还是儿子重要？罢，罢，命要紧，咱命要紧。五年后，当郭老头儿还在为手艺失传而痛苦时，郭一茯已经开始思考如何感谢那个瞎子了，要不是他，自己还每天被困在那间古旧的匠房里呢。林子大了鸟就多，像郭一茯这只好动的鸟，肯定是关不住的。他十几年在寒窗下浑水摸鱼，好说歹说还是飞到县城里了，飞到林子里了。林子里是弱肉强食的世界，日子哪能好过，还不是哪哪都缺钱。虽说他依照瞎子的门路，做的是金属生意，但那都是些破铜烂铁，忽悠人的小玩意儿，有什么赚头？不然这家十几平的小古玩店，怎么还没让他包里生金呢？不过，包里生不生金，郭老头儿不在乎，他看到郭一茯没有"中道崩殂"，就已经长出一口气了。没钱，只是让郭一茯自己不痛快。年轻人谁没有一点儿血性？人活一张脸，树活一张皮，他郭一茯也想争一口气，摸一摸真金。可惜他少壮不努力，也没啥上得了台面的本事。而要真论文化，他恐怕也不比自己老爹高出几尺。但郭一茯并不在意，车到山前必有路，船到桥头自然直，他郭一茯还勉强算是少壮，总还是有机会发家致富的。机会总要抓得住，抓到机会也总得抓一票大的。

于是，郭一茯就回来了，昨天下午开着他那辆"咯吱"作响的面包车回来的。郭老头儿耳背，没听见车声。直到郭一茯用两只满满的塑料袋把楠木桌撞得咣咣响，他才摘了老花镜，扭过头来。哟，回来啦？回来了。想爹啦？想爹了。电话也不通一个，说想就想？郭老头儿的脑袋不是榆木的。这个有时连过年都在外边鬼混的后生，莫名其妙地在三月廿六回家？怕是醉翁之意不在酒。但儿子能回家总是个喜事，郭老头儿也就慢慢靠过去，笑眯眯把桌椅摆好。

郭一茯见他爹落了座，紧忙从袋里捧出一坛原浆老酒给他斟上，酒后好办事，几杯白的下去，比什么都管用。郭老头儿一生独爱两物，一爱雕木，二爱饮酒。不过他的酒量不好，几杯下去就东倒西歪了。郭一茯殷勤地夹菜倒酒，看到老爹差不多了，就放下酒瓶，把事情说了。他说，他借一个兄弟之手，接了个大单子，碰巧人家钟爱木雕，不如赠他一件，让他见见郭家的手艺。郭老头儿仰天大笑。哎，就这事儿啊，成。儿子递过一张复印纸，让他照着做。他拿远了看。呦，凤凰啊，这重样的多没趣，咱给他改改。郭一茯一听就急了，赶忙拦下他。别，别，人家喜欢那样的，咱送礼就要送到人家心坎上，而且就在家里摆着，又有啥事呢？郭老头儿啧啧，但还是应诺了。郭一茯一乐，出门时差点磕在门槛上。那行了，爹，我走了，您慢点雕，雕完打电话给我。语毕，面包车卷起一抹院子里的尘土，摇摇晃晃地开走了。

谷雨的时候，郭一茯回来取件了。看到匠房正中那只油光光的凤凰，他激动得快要站不住脚。看来让那瞎子算命的银子没白给，苍天有眼，我郭一茯终于要包里生金了。脑中还在幻想时，郭一茯的肚皮开始翻江倒海。胃病是他打小就有的，而这次将他的白日梦打断的约莫是下午的冰啤酒。

于是，郭一袄将手机一搁，抢过草纸直奔厕所了。郭老头儿品着儿子带来的酒菜，瞥了一眼楠木桌上的手机。自己儿子口中的兄弟是怎么个人？他借着酒劲，把脖子伸过去瞧了瞧。上面是清一色的对话框，郭老头儿凭着自己有限的识字水平，看了个大概。

——现货有了吗？

——有了，有了。就在店里。

——怎么样，行吗？

——放心，大开门货。清朝凤凰老古董。一口价，三百万。

下面附了张郭老头儿在三月廿六看到过的照片。

——成，那我收了。

——兄弟好眼光。

郭老头儿痛心疾首，气得头上的青筋都鼓胀出来，一下子酒全醒了。造孽啊，这败家东西！好你个郭一袄，祖宗的手艺是叫你去骗钱的？孽障啊，你这是污了祖宗的手，要遭雷劈的！郭老头儿从椅子上蹦起来，一下子把桌上的坛坛罐罐全放倒了，碎了一地。木雕凤凰还在匠房里，郭老头儿把它拖出来，甩到灶头的火中。

油光光的木头发出奇异的光，噼里啪啦地炸裂开来，断成两半。郭老头儿乜它一眼，原来里面已经潮了、烂了、朽了。

唉，朽木不可雕也。

（指导老师：马慧芳）

【点评】

文章以其独特的叙事风格和深刻的主题思想，展现了一个关于传统手艺、家族责任与个人道德选择的复杂故事。情节跌宕起伏，充满戏剧性，从郭老头儿对木雕艺术的执着到郭一袄的商业欺诈，再到最终的悲剧收场，故事层层递进，逐步揭示了人物性格和价值观的冲突。最后的结局富有冲击力，将木雕凤凰投入火中的"高光"场面，不仅是对儿子行为的愤怒和失望，也是对传统艺术尊严的维护。作品的语言富有特色，既有乡土气息，又不乏现代感。作者巧妙地运用了方言和俗语，增强了故事的地域色彩和文化氛围。而且"朽木"的题目和结尾呼应，也构成了强烈的象征意义。本文获省级一等奖。（包学菊 高校教授）

雨过天青处，阳光破云时

□ 蒋玥涵（江苏省常州市第一中学高二）

枯藤。北风。萧瑟的冬。

彳亍于博物馆内，参加制瓷文化活动的我按照制瓷师傅的指示，探究文物之奥秘，徘徊于展柜之间。馆内游客寥寥，大多走马观花，瓷器们在一声声"好无聊"中，似也磨损了光泽。窗外风更大了，咆哮着拍向卷帘门，我听见淅淅沥沥的雨声。

行至一处展柜，倏忽间，我的心魄被一种温润而灵动的光辉摄去——那是一个天青色瓷碗。细密的纹理与莲瓣造型相得益彰，没有哥窑的冰裂纹那么夺目，却多了一份含蓄内敛的美。最迷人的是它的釉彩——温润的天青色在柔和的灯光下漾开，仿若早春笼着一层薄雾的远山。耀眼的灯光下，碎纹泛起粼粼的水光，一瞬间我竟有些晃神。目光所及，我看见标牌上写道，这是宋代汝窑所制天青色蟹爪纹莲花碗。正在我惊叹之时，灯光一晃，空间变形扭曲，再次回过神来时，我已身处一片陌生的土地。天空一如刚刚的灰，滴滴答答的雨敲打着水中浮萍，深秋的菊在风中瑟瑟摇曳。

这是哪里？存着些许疑惑，我抬眼看去，映入眼帘的是鳞次栉比的房屋，却略显狭小，并不像给人居住的。

踱步前去，房上的牌匾映入眼帘：钦定汝官窑。

汝窑？莫非是刚刚的文物带我回到了过去，来到这里？震动的心覆上一层好奇，我加快了步伐。

掀起帘子，踏进汝窑作坊，里面只有一个老师傅在忙碌。一身素淡，粗缯大布，是匠人的服装；身形瘦削，面容清癯，额上的皱纹镌刻着年年忙碌留下的岁月的风霜。揉，打，捶，捏，和水，他正在制坯。我环顾作坊，桌椅褪了漆，看上去有些年头；天花板微微渗水，斑驳的墙壁上，留下岁月剥落的痕迹；灰白色的陶坯搁置一旁，杵棒、陶盘、刻刀……工具一应俱全；庞大的烧窑蒙着烟灰，见证陶器蜕变的时刻。

看得入迷之时，背后响起一个苍老的声音："是谁？"我一转头，见正是那忙碌的老师傅，便赶忙行礼道："鄙人来自一千多年后的现代，观赏汝窑展品时意外来到此处，多有冒犯，望老者见谅。"

老人苍老浑浊的双眸中闪过一丝惊异，随后却叹了口气："也罢。世上惊奇之事还少吗？只当是我老眼昏花吧。"

见我还欲解释，他摆了摆手，回到陶盘前，继续揉搓坯土，却悠悠开口："你说你从未来而来，那你可对我的工作有所了解？"

"宋有五大名窑，钧窑、汝窑、官窑、定窑、哥窑。汝窑有'五大名窑之首'的美誉，以擅制青瓷而闻名于世。其釉色青翠华滋，开片纹路横生妙趣，古朴雅致。"我喃喃地叙说了解到的有限的知识，却见老者晃神："后世竟给予如此美誉吗？那我也算是不枉度为制瓷付出的这半生了。"

谈话间，陶土已被他制得服帖，在他手中渐渐变成细颈长瓶的模样。我知道制瓷来到了下一环节，也是至关重要的环节——上釉。老者用托盘将高岭土、石灰石等原料小心称量，施以玛瑙粉末。

空气弥漫着粉尘，本就灰白的原料显得更灰头土脸。我不禁开口："这样看上去如此不起眼的原料，最后竟能烧成惊艳绝伦的天青色？"

老者没有应答，却将原料放入杵桶，开始用力捶打研磨，上上下下，竭尽全力。他的额头已渗出细密的汗珠，而桶中的浆状黏稠物也渐渐成形。我知道这是即将诞生的釉料，便耐心等待着。

窗外雨打芭蕉，淅淅沥沥。不知过了多久，老者终于放下杵棒，却又屏气凝神，将陶器缓缓浸入釉中，开口道："这是上釉的一种法子，浸釉。釉上好了，经过烧制，可得你所言的色彩。"

我已沉醉在这精妙的制瓷过程中，再无他言。

直到将一件件陶器放入窑中，师傅才再次开口："这么多陶器，恐怕也只有一两件才能成天青瓷。"他凝神看向窗外，我循着他的目光看去，仍是弥漫的烟雨，挥不走的水汽。

正当我愣神之时，只听他说："这天青，对湿度要求极高，须等这烟雨天，陶器才能脱胎换骨，蜕变出美丽的颜色。加上烧制方法特殊，成品极少。等着等着，一生也就过去了。"

叹了口气，他继续说道："我自十几岁起开始当学徒，十年才得以出师。二十几岁进入这汝窑，烧毁的瓷器数不胜数。在动乱中护着一方瓷窑，从青丝到白发，成功的上等天青瓷品，也不超过十件。但见到那美的一瞬，足矣。"

他转向我，语气恳切又真挚："年轻人，希望这技艺能继续传下去，能得到你们一代代人的喜爱。这样我的一生，我们代代的付出，才得以完满。"

我连声答应，扭过头去，已是雨过天晴。天青色的天空高而悠远，青瓷出炉的一瞬，光影迷离，我回到了现代。

博物馆的陶器活动室里，老师正在展示着我曾见过的那天青色的美丽汝瓷，介绍着上釉的方法。将陶器浸入釉彩的那一瞬，千百工匠的影子掠过脑海，我感受到了他们的存在。千百年来，传承着那古老的技艺，缄默着奉献一生，只为那一件件精巧的瓷器。这是何等的匠人情怀！

"雨过天青云破处，这般颜色做将来。"等一生烟雨，守一个瓷器的未来，淡雅内敛的天青一如匠人的心。

陶器进炉，只剩下等待。

凝神看去，窗外的雨势渐小，灰蒙蒙的天已覆上一层淡青。

我愿等那划破阴霾的阳光，照亮每一件瓷器，更照亮它们的明天。

（指导老师：毛燕靓）

【点评】

文章语言优美，颇得古意，以"天青色""烟雨中"烘托气氛，落笔如行云流水，将瓷的内质和肌理糅入其中，读来极具美感。与老师傅的对话以"天青色的天空高而悠远，青瓷出炉的一瞬，光影迷离，我回到了现代"结束，穿插自如，有举重若轻之感。以"等一生烟雨，守一个瓷器的未来"喻瓷器匠人，是点睛之笔，更显结构精巧，过渡自然。文章的结尾更是余韵悠长。（李林芳 诗人）

青花瓷

□霍垚宇（河北省邯郸市第五中学高二）

我终究还是要随着这各式各样的鲜花一同枯萎，只是多了只青花瓷花瓶陪我一同消磨。它那么美，我却不清楚是因为艺术，还是情感。

我和我的爱人高楚尧从小一起在瓷厂长大。打我记事起，我就知道自己一定会成为他的妻子，因为邻居们都说我们俩的缘分是老天爷给的福分，若断了联系是会遭天谴的。我也好奇地问过我母亲这是不是真的，我母亲点点我的脑袋笑着说我傻，说他们都是逗孩子玩的，就我信。

真要说我们俩的缘分是谁给的，那一定是我俩的父亲。

听我母亲说，我家祖上并不拮据，到我父亲这一辈还有点家底，再加上我父亲善于经营，家里开着几个比较红火的酒楼。酒楼的装饰比较有特色，碗盆都是青花瓷或汝窑。所以我父亲钟爱瓷器这件事也是远近皆知。一天，一个高姓制瓷手艺人忽然登门拜访。我父亲问过后才了解，他是个在瓷厂做工的制瓷师傅，但几天前那个瓷厂老板因为赌博、抽大烟欠的钱太多还不上逃跑了，瓷厂也被他抵了出去。高师傅不想丢了父辈们的制瓷手艺，但自立门户又属实囊中羞涩，听闻我父亲爱瓷，才来寻求帮助。他也带来了几件自己做的瓷器，其中，青花瓷可以称得上是极品——底釉坚致细润，蓝纹鲜艳明晰。我父母商定后便答应他一起开瓷厂。高师傅的制瓷技术结合我父亲的经营能力，瓷厂不久就远近闻名，两家也越来越亲密。至于我和高楚尧的婚约，是两家大人在麻将桌上随口定下的。

我二十岁那年，他父亲突然病倒，众多学徒里属他的技艺最精湛，便由他来继承他父亲的衣钵。

他成为新掌门的那一晚，我们并肩坐在夏夜的瓦房顶。夏末的风轻轻吹散燥热，灰瓦白墙载着潺潺的流水声，一同等待着秋雨降临。他不爱跟人倾诉，我也不吵，两人只是静静地坐着。我看向他，莫名感到心安，后来当我问他时，他说他也有一样的感受。我缓缓开口："我们结婚吧，别让叔叔留下遗憾。"他转头捏我的脸，说我傻。傻就傻吧，有些事我不想让他一个人面对。

长辈们选定婚期后，弄堂里逐渐热闹起来，邻居们也一起帮忙张罗我们的婚事。下好聘书后，他捧着看了一遍又一遍。

"宁宁，想要什么信物？"

"嗯……想要你做的青花瓷花瓶。"

"我画不好釉，能不能换一个？"

"不要，不管你画成什么样子我都会喜欢的，因为……算了，你快去做吧！没有信物，我可不嫁给你。"我转身快步跑走，心道：因为这样你的每一个步骤、每一根线条里都会有我。

要说制瓷，我也是从小和他一起学的，但可能是血脉传承吧，高楚尧烧的瓷要比其他人的美上十倍不止，青花瓷更是出众，有时连高叔叔都自愧不如。

他制瓷的时候素来不让我待在作坊里，但有时我会爬到树上偷看。很早之前我也明目张胆地看过两三次，但他每次都会满头大汗地让我出去。我问他原因，他只支支吾吾地说太热了，怕我中暑，但我觉得他是被我看得害羞了。

青花瓷需用高岭土烧制，但天然的瓷土含杂质较多，所以成型前得多淘洗几遍，洗出大部分杂质，这样烧出的瓷才会细腻白润。他洗过土揉好泥后，就该印坯成型了。他印坯很细致，几乎没有瑕疵，这一点也是大家认同他做掌门的原因。这个花瓶坯，侧身呈波浪状，瓶口撑开，瓶颈大约一手掌长。送给我时，他说，做成这样不易失手摔破。他果然还是觉得我笨。印好坯，晾干后，就要上釉、画坯了。他左手扶着瓶身，右手紧握着笔，嘴唇紧抿，时不时有些汗珠从额角缓缓滑至下颌，滴落。他的双眼紧跟着瓶身的线条，全身僵直。他画了很久，直至日近黄昏。我离开时他正在上釉。上齐釉之后还需挖底足、施底釉、写底款、装底足，完成这些后，才能进窑烧制。没人知道他几时离开的作坊。

第二天傍晚，他叫我去开窑。这是我在瓷厂里最喜欢做的事，因为这样能第一个看到成品。我看到底款是我们成婚的日子。等他打磨好后，我放上几枝含苞待放的百合做装饰，他说好看。

成婚前一晚，新人不能见面，人们说见了会冲喜。我们俩都不信，就偷偷约好去屋顶。我们想起很多，小小的我们在屋檐下看江南烟雨，在青石板上散步，在厨房里偷吃酥糖被我母亲发现，在瓷厂里跟着师傅一起学制瓷，在风里放风筝，在弄堂口看日落……

我们成婚后不久，我公公就去世了。老人走得还算安详，只是临终前紧紧握着我们的手，嘱咐我们一定要好好传承制瓷这门手艺。我们含泪点头答应，也一直履行着自己的诺言。

一晃十几年过去，老人们相继离开，我们也为人父母，有了一儿一女。只是这世道越发不太平，酒楼的生意急转直下，我们便商量着把酒楼转让出去，为孩子们攒些钱，供他们念书。瓷厂这边的年景也不好，但还在坚持。

这几年国民政府为虎作伥，压迫群众。百姓们都忙于生计，顾着活命，哪还有闲钱买这些易碎的物件儿。即便生活拮据，我们还是对未来有些希望的。我们家慕宁和羡书正一天天地长大成人，两人在一所学校，每天一起上下学。无论我们多么劳累，只要看到两个孩子平平安安地回到家，心里多少有些慰藉。我们不求他们能有一番大事业，只求平安顺遂。

只是人世无常，总是事与愿违。在我三十九岁那年，孩子们说要去北平见见世面，我们夫妻二人自然支持。他们到北平后写信说学到了很多先进思想，还准备加入共产党。但几个月后，邻居家的孩子带来了噩耗——他们在天安门参加活动时，受了严重的枪伤。我们二人赶到北平时，羡书已经走了，慕宁也不省人事。我的哭声在医院的走廊里日夜回荡。楚尧心疼我，便在医院旁找了间房子住。屋子里只剩下了那只青花瓷瓶，瓶子里空荡荡的。

那天夜里，楚尧回来告诉我，慕宁也离开了我们。我悲恸欲绝，哭着问他之后的日子该怎么过，只记得他眉头紧锁，坚定地看着某处说，大家不稳，何来小家？第二天清晨他就离开了。六七天后的早晨，我发现屋里多了一个小包袱，拆开后是些从家里拿来的衣物和一张字条：婉宁，我已参军入党，顾好自己，勿念。花瓶里还多了几枝新鲜的芍药。那天我梦到了慕宁和羡书，他们让我不要伤心，说自己是为中华之崛起而牺牲的，不会后悔。

在之后的六七年里，楚尧回过两次家，我们也有几次书信往来，但大多时候还是他托人给我捎几张字条，我读完后会立刻烧干净，这是他嘱咐的。起初他会在字条里跟我分享些日常琐事，一段时日后，他告诉我，他能上战场报仇了，还说他很想我，让我好好地等他陪我回家。我让他注意身体，因为我也在等那一天。

但我还是收到了他战友送来的他牺牲的消息，我没有哭，因为我早已做好了接受这个事实的准备。他只留下了几张我写的字条和一个日记本，本子里有几张纸上写着"高慕宁、高羡书"，最后几页是给我的诀别信。信不长，他还是这样话少，但我都明白，包括最后那行：致吾爱林婉宁。

日子还是照常过着，我用最后一点积蓄在北京开了间瓷店，里面卖的瓷器有楚尧生前做的。我也招了两个学徒，听我公公的，把制瓷这门手艺传了下去。

今天有个青年买下了楚尧的最后一件瓷器——也是一个青花瓷瓶。他说是送给爱人的结婚周年礼物，我笑着祝他们白头偕老。

他走后，我关店回家，也在我的青花瓷瓶里放了几枝红得滴血的玫瑰。我独自坐在藤椅上，看着太阳西下，心中暗道奇怪，好像跟他画釉那天是同一片光景。身后的那只青花瓷花瓶静静地站在那儿，陪我消磨……

（指导老师：段艳超）

【点评】

文章语言质朴，第一人称的平易讲述代入感极强，"青花瓷"既是故事的线索，也是文章的灵魂，在作者的讲述中时而显现瓷器的质地，青花瓷瓶的烧制一段细腻传神颇见功力。作者行文自然，有着较强的结构能力，使故事的发展较为可信。"我的青花瓷瓶里放了几枝红得滴血的玫瑰"是作者的用心之处，点出整个故事的闪光之处，也使"身后的那青花瓷花瓶静静地站在那儿"有了另一种韵味。（李林芳 诗人）

故里青瓷

□汤子萱（贵州省贵阳市第一中学高二）

似曾相识，燕归故土

越过层峦叠嶂，我循着山脚瘦樱与香兰的幽香，踏上那条熟悉的官路。当炊烟袅袅升起，伴随着隐约的碎瓷声，我知道，我已回到了魂牵梦绕的故乡。

青花入瓷，白玉为引，路旁的芒草与香兰仿佛在微笑，远山青翠欲滴。归乡之路，承载着厚重的情感，归来时，只见老宅旁青苔疯长，岁月悠悠，人间已换。我轻抚水泥墙上的斑驳色彩，触感虚幻，如同隔着一层毛玻璃。人们生活在时间的延续中，而我的故乡，这个以瓷为生的地方，却在瓷器的包容下，仿佛停滞了时光。

乌云满天，微光透射，这是记忆中的景象。乡间的山峦层次不清，更显黑苍苍的威严。要下雨了，这却是烧制汝窑的绝佳天气。为了复制古书中描摹的天青色，必须等待这场恰到好处的雨。雨水滋润时，瓷面便呈现出碧绿；天晴时，再好的原料也不过是浮尘一片。而那种镀上天青般颜色的瓷器，只能期盼一场如天命般的雨。

父亲曾说，故乡是生瓷的福地，常年下雨，让青瓷艺术在雨的滋养下经久不衰。此刻，雨滴落下，打在我仰起的面颊上，眼前迷蒙一片，只隐约望见水幕中的香兰密密层层。就在这迷乱之中，我看见一个披着青衫的佝偻身影，如瓷器般伫立不动。他黧黑、沉默，而铺中的瓷器莹白如雪，仿佛置身尘世之外。

"姑娘，进来避避雨吧。"老者头未抬，起身擦手，身势利落如松。我虽惊惧，却也应了好。

随老者入室，铺中燃灯昏黄，瓷器陈列占据半面墙，清辉夺目，从外向里看，更显出白炽的光芒。记忆中邻里皆如此景象，我不禁长叹，果然未变。

在老者的指引下，我于案前落座。风吹开摇摇欲坠的百叶窗，我道谢，老者却兀自道："姑娘来自他乡，定不知这常年阴雨。"话罢，一把画印青花的油纸伞便出现在我眼前。熟悉的物什让我心生感慨，这次归乡，原只是想短暂远离纷扰，诚然可以被视作旅人。

我目光追随着老者，来到他揉泥利坯的手上。坯面光滑，指尖款款，淡灰胎质细腻。初时或许黄尘满面，委骨劳尘；但历经岁月洗礼，方显皓齿明眸，温润如玉，是为青瓷。岁月从容，时空变幻，幽幽之中，父亲的身影渐渐浮于眼前。

花落无奈，时光匆匆

乡里同职，父亲亦是一位青瓷匠人。他常钻研书中青瓷的记载，仿佛那些青花瓷能穿越千年时光，与他共度。起初，父亲与邻里并无不同，承着祖业，靠瓷艺为生。然而时代变迁，外界日新月异，人们纷纷说好日子要来了。邻里的年轻人如飞鸟般四散而去，只有父亲始终坚守故乡。

看着原始青瓷产业迅速衰竭，取而代之的是长长的瓷器流水线与流出的劣质产品，父亲什么都明白，所以选择缄默。那时，母亲第一次注意到父亲对瓷艺有种不同旁人的如痴如醉。这是一种艺术与生活浑然不分的激情，也是一种跨越人与瓷心照不宣的惺惺相惜。

父亲开始足不出户，研究起永远捉摸不定的水火土的本质。他沉浸在泥块之间，模仿古书的自然之法，不再追求效率，而把一切都交付给时间。他与现实生活事务渐行渐远，母亲对此忧心忡忡，试图引诱他谈一谈另谋生路之类的事情。但父亲总是心不在焉，神情迷惘。他对任何人的劝告充耳不闻，只是见缝插针般传授我们这门艺术的精髓。

儿时的我堪称父亲最得意的学徒和最忠实的崇拜者。我爱他，尊敬他，热爱他宽厚有力且布满老茧的手下泥坯的温度，热爱他上釉时画笔勾过素坯鬼魅般的绚丽，热爱在他手中成型的釉色平滑而不见缝隙的瓷体。那是自然与艺术的至深碰撞，让我沉醉其中。

然而，这段时光却在母亲的决定中夭折。母亲对我有着十足的掌控力，即使她无法左右父亲。很快，她便打算将我送进县里求学。我原以为母亲会大吵大闹，但她没有。她紧咬嘴唇，面色苍白地看着我。于是她和父亲都看向我，父亲用眼神示意我留下。我害怕母亲发怒，犹豫着还是没有反驳。他了然于心，于是毅然走向泥潭中。

我离家那天是初秋，母亲从头到尾只说了一句话："花落了，别再回来。"后来我在信中得知，母亲带着年幼的弟弟改嫁到城里生活去了。她坦言是父亲抛弃了我们，我想母亲许是觉得羞耻，可信纸上分明有泪痕斑斑。

于是我像母亲期待的那样，与时代接轨。那些年我饱受磨难，开始怒视我的童年。我不知道父亲去了哪里，也许他哪都没去，只是我再没回到故乡。

雨过天晴，瓷韵长存

离开故里十余年后的今天，面对迟暮的老者，我仿佛看见了儿时的自己出现在遗忘和孤独的空间中。远离时光的侵蚀，避开飞鸟的骚扰，我细细探索，却发现里面只余雷雨湖上的青瓷碎片浮浮沉沉。

我沉默着，雨还在下，冲刷着我久久蒙尘的心。我忽然觉得我是唯一多少懂得父亲的人，我完全不能理解的是他怎么可以忍受这种孤独。老者手旁放着木槌与黏胶，已开始修复一些损坏的瓷器。怀中的粉灰不断落下，足下积了早霜，三月三的江南忽成了雪域的模样。我犹疑开口："真的还能补好吗？"

老者拊掌笑叹："瓷如人，生老病死乃世间常事。而事在人为，尽心吧。"随着话音落下，对父亲最后的疑虑已然消散。我清晰地看见父亲的前路与青瓷之路重合并延伸。于父亲来说，这是从一个故乡走向另一个故乡，如此才算是圆满。

我们都是被名利和现实裹挟、审视之人，再古老的艺术也将湮灭于湍流泥沙之中。我被剥夺了宁静与本我，社会只包容效率和利益，而艺术海纳百川。也许父亲在我不知道的地方继续他的旅程，我没再看见过他，却知道他从未放弃向我招手。也许他也曾为远方的家人黯然饮泣，却唯有青瓷在险浪环流的社会里将他的心安放。

我向老者告辞，回头望向那一墙清辉阑珊。所谓象征着艺术的文化追寻，是父亲的心轨，亦是寻根情结；是祖辈们高举火把在海洋中孤独寻找陆地的艰难。我知道父亲需要我，现在将由我顶上他的位置，接过薪火，在古韵声声中寻瓷韵，在烟火阵阵里寻窑火。许是天上客踏碎琼瑶冰心，铺满这人间。

"雨过天青云破处，这般颜色做将来。"真希望有一天你会走到路的尽头，传承你的余生，看着一切湮没，然后看着车轮向下一个希望驶去。看看初生的香兰，是不是和雨过天晴的虹迹一样阑珊；看看虹后的天空，是不是和你施了薄釉的瓷身一样明亮。

我知道我终有一天会见到父亲，那时我便会回到故乡，所以不惧死亡。因为在那里，有我的根，有我的梦，有那永远闪耀着清辉的青瓷。

（指导老师：程颖）

【点评】

这篇作品以三部分连贯的叙述，构建了一幅关于故乡、青瓷艺术与家族传承的深情画卷，令人印象深刻。作品语言优美，情感真挚，结构紧凑，通过对故乡、亲人、艺术的深情描绘，传达了对传统文化的敬畏与传承的责任感。作者巧妙地将个人经历与家族传承、艺术之美与时代背景相结合，创作出了一篇既具有文学价值又富有深刻内涵的作品。本文获省级一等奖。（桑哲 高校教授）

抟土成器，浴火而生

□叶科（浙江省温州人文高级中学高二）

瓷，前世为土，今生如玉。天地有大美而不言，四时有明法而不议，万物有成理而不说。瓷亦以它千载的沉淀、浴火的涅槃、华美的外貌来阐释这一道理。瓷，是泥土的艺术家。

爷爷是一位深爱瓷器的老匠人，一生和瓷做伴。于制瓷，爷爷从来都是亲自采选泥土，不肯假手于人。像农民爱抚摸他所种的金色稻麦，爷爷也爱俯身抚摸那深褐色的、满载岁月与过往的泥土。成色软硬、疏密，都是甄选时所要考虑的。踱步于山间，爷爷俯下身去，全神贯注地凝视着这一片土地，细细地拢捻出一捧泥土，以鼻细嗅，以心感受，似乎将全身都灌注到泥土里。每每发现一处好土，爷爷都会如获珍宝般开怀大笑。拉着一车好土，爷爷携着我的小手兴致高昂地回家了。山峦间回荡着一老一小欢快的歌声：明如镜声如磬 / 青花玲珑粉彩颜色釉 / 月团新碾瀹花瓷 / 饮罢呼儿课楚辞……

回到坊里，将土倾倒入土缸中，爷爷攥起沉重的木槌，发狠般地捶打泥土。我看得入神了，多么火热，多么急促，多么忘情！泥土如遭雷袭风卷，翻来覆去，扭曲着抵抗，不肯屈服，却越击越紧实，越击越柔韧，迸发出强大的生命力，容不得束缚，容不得羁绊，容不得闭塞。是挣脱了、冲破了、撞开了的一股劲儿！瓷之前世，原是这样的一番壮烈！

此时的泥土，已是坚韧到可以开始塑型的地步了。取出一块手掌般大的泥土，置于坯车中央，反复拉高再揉回，泥会变得更柔软。爷爷抚上泥土，熟稔地找准了泥的中心，拇指深入下去，一个口便开了出来。周围的一切仿佛都安静下来，爷爷深邃而沉寂的目光垂落在泥坯上，空气中只剩下坯车旋转的声音。这门精巧的艺术，需要时刻关注手指在泥中的深度，过深会因贯穿而作废，却又不能太浅，否则底会太厚。爷爷说，塑泥更是塑心，泥塑本身即匠人之心的投射。心如止水，摒除杂念，泥方能展现心胸之态。越是急功近利，好高骛远，越是无法摸透塑泥之根本……坯车在转，似阳光在指间流转，流苏在掌中舞动。瓷渐渐显现，成了沉重又纷飞的思绪，成了梦幻又清晰的现实，成了摆脱又羁绊的追求……在坯车翻飞的旋转中，泥坯如山峦般起伏、跌宕、交织、凝聚、升华！最终，一只巧夺天工的花瓶奇迹般地显现……汗水啊，心血啊，安知不在其中。

几日之后，泥坯已完全风干，形成较坚固的状态。此时，便可进行下一道工序——修坯。最能够展现一位手艺人的技艺之时便在此时了。圈足的修葺尤为重要，关乎整个瓷器的稳固。爷爷手中的雕刻刀在瓷坯表面轻轻地划过，一片片细腻的陶屑随之脱落，逐渐显现出精巧的形状和细节。恍惚间，我望见了千千万万的艺术家——光电闪现，原始溯回，岁月经年，万蝶振翅，原始的呼唤在耳畔回响，千古的性灵在血液中觉醒。唐宋大家肆意挥舞手笔，明清高人潜心精雕细琢，静谧的瓷器在指尖绽放出最远古的生命，迸发出泥土承载的厚重历史，使我不禁想起以瓷（china）为名之华夏，大风泱泱，大海滂滂。洪水图腾蛟龙，烈火涅槃凤凰。文明圣火，千古未绝者，唯我无双，和天地并存，与日月同光！

上釉，是制瓷点睛之笔。棠红鲜妍，若风雨压颓垣，几朵秋棠红颤；梨白透润，若柳青梨白，春浓月淡，黛兰典雅，若凫声闻梦泽，黛色上昭丘……刹那间，龙腾虎跃，鱼翔浅底，幼鸟踟蹰，鹰击长空，种种行迹，跃然瓶上。景物繁多，却彼此缠结不乱。大概是为了迎合弯曲变形的处理，画面中的事物，无不令人生出一种随波摇动之感。好一幅蓬勃之作，好一幅典雅之作！

放入窑中，千百度的高温灼烧，终孕化出陶的转世——瓷。如命运轮回般，陶土涅槃，完成了化土成玉的使命。细腻的瓷器表面光滑如镜，宛如静谧的湖面，映照出独特的美丽光华。

"泥土是自然给众生的馈赠，而只有陶艺人能将它塑造成艺术品。"对于自己的职业，爷爷说得最直接也最透彻，最一语中的。凭着对自然的敬仰和少年时许下做出最鬼斧神工瓷器的信誓，爷爷手中做出的一盏盏瓷器远近闻名，多少人千里迢迢地找到爷爷来做瓷器，但他从来不摆出一副高高在上的艺术家姿态。"艺术不应该是贵族的象牙塔里的一种玩赏，而应该是无所不在、生生不息的一种生活方式。做手艺这一行，最重要的是守住初心。像瓷器，若否定了它前世是泥土、是尘埃，就是毁灭了它浴火而生的整个价值，也就不成器了。"瓷器中的道理，爷爷常握着我的手讲给我听。那里埋藏着一个老匠人一辈子对青白之姿的眷恋和守护。瓷艺，汲汲于泥土最纯净之本色，烧制于华夏最原始的活火，谱写出一曲最典雅的艺术华章。

（指导老师：潘建锋）

【点评】

本文以瓷器为写作对象，介绍了其从"前世为土"到"今生如玉"的转变过程，并通过作为陶艺人的爷爷在塑造艺术品时的"心经"，展现了老匠人对青白之姿的眷恋与守护。本文按照瓷器的制作工序展开，做到条理清楚、层次明晰，尤其是以爷爷对这门手艺的感悟作为结尾，起到了深化主旨的作用。在写法上，本文以"制瓷"为主线，既展现了传统工艺之绝妙，又蕴含了爷爷对"制瓷"的热爱之情，总结出"塑泥更是塑心"等道理，耐人寻味。正如开篇所说，"瓷，是泥土的艺术家"，先"抟土成器"再"浴火而生"，成为蕴含传统文化和工匠精神的艺术品。本文获省赛一等奖。（夏冬 资深编辑）

西夏的眼泪

□赵婧勋（宁夏回族自治区银川市第一中学高一）

"噼噼啪啪……噼噼啪啪……"

周身的温度不断攀升，泪水模糊了视线，只见黑暗中红黄光影跳跃，那是火焰的舞蹈，是焰火的狂欢。我虽只是一块泥巴，却也将在这美丽的痛苦中完成蜕变。

是的，我是一件尚未烧制完成的瓷器，我的家乡在西夏。

当这片土地还未被命名为"西夏"时，我便已在此栖息。听风婆婆说，南边有个宋朝，那里的人们能用泥巴烧制成各式各样的瓷器。而我，对烧制瓷器一无所知。

"烧制啊，就是把你放进一个大馒头一样的房子里，用火使劲烧。烧完之后，你就变了样，有紫色、蓝色、青色，好多好多颜色，可漂亮了。"风婆婆这样描述。

但我惧怕火焰。昔日战乱，遍地尸骸，胜者放火焚烧，将一切无法带走之物化为灰烬。那火势蔓延至我，红的黄的，我什么都看不清了，泪水如泉涌，身上传来阵阵灼痛。待我醒来，已全身漆黑，从此我对火焰心生畏惧。历经漫长时光，我才逐渐恢复，怎会情愿再去经受那烧制之苦，变成什么青了紫了的瓷器。

后来，这片土地被称为西夏。

有一天，几个秃发之人来到附近，他们背着箩筐、提着铲子四处张望，似乎在寻找什么。

"这些土不错，可以带回去试试烧瓷。"

我心中一紧，祈祷自己不要被他们注意。周围的泥土被一一带走，我看着他们越来越近，闭上了眼睛，静静等待。

我离开了家，在背篓中默默流泪，不知前方等待我的命运如何。

我来到这个小房子已经很久了。

这里摆满了黑白色的瓷器，形态各异，却无风婆婆所描述的蓝色青色瓷器。其实我也想看看它们有多美，真的，就想在临死前看一眼。其实我并不惧怕死，或者说我根本不会死，只是当我目睹同伴们被送入那大馒头似的火炉，片刻后被取出，烧瓷之人仅看一眼便长叹，再将它们一一击碎时，我恐惧至极。我深知，自己也即将面临同样的命运。

他们挑了一个好日子。

第一把火在大馒头前点燃时，我仿佛已预见自己粉碎的命运。听那些人说，这个大馒头叫"窑"。但此刻，窑不窑的已经不重要了，重要的是我能不能活着出来。

在此之前，我被置于桌台，历经百般折磨。他们将我拉宽成粗罐，又拍扁成圆盘，无数次拉扯后，我终于变成了一个窄口宽肚瓶，像一颗饱满的水滴。许久之后，我浑身干透，仍被弃置于桌上。

正当我以为自己已逃过一劫时，他们突然拿起刻刀在我身上比画，疼痛难忍。

我感觉自己被切割，被强行剥夺一部分又一部分。我痛呼，想让他们停下，却无人听见。泪水浸湿了我的心。

死亡步步逼近。

"噼噼啪啪……噼噼啪啪……"

周身的温度不断攀升，泪水模糊了视线，只见黑暗中红黄光影跳跃。

一阵清风唤醒了我。睁开眼，我发现自己已身处异地。

这里不是西夏，我想。

周围的人涌上来，他们穿着白色长衫，戴着手套，脸上挂着布罩。见到如此奇异的装扮，我顿时心生戒备。

"复烧成功了！"

"太不容易了，本来挖出的西夏瓷器就少，还要进行复烧修复，幸好成功了。"

复烧、修复、西夏瓷器，这些话语让我困惑不解。他们将我置于某处便离去，我终于有机会观察这个新世界。

"哎！你是从哪里来的？"

我转头，一抹青色映入眼帘，如同雨后初晴的天空，空灵透彻，又似薄雾笼罩的青山，朦胧轻柔。这便是风婆婆所描述的宋朝瓷器吧，真美。我沉醉于这美好的色彩之中，无法自拔。

"听他们说你是从西夏来的，但后来西夏灭亡了，文物也没留下多少，真可惜。不过你身上的黑白花纹很好看。"

"你说什么？西夏灭亡了？"我被他的话震惊，回过神来。

"是啊，听说好不容易才找到些有价值的文物，但很多都损坏了，包括你。所以你才被送来修复。"

我似乎明白了，我并没有死在那个窑里，而是在大火中幸存下来。但这是很久以后的世界，我的家乡已经无影无踪了。没有家，我活着还有什么意义？想到这，泪水再次盈满眼眶。

"我要回去！"

那个宋瓷似乎被我吓到，连忙说没有办法回到过去，我们只能留在这里。

"可这里不是我家！"我情绪激动，根本听不进去他说什么。

"你别急，先冷静下来。你已经在地里沉睡了一千多年，现在是一千年后的世界，我们没有办法再回去了……哎，你别激动……我理解你回不去家的心情，但你要知道，你是代表西夏站在这里的。无论你到哪里，别人都只会说'看，这是西夏瓷'。所以即使你没办法再回到过去的家，你也依然代表着西夏，代表着西夏的一切辉煌与没落。你站在这里，西夏也一样站在这里。"

我不再嚷嚷着要回去了，而是开始思考我的曾经。

曾经我一直待在那里，当时那个地方叫什么，我就叫什么。但现在不一样了，我叫西夏瓷，来自一千多年前的西夏，我的名字就代表着我的家。曾经我想过逃避，我害怕，我恐惧，我不想被熊熊大火烧制成冷冰冰的瓷器，然后再被毫不留情地打碎。但现在，我肩负着西夏的使命，我不能让我的家在一千多年后的今天被人忘记。

我要努力活下去。

眼前又是一片黑暗，我被放在一个箱子里端出去。听那些现代人说，我的名字是"西夏的眼泪"，因为我像一颗饱满的水滴。

"我是西夏的最后一滴泪。"我这样想道。

"噼噼啪啪……噼噼啪啪……"耳边又响起了那熟悉的燃烧声，温度也越来越高。黑暗中，红黄光影跳跃，那是火焰的舞蹈，是焰火的狂欢。

那些秃发之人将我递到一位圣人面前。

"就叫它'西夏的眼泪'吧。"

黄昏时分，西边云霞弥漫，异彩漫天。我在这火红的夕阳边看到一抹熟悉的青色，空灵透彻，朦胧轻柔。身上的土层逐渐增厚，直到我再也看不到霞光。但我知道，一千年后，我会带着西夏的记忆，再次看到这最后的黄昏。

西夏的眼泪，倒映着余晖。

我是西夏的眼泪，我是西夏瓷，我也是西夏。

（指导老师：夏彤）

【点评】

本文以"西夏的眼泪"为题，构思巧妙，富有创意。作者以一块泥巴的视角，讲述了其从平凡到成为珍贵瓷器的蜕变过程，同时穿插了西夏的历史背景，赋予了作品深厚的文化内涵。文章语言生动，描写细腻，如"泪水模糊了视线，只看得见黑暗中一片红黄在跳跃"，形象地描绘了烧制器的场景。此外，作者还巧妙地运用了对比手法，如西夏的辉煌与没落、主角对烧制的恐惧与最终的接受等，增强了文章的感染力。结尾部分寓意深刻，既表达了主角对家乡的眷恋，又展现了其肩负使命、勇往直前的精神。整篇文章结构紧凑，逻辑清晰，是一篇充满想象力和文化底蕴的优秀习作。本文获省级一等奖。（桑哲 高校教授）

其他

雷雨

□马文馨（湖南省田家炳实验中学高三）

一

我躺在散发消毒水味的病房里，静静地听着窗外暴雨拍打落花。一声又一声惊雷在耳边炸开，一道又一道雨帘在眼前倾泻。雷声、雨声，模糊了腰间的痛感，模糊了中药的苦涩。

我在模糊里找不到出路，也找不到自己。

雨渐渐小了。淅淅沥沥是我缓慢心跳的伴奏，我躺着、想着，百无聊赖。

护工走进来喂我吃药，紧随其后的是一个小伙子，笑得腼腆。

"老师，我能请您跳支舞吗？"

二

我在护工的搀扶下蹒跚走到镜子前。即使早已接受垂暮的事实，可再次面对镜中的自己，我还是忍不住叹息。脊背不受控制地弯，皮肤蜡黄而又松弛，身材也因为长期卧床而发福。在这具已然过了保质期的躯壳中，我看不到一点明艳的色彩。我知道对于现在的我而言，完成舞剧几乎不可能。

可我答应了他，迅速地，不假思索地。那一瞬，耳边回响起医生的"嘱托"："七老八十的人了，就别再想着蹦蹦跳跳了，再被我发现……就不给你药里放糖了！"

我轻笑，或许上一次这样"叛逆"，还是在几十年前吧。

三

少女错步上前，双腿修长笔直，轻盈的大跳仿佛带起了阵阵花香。腰肢纤细，带动身体，女孩呈现出流畅的串翻，头顶的追光虔诚地跟随着。啾啾鸟鸣，妍妍鲜花，亭亭少女，在沉郁的大宅中，仿佛一抹鲜亮的油彩。

大少爷从帷幕后探头，与女孩四目相对。不同于周萍的炽热视线，四凤眼波流转一番，却又低头回避。大少爷起手翻腕，按掌在胸前，踏着圆场走向心爱的女孩。四凤见状，小心翼翼地转身，又扭头，手指绞着发辫，娇羞地跑开。周萍的眼神不断延伸，再延伸……画外音响起："四凤，我带你走吧！"丝绒质地的幕布缓缓被拉上，我与男演员相视一笑，为下一幕的表演整装待发。

可谁也没想到，这帷幕拉上后，就再也没能拉开。

四

从此，我的舞台，除了样板戏，还是样板戏；我的生活，除了劳动改造，还是劳动改造。我时常在台下呆呆地痴望，痴望能够日复一日登场的娘子军，痴望那个与我咫尺之隔却无法靠近的舞台。

每个下工的傍晚，我还是会偷偷跑去舞蹈室，脱下深蓝色的工服，穿上旧得破洞的舞鞋，踮起脚尖，舒展身体，于灿然霞光间起舞。哪怕只是倚着把杆，看流云雾霭，回忆曾经……

可热爱终是难抵岁月漫长。命运钳制着我，逼迫我面向镜中的自己，逼迫我眼睁睁地看着她老去。丘壑侵蚀眼角，斑驳覆上脸颊，静脉曲张的血管蜿蜒曲折，一点点爬上皮肤松弛的小腿，无处不在的空气张牙舞爪，一点点氧化肌肉萎缩的身体。三十岁时的腰伤，似一颗穿梭时空的子弹，直中我八十岁的胸膛。它把我按在病床上，把细长的针管扎进我的手臂，把冰凉的仪器贴上我的腹背，把药丸、药片、药水一股脑儿倒进我的嘴里……我苦不堪言。

我曾以为这辈子就这么过去了。

五

"三号选手，《雷雨·周萍之死》。"

我作为助演嘉宾出场，尽管我已不是二十少女，而是八十老太；尽管我不再唇红齿白，而是人老珠黄；尽管我不再体态轻盈，而是步履蹒跚，我还是站上了舞台，站上了我曾错过的舞台。

音乐柔和地响起，好似碧波下的暗流涌动。踢腿、平转、倒踢紫金冠，繁漪在大宅中痛苦着、挣扎着。一次次拉住周萍，一次次被厌恶地甩开，女人的动作愈发急躁，眼神愈发疯狂。

"轰——"雷声乍起，雨夜见证周宅的巨变。灯光蓦然闪烁，映得繁漪的脸有些惨白，衬得抹了口红的唇格外鲜红。周萍胸口剧烈地起伏，不可置信地摇头，步步后退。可点转，定身，接着提沉，两人的动作如出一辙，繁漪嘲讽似的挑眉，似是在提醒他："我们不是一样吗？"一个步步紧逼，一个退无可退，繁漪积压的怨、恨、情、仇都汇聚到一起，下一秒就要爆发。

"砰——"随着响彻云霄的枪声响起，空气都变得无比寂静，男人缓缓倒在了地上，双眼紧闭。繁漪的瞳孔收缩，愣了一瞬，继而颤抖着蹲下，双手抚上他的脸颊，感受残存的温度。好像在大笑，又好像在号哭，繁漪取下耳边的发夹，落魄地瘫坐在地，碎发散落在额前，为她添了些许疯癫。

一曲终了，灯光渐灭，我在黑暗中大口喘气。全身被汗浸湿，骨头像是快要散架了一般，我筋疲力竭地躺下。汗水与泪水交汇，一滴滴落下，那是舞台上繁漪的泪，更是我几十年青春的泪。我深深地明白，那场曾压得我喘不过气来的"雷雨"，浇不灭这经久不息、始终如一的滚烫热爱。

我又笑了，笑得很开心。原来，我的心脏仍在热烈地跳动着。

（指导老师：欧阳元晖）

【点评】

作者使用蒙太奇式的电影手法，让一个舞者的故事在两条时间线索中穿梭，最终聚焦在舞台圆梦的情节上，让一个衰老的艺术生命绽放出光彩。"雷雨"既是实指的舞蹈剧目，也是"我"的心理状态，二者的交织极富画面感、故事感，形成了一个虚实结合的隐喻。而且"我"的第一人称视角也有很强的代入感，让读者能够随之体察一位舞者青年的飞扬、中年的挫败，以及暮年的不甘和奋起，显示出作者对人生逆旅的理解深度。本文获省级一等奖。（包学菊 高校教授）

起舞四季

□徐梓菲（浙江省瑞安中学高二）

冬天的街道是素净的，带着一种天生的孤傲，催促着行人匆匆离开。我停下脚步，望着舞校玻璃窗内起伏舞动的身影，回忆泛起了波澜。

舞蹈曾伴我十载光阴，从童年的稚嫩天真到少年的羽翼渐丰，在我的生命中画下一抹亮色，而故事的开头发生在一个平常的初春。

四岁时为了矫正体态，母亲送我去学舞蹈，不情不愿的我撞入了舞蹈的世界。当时冬天仍未收去它的残余势力，春寒料峭时分，被裹成球的我踮起脚望向玻璃窗外的街道，朵朵白云，行人二三，甚至能闻见外面的空气，是那样新鲜，而我却被这层薄薄的玻璃窗与自由隔绝。可渐渐地，我在舞房的镜子中看见了其他人，除了我的身影，还有很多同伴，是舞伴亦是伙伴，跳舞也不再那么令人讨厌了。一颗小小的种子在我心里悄悄扎根，在初春的阳光下抽出嫩芽。

不同于春日的温文尔雅，夏日总是冒着热气的，夏日的故事也总是被阳光眷顾着，尤显炽热。慢慢长大的我总是有着无穷的幻想，伸出想象的触角，我可以去到任何地方，千姿百态的舞蹈则成了我想象的翅膀。那一个大跳是白鹤张开翅膀，振翅欲飞；后踢紫金冠是飞天的舞女乘风而起，似只一挥手便可揽九天的星河。那些如藤蔓般潜滋暗长的想象为我开辟出一方全新的天地，我跨出小小的舞房，以鲜花着锦，阳光做裳。音乐在耳边浮动，天地之大，似只我一人而已，两个小时，似只一瞬而已。身体在舞蹈中舒展开来，连意识也只随音乐摆动，那种感觉像夏日随风摆动的爬山虎、冒着凉意的柑橘汁、泛着粼粼波光的湖面，让人不自觉沉醉其中。夏天总让人觉得懒懒的，不想思考，也许正是在那时舞蹈真正走入了我的心中，只是我并未察觉。

再长大些，随着时针摆动，舞蹈成了我生活中的一部分，是没有具体模样却一直默默存在的一部分。我不知什么时候秋天到了，可满山金灿的树叶告诉我，它就在那里。在一次次撕心裂肺的压腿过程中，它在陪伴着；在一声声再来一次中，它在鼓励着；在一次次瘫软在地，只听见咚咚的心跳声时，它在为我打气；在一张张绯红的脸庞、一张张鲜红的奖状上，它轻巧抚过。艰辛与喜悦、泪水与汗水交织出秋天的序章，这是一个丰收的季节。

在一个个角色当中，我感受到了他们的悲欢离合。他们或是风流人物，或是普罗大众，抑或只是一个虚构的形象。在现实中，他们只是几个扁平的文字，而在舞蹈的三分钟内，却浓缩了他们人生中的全部精华，他们真正鲜活起来了。当音乐声响起，幻境与现实交错，剧目中扑蝶少女的天真烂漫、精卫的浴火重生、孔乙己的迂腐可悲全部浮现在我的脑海中，或喜或悲或忧或怨的情感全部倾注于这支舞蹈。不仅只有舞台上这短短的三分钟，还有我练习的几百个日夜、几千次重复。我不断地去理解去共情去靠近那隔着时空障壁的他们、那字句之内的他们。那份厚重的人文情怀是金秋最好的馈赠。

度过了晚秋，就进入了寒冬，白昼慢慢缩短，萧瑟西风渐起，送来了离别的消息。随着课业负担日益繁重，身边的伙伴一个个离开甚至没有告别，像风中握不住的叶，随着一起奋斗的旧时光都失去踪影。盛宴散场，昔日热闹的班级只剩下寥寥几人，被并入另一个班级。还是同样的舞房，在镜子中，其他人模糊得仿佛是水墨画上的晕痕，只有我在昏黄的余晖下孤独起舞。学业的压力也在升入初中后与日俱增，反复的排练消磨掉了我学习上的大把精力，父母也开始委婉地劝我放弃。本就枯萎的树叶又怎敌得过时间的推移、雨打风吹的考验？在初二那年，我最后一次站在舞台上跳舞，最后一次体验汗水浸润着舞服的感觉，最后一次体验舞蹈带给我的炽热。冬风还是吹落了枝条上的最后一片枯叶，舞台落幕，我和舞蹈的故事也画上了句号。

舞蹈就这样陪我走过了四季，我也演绎着我的舞蹈故事的四季轮回。即使故事已经走到了结局，但艺术给了我一个全新的视角看世界。在艺术的世界，也许旁人感受不到抽象图像的技法感情，感受不到具象动作中蕴含的历史情怀。但在一次次艺术呈现之中，一些人获得了美的体验，一些人读懂了背后的内涵，一些人为此啧啧称奇，一些人为此热泪盈眶，一些人则收获新的热爱。每一次的努力都是对艺术的朝圣。无论是晚上十点灯光浮动的舞房，抑或是明亮闪耀的舞台，都是艺术的殿堂。虽然我们的故事有了结局，但更多的人依然捧着艺术的火炬在四季轮回中一往无前。

在我的生命中，舞蹈并非不留痕迹，它教会我什么是美，什么是坚韧，什么是归属，怎样去感受世界。纵使无数阻力将我推向远方，但热爱是永远的向心力。虽然现在的我只能站在玻璃窗外，我仍然会怀念当时的时光，将自己重置于故事的时间线上去回忆当时的自己。即使不同阶段的情感不同，但交织的热情中热爱是不曾改变的，就像四季流转中的那一抹阳光，一直照亮着心灵的那一片净土。现在这抹阳光将照亮一片更广阔的大地，陪我在四季变换中去探索新的世界。

（指导老师：肖依晨）

【点评】

文章以四季更迭为隐喻，细腻地描绘了作者与舞蹈的不解之缘，从初春的邂逅到冬日的别离，每个季节都承载着不同的情感和体验，记录着成长的十年。流畅的叙事、丰富的情感和优美的语言绘制了一幅艺术与青春交织的动人画卷，也勾勒出作者对生活真谛的领悟。虽然主人公因学业压力而不得不放弃舞蹈，但文章结尾没有沉溺在无奈和哀伤里，反而因为失去而有了自省的深度，表达出了哲理化的思考。包括文章借由舞蹈探讨了美、坚韧、归属感等主题，以及个人世界观和价值观的塑造，这都让文章寓理于情，融情入理，具有了更强的感染力。本文获省级一等奖。（包学菊 高校教授）

墨字铭

□刘靖晗（辽宁省实验中学高二）

我看到枯黄的纸、干黑的墨。

再一看，竟是满篇的血与泪。

公元 755 年，那潜伏已久的野心终于不再蓄势待发，而化为一场战火从范阳烧过来，又在洛阳城里熊熊燃起，烈焰逼人。只一瞬之间，渔阳鼙鼓动地来，鲜血在昔日繁华的都城里横飞，仿佛一场残忍血腥的饕餮盛宴，将这个名为"唐"的王朝染上一笔抹不掉的猩红与灰暗。大唐帝国随即陷入一片战火、一片狼藉，在山河之间苟延残喘，已是千疮百孔。战争，自是冷酷无情。去时，白骨覆黄沙；归时，马革裹尸身。

颜真卿立于黄河之畔。河水击打着河岸，汹涌而来，奔腾而去，水汽骤起，凛凛生寒。其势壮阔，好似蛟龙戏珠；其声震天，恰如雷霆乍惊。郦道元在《水经注》中这样描述黄河之水的澎湃："其水尚崩浪万寻，悬流千丈，浑洪赑怒，鼓若山腾，浚波颓叠，迄于下口。"古老的黄河养育着中华文明，孕育出信与义，承载着忠与德。

安禄山任命颜真卿驻守黄河口，似乎将一切都安排妥当。可他不知道，颜真卿如同这黄河水一样，勇猛、坚韧，带着一片忠心与赤诚。

安禄山以为，颜真卿会像他的千万手下一样，为了私利与野心而效忠于他，即使不是这样，在面对自己的庞大军队时也会因畏惧而顺服，成为他手下的一员。

可是他错了。

安禄山的世界里只有权力与功名，颜真卿却不是，他的心中，还有道义，有家国。就如同他端正大方的正楷字，心中有信念。所以，他不会跟随安禄山反叛。

物象万千的万古江河夹杂着水汽和泥沙奔涌而来，顷刻间化作了一场大火，火在黑夜里怒目圆睁，疯狂地肆意吞噬。鲜红的血沿着战士的身体流下，又被一阵寒风拖着刀枪溅起，似乎铆足了劲儿直冲入火光中。火与血交织着，成了大片刺眼的红。

颜杲卿和颜真卿兄弟站在了安禄山的对立面，挺身而出，起兵抵挡叛军，明知以卵击石，却仍义无反顾。孤胆英雄，最是英勇。纵然最后他们换来的，是颜家老小三十余口被残忍杀害，可那一片家国忠义之心，却从未改变。

颜杲卿和颜季明父子被杀害后，颜真卿望向惨白的天，注视着漆黑的地，拾起一支毛笔，悲愤的墨流淌在笔下，浸润在他的心上。他往常的端正与雅致都不见了，此刻的他，灰头土脸，遍身血污，悲伤像利刃宰割着他，让他心里很疼。因而落笔时，枯墨在笔尖淌出的字迹不再精致秀美、惹人怜爱，而是随性的、真切的、发自肺腑的、七次蘸墨后的行书绝笔。那未曾洇满的墨舍弃了文人雅士的优雅与飘逸，舍弃了他那代表性的端庄雍容的"颜体"正楷字的饱满与圆润，而让椎心泣血、喉咙喑哑、干涸枯灭行于纸上，仿若一条河，一边是生，另一边是死亡。

一行行墨中仿佛燃起了一簇簇星星之火，有泪有悲有愤，有道有情有义，一切的情感，都在那些火里喷泻而出，刹那燎原，好似滔天巨浪，用尽浑身的力量掀起水与云，凭最不屈的意志与天穹对抗，以脆弱的身躯与敌人搏斗，来换取家国安宁、百姓欢颜。颜真卿的眼中，想必一定充满了悲痛，像是黑云在他的眼底大片地铺开，却仍有晶莹的光闪烁着，不曾有一丝一毫的后悔，他的信念，不曾熄灭。正是："捐躯赴国难，视死忽如归。"

那不是普通的书法，亦不是普通的文章，而是平原太守颜真卿的悲愤诉情、慷慨表义之作。那墨里，浸的是从心底迸发出的不可抵挡的家国情怀。它早已超越了书法本身，成为无可替代亦不可磨灭的伟大艺术品。

以墨为寄，以字倾诉，以道义为铭，以家国为心。那是一字血一句泪写下的墨字铭，那是用悲痛和无畏写成的墓志铭。

千年的风沙湮没于时间的尘埃，战乱和鲜血早已隐去，那段历史，却藏匿在"天下第二行书"——《祭侄文稿》的一笔一画中。墨在时光中干涸，时光在岁月中老去，可那字与墨，却如晨钟暮鼓，依然击打在人们的心里，铭心刻骨，让温热的泪从眼眶中涌出。如今的长安城，灯火辉煌，山河静穆肃立，天地寂静安和，全然没有了当年的激烈、当时的哀痛，只剩烈风在刚猛地刮着，仿佛还夹着战士的血，烫在世人的心上。

（指导老师：杨晓明）

【点评】

这篇文章是"我"读到颜真卿的《祭侄文稿》时的有感而发。文章条理清晰，分为三部分层层递进。先讲述了文稿的来历，安史之乱中，颜真卿和兄长颜杲卿坚决抵抗安禄山的叛军，兵败后颜家老小三十余口被残忍杀害，其中就有颜真卿的侄子颜季明，颜真卿于悲愤之中作《祭侄文稿》；接着作者从书法的角度评论文稿，"那不是普通的书法，亦不是普通的文章，而是平原太守颜真卿的悲愤诉情"；最后指出文稿对后世的影响。文章所弘扬的正是颜真卿的家国情怀，忠于国家，不畏强权，身教重于言传。语言情感充沛，慷慨激昂，动人心魄，个别地方用词再贴切一些会更好。本文获省赛一等奖。（段玉芝 作家）

纸上生命

□向凯梦（四川省合江县马街中学校高三）

父亲说："字是有生命的。"

横七竖八的线条，生硬，干瘪，死寂无声，哪儿来的蓬勃生机？我百思不得其解。直至我练习了书法，才明白父亲话里的深意——笔墨在白纸上游走，绝不是简单地堆砌线条、拼凑符号。一横一竖，勾勒的是人间百态；一撇一捺，交融的是情思缱绻。书法，书写的不仅是表情达意的文字，更是执笔者的情致、人格。它牵着人们的神经，散布出书不完、道不尽、赏不够的生命力。

我儿时好动，成日里不是上树登高望远，便是下河踏浪逐波，性子又急又躁，一刻也静不下来。父亲为了让我定心定性，便说要教我练书法。我心下一惊，常年深居乡野、只与田地庄稼为伴的父亲，竟大言不惭说要教我练字？我满眼不屑，上下打量起他。满面尘灰，满身泥泞，衣服上尽是补丁，一双手布满老茧，蓬头垢面，胡子拉碴。毫无疑问，书法这样精微深妙的艺术简直与他这样的庄稼汉毫不相关。

许是出于看笑话的心理，我应承了他。父亲运笔时，运筹帷幄，决胜千里；落笔时，胸有成竹，心藏丘壑。瞬息间，墨尽字成。只见那字颇具翩若惊鸿、矫若游龙之姿，斗折蛇行、龙游凤戏之态，遒劲又不失秀丽。文人墨气中透着乡土情怀，似乎他真是那隐匿乡野的书法大家。不过，日复一日的练习于我而言，那点、蘸、连、顿如犁田栽秧，常做生厌。那划、提、折似日升月落，百看生嫌，着实不如攀爬嬉戏有趣。于是我总爱乱写一通，或在纸上画上我的"涂鸦杰作"。

有时，我专挑父亲在旁时，即兴创作一幅"水墨画"。父亲见我故意为之，竟未置一语责骂，未显一丝怒容，依旧温言细语地提点我："握笔要有力，四指要并行，手腕要用力，横斜竖弯，撇捺转匀。"

他俯身握着我的手，将那一撇一捺、一横一竖写出了模样。那时，柔风在飘荡，李树挥舞枝叶，鸡鸣狗吠此起彼伏，我却感受着寂静的荒芜。就这样，在父亲的循循善诱下，童年的我在这日复一日的横竖撇捺中静了心、定了性。

岁月不居，时节如流，我已到了不再局限于练习简单的书法结构，而可以开始临帖的年纪。总是听父亲呢喃"临帖炼心，心正，人才能正"，所以，我故意临了一个"正"字，让他品评。本以为父亲又会缄默不言，却不想他眼神微动，如是道："正了，正了，但少了些许生气。"这些话语似一坛藏了许久的老酒，醇厚悠绵，诱人的酒香朝我扑来。那时的我并不懂父亲所谓的生气，只觉落满白雪的枝头、枯黄萎靡的草木，似听见了春的低语，活了过来。

我尤爱临王羲之的字体，不过总是形到而意不到。父亲看着，默然走到我身旁，如儿时般，谆谆教诲："心里绘出字的模样，想着字的笔画，接着着墨，依着楷书的行笔讲究，弯处提笔，折处顿笔，卧钩做弧，斜钩宜方，这帖才能临得圆转饱满、方劲刚健。"我依言落笔，一气呵成，墨行于纸，一个字便"活"了过来。父亲又言："字形不成，字意不凝，意前笔后，选用字体，纵横成幅，首字领篇。别急，慢慢来，总会成的。"是啊，总会成的。

人总归要长大，不过离家的燕子也总想着归巢。

当我因学业离家时，父亲将他一直珍视的湖笔托付给我，念叨着："无论如何，别忘了，字正了，人就正了。"此后，似乎我与他每次相逢、别离时，耳畔无声回荡，却声声萦绕心底。思忆无声，离家的人儿，孤独的燕子，渐行渐远。

大气、古朴、端庄、朝气蕴藉，从古老的甲骨文、石鼓文、金文、大篆、小篆演变到东汉、晋、魏的隶、草、行、楷，书法艺术跨越山海、越陌度阡地与我们对话。视线交汇处，我似乎望见了师承钟繇，天赋异禀，从蔡邕、卫大夫等名家处窥不足，为集百家之长，曾一度吃墨废食，而写就《兰亭集序》的王逸少；回眸深处，那三年进学无果，却凭三日磨墨而一"永"成名的米芾，那飞扬张狂的草书，漏痕、飞白、悬针、垂露等手法在米芾的手里舞出了花。时空交叠，今日人，古时情；古时人，今日情。如今我临摹着先贤的旧迹，手里的字响着回音，原来父亲所谓的生气便是"情"。是啊，"一撇一捺总关情"。有情感的书法才美，懂情的人也美。书法艺术是人的艺术，是生命的艺术。

往事经年，纸张翻动，墨水滴落，浮现眼前的是父亲的书法。那书法透着岁月历练后的沉稳、浮华洗涤过的耐心、风雨浸润过的温良，亦不失为一种布满生命力的艺术。

又逢年节，总得添置些物什，尤其是对联，回家的路，不远，却走得慢，父亲边走边说："今年的对联你来写吧。"

（指导老师：熊兰）

【点评】

书法的艺术魅力，常带着不可言说的妙处和韵味，也是亲子教育的路径和方式。作者开门见山，用父亲的话引入题旨。在父亲温和的教导与汉字无言的陪伴下，历经"磨性""正心""悟情"，作者终于参透了书法之玄机——"书法透着岁月历练后的沉稳、浮华洗涤过的耐心、风雨浸润过的温良，亦不失为一种布满生命力的艺术"。文字温润，用语丰盈。文末书法发展过程的简笔勾勒古朴而灵动。再以父亲的话作结，余韵不绝。本文获省级一等奖。（尤立增 特级教师）

茶色

□王文慧（北京市通州区运河中学高一）

晨光熹微，一缕早间和煦的阳光悄然探进了这间古色古香的店铺，沉木色的小店在阳光的辉映下更显得生机盎然、典雅庄重。

这间铺子坐落于香港最繁华的地段——中环。这是一间拥有百年历史的凉茶铺。这条街，不过几里长。中环的世界总是繁华拥挤的，人群熙熙攘攘，街市里商铺鳞次栉比，挤满了这方寸间的每一丝罅隙。周遭高耸入云的写字楼总是让我仰望，那精致璀璨的玻璃窗，那遍体黑泽的铁栅栏，那尽显辉煌的琼楼玉宇，表面并无半点尘埃和磨损，在阳光的反射下显得刺眼而令人难以直视。只有眼前的这间凉茶铺，让我备感亲切。在经济和技术飞速发展的今天，这间茶铺仍然保留着五十年代中式风格的设计，怀揣着一抹古韵，坚定地维持着旧时代一些固有的风貌。

我在朝阳中，踏着清脆的鸟啼，来到了这个有着百年历史、仍然保持着旺盛生机的凉茶铺的门前。早起的人，总是崭新和虔诚的，愿以最诚挚的心情来观摩这样一间令人尊敬的店铺。这间小小的铺头，没有现代建筑的金碧辉煌，也没有古建筑的雕栏玉砌、亭台楼阁，有的只是一个不大不小的房间。麻雀虽小，五脏俱全，一应陈列设备井井有条。抬头一看，上面有一个朱红色的匾额，用苍劲有力的行书，从右至左镌着"春回堂药行"五个大字，下面亦有两个白底红字的隶书招牌，左边写着"著名凉茶"，右边是"精制龟苓膏"。短短数字，便把店铺主营的招牌基调给定下了，让过往的食客一望便知，驻足流连。

正面望去，首先映入眼帘的便是放置各种中草药茶的玻璃橱窗，细细地看了一下，里面有各种各样的经典凉茶药材，琳琅满目，难以尽收眼底。有些用黄皮纸环绕几圈包裹着，光是我认识的便有枇杷叶、金沙藤、路边菊、葫芦茶……真不愧享有中医药材种类最多的凉茶铺的盛名。橱窗上沾有点点茶垢药尘，可我却一点不觉污秽，这点点细碎的尘埃，尽是中国人对煎药制药的良苦用心。

侧面望去，有许多用以煲药制茶的大铁壶，大铁壶侧边两个金黄色的狮子头，尽显庄重和威严，巍然屹立于梨花木制成的长桌上，让人一看便知，煎茶过程必当小心谨慎，不得有丝毫怠慢。再向头顶上望去，几柄陈旧蒙尘的扇叶吱呀呀地转动着，将店中万物轻轻地照拂，使得动静相宜。

深入地往后看去，有一个长长的柜台，旁边散放着许多小椅子。柜台上有一杆秤、一个算盘、一个把脉的手枕，还有许多牛皮纸包裹的调配好的药方，和一些装着不同药材大小不一的瓶瓶罐罐，尽显中式医药铺独特的秩序风格。背后是暗红色的、占了半面墙的硕大百子柜。每一屉里，都装着奇珍异草，每一味药材都显得弥足珍贵。背后艰辛的采摘过程，亦让人肃然起敬。我想到了神农尝百草、李时珍编写《本草纲目》的历史往事。这一切的景色，令时光的齿轮仿佛不住地倒流，让我宛如置身于中国古代著名的中医药铺，感受着旧时代郎中看病、小贩卖茶的独特风韵。那时候的茶铺，药不掺假，分量足够，配方精准，熬煮充分。现在这间茶铺，据我了解，仍然坚守着古老的祖训，也做到了和古人一般对于凉茶制作的敬畏，工艺严谨，用材考究，工序得当。这间小铺，仿佛穿越一般，降临到这座繁华的都市熠熠生辉。

店里的老伙计忙里忙外，铁壶里的药草被煮得上下浮沉，水不住地"咕嘟咕嘟"冒着泡，热气冲击铁盖子"当当"地响着。氤氲的茶烟轻轻缓缓地缭绕，散发着初春嫩芽的芬芳，为正制茶的伙计蒙上了一层薄纱，令他们的面庞若隐若现。茶香四溢，我贪婪地嗅着，初闻是一抹清苦，二闻是一抹回甘，再闻是一抹清冽，宛若山涧微风徐徐。我置身于山野林间，嫩草破出春泥，遍地新出的青芽被风轻拂着，一眼望去，溶溶绿色，沁人心脾。

我情不自禁，想点一杯茶。这里的清单里有清热降火的廿四味、甘甜可口的银菊露、提神醒脑的花旗蓼茶等。我要了开张第一杯清凉解暑的甜花茶。一股淡淡的甘芳凝聚于我的咽喉唇齿，仿佛与被风吹散零落的茉莉花相舞相倚，香得让人沉醉。茶亦醉人何须酒，书能香我无须花，一杯春露暂留客，两腋清风几欲仙，且将新火试新茶，忽如飞雨浥轻尘。

时间将近正午，是一天中阳光最猛烈之时，夏天火云如烧，为这家店铺注入了源源不绝的生命力。过一阵，店里店外围满了慕名而来的茶客，人们进进出出，叫卖声、介绍声不绝于耳。而老客在里面拈着一杯茶，与友人谈笑风生。店里的伙计老板也在唠叨家常琐碎，真是一派祥和热闹的场景。这里的一切，从未随着时间而落幕衰退。

要回去了。回首望去，门檐楼阁有些斑驳痕迹，油漆些许脱落，橙黄的阳光，迤逦地勾勒出店铺的轮廓，老店清香如故。

（指导教师：李俊亭）

【点评】

一爿小店，在喧闹中坚守，坚守的是一种传统，更是一份信仰。作者将自己眼前所见、心中所想的关于闹中取静的百年老茶铺的场景呈现在读者面前，字里行间可见作者观察得细致入微。选取茶铺的几个镜头，皆是富有烟火气息的画面。除了场景的描绘，文章中还融入了作者对生活的感悟、对历史的思考、对百年老店的敬意。我们在想：小店的门檐楼阁会斑驳零落，但因为有主人的坚守，有顾客的融入，有阳光的照耀，它会一直充满生机和活力。生活、艺术何尝不是如此！本文获省级一等奖。

（尤立增 特级教师）

弈者

□何熠非（江西省宁都县宁师中学高一）

古有十雅，然在当今快节奏的社会中，那份闲情雅致似乎已渐行渐远，我亦不例外。今日，我想谈谈这十雅之中的对弈，它不仅是中国的六艺之一，更是文人学士在闹市茶寮中雅好消遣的体现。因弈风盛行，棋艺也便有了相当的"品格"，它分为九品，日本围棋的九段制度即源于此。世人常说弈者孤独，真的如此吗？

王国维在《人间词话》中写道："词以境界为上，有境界，则自成高格，自有名句。"窃以为，做人亦有境界，而弈者更有其独特的境界。人生的境界有云泥之别，弈者的境界也有高下之分。

据文献记载，围棋起源于中国，古代称为弈，距今已有四千多年的历史。在南北朝时，它经朝鲜半岛传入日本，流行于东亚国家。在我国古代，围棋深深融入了上自帝王将相、下至山野村夫的生活之中。围棋也称"国棋"，它蕴含着中国古代传统文化的精髓。诗词中对围棋有着独特的描述，历代名家墨客都留下了众多脍炙人口的佳作。诗圣杜甫的"老妻画纸为棋局，稚子敲针做钓钩"充满了浓郁的生活气息，而孟郊的"双棋未遍局，万物皆为空"似乎仙风道骨，让人回味无穷。

围棋讲究落子无悔，每下一步棋，看似安静，实则牵一发而动全身。细听黑白棋子落到棋盘上的声音，方寸之间，棋脉相连，便已经是一泻千里，万马奔腾。棋局无非开或合，但也有厚与薄之分。在围棋的世界里，棋薄而走在前端的有之，棋厚在后追赶的亦有之。棋薄者先声夺人，尽得先机；棋厚者储蓄力量，拼劲十足。薄取轻盈弃呆滞，须忍舍弃之痛；厚取扎实弃浮华，须耐拙钝之愚。这让我想到了港珠澳大桥的总设计师林鸣，他身上就具有棋薄与棋厚者均有的特点，如闻一多先生般敢于坐热"冷板凳"，一有时机就"动身"。

"不积小流，无以成江海。"每一个弈者的成长过程中，都会经历孤独的时光。让我们来看一位传奇人物——愚公，他"年且九十，面山而居，惩山北之塞、出入之迂也"。在这样的条件下，愚公依然从容淡定，动用家族的力量来将巨石一步一步地搬走。他这种耐得住寂寞的人，便有弈者的高境界，而这种高境界正是修炼心性的结果。在落子无悔的棋局中，既要有热忱与谋略，又要守好底线，看淡方寸得失。无论何时何地，都要保持清醒和敬畏之心，分清是非黑白，坚守人间正道。

我看过一部电视剧——《天龙八部》，其中无崖子设下的珍珑棋局让我印象深刻。作为一个弈者，他在等待继承人的过程中，我想他的内心应该是孤独的吧。在无崖子候选接班人的对弈场景中，我深切地感悟到了"当局者迷，旁观者清"的道理，从中领悟到落子贵在静心。《三国演义》中关羽刮骨疗毒的故事里也提到了围棋。据说在三国时期，蜀国大将关羽酷爱与人下棋。一次他被毒箭射中右臂，毒已渗入骨头。名医华佗用尖刀切开他的皮肉刮骨疗毒，在场的人都吓得捂眼，而关羽却饮酒食肉、谈笑弈棋、若无其事。这真可谓是"棋国大师今几许，神威终古是云长"。围棋之道使人心不动于微利之诱、目不眩于五色之惑。面对不同的棋局状况，务必有无惧输赢、不惊不扰的豁然胸襟，以内无妄思、外无妄动的静笃之心，不以物喜、不以己悲的定力泰然处之。

那么，在达到这种境界后，弈者的内心会孤独吗？也许在外人看来，他们就是孤独的，尤其是高层次的人。正如无崖子一旦坐在棋盘前，便是孤身一人。然而，如果弈者是一个强者，他的内心世界可以接受孤独，那么他便不是一个孤独的人。因为真正的强者，即使在孤独中，也能找到自我，找到与世界对话的方式。这就是弈者的境界，也是人生的境界。

（指导老师：谢菊花）

【点评】

这篇作文以"弈者"为主题，深入挖掘了围棋的文化内涵与弈者的精神境界。作者通过丰富的历史典故和个人感悟，展现了围棋不仅是一种技艺，更是一种生活态度和哲学思考。文章语言优美，笔触细腻，既有对弈者孤独境界的探讨，也有对弈者内心世界的深刻理解。作者巧妙地将多重元素交织在一起，形成了独特的思考视角。此外，文章结构清晰，逻辑严密，段落之间过渡自然，使得整篇文章浑然一体。总之，这是一篇充满文化底蕴和深刻思考的佳作，展现了作者对围棋文化的深厚情感和独到见解，也体现了作者扎实的写作功底和敏锐的洞察力。本文获省级一等奖。（桑哲 高校教授）

我的摄影观

□ 王梓轩（中国人民大学附属中学丰台学校高三）

一

摄影的功能，在于记录。

如果你生在风吹草低的广袤原野，这片大地上日升月落的规律，汩汩初生的春水回流，让你能在旷野里用苔藓和星斗辨明方向，能从一片龟裂的河床上找到干涸的泉眼，又在泉眼里听到水滴新生的回音，当你凝望地平线上如血的残阳，凝望青山硬朗的轮廓，你会想要留住这一刻。

如果你生在水乡泽国，你看到鸳鸯和芙蓉在外婆细密的针脚下相依相偎、栩栩如生，你听到十五六岁灵秀匀称的姑娘，在你长大的河岸旁浣衣，手腕挂着脆生生的摇铃，当你摁下快门，这样的远山细水、粉墙黛瓦的江南风情，会融入你的血肉和人格，与此后一切外力的雕琢泾渭分明。

离家多年后你再也没有吃到那样好的三虾面或手把羊肉，但当你看到那张破旧泛黄的相片，因为时间的推移，边缘已经褪色模糊，照片上是一片起伏的山或洞门后的半扇春色，你被短暂地带回少年时光，好似被迫割舍掉的东西短暂地回还，被抽出的骨头又回到了你的身上。

拍照片，再看一眼亲手拍下的照片，我不断在摄影里，试图抓住溯洄在时间之河中的自己的衣角。

二

摄影的精髓，在于发现。

三毛曾在撒哈拉沙漠记录过沙哈拉威人因被她拍了照片而误以为自己被魔鬼收去魂魄，不久于人世的故事。在晚清，照相机刚刚从西洋传入之时，也流传过此物勾魂摄魄的说法。于是你要写晚清，就有了相片中人通身珠光宝气华冠丽服，双眼并非明珠而是鱼目，这是文字的力量，也是镜头的艺术。

同样，你要写心上人，就要写含笑带俏的眉梢眼角，白玉一般的颈子伏下来，如一截光滑而柔软的石拱桥；你要写等待，就要写时过子夜灯犹明，烛火伴着犬吠在窗纸上投下模糊的人影；你要写父亲，就要写父亲的脊背以你奋力追赶也无法拦停的速度向下弯曲着，即使他已苍老如旧墙皮数十载，你仍觉得世界减去他是行太难的公式，在额头触地叩拜时，口中喃喃太迟……你要发现最恰切最精妙的某一点，这是现实里的快门，找到它，按下它，定格住这一刻，如同摄影。

我见过秋收劳作的景象，庄稼人春天在黄土里播下种子，此时金色的麦穗铺满整片高原，延伸到青白色的天边，老农的脸和他们的家乡一样沟壑纵横，刈麦的身影干瘦佝偻此起彼伏，是独属于这片黄土地的波涛汹涌；也见过胡同里玩过家家与跳房子的孩子们，坐着马扎摇蒲扇畅谈天地的大人，这里时间的流淌竟如此缓慢，好像那片飘零的槐花永远不会落下。

你要发现一切事物最恰切最精妙的那一点，包含了你关于此想要表达的一切：爱，时间，生命力……你的洞悉要像镜头一样敏锐而恒久，因为发现是摄影师一生的创作母题。

三

我偏爱在一方取景框里，复见天地心。

我见过很多在高压的现实之间挣扎的成年人，选择把电脑壁纸设置成"远方"之景。我相信这不只是为了放松眼睛，更是表达在缺乏与自然相处的环境下，回归自然的需求。无论是鲜花拥簇碧柳春岸，还是波浪冲刷洁白海滩，都是在以拼搏为主旋律的人生里，用凝望与欣赏的方式保留了一点道心，这种对生活的追求便融入了他们的人格当中。

因为镜头中不仅仅能窥见四季的流转。在广阔的天地间与自然独处的力量，让人在认清生活的本质后仍旧怀有天然的诚挚，是俯视无数次跌倒过的低谷有风雨不动安如山的泰然，被他人尖锐的棱角刺痛时做到包容的温和与淡然，面对人生俯仰天地、无愧于心的坦然。

自然赋予的特质让人热爱生活。苏轼辗转大半个中国，躬耕于黄州试过蓼茸蒿笋之味，面对巍峨赤壁、接天水光与亘古不变的月亮，也生发过千古一问。见过世界的辽阔后，变得包容而通透，于是道中遇雨"同行皆狼狈，余独不觉"，从一场春雨中感悟出"一蓑烟雨任平生"的心境。这是怎样一种豁达！是自然赋予他的一点浩然气，让他在漫长的余生中，无时无刻不在享受无穷快意的千里雄风。

对这种心境的追求，千百年来从未停止。只不过前人的文字记述化成了诗歌，而现代人用图像表达，比如摄影作品。在忙碌工作的间隙，抬头从一方屏幕中与赤壁之下的苏轼望见了同一个月亮，我想，被自然震撼而生发感慨的时刻，一定伴随着拂过面颊的快哉之风。

四

摄影家，一定是生活家。摄影不同于舞蹈、歌唱等表演型艺术，它在上限极高的同时门槛极低，甚至不需要任何专业度。而摄影的内容也从不局限，哪怕一餐一饭的随手一拍，也是对自己生活的有生记录。迟子建曾言："天地间有两个星空，一个是澄明上苍赐予的，要抬头仰望；一个是悲欢人间赐予的，需低头拾取。"在忙碌的生活里坚持摄影的人，就是在仰望星空的同时，一步步拾捡现实的碎片。从记录到发现，镜头中盛满的，有爱，有心境，有欣欣向荣的生命。

（指导教师：程茗）

【点评】

时下多数人，都有拍照摄影的经历，却未必深思过其中的意蕴。那些善感的心灵和温润的眼睛，从一粒沙也可以看到物质世界的奥妙，从一滴水也可以看到阳光的七彩，从随手一拍也可以看到生命力的向荣。作者用诗化的笔墨描摹着摄影爱好者的心曲，文采斐然却无矫揉之态；用清晰的思路展现着生活有心人的颖悟，辞藻丰繁，却无堆砌之姿。文章的人称运用富有特色，前两节用第二人称，凸显抒情性；第三节用第一人称，强调自己的偏好；第四节未使用第一、二人称，保持了观点的可信度。本文获省级一等奖。（尤立增 特级教师）

雅致建筑的背后

□李文君（江苏省前黄高级中学国际分校高一）

　　一弯新月洒下柔和的光，映照在那层层楼阁之上，洒在那黛瓦白墙之间。在夜与月的交映下，凝聚着数以百万人心血的建筑绽放了新生之光辉。

　　看似雅致的建筑背后，承载着无数的俗。

　　黑格尔曾言："建筑是凝固的音乐。"如果说敦煌莫高窟是一首悠扬的曲子，那波浪般的纹理与栩栩如生的人物就是它特有的音符；如果说宏伟的紫禁城是一首激昂的曲子，那层层楼阁与红墙黄瓦就是它特有的旋律；如果说瑰丽的江南是一首婉转的曲子，那粉墙黛瓦与小桥水巷就是它特有的和声。种种，皆为建筑中的艺术。

　　建筑不仅盛放着人们的肉体，也是承载俗气的理想的容器。正如巴金所言："人不是只靠着吃米活着。"是啊，人活在世上，需要一点俗气的东西支撑我们走完一生，比如理想。中国第一位女建筑学家林徽因在欧洲的惊鸿一瞥，从此奠定了其为建筑鞠躬尽瘁的一生。我们可以记住她是中国第一位女建筑师，可以记住她实地勘测数十处古建筑，也可以记住她与丈夫梁思成先生在建筑方面的勤恳，绝不应只记住那句"悄悄是别离的笙箫……沉默是今晚的康桥"。她用她的手拂去了古老建筑之上的尘埃，使其显露出属于它们的光泽。此刻，俗气的理想是林徽因的毕生所求，也是崇高的艺术。

　　俗世中的生活往往也能够促成一份雅。看似破败萧条的地坛，承载着史铁生对生与死的思考；看似悲哀的故都北平，是郁达夫含有雅趣的传统文人心境的自然流露；看似宁静淡雅的荷塘，也蓄着朱自清的丝丝愁情。正如罗曼·罗兰所言："艺术的伟大意义，基本上在于它能显示人的真正情感、内心生活的奥秘和热情的世界。"建筑的意义更是如此，一寸密纹一寸情，百年踪迹百年心。一砖一瓦的背后是汗水与智慧的种子，一砌又一栏的眼前是情感与生活的果实。

　　建筑中的雅与俗，往往是紧密联系在一起的。宗白华先生将中国古典美学归纳为两种美感，一种是"错落镂金"的美，一种是"芙蓉出水"的美。"错落镂金"是一种崇高的美、壮丽的美，也是一种威严、力量与意志的象征。梁思成先生曾发出"北平的整个形制既是世界上可贵的孤例，而同时又是艺术的杰作，城内外许多建筑又都是在历史上、建筑史上、艺术史上的至宝"的感慨。而"芙蓉出水"的美是南北朝诗人陆凯的"江南无所有，聊赠一枝春"，是唐代诗人杜荀鹤的"君到姑苏见，人家尽枕河"，亦是宋代词人柳永的"烟柳画桥，风帘翠幕，参差十万人家"。

　　中国的建筑材料主要是土和木，因此有"土木的诗篇"之誉；而西方的建筑由于大量地使用石材，被冠以"石头的史书"之名。中国人用最朴素的泥土与树木勾画了温雅瑰丽的建筑。阳光洒落在那湖边的传统木结构民居湘西吊脚楼，洒落在那与茶为友的福建土楼，最后折射于错落有致的斗拱之上，让人难以想象，精致的民间建筑来自那最不起眼的泥土。

　　在如今的俗世中，人们的眼睛看不见那些雅致的建筑，人们的眼前只有那一块小小的屏幕，始终沉浸在现代化建筑——信息茧房之中。人们被海量的信息冲晕了大脑，脱离了现实的土壤，成为他人口中的"猎奇者"，亦有人困于生活的泥潭，丧失了发现艺术的眼睛与尚美的心，成为自己眼中的"失意者"。多抬头望一望吧，望一望远方的建筑，望一望广阔的天空，顺便也望一望自己的内心，多发现生活中的雅，便少一些被"俗"所扰的忧。

以雅之名，赋予俗新生，回归俗之本质，寻求俗之光辉。

（指导老师：徐婕）

【点评】

"建筑是凝固的音乐。"作者从建筑这一凝固的艺术入手，剖析了艺术的高雅与生活的俗常之间相生相成的关系。莫高窟、紫禁城、江南的粉墙黛瓦等之所以有各自的韵律之美，是因为建筑师把自己的理想之美凝聚在建筑之中——"建筑不仅盛放着人们的肉体，也是承载俗气的理想容器。""建筑的意义更是如此，一寸密纹一寸情，百年踪迹百年心。"同样的建筑，一万个人有一万种解读，是艺术的魅力所在。在俗常的生活中，练就一双慧眼，看到雅致建筑背后的理想之美，正是作者所殷切期望的。（曲宗历 资深编辑）

春心托杜鹃

□尹怡霏（新疆生产建设兵团第二中学第十二师校区高一）

阳光如细丝，自棚顶轻泻而下，编织成一张温柔细腻的网，轻轻拥抱着这间古朴的草编小铺。彩虹色的光斑在木柜边缘跳跃，犹如我心头激荡的鼓点，激昂而热烈。我睁开眼，细细描绘着眼前的景致，耳畔是草叶轻轻翻动的细语，清晰而生动。这一切，连同那温暖有力的节奏，让我深切地感受到，自己是这世间何其有幸的存在。

我，是这间小铺中的一只草编鸟，承载着匠人的心血与梦想。我汇聚全身之力于双翼，心中紧张如细线缠绕，几乎窒息。我渴望展翅高飞，触碰那无垠的蓝天，探索更广阔的天地。然而，在一片眩晕中，我失足跌落，陷入迷茫与混乱。

就在此刻，一位伏案工作的老者站起身，用他那粗糙而温暖的手轻轻抚摸我的羽翼。他的眼神中充满了深情与期待，仿佛能穿透我的心灵。他喃喃低语："还没到时候……唉，还没到时候啊！"我望着他，喉咙酸涩，视线模糊。我不解，为何现在还不是时候？

老者是一位草编"非遗"的传承人，也是我如父般的亲人。他时常哼着小曲，低头专注地编织，不厌其烦地重复着每一个动作。我记得，曾有一个年轻人来到铺子，对草编充满了好奇与渴望。在老者的指导下，我应运而生。然而，时光荏苒，人声渐寂，只留下岁月的痕迹和老者深深的叹息。

我感受着这一切，心中却无怨恨。因为我知道，草编的艺术正逐渐被人遗忘，而老者却坚守着这份信念，日夜不息。窗外，绿意盎然，牵牛花与蜂蝶嬉戏，香甜的气息涌入小铺，也涌入了老者的心田。我的心随之雀跃，仿佛要奏出欢快的旋律。

　　终于，我看到了老者脸上欣慰的笑容，也看到了那个年轻人的决心与信念。他们之间的对话，让我感受到草编艺术的传承与希望。在一瞬间，我的身体变得轻盈无比，羽翼随风舒展。我奋力拍打翅膀，终于如愿以偿地飞向高空。

　　阳光在我身旁跳跃，广阔的天空深情地拥抱着我。我感受到自己的生命力如此充沛，仿佛要喷涌而出。滚烫的泪水在眼眶中打转，我高高仰首，咬住了那丰盈的果实——我所渴望的幸福。心潮澎湃间，甜而浓的汁液瞬间充盈了我的身体。

　　我是一只草编鸟，我飞向了属于我的天空。然而，我并非一只平凡的草编鸟。我承载着匠人的心血与梦想，也承载着草编艺术的传承与希望。虽然焦虑与恐惧仍时常压迫着我，但喜悦与希望却激励着我不断前行。

　　我回首一望，小铺里仍传来草叶摩擦的沙沙声和老者愉悦的哼唱声。他的曲调中蕴含着心事与责任，他的草编里承载着传承与梦想。作为一只小小的草编鸟，我只愿这份日迁月移的传承能够落下回响，余音袅袅，炬聚成阳。

　　就让这时间再久一点，再久一点，让这精神直到永远，永远永远。我飞向了那广阔的天空，也飞向了草编艺术的未来。

（指导老师：许淑娟）

【点评】

　　这段文字以细腻的笔触描绘了一幅温馨感人的画面，将读者带入了一个充满古朴气息与生命活力的草编小铺。作者通过草编鸟的视角，展现了匠人对艺术的执着与坚守，以及传承与希望的深刻主题。文字中流淌着对草编艺术的热爱与敬仰，同时也透露出对未来的期许与憧憬。作者巧妙地运用象征手法，让草编鸟成为匠人心血与梦想的载体。飞向广阔的天空，寓意草编艺术的传承与发展。整篇文章情感真挚，语言优美，读来令人感动，也让人对草编艺术产生了浓厚的兴趣与敬意。本文获省级一等奖。（桑哲 高校教授）

月光在细香烟中流淌

□ 盛莉媛（浙江省宁海中学高一）

一

潮腻腻的墙壁上，墙纸卷曲发皱，翘起的一角沾着点烟熏火燎的焦黑，一股极难闻极呛人的味道从八宝粥罐里弥漫开来，烟蒂被浸泡得肿胀，渗出棕黄色的水。我有点不敢相信眼前是一个大导演的下榻之处，想立刻转身离开。

这时，一扇窄窄的小门开了，缝隙里流出青莹莹的光，房间一片晨昏不辨，让这样的荧光成为焦点。倚靠在门边的人影与周遭的黑暗融为了一体，只留手中星火明灭。

待薄薄的烟雾散去，我最先看到的是她的眼睛。黑白分割得泾渭分明，瞳仁点漆般定住，直直地看向我。我被吓了一跳，那眼神好似灼热的木炭、爆裂的火焰，又似鹰隼的尖爪勾去了我的心魄，让我不由自主地避开她的视线。

我今年从电影艺术学院毕业，大我两届的师姐是这间屋子的主人，年纪轻轻便很有作为，拍出的电影连最尖锐的批评家都称其为"艺术"，手法、用镜乃至选角都是一流。只是题材过于小众，加之坚持不接商业片的底线，让她的票房越来越惨淡。

"小姑娘，刚毕业吧，进来坐。"女人瞥了我一眼，侧身让出一条道。烟草浓郁的气息顺着黏稠的月光淹没狭小的观影室，我不知道会看到什么，却本能地屏住了呼吸。

忽暗忽明的靛青源于荧幕上的电影，幽幽的光劈头盖脸地浇在桌上、床上和远处的老式胶卷放映机上，这黑沉沉的铁盒子不时发出"咯啦"声，屏幕上偶有雪花一闪而过。

我刚想开口，女人就瞪着眼睛让我噤声，随后指指屏幕，电影要开始了。

二

嘈杂的人声细细密密落入她的耳内，狭窄的街道上人来人往，车夫低声吆喝着飞驰而过，小姐又甜又滑的呢喃随夜风飞入暮色，细弱的低语，粗野的大喊，琳琅的招牌闪着霓虹灯的流光，慢慢黯淡又慢慢绚烂，像是一个又一个翻跹的梦，连空气中都飘浮着纸钞的腥味。

这里就是上海了。她白细的手指攥紧又松开，她以后要在这样的城市追逐自己的电影梦了。

广告车上随处可见如今大红大紫的"金嗓子"周璇俏丽的脸，在闪烁的灯光下熠熠生辉。

她看着周璇的脸，心里没有嫉妒，只是单纯地看着，心里鼓点般轰轰作响。她眉眼间有几分周璇的气韵，只是太寡淡，显得薄情而又呆板，面庞倒是顺条条的，白得像十五的满月，嵌着点漆般的瞳仁，小小的唇瓣包不住有些龅的门齿，只好尴尬地让它们屈居门外。

她立在金陵东路的街头，月光丝绸般滑过，她的心中却无比冷静，或许也有着常人难以企及的狂乱。毕竟，在这样的城市，夜晚的主宰月亮都要退居幕后。

三

生活仍未安定下来，明星电影公司和中国电影公司连她的面都不肯见，她连跑龙套的资格都没有。蜗居于圣母院路小酒馆的阁楼，灰尘大到清晰可见，随着她胸部一起一伏被吸到肺里又吐出。蒙尘的雕花彩色玻璃浸透了窗外的流光霓虹，放出磷磷青光，在她青黄的脸上跳跃。

楼下的歌舞欢声滑入她的耳内，心中蛰伏的欲望蠢蠢欲动，将要脱离这副躯壳去往更加辽阔更加自由的境地。留声机吱呀唱出古铜色的乐曲，无比强烈的既视感钳住了她，周遭的一切变得虚幻而又透明，只余烟雾般的轻纱飘浮晃动。

她随着灰尘颗粒翩翩起舞，纤细的腰肢在空洞中划出绚烂的弧度，像一颗注定要燃烧到极点后爆裂开的彗星。

"华灯起，乐声响，歌舞升平……"婉转啼鸣的夜莺盘踞在上海滩的上空低低飞翔，青溶溶的月光泼洒在她的脸上，她的瞳仁亮得吓人，在黑暗中灼灼燃烧，像鬼蜮里的鬼火飘零。

四

紧紧的旗袍束缚住她瘦小的身体，皮肤上隐有瘙痒啃食感，这件衣服像要活活吃了她。她的心像被铁手狠狠攥住，血肉与浓浆马上就要透过这件束具流出来了。她已经变成了另一种模样，俗气的大红色口红借助口红器涂在唇上，猩红沾了一点在门齿上，并不符合她唇形地高高翘起，颇有一种滑稽的妖媚。

她精神恍惚地走进了片场，人们如避瘟疫般散开，嘟囔着"疯子"之类的话语。她跟跄着一步步走向中央，她无数次梦到、揣摩、聆听过的地方，只有几分钟的时间，每一秒都让她燃烧着嘶吼自己的一切。

她觉得自己像极了最近流行的女士香烟，细细窄窄的，烟草被囿于弹丸之地，她不会去抽，只是静静地看着烟雾淌出，任由执念弥漫房间。

她倒在地上，身上撕裂般疼痛，灼烫从伤口中渗出，心中却升起扭曲的快意。拍摄仍未结束，一切又将倒转，她着迷地畅想，眼神一如之前那个夜晚，亮得骇人，好似透过第四面墙，朝外看着。

她终会和剧本里的自己融为一体，在九百九十九次时光回旋后……

细细的高跟鞋踩破了她的肌肤。

那时她才会成为完整的自己，那时她的灵魂才是她自己……

伤口迸裂，血液浸透了布料。

她看到了纯白的烟雾在如水流淌的银月光下悄然翻滚，翻滚起流光溢彩的明媚与希冀。

她不顾肿胀的伤口，不顾一切地大笑起来。她以那样坦然的姿态释怀，放肆地行走在青天白日的鬼蜮下。

她看见周璇，看见华美的上海滩，看见自己曾住过的小阁楼，楼下影影绰绰的甜美音乐……眼前的世界扭曲成黑洞洞的旋涡，一阵极亮、极刺眼的光弥漫着把它填满，像是生命的第一声啼哭，抑或是彗星燃尽后的余温。

五

电影还未放完，闪光灯却被开了起来，紧接着，屋里暗了下来，只余烟火在月光下明明灭灭。

女人的目光点漆般亮，在黑暗中灼灼燃烧。我莫名感到畏惧，不敢看她在月光下雪花膏般的脸颊。

"怎么样，小姑娘，这算不算艺术？"女人大笑，眉眼弯而细窄，显得薄情又呆板。我哽住了话语。"我认为，艺术要的是献身的勇气，是不破不立的果决，是不死不休的纠缠。"她的脸庞浮动，与电影重叠。

我望着她点漆般的瞳孔。"她可以是我，可以是凡·高，可以是徐渭，甚至可以是你。"她的目光直勾勾地看着我，嘴巴咧开，露出微微有些龅的、被香烟熏得暗黄的门齿。

"在她死后，人们才发现她演过为数不多的电影。人们称之为艺术。"

"她死得很早，但她没有遗憾。"

正当我准备离去时，回头一瞥，在空无一人的房间里，她正随月光翩翩起舞，青澄澄的月光打在她的脸上，那里流淌着一个电影的世界。

（指导老师：蒋雯玉）

【点评】

这篇小说塑造了一个执意追逐电影梦的孤勇女形象。在"什么算艺术"的问题上，微龅牙女有自己的理解。那种孤注一掷、至死方休的艺术执念，令人生惧，也令人思考。从事艺术工作的人以精神追求为重，通过创作表达自己对世界的感受，也以此滋养自己的心灵，珍重自己的生命。当"只为艺术"成为一种执念，忽略生活乃至生命，那女子的电影梦是否只是玻璃瓶中的一场碎梦，虽璀璨却落寞呢？在写作手法上，大故事中套小故事的写法很有新意。作者用富有表现力的笔触描绘出情景交融的画面，凸显出作者良好的语言驾驭能力和优秀的讲故事能力。本文获省级一等奖。（尤立增 特级教师）

龙凤呈祥

□王佳敏（河北省张家口市第一中学高三）

楔子

传统绘画、刺绣是两门古老的中国民间艺术，是千百年来在艺术界广泛流传的精神文化遗产。

传统民间鞋垫刺绣样式精美，程序烦琐，历史悠久，寓意深刻。从绘画到刺绣，都是民间艺人一笔一画、一针一线纯手工制作而成的，象征了人们对生活的美好向往，对亲人的真挚祝福。

精神文化、民俗文化经过岁月的洗涤和历史的沉淀，经过数辈人的口口相传及不断更新流传到现在，更需要一代代人继续传承和发扬下去。

正文

"二丫，抱点柴火来！"

娘烧火起锅，铁锅里的糨糊越来越浓稠了，她的双手往系在腰上的黑巾子上抹了抹，一勺一勺地把糨糊舀进小盆里。

"娘，你这是做啥？"

"出糨子做几双新鞋垫，给你哥哥嫂子。"

这里遇上娶媳妇、嫁姑娘这样的喜事时，大人们总要给孩子们做双新鞋垫，用这吉祥的物件为新人贺喜送吉祥。二丫的家里也要迎来一件喜事。她坐在门槛上，安静地看着娘忙个不停，时不时地帮她递过东西。她的眼睛里充满了好奇和疑问，她一会儿幻想着新鞋垫的模样，一会儿又幻想着新嫂嫂的模样。

她跟进里屋时，娘已经把布料和花样都放在炕上了。

"丫崽，上炕吧。"娘边吆喝着，边解下黑巾子，拉展身上的蓝布衫，麻利地上了炕。炕上摆了很多布料，做鞋垫的底子，还有各种大红色的鞋垫的样式。

她先比着一样尺码的硬纸片在白布上画出轮廓，画好后按照这轮廓裁剪下来，三四个相同的摞成一叠，出好的糨子这时也凉得差不多了。

她用刷子把糨子抹在剪好的布上，另一层对齐了粘在上面，大红色的布做面料，最后糊在表面。糨子粘得很牢，出的白面糨子糊窗户、糊鞋垫都是极好的。一层一层地裱好糊，就开始挑样板了。

娘拿起一对红底子的样式。左边的绣着一个金冠蓝羽的凤凰，双翅展开，昂首逐一朵红艳明媚的花。右边的绣着一条金龙，龙身盘踞整个鞋垫，龙首昂扬，从口中吐出一个金色的火球，四周有祥云仙花做点缀。她的指尖细细地摸过每一个图案，满脸柔和，这即将绣出的每一针每一线，都是一个母亲最深沉最真挚的祝福。

"好看吗，丫崽？"娘笑着问旁边看得如痴如醉的小姑娘，二丫不住地点头。

"估计还有剩下的布料，等娘用碎布料给你也做双新鞋垫，丫崽喜欢什么样的呀？"

娘翻了翻里面的样式，挑出来一个小巧的样子，上面是几朵清丽的荷花，中通外直，清圆的荷叶上趴着一个穿肚兜戴金锁的小娃娃。娘俩看着这个精巧的底子，搂着笑了一会儿。

娘把裱好糊的鞋垫压在炕布下面，二丫总想掀起来看看它成什么样的了。不过她一直没有动，她记着娘的话，要等糨子干透了、鞋垫压展了。

娘又去忙其他事情了，大概是为新嫂子准备的。娘说新嫂子长得很俊秀，那么她应该也有一双像娘那样的巧手吧，年轻嫂子的手上有没有像娘那样的茧子呢？

二丫夜里又做了新嫂子来的梦。日头升高的时候她才慢慢醒来，娘已经把红面子的鞋垫拿出来了。娘把龙凤呈祥的样式摆在旁边，要准备画图案了。

"丫崽才醒来呀，又梦到什么好吃的啦？"娘抬头说着，放下手里的活，帮二丫拿出褥子底下温好的衣服，收拾好后，娘又拿起了手里的鞋垫。

她从凤顶的那朵牡丹花开始画，一笔一笔地画出每一个线条。花瓣、枝叶、凤羽、凤尾，一点点被勾勒出来，龙鳞、火球也慢慢地呈现出来。娘好像不知疲倦似的一直画着，直到龙尾收笔。大红色的底配上生动的龙凤，已经是绝佳的作品了，然而这才刚刚开始，后面的刺绣才是最关键的一步。

"娘，歇歇吧，明天再做吧。"二丫看见娘收起笔之后又马上开始穿针引线了。

"丫崽，天亮的时间可不多，得趁着这会儿赶紧做。"娘说完后，又埋头在针线里了。线的色泽鲜丽，娘先挑出几个颜色在鞋垫上比比，又反复挑选配出几个合适的颜色。

她戴上顶针，用白色的线从最外层的花瓣开始绣，先用直针穿过花瓣的缝隙，轻针穿入花瓣的边缘，从里侧一圈轻出，再锁住边缘绣进花瓣中间。她的两指轻捏住针，靠近布面一推针，针又随即从布面上穿出。白边铺满后换浅粉色的线继续向内铺展，同时填补好白色的缝隙，让颜色自然地连接。天色慢慢暗下来，她慢慢地向窗边移动。

绣好最内层的深红色后，开始绣牡丹花蕊，穿黄色的线，先用滚针绣一条弯弯的线，针抽上布面之后，顺着针转几下，拉直线穿入原来的针孔，一粒花心就缀在布面上了。

几粒花蕊绣好后，天已经完全黑了，鞋垫上的图案融入黑暗中，娘缓缓放下线，揉了揉发酸的手臂，把熟睡的二丫抱进被子里，继续做白天没做完的活。

龙凤在红底上呼之欲出的时候，婚礼也如期而至。二丫终于见到了穿着红衣服、盖着红盖头的嫂嫂。娘咧开的嘴角一直没合拢上，她前前后后招待宾客，给孩子们分几颗糖，一会儿娘又握住哥哥嫂嫂的手说："孩子们，好好过日子哟！"

嫂嫂很爱笑，鼓鼓的额头，干净的脸蛋。嫂嫂总和娘一起坐在炕沿边刺绣，她拿着娘之前绣的鞋垫反复看。

"娘，这朵牡丹跟四月里的开得一模一样！"

"娘就希望你们的日子呀，也是花开富贵，红红火火！"

这双小小的鞋垫，是精美的艺术品，更是娘心里最真挚朴实的祝愿呢。

（指导老师：赵玉莲）

【点评】

小切口，大立意，这是本文的最大特点。一双刺绣鞋垫，在时尚的人看来是如此的"土气"，但在小作者看来却非同寻常。这鞋垫是艺术品，因为样式精美，程序繁复；这鞋垫是情感的寄托物，因为它包含了人们对生活的美好向往，对亲人的真挚祝福。其次，"美"贯穿全文，通过对"娘"的动作、语言、神态描写，对"嫂嫂"的肖像和语言描写，表现了风俗美、艺术美、人情美、人性美。本文获省级一等奖。（尤立增 特级教师）

千刻不落，万剪不断

□陆心愉（江苏省黄埭中学高三）

背靠蓝天，面朝黄土，我们随着镜头迈进山西，一掠而过九曲黄河、巍巍太行，最终停留在沟壑纵横的黄土高原。拉近镜头，缓缓放大一个隐藏在黄沙里的小黑点，村庄的轮廓逐渐清晰，一座座土窑洞改建的小屋欣喜地向我走来，带着星星点点的红。我也朝它奔去，只为看清那抹红——是剪纸！

走进镜头，风沙吹打着雾蒙蒙的窗子，一双苍老的、干枯的、黝黑的手微微颤抖着将一幅新鲜的、生动的、火红的"年年有鱼"紧紧地贴在还有空处的窗户上，然后随手从窗台拾起一把满身锈斑的剪刀，打开锁满红纸的箱子，搬出一把做工粗糙的木头凳子，在鼻梁上架副老花眼镜，老人就在门口稳稳地坐着。她眯着眼睛，纸上的纹样是提前画好的，她吃力地分辨着边缘的轮廓线，手控制不住地微微颤抖。她深深吸了口气，却是毫不犹豫地出手，杀伐果断，行云流水，老旧的剪刀与红纸在这一刻被灌注进源源不断的生机与活力，在老人的手下欢快地舞动。红纸一边掉落，一边站起可爱的"福娃"，新与旧，生与死，成与败，在这场平静而又盛大的剪纸里交织相融，轮番登场。远远地跑来一只老黄狗，对着老人手里的"福娃"欢脱地摇着尾巴，仿佛是几百年前就认识的故人穿过时间的裂隙再度相见，陌生的面庞，却是熟悉的热情。老人端详着手里完成的剪纸，浑浊的眼里闪烁明亮的光，她说："我十五六岁就开始剪花花了，以前就跟着老妈学，那时候也没什么玩的，我就爱剪个这，各种各样的，剪出来陪我玩，贴在墙上、窗上很满足……"老人不习惯面对镜头，只是不断抚摸着"福娃"。

鬼使神差地，我也拿起身边的剪刀和纸，寻得一幅喜鹊戏梅图，踌躇满怀，可动手时刀刃却在盘根错节的线条中越发滞涩，剪子恍若乘舟误入藕花深处，难以周转。我心下焦躁不已，一使劲儿，一处极细的衔接悄无声息地断裂，喜鹊从梅梢颓然跌落。我扔下剪刀，回想起镜头里老人从容平静的模样，深深吸了口气，慢慢呼出，心头的急躁慢慢抚平，再度拿起红纸，慢慢观察。花蕊与花瓣、枝叶与枝干、喜鹊与梅花间千丝万缕，相依相生。究竟该如何做到剪纸千刻不落、万剪不断？此刻我心中终于有了答案，唯有摒除杂念，放慢速度，遵循事物间紧密存在的联系，方能让剪刀一路通畅，强使蛮劲只会破坏自然的和谐，而剪纸的中断也是花与鸟的死亡。老人也说："剪花花嘛我也没什么技巧，我就是顺着它，顺着它走就好了，但是不能自作主张，会剪坏掉。"就算年事已高、视力不佳也没有关系，老人和剪纸相互陪伴了这么多年，靠着了解、读懂、尊重与顺从，已然将对方视为生命中的挚友，像黄土高原上每一个淳朴的农民，拿起剪刀的那一瞬间，就怀着对剪纸的尊重，怀着对自然的敬畏，世代学习与传承。

老人带着镜头来到房内，展示着门上的"东海龙王""穆桂英"，墙上的"八仙过海""金鱼送福"，还有床头的"花开百子""富贵平安"……各色剪纸异彩纷呈，本来拘谨的老人面对熟悉的剪纸倏然放松自如，滔滔不绝地讲述着它们背后的故事，此刻她的脸上洋溢着最最纯粹的笑容，镜头被她的幸福所包裹、所感染。"墙上要贴的窗花肯定少不了'老鼠娶亲'，大家都喜欢这个……咱们过完大年，正月初十，在农村我们要在墙角用食物供奉老鼠的。老人们常说，不满十二岁的小孩儿们把耳朵贴在墙角能听到老鼠娶亲、敲锣吹号，这都是老人们传下来的。"老人停在"老鼠娶亲"面前说着。镜头里，鼠新郎骑马戴冠，披红挂彩；鼠新娘安坐轿中，披头插簪；鼠迎亲队伍敲锣打鼓、举旗吹号，浓郁张扬的欢喜气氛洋溢在整个房间。黄土高原上的人们没有因为老鼠的侵扰而憎恨、辱骂它们，而是以制作吉祥幸福的剪纸图案和美好传说来供奉老鼠，向它们表达和平共处的心愿，古代劳动人民对生命、对自然的敬畏可见一斑。而代代相传的剪纸更是将这样尊重生灵、和谐共存的观念浸润在每个人的心里。

"没人继承我的剪纸，再好又能怎么样……"临走前，老人紧紧地盯着镜头看了一眼，然后慢慢地坐回木头凳子上。老黄狗趴在她脚边，她摩挲着手里的剪刀，呆呆地凝视着前方滚滚黄沙，喃喃自语。镜头微颤，记录下这片土地上的愁绪。

镜头重启，高楼林立，年轻的面孔手执剪刀与纸演绎新颖的舞蹈；闪过城市的商店，人们挑选着那抹红，它鲜活地跳跃在丝巾上、茶杯上、地毯上……火红的剪纸从老人的墙上、窗上走进我们生活里的每一个角落，千刻不落，万剪不断，自信地展现着它生生不息的魅力。

（指导老师：鞠洪刚）

【点评】

《千刻不落，万剪不断》一文，以"镜头"作为行文线索，贯穿全文。"镜头"是观察者，是记录者，也是连接古与今、新与旧、传统与继承的桥梁。细致入微的一系列动作描写、神态描写、语言描写，使文中所描绘的点点滴滴富有生活气息，如在目前。拟人修辞手法的灵活运用，使文章富有生命力。从感性层面，读老艺人的剪纸故事，感受传统艺术之美，还能够品味传统文化中自然流露出的人生道理，这又为文章增加了一丝理性的光辉。本文获省级一等奖。（尤立增 特级教师）

一只鱼灯

□陆映钱（江苏省南京市第九中学高二）

我记忆里一直有盏灯，出现在儿时住过的幽深的巷子里。烛火扑闪着微弱的光晕打在灯罩上，那是一条红色的鱼，确切说应当是鲤鱼。我记得那金红的鳞片和墨绿的眼睛，鲤鱼灵动地左右摆尾，巷子成了它的河流。我领着它从巷尾游到巷口，孩子们一起追着它奔跑。

我不是一个有艺术天分的人，与琴棋书画都不甚有缘，也捉摸不透抽象的艺术表现形式。长大才知道回忆里那一点红光也被称为"艺术"，那创造这灯彩的老人的技艺被称为"非物质文化遗产"。我知道它不过是盏灯，大多是用竹篾编织框架，再衬上五彩纸或织布，当中插支蜡烛。但有心的匠人会汲取纸扎、绘画、书法等艺术之长，综合木工、彩绘、雕饰、编结，构思出似是梦中才有的动物和奇观，一点点框架整形、一笔笔描绘上彩。它不是用来附庸风雅的阳春白雪，而是节日里孩子渴望的友伴，是从匠人手中传下来的有生命力的老物件，是与我一样的许多人紧紧握住的集体记忆。

年前，父母一时兴起想带我去看秦淮灯会，说朋友都赞叹今年的灯好。我们一家其实不爱凑秦淮灯会的热闹，因为也大致能想象出五光十色、人头攒动的景象，且不想吃拥挤和等待的苦头。但今年似乎略有不同，确实好久没有这么热闹过了。

华灯初上，我走进白鹭洲公园的时候微微被震慑住，父母笑我不像是个本地孩子。石板路的两旁点缀起错落的宫灯，映照着墙壁上的诗句："对芳景，张灯火，画堂深，箫鼓到明。"再往前走便是移步换景，灯火似星光般洒满灌木丛，引着游人顺着拱桥走往湖心岛。我刚流连于桥面门头上悬挂的龙凤宫灯，眼光顺着脚下的流水往远处望，便见着湖面上停着一对鲤鱼，一条游船在它们身旁缓缓泛过，打乱了水中纹路，满湖碎金。那鲤鱼虔诚地头顶莲花，面目上镶嵌着古典繁复的纹样，红绿交错的背鳍似是被风吹软的旗帜，身下跃起湛蓝闪亮的水浪。倒影里是什么，我看不清，好像是记忆里一朵红色的尾鳍，顺着时间的流转再次游到了我面前。我意识到有些事情在我长大的过程中是不曾变过的。

今年是龙年，龙灯入灯会中的灯组，威风凛凛地站在门头或立在城墙下。而商店里卖的和孩子手里提的更多的还是传统的鱼灯和兔灯。母亲是个有童趣的人，她此行必定是要带一盏灯回去。我跟着她在商店里漫无目的地转悠，忽听她在角落里唤我，说这是我小时候爱玩的鱼灯，今年商店里居然照着老样子复刻出来了。我看见木桶里插着一只金红背鳍、墨绿眼睛的鲤鱼灯，木质手柄，和记忆里不同的只是蜡烛换成了闪烁的电灯串。我拿起来把玩，从鱼头到鱼尾分成了四段，摇摆起来微微作响，像孩子在石板路上跑跳的声音。

在角落里，我遇到一个手艺人，他身边垒着新制的古老鱼灯，手上在编织着尚未成形的五彩龙灯。他年岁不大，甚至可以说非常年轻。他见到我内敛地笑了笑，又旁若无人地编起他的龙灯。我问他如果是龙灯要做多久，他说他刚开始慢慢做要一周，但确实喜欢。我的记忆似乎发生了差错，我以为那框起竹篾的只会是被皱纹雕刻的古老的手，以为那工序繁复的古老结构已经随着商业化的狂飙突进消失在灯火里。那个手艺人说他是个不懂艺术的粗人，但看见这小玩意儿就开心，说传承下来的、最让人亲近的才叫艺术。

我想到项飙提出的"附近"的概念。在人们为升学、工作等焦虑不安的时候，一个将生活具象化的"附近"就能成为一个锚，比如时常路过但未曾探索过的街区，一个切实认识但不甚了解的人，一个儿时依赖但如今忘却的小物件，那些编织起生活的种种，能让人重新快速构建生活的意义感，拖住焦虑失控的心绪。我明白我为什么固执地记着那只红色的鱼灯，又为什么如今看见这些还原了过去的灯彩时心中会升起莫名的波澜。在我因生活的小事失意落寞之时，我闭上眼就能见到那盏招摇着尾巴的鱼灯，总像是在引我循着方向，向着纯粹的自由、快乐与童真，告诉我穿过巷子便是更广阔的天地。而且那不只是我的记忆，也是与我同住那条巷子、同在这座城市长大的孩子们共同努力抓住的"附近"，是人们对新年最朴素真诚的祈望与祝福，是年复一年辛勤努力的意义与凭据，是古老艺术编织、彩绘出的年轻的梦。

那条鱼溯流而上。我在想古人会不会也像我一样，在年前与家人逛着集市摇着一只鱼灯。可能是吧。我不知道这条鱼诞生于哪位工匠之手，穿越了多久来到我的身边，又会在多久之后游向另一个孩子，再次守护他的童年与人生。

（指导老师：张蕾）

【点评】

江南的文化底蕴是深厚的，这是人所共知的。作者围绕着守护童年与人生的鱼灯，记叙了在商店里买到小时候爱玩的鲤鱼灯，在角落遇到一个手艺人正在编织着一盏五彩龙灯，传承着这门艺术。作者行文看似漫不经心，实则匠心独运。写鱼灯，归结于它总是在引"我"循着方向，向着纯粹的自由、快乐与童真，归结于人们对新年的祈望与寄寓，归结于人们辛勤努力的意义与凭据，很好地体现了"以我手，写我心"的创作原则。结尾浮想联翩，凸显主旨，意蕴深远。本文获省级一等奖。（夏冬 资深编辑）

无荒之漠

□谢宛彤（上海市晋元高级中学高二）

　　看莫高窟，不是看死了一千年的标本，而是看活了一千年的生命。

——题记

　　天地朦胧，大漠苍茫，万籁俱寂。

　　三年前，我跟着一支宛如游龙的长队，在此起彼伏的沙丘中缓缓穿行。从阳关出发，跋涉过陡峭坎坷的峡谷，踏过黄沙飞扬的戈壁，横越六十公里的大漠，最终，我在一座石窟前停下脚步，抬头仰望。

　　石窟庞大雄伟，木结构建筑叠成九层，石柱和庑殿顶呈相同的颜色，屹立于石窟中央，釉红劈开鸣沙山的东麓断崖，一路流淌到我的脚下。

　　这里是大漠中的卢浮宫，是传说里的千佛洞，是世界现存最大的佛教艺术宝库——敦煌莫高窟。

　　它的开凿从十六国开始，延续了一千多年。无数的壁画、彩塑、佛像顺着莫高窟一路绵延，它们面对着沙漠，面容平和慈祥，从洞窟天窗渗进的光影，随着日升月落在它们的脸庞上缓缓移动。每当我抬起头，对上它们的眼睛，移动的光影仿佛成为它们的一呼一吸、一颦一笑。于是在明暗交错间，有一种奇异坚韧的生命力笼住了浩渺贫瘠的荒原，属于佛窟艺术的千年历史缓缓苏醒，汇聚成面前千姿百态的佛祖与飞天。

　　莫高窟中，壁画艺术与中国神话融为一体，迸发出了一种极致的华夏美学。众多瑰宝中，第285窟的飞天舞女和257窟的鹿王本生故事图尤负盛名。我长久地伫立在它们面前，只见壁画浮翠流丹，色流瑰丽，温煦沉着，飞天舞女成群结队，身着朱砂长裙，手抱琵琶，石绿的飘纱飞扬而出，舞姿婀娜，笑颜明艳，那一双眼睛尤为出神，眼瞳黑如墨珠，清冽得摄人心魂。她们手中的琵琶像是真能拨动一般，轻拢慢捻，拨动了历史的弦音。

　　我沿着历史的轨迹，向莫高窟深处走去。敦煌的壁画艺术所赋予我的，不仅是源自传统美学的震撼，更是一次和历史漫步长谈的契机。石窟上的一面面壁画，犹如文化的信使，从遥远的时空款款而来，在我的耳边，轻声传递着岁月的低语。就如同《文化苦旅》中所说的一般，莫高窟中的壁画承载了十六国的饱经风霜、北朝的潇洒豪迈、盛唐的风姿无限、晚唐的雾惨云愁、宋代的冷漠贫乏。王国维曾在《人间词话》中提道："以我观物，故物皆着我之色彩。"古往今来，不只有诗人在诗作中抒发感怀，历史也以其自身的笔，描摹着每一段征程的色彩，书写着每一个时代的旋律。艺术馈赠给人类的宝物，从来都不止步于纯粹的美。当我们透过它光彩照人的外表，读懂它波澜壮阔的内心深处，艺术的生命线在这一刻才得以真正地延续，而它也在这一刻直击肺腑，抵达人心，即使此刻万物无声，也能让我们感受到穿越千年时光的灵魂共振。

　　融合了历史的艺术带给人的震撼永远都留有余音，莫高窟始终以一种巍峨雄伟的姿态屹立在我的记忆中，就在我认为下一次踏上敦煌之前它都只能留存于我的记忆中时，我竟以一种奇妙的方式和它重逢了。

三年后的冬天，学校以"假如国宝会说话"为主题的文化节开始征集节目，作为班级节目的负责人，正当我发愁要选取哪样国宝、要以哪种形式表现时，那片大漠如闪电般出现在我的脑海。我仿佛回到了三年之前，看尽黄沙飞舞，走尽数里荒原，无数壁画佛像如同流动的电影胶卷，飞过我的脑海。我一帧帧地扫过，一帧帧地寻找，最终停驻在了我当时最喜欢的也是最具有童真色彩的一幅壁画面前——第257窟，鹿王本生故事图。

这幅创作于北魏时期的壁画，题材源自恒河岸边的印度佛教故事。它讲述了释迦牟尼的前身化作了美丽的九色鹿王，献身救人却遭人反咬一口，忘恩负义的人最终获得恶报死去。

这与我儿时听过的九色鹿故事极为相似，但又融合了中国壁画艺术与印度宗教的色彩，历史悠久的两大古代文明交相辉映，融入了这幅情节波折起伏的壁画。

于是，我们着手准备节目。我搜集了与鹿王本生故事图有关的大量资料，深刻了解了它蕴含的神学思想与寓言哲理，了解了它严密而生动的长卷式构图，了解了它凹凸形式的绘画手法，了解了它古朴唯美的色彩艺术。

与上一次不同的是，彼时我们是初相见，我只是以一种外来人的目光去欣赏它，所有的感叹都发自于内心最纯粹最本真的感受。而这一次，当我再一次站在它面前，以一种后人的虔敬的目光去看待它，以一种郑重的脚步向它再迈近一点，在丰富的历史与艺术资料中，我们像是重逢，又像是初遇，我再一次获得了欣赏它的机会，也在了解它的过程中，透过它斑斓的色彩，看见了它背后辽阔悠远的历史长河，透过它柔顺的线条看见了它背后大放异彩的艺术之光。在我通过编写剧本仰望它、触摸它的那一刻，有一个念想忽然降临在我的心中：一定要通过这场表演，让壁画艺术穿越大漠，走到更多人的眼前。

但既然是节目表演，如果只是将搜集整理好的相关资料按照传统的演说形式呈现，难免如同冷静直叙的说明文，注定无法引起大部分同学的兴趣。于是，经过与同伴们的长时间讨论后，我们决定，在传统的表演手法基础上进行创新，将流行音乐与古典音乐相融合，自己编写剧本，让古代艺术走进现代艺术，最终二者结合，以戏剧表演的方式将这一幅壁画完整地呈现在大家的眼前。

在经历了马不停蹄的排演后，正式表演的帷幕缓缓拉开。台下人山人海，聚光灯的光芒照亮舞台中央，随之响起的是雅尼的《河西走廊之梦》。悠扬婉转的笛音一路盘旋跃上最高点，仿佛我们真的成为茫茫大漠中的一队旅人，跋涉千山万水，只为仰望那一座屹立千年的艺术巅峰。紧接着，几个身穿现代学生装的学生跑上舞台，对着九色鹿本生图不屑一顾。他们正准备拂袖而去时，像是沉睡千年的灵魂感受到了现代鲜活的生命，九色鹿悠悠醒转，开口挽留。下一秒，画中的九色鹿、忘恩负义的男子、国王纷纷上台现身，在如梦如幻的灯光下，将整个九色鹿的故事重现在年轻的学生面前。表演的最后，《河西走廊之梦》走向尾声，九色鹿的梦逐渐转醒，跌宕起伏的神话缓缓退去，我们自己原创的歌曲紧跟其后，在轻快的、极富现代流行音乐色彩的欢快小调中，年轻的孩子与千年壁画一同合唱，九色鹿作揖鞠躬，学生们挥手告别。

这一刻，我仿佛又看见那幅奇特的九色鹿壁画，神鹿立于中央，圣洁高傲，一双黑色的眼睛炯炯有神，像是神灵降临人间。一人、一鹿，立足于宏伟的莫高石窟，周围是无数座姿态各异的雄伟的佛像，栩栩如生。壁画从墙壁一直延展到穹顶，如洪流般的色彩喷射而出，在历经千年的石墙上飞溅成一条条明艳的彩带。当九色鹿的目光跨越漫长的时光，与我遥遥相望的那一刻，一种实实在在的使命感，跨越了一千多年的风雪，在我们彼此的眼中静静流淌。

表演结束，掌声响起，但此刻我却像是聚焦中的镜头，模糊了外面世界一切的声音，只剩下面前这幅九色鹿的壁画。

就在对视的那一刹那，虽然深知这不过是一场戏剧，但我还是在看向壁画的那一刻，短暂地触碰到了艺术的真谛。而就在那几秒，曾在作文里喊了几百遍珍惜艺术、传承文化的口号突然化为真实的重担，落在了我的肩头。

在当今科技飞速发展的时代，有人认为艺术不过是一种无足轻重的点缀，在科技面前显得微不足道。但是我们在展望未来的同时，也要将视野拓宽至千年之前的过去，艺术在历史的长河之中，担负着记录、辐射与传承的使命。人类一直立志研究出穿越时空的工具，却忽视了艺术其实就是我们身边能够打破时空限制的存在。岁月吞噬万物，可艺术却像一位永远不会离开的老者，静静地伫立在那里。莫高窟的壁画艺术，既在一笔一画间绘出中国千年的社会风貌，又浓缩了庞大的宗教与古典神话，文化的血脉流淌在线条色彩中，千秋万代，生生不息。

"观今宜鉴古，无古不成今。"过去的经验已经无数次证明了，在人类发展的征程中，更好地认识历史，才能更远地推进未来。"科学让人类制造工具，而人文则让我们避免沦为科学的工具。"艺术背后所透射的历史人文是一个国家最好的文化代表与精神根基，让我们不在未来的道路上重蹈历史的悲剧，也不成为科技的奴隶。

丝绸之路从汉武帝时代被打通，那一刻，艺术也踏上了属于它的新征途，这也就解释了为什么古往今来，数以万计的人要前赴后继地走上这片看似寸草不生的土地。如今千年过去，依然黄沙漫漫，无边无际，但是因为莫高窟，因为其中经久不息的壁画艺术，于是，千里荒漠，皆以此为梦。

（指导老师：朱洁文）

【点评】

《无荒之漠》写的是关于敦煌莫高窟艺术的两段故事：三年前的莫高窟之行，敦煌的壁画艺术赋予"我""源自传统美学的震撼"以及"和历史漫步长谈的契机"；三年后的以敦煌壁画为题材的戏剧表演，让"珍惜艺术、传承文化的口号""化为真实的重担，落在了我的肩头"。"我"在与莫高窟的初遇与重逢中领悟到，既要"展望未来"，"也要将视野拓宽至千年之前的过去"，使"艺术在历史的长河之中"，担负起"记录、辐射与传承的使命"。文如行云流水，节奏舒缓开阔，而又主旨鲜明，凝练集中。本文获省级一等奖。（钟湘麟 特级教师）

从诗歌的黏性说起

□施泽远（浙江省萧山中学高三）

不妨从一件小事说起。我背古诗文时，每篇所花的时间常常相差很远。比如《诗经》中的《氓》，本是不要求背诵的，可我看过几遍，竟也在心中记熟了，怕是很长时间也不会遗忘；读《离骚》时，也有类似感觉。而另有一些诗文，虽读了无数遍，但仍记不进去。即使勉强记住了，也很快遗忘。这其中的原因，我大致能猜到。

诗歌的作用是什么？恐怕很难定义。《毛诗序》中说："诗者，志之所之也。在心为志，发言为诗。"锺嵘《诗品序》中写道："嘉会寄诗以亲，离群托诗以怨。"我的理解，诗的作用可大致分为两个方面。从诗人的角度看，诗抒发了其内心的情感，不管是喜悦还是忧伤，是激昂还是低沉，统统可以写进诗里。而对于读者来说，读诗可以领略诗人之情，并由此共情。对于诗来说，显然第二方面的作用更为重要。诗人给了诗歌以生命，而这诗的生命力，影响之远，无法想象。如金主完颜亮因柳耆卿的那首《望海潮》，而"遂起投鞭渡江之志"。诗歌引起的情感共鸣，即使千百年也不会褪色，这也是诗歌作为文化符号的重要原因。

常人判断诗文的优劣，常凭主观，说它好，却也不知好在哪里。若要真正地一条条说出来，一首几十字的词，评论家可以用几百几千倍于它的文字娓娓道来，却似乎总也讲不尽，表达的缺陷也从此体现。那最最微妙之处，是要靠"悟"的。悟不到时，几万字的讲述也徒费唇舌；而到了茅塞顿开时，即使是佶屈聱牙的梵文，也能让古代禅师豁然开朗。而我从背书经历中，也找到了一个简单评判优劣的方法：只要能烙在脑中且无法轻易将其消去的文字，就可谓好诗、好词、好文章。

杨绛先生有一句极为贴切的描述："我们如果把某一字忘了，左凑右凑凑不上，那个字准是全诗最欠妥帖的字，妥帖的字有黏性，忘不了。"字是这样，往大了看，一诗一词一文皆是如此。我不妨把诗"进攻"人脑的能力称为"黏性"，一首好的诗歌，必定是一首"黏性"很强的诗歌，而有"黏性"的诗歌，也必定是能给人以最大审美快感、引起千古共鸣的文字。

好，既然我们已有一个"黏性"的概念来描述诗歌作为客体给人带来的震撼，那么便可以来思考一下，是什么给了诗歌以"黏性"，让它的"传染能力"超过了强大的病毒，能轻易攻破古往今来所有人的心底防线？

这个问题，曾一直如"不肯栖"的"孤鸿"，在我的大脑中盘旋飞舞，迟迟不肯落地；又如可望而不可即的海市蜃楼，我无法认清它的真面目。我看过了陶渊明悠闲的诗、杜子美沉郁的诗、王摩诘恬静的诗、王少伯萧索的诗、苏东坡豪放的诗、辛稼轩雄壮又带着点叹息的诗，都没有找到答案。反而是当我读完《诗经》《楚辞》和李后主的词后，受到了启发。现在，我能够较为大胆地下一个不甚严谨的结论：一首有极强"黏性"的诗歌，必定是出自一位真性情的人之手。同时，真性情的人才能创作出真性情的文字。

我一向认为，诗是无法学的。杨绛先生的观点又一次与我不谋而合，她说她就不是当诗人的料，虽然"课卷上作的诗总得好评"，但这"是真正的押韵而已"。真正的好诗只能出自没有受过污染的天才诗人。此"天才"并不是指智商有多高、本领有多强，而是生来就有从所见之物所发之情中抽取最贴切之文字来形容它的能力。这不仅需要细腻敏锐的感知能力，还要有语言超乎常人的理解和运用能力。关于这种"天才"的看法，林庚先生的观点又与我如出一辙。他在娓娓讲述"木叶"与"树叶"的不同时提到，屈原"以惊人的天才发现了木叶的奥妙"。"奥妙"指什么？就是指"敏感而有修养的诗人"所认识的"语言形象中一切潜在的力量"，就是指"诗歌语言的精妙"。

既然又说到了诗人的"天才"性，不妨再深入一步：是什么让一个普通人成了"感知"和"文字"之神，拥有了操纵这两种魔杖的能力？我认为，这在于诗人天性的喷发。诗人与生俱来的"诗人特性"当然也帮了大忙，但天性是否能顺利喷涌而出，更有外物的因素。

如李后主，作为一个失败的皇帝，他四十岁那年亡了国，但在两年多的俘虏生活中，他创作了大量绝世辞章，其中著名的有《虞美人（春花秋月何时了）》《浪淘沙（帘外雨潺潺）》《乌夜啼（林花谢了春红）》等。当时的情况下，只有词能陪伴他，消解心中无尽的哀愁。这些极具感染力的句子，形象生动且真挚。"流水落花春去也，天上人间。""问君能有几多愁，恰似一江春水向东流。""胭脂泪，留人醉，几时重，自是人生长恨水长东。"李重光用极为普通的意象"水"，传达出绵绵不尽的哀愁和"太息一般的眼光"，那极为黏稠厚重的情感，就像浓缩的墨水，只消一滴就能把一池之水尽情染黑。那极富韵味的句子，"如梵婀铃上奏着的名曲"，悠扬婉转，余音绕柱，久久不能退散。这些从最深的心底汩汩流出的文字，"平生所见，已好得不能再好"。

王观堂先生在《人间词话》中评李后主之词，称其"眼界始大，感慨遂深"，而对于其人，"故生于深宫之中，长于妇人之手，是后主为人君所短处，亦即为词人所长处"。而《诗经》《楚辞》之作者，亦可谓有真性情之主观诗人。

由此看来，想要"自成高格，自有名句"，须得是有真性情才可。然而有"不必多阅世"的文人甚少，另一些历世弥深之诗人，也有绝世佳作，何也？我在细察其创作背景后，得出一个小结论：若不是所谓"主观之诗人"，其佳句必产生于感情如潮水般汹涌之时。

人存在于这世界上，一举一动都要受到理性的控制，而诗词的创作，恰恰是最不需要理性的。理性是生存之道，因此力量很强大，只有当感触最深时，理性才能被如潮水之势的情感冲走，而此时，心中最真挚、最近乎人性的"真性情"才会暴露出来，这时也正是创作诗词的绝佳机会。

《人间词话》中把词的境界分为"有我之境"和"无我之境"，我在这里不妨另创一新意，把理性支配的"境界"称为"有我之境"，而把真性情显露之时称为"无我之境"。"有我之境"，"以我观物，故物皆着我之色彩"。而"无我之境"，我因极大之感情，已进入恍惚迷离之境，以我观物，是最自然之景、最自然之物。我见物，最能见其本来之特点，不免产生相怜之感，此时，人与物相通，所述的情自然也是物的情，可称为"物情"。其实物本无情，但总让多愁善感的诗人感到真情，一经写出，读者受其字句点拨，亦产生此"物情"。如宋玉在《九辨》的开头感叹"悲哉，秋之为气也"，中国文脉最大的共情之一"悲秋"由此开端，此后文人"悲秋"之情一脉相承，至欧阳修的《秋声赋》更是绘声绘色地描绘了秋的色、容、气、意，给人以更形象可感的悲凉萧索。故所谓"无我之境"，看似无我，却最能激发人的真性情，并感知到"物情"，产生最真挚的诗句。金庸在《倚天屠龙记》中写道，当张三丰问"我教你的还记得多少"，张无忌回答"我已经把所有的全忘记了"。这时,他的武功已是随意出招,自成章法。我说的"无我之境",正是"全都忘了"的境界。

因感情激荡而使天性喷发的例子太多,如东坡贬后感于赤壁,陶潜隐后感于田园,太白游后感于自然,子美、稼轩感于家国的破败等等。

诗歌如此,艺术殿堂中的书法、绘画、音乐也是这样。

颜真卿是一位人品很正的书法家,他的字更"正",一笔一画都极有法度,仿佛每个细节都经过百般雕琢,透着严谨和规矩。然而正是这样一位一丝不苟的人物,却写出了"不可思议"的《祭侄文稿》。当我第一次见到这幅书法作品时,惊讶的目光溢出了瞳孔。一眼望去,纸面凌乱不堪,涂改痕迹充斥其间,像是莽夫随手打的草稿。我不禁怀疑,作者写下这篇文稿时究竟发生了什么。查阅了资料后我才知道,安史之乱开始后,颜真卿的兄长颜杲卿起兵抵抗,最后在孤立无援之际,"父陷子死,巢倾卵覆"。而《祭侄文稿》正创作于此时。

恍然大悟之后,我重新审视了这幅作品,发现虽因墨枯再蘸墨,墨色因停顿起始,黑灰浓枯,多所变化,然一气呵成,用笔之间情不能禁,悲愤交加,思如潮涌,不顾笔墨之工拙,字随书家情绪跌宕起伏,纯是精神和平日功力的自然流露。"奇伟秀拔,奄有魏晋隋唐以来风流气骨,回视欧、虞、褚、薛辈,皆为法度所窘,岂如鲁公萧然出于绳墨之外而卒与之合哉。盖亦取其行书之妙也"(文徵明语),不愧为"天下行书第二"。颜真卿一生该是写过无数奏章和书信,而这些心平气和写出的墨迹得到的夸赞远不及这篇《祭侄文稿》。

画家的例子也很多。如凡·高患了疯病,精神错乱却画出绚烂迷离的《星月夜》。整个画面被一股汹涌、动荡的蓝绿色激流吞噬,旋转、躁动、卷曲的星云使夜空变得异常活跃,脱离现实的景象反映出凡·高躁动不安的情感和疯狂的幻觉世界。可以说正是病情,使他的天性得以展露。《格尔尼卡》的诞生也是如此,毕加索在听闻德军轰炸了西班牙小镇格尔尼卡后,怀着无比愤怒与悲痛之情,画下了这幅杰作。

音乐的创作亦是如此。《国际歌》高昂的旋律和鼓舞人心的歌词激励了许多人,而它就是欧仁·鲍狄埃与皮埃尔·狄盖特在巴黎公社失败后怀着悲痛和必胜的决心创作的。

当然,不管是多么天才的艺术家,其基本素养的积淀也是必需的。否则,再浓烈的情感,也没有传递的媒介,当然也不能为后人所熟知。

一句句"绝妙好辞",一幅幅赏心悦目的书法和绘画,一段段震撼人心的音乐,至今依然丰富着人们的生活。可以说,艺术对于人类,是不可或缺的。在欣赏它们时,我又会常常想起,是因着艺术家的"真性情",才有了今天精妙绝伦的艺术世界。

(指导老师:鲍孙燕)

【点评】

写诗作文,多讲究"起、承、转、合"。本文"从一件小事说起",由背古诗文的经历开篇,再"承"之以对"诗歌的黏性"的阐述,然后以"诗歌如此,艺术殿堂中的书法、绘画、音乐也是这样"一段折转,用一连串实例论述"真性情"对于书法、绘画、音乐创作的重要性,最后"合"以"是因着艺术家的'真性情',才有了今天精妙绝伦的艺术世界",结构严谨而圆满。美中不足的是"承"的部分篇幅太多,"转"的部分因而显得不足。本文获省级一等奖。(钟湘麟 特级教师)

有用、无用与大用
——艺术琐谈

□厉与非（北京师范大学附属中学高一）

我们应该把艺术放在什么位置？

它好像处于一些人视野的交界线处，既想真切些看到，又不愿靠得太近。

它在小学乃至幼儿园家长竞相报名的兴趣班里，又在家长撕毁的漫画里；在高中生两周一节的音美课上，又在高考报名志愿清单里。在许多城市，谁都想在孩子的履历里添上一抹艺术的痕迹，却在寒假毫不犹豫地让孩子放弃声乐而选择英语集训。人们难免是功利的，对于大多数人来说，艺术是"靠不住"的，艺术仍是不务正业的选择。

观察高考数据，艺考日益火爆，考生人数逐年增多。是学生们逐渐自发地爱上了艺术吗？是艺术将要繁荣了吗？其实不是，只是越来越多的人发现，通过艺考升学似乎是一条"捷径"，因而将其当作向上攀升的工具，造成了一种艺术热的假象。

艺术是一泓明净的文化源水，本是对人们浮躁乖戾心境的救赎与疗愈，是中华五千年传承下来的平淡天真、纯洁灵性的人文品格的寄托。在如今这样实用主义大行其道的社会环境中，人们习惯于计算成本、利润、收益，衡量得失的基准便是实用。艺术本是抽象的表达，却也能用金钱和收益来计量价值，但算出的仅仅只是艺术被物化后被世俗所估称的数字，并非其抽象精神所拥有的价值。

如今的人们，总算是离艺术近了一步，却趁其不备将艺术教育一把拽入"实用"的陷阱，判断学习的标准变成几级证书是否能加分、比赛奖项是否能计入综评。人们终于揭开艺术神秘的面纱，仿佛看到她的真容。人们急于打量她、观赏她，对她评头论足，自以为已经了解了全部的她，已经能够利用她，却不愿再多看一眼她纯洁而赤诚的心灵。

艺术到底是"无用"的。凡·高一生穷困潦倒，只卖出一幅售价八百法郎的画，十几年如一日地作画，没有金钱，没有鲜花，没有掌声，却用尽一无所有一无所用的短暂一生，留下无尽想象力和生命力，十一幅向日葵太阳般照耀西方美术史。清朝的著名文人郑板桥不为五斗米折腰，六十岁以后到扬州卖画为生，却因经常卖不出字画而处于穷困潦倒中，大多数情况下需要朋友的接济才能艰难度日。

然而，孰人敢言艺术真无用？

我们到底为什么需要艺术？鲁迅提出"不用之用"的命题，与王国维的观点遥遥相合，"美之性质，一言以蔽之，曰：可爱玩而不可利用者是已"。周国平说过："世上有味之事，包括诗、酒、哲学、爱情，往往无用。吟无用之诗，醉无用之酒，钟无用之情。终成一无用之人，却因此活得有滋有味。"

艺术之美，就因为艺术无用，就因为艺术的无目的性，就好像走在路上，不那么在乎目的地的时候才能抬眼看看四周,才能察觉到最为美丽的路上的风光。艺术充满了无限的可能性,可以自在地走,不必担心会迷失方向。

艺术之美,还因为艺术以一种超脱而严厉的态度来面对现实的灾难,启迪人们沉睡的心灵。艺术家们将思想的活水注入艺术洋流,简约的画面撕开血淋淋的伤口,毕加索以《格尔尼卡》控诉战争的暴行,指斥"这是你们的杰作"。

艺术之远,唤醒了一种情感,可以是爱、快乐甚至是痛苦,可以是浩瀚而渺小的心绪。艺术家用声音、色彩描述出来,因而与我们产生共鸣,洗刷了我们灵魂中日积月累的灰尘。

有人说,学艺术也无非像是教书、做生意,即便有用,也都是为了吃饭,为了生活;也有人说,艺术如果只被当作赚钱的工具,那就是对艺术的玷污,应当当作热爱的理想。

事实上,把艺术当作什么都不重要,艺术就在那里,艺术已然渗透生命,那不是高不可攀的云端,而是低头就能嗅到的野花,在历史的长河之中径自野蛮地生长,曾历四面火光,又年复一年地等到春风。

艺术终究是生生不息的,只要人间丰富的情感没有流失。如梭的岁月里,让我钟情的是看一场朝阳初升,听一夜无边夏雨,让恣意的期许浸润困顿的时光。

有艺术之诗意旦暮间相伴,我愿跌坐塘边看鱼,手持清风待明月,眉挑烟火过一生。恰似草木对光阴的钟情,撞入怀中的青山,是对生活没有理由的热爱。

(指导老师:潘星樾)

【点评】

《有用、无用与大用——艺术琐谈》一文,篇首就提出"我们应该把艺术放在什么位置"这个问题,为全文定下议论的中心。文章先评析了在兴趣培养、报考选择方面艺术热的假象,指出这是将艺术引入了"实用"的陷阱;然后围绕艺术的"无用""大用"论述其价值,肯定它的"无目的性",能"以一种超脱而严厉的态度来面对现实的灾难,启迪人们沉睡的心灵",能唤醒"爱、快乐甚至是痛苦"的情感,对人生有着巨大的意义。深刻的道理在形象的语言中得到阐发。本文获省级一等奖。

(钟湘麟 特级教师)

艺术的门道

高三组总决赛题目

俗话说："外行看热闹，内行看门道。"这常常是说，在艺术领域，一般人能感受到的往往只是艺术作品的美感、趣味，而受过训练的内行却能发现造成这种艺术效果的原因和规律。在内行那里，音乐不只是好听的曲调，更是传达情绪的节奏与和弦；绘画不只是好看的图样，更是意境和思想的形塑；电影不只是角色的输赢斗争，更是巧妙的叙述和传神的细节……其他领域也有类似的现象：外行看到的是宇宙飞船一飞冲天的"热闹"，内行却更关心飞船运行的轨道、参数；外行看到的只是鲜花盛开的"热闹"，内行更关注的也许是花朵下面叶子和根系的生长状况；外行都能感受到菜肴的色、香、味，内行却更想了解原料的搭配、烹饪的技法……甚至日常的学习、生活中也是这样：肤浅者看到的只是最终分数与排名的"热闹"，善学者注重的却是解答每个题目的"门道"；你看到的是他与人相处左右逢源的"热闹"，我看到的却是他谦虚宽厚、待人以诚的"门道"……请根据你在艺术活动或日常生活中获得的经验，选择一个话题，以"门道"为题写一篇文章，也可在紧扣题意的基础上自拟题目，文体不限。

解析

单就"门道"这个题目本身来说，其实并不怎么新鲜。正如题目所给出的提示里所说的，所谓"门道"，也就是规律、技巧。而选择这个题目的主要目的，就是希望能引领中学生将写作和思考结合起来，在作文中呈现自己对于某些具体问题的深入思考和独到发现，并尝试用艺术的手法表达自己的思想与感受。

"门道"这个题目要求写作者对某个问题有比较深入的了解，甚至发现别人没有注意到的独特规律、现象。这样的要求对于一个高中学生来说也许有点高。但是，考虑到本届大赛的省赛阶段就已对写作的题材领域进行了限定，要求参赛者写与"艺术"相关的内容，要对相关艺术形式有比较深入的了解。正常情况下，省赛优胜者应该已经具备了较好的艺术经验，能够掌握、了解一定的艺术规律与技巧。也就是说，此次决赛的题目实际是省赛要求的延伸与深化，在难度上应该是可以接受的。

为了进一步降低审题难度，帮学生打开思路，题干中提供了看起来比较"烦琐"的写作提示。这些提示从三个方面列举了可以选择的题材范围：一个是艺术领域，列举了绘画、音乐、电影等艺术门类；第二个是科学及其他领域，列举了航天、生物甚至烹饪等行当；第三个领域涉及学生的日常生活，如考试成绩、为人处世等。关于这三个题材范围的提示，我们是有所考虑的——

第一个领域艺术是省赛题材的延续，也是"外行看热闹，内行看门道"这句俗语最常见的使用场合，已如上述。

第二个领域的提示主要是为了开拓学生的思路，使他们认识到任何一个专门领域都有着自己内在的规律，只有深入学习、研究，掌握了规律，才能使我们对事物的认识不再浮于表面，做到既知其然，又知其所以然，进而创造出令其他人感到惊艳的辉煌成就。这里我们特别提到了"烹饪"，主要用意在于提醒学生，所有的行当都有自己的规律、学问，写文章不一定非得将眼光投向那些看起来"高大上"的话题，就在这些也许不起眼的百姓日用之中，同样有着很深的"门道"。

第三个领域主要目的在于引导学生关注和思考自己身边的日常生活。很多学生总会抱怨生活平淡，每天就是上课、考试那点事儿，感觉"没有什么好写的"，殊不知就是这些日常琐事本身，只要勤于思考、善于发现，就能够找到许多有意思、有价值的话题，就能够写出一些很新鲜、很深刻的文章。

需要指出的是，我们特别在这一段的提示中列出了一条待人处世方面的"门道"。这样做的目的，一方面是提示学生，要注意到人际交往也是十分讲究技巧的，正如《红楼梦》中所说的"世事洞明皆学问，人情练达即文章"；另一方面，我们也试图告诉学生，与人相处的真正"门道"不在于很多人信奉的八面玲珑、虚伪狡诈，而在于"谦虚宽厚、待人以诚"，只有宽厚真诚的人才能真正得到别人的喜爱，获得他人真正的、长久的友谊与信任。

写作提示

1. 观点表达方面的要求

要清晰地表现出作者对于"门道"也就是某个领域所特有的规律、技巧的理解。

一是要尽可能地围绕所要表现的规律、技法来结构全文，不能只把"门道"作为文章的"点缀"。要清晰地表现出作者对于"门道"也就是某个领域所特有的规律、技巧的理解。

二是对观点的表述要清晰明确，不能打"哑谜"。有的学生往往叙述了很复杂的故事，所要阐发的道理却令人雾里看花。我们的意见是，不管所提出的观点多么深奥、专业，语言的表述一定要清晰明了，不能将深刻的道理说得简单明白的，不是好的文章。

三是在具体表达上，最好能换个说法，用"规律""技巧""道理"等词语来表示"门道"，如果只会用"门道"二字，说明作者很可能并不明白"门道"的含义。

2. 文章构思方面的要求

从文章构思来说，题目虽然是"门道"，但通常来说，如果要严格扣题的话，还是要呼应一下"热闹"，因为题干中专门引用的就是俗话"外行看热闹，内行看门道"。而所谓"热闹"，并不只是字面的热闹，而是艺术作品的整体效果或特定行为、事件的最终结果。一般来说，最终效果的呈现总是与某种内在动因相关联的，所谓"内行"，也就是能够发现导致这些效果的内在原因的人。因此，我们认为最扣题的构思方式应该是这样的：既能对最终的效果/结果有足够的渲染，又能落脚于对于内在规律、技巧的探究与发现。如果对于相应效果的"热闹"描述不够充分，也很难认为是最好的构思方式。

垂钓

□杨牧天（安徽省霍邱县第一中学高三）

又是一个密雨斜织的日子。

雨滴沾湿了姜尚的斗笠，也挂满了他的胡子，更打在他的心上。自从听说文王将路过此地后，他已经在这里端坐七天七夜了。然而，别说是人了，连一只飞鸟也不愿意在此驻足。他长叹一声，拂了拂脸上的雨丝，继续耐心等待着。

远方突然传来一声浑厚的"哞哞"声。

姜尚抬头看去，只见一个牧童正骑在牛背上，向他缓缓而来。这丝毫引不起姜尚的兴趣，于是，他转过头去，继续盯着水面上的鱼钩，直到牧童走近。

"老爷爷，你是在钓鱼吗？"牧童天真地问道。可姜尚依然坐在那里，没有动静。

牧童感到奇怪，似乎意识到应该"观钓者不语"吧，于是他也就静静地坐在那里陪着姜尚。可不一会儿，他被眼前的事物惊呆了，他难以置信地揉了揉眼，定睛一瞧——

那是只笔直的鱼钩！

牧童或许觉得自己被老人欺骗，观钓的兴致立即飞到九霄云外去了。他嘟囔了一句"怪老头儿"，拍拍身上的灰尘，气呼呼地走了。走了几步，好奇心便驱使着他再次回头，姜尚依然端坐在那里。突然，姜尚喊出一句"君入市俗门，我走通天道"，随后发出如同霹雳一般的大笑，击碎了牧童的好奇心。于是乎，他使劲拍打着牛身，仓皇地逃离了这个怪老头儿身边。

牧童逃回了村子，半惊吓半炫耀地向小伙伴们讲述了自己在河边的遭遇，还不忘夸一夸自己敢于接近怪老头儿的勇气。几个孩童听后，纷纷捂着嘴表示震惊与赞叹。消息很快在村中传开了。不一会儿，姜尚便同那"勇敢"的孩子一起在村中出了名。

第二天一大早，几个同样勇敢的无业青年组成了先遣队，另外几个好奇的孩子跟在后面，蹑手蹑脚地来到了河边。正当他们担心今天"怪老头儿是否会出现"时，姜尚披着蓑衣，出现在了岸边。他们兴奋起来，取出手机，拉近焦距，将姜尚的一举一动尽悉拍了下来，转手就发到了村子的聊天群里。

消息在村里炸开了锅，如同一道好菜，被村里爱讲故事的老爷爷老奶奶们添油加醋来回爆炒。更有一些好事者，将几张图片与其他从网上随意搜罗来的灵异照片放在一起，配上文字，发在了短视频网站上，一传十，十传百。"震惊！一奇怪巫师在河边直钩垂钓，似用法术进行捕捞"的消息被各大网络平台相继转发，立即冲上了当日的热搜榜。一时间，许多网红纷纷驱车赶往村子，想要借姜尚的热度给自己带来一些小利。

姜尚正坐在河边，盯着万顷碧波，茫然思考如何治国理政的时候，远处传来的车队轰鸣声引起了他的注意。"莫非是文王到了？"姜尚心中泛起了一丝欢喜。可远远望去，那车队好像并不是文王的御车，而是由一些名牌豪车组成的。疑惑爬上了姜尚的心头，但他仍然坐在那儿，静静地等着。

　　车队停了下来，上面下来一大群人。有带着烧烤架来做吃播的，有穿着 cosplay 服装来跳舞的，也有带着鱼竿自称"捕鱼达人"要来和"奇怪巫师"一决高下的……他们纷纷摆上拍摄用的支架，打开直播平台，开始"八仙过海，各显神通"。不一会儿，姜尚的身边被网红们围得水泄不通。但嘈杂的环境并没有影响姜尚思考。

　　第二天，网红们不约而同地再次聚在姜尚身边又唱又跳，然而，又来了一群小报记者，自称是什么传媒的，想要采访姜尚。姜尚明白他们也只是想来提高知名度，而文王是不会去关注这些小道消息的。于是，他纹丝不动，眼睛依然深情地凝望着那只笔直的鱼钩。

　　第三天，网红渐渐少了一点。谁知，一群纣王派来负责环保事务的调查人员却参与进来。他们闻讯而来，担心"巫师"在此地施展法术可能会引起水体污染。但来到此地后，他们也只是看了看河流的颜色，便驱车回局里了。坐下来写了一篇报告，伪造了点数据呈递给纣王，发了一篇公告便万事大吉了。

　　往后几天，人渐渐少了起来，热闹的河边也冷清下来。网红们纷纷满载而归，名利双收。只有姜尚一人留在那里等待着、盼望着，像那鱼钩一般直挺挺地坐在岸边。

　　也不知又看了几次斗转星移，姜尚的胡须已经沾满灰尘。这时，一列普通的车队，没有高头大马，也没有骑警护送，静静地从姜尚身边驶过。"这么简陋的车队，应该不是文王。"姜尚失望地想。

　　忽然，车队中的一辆车在姜尚身边缓缓停下来，从车上下来一位衣着朴素但面相不凡的中年男子。姜尚用眼一瞥——

　　这时河面上有风掠过，鱼钩轻轻摇动起来，姜尚心中的一池春水也开始波澜起伏。这数月之间，过尽千帆皆不是，但今日，居然真的等到了文王！姜尚忍住内心的激动，静静地坐在那儿。"老人家，您是在垂钓吗？"中年男子缓缓开口。"似在钓鱼，实钓人心，怀才静候，愿者上钩。"姜尚缓缓吟道。

　　"老人家，身上这么多灰尘，为何不洗一洗呢？"文王问。"身染世俗尘，心如明镜台。"姜尚答。

　　文王肃然起敬，召人从车上抬下一张席，与姜尚促膝而谈。姜尚心喜，于是将毕生所悟所学统统道出。文王听着，不由得向姜尚靠近，俯身倾耳。他们谈了许久，直到奄奄黄昏后，寂寂人定时，文王才把姜尚请上了车，取消了原先的调研活动，连夜返回周地。自那天起，文王的王宫数夜灯火通明。姜尚得以拜相，辅佐周政。

　　数年后，武王伐商，周天子统领神州，建立周朝。当官方媒体宣布姜尚被封为齐王后，一夜之间，姜尚的社交账号涨粉百万。大家都在说，当年的那个怪老头儿当上了诸侯王。一时间，各种恶意揣测、诋毁层出不穷。然而，姜尚不为所动，只在账号上更新了一首小诗：

　　"君入市俗门，我走通天道，门道无人解，自有上钩人。"

　　而他的头像，换成了一只鱼钩。那笔直的鱼钩，正在密雨中不屈地矗立着。

（指导老师：屠利娜）

【点评】

　　《垂钓》用一种虚拟和穿越的形态，把时事与历史结合得比较完整，有鲁迅《故事新编》的味道，在诸多作文中颇显创意，其中体现出的古今映照、反讽亦颇有意味。如果能够将这些手法贯彻得更彻底一点，文章会更显深刻。本文获决赛特等奖。（杨早 社科院研究员）

在水一方

□陈彦羽（江苏省梅村高级中学高三）

"这曲子真好听。"

"我也觉得不错。"

"这个作品应该是协奏曲，四分之二拍，节奏还挺快。a小调，小提琴主奏，有大提琴、中提琴、贝斯的和声。有点耳熟，像是莫扎特的风格……"侧耳倾听了一会儿的我轻声哼唱着。

两个同学惊讶地看向我，住了口。气氛一时有些尴尬。

"不好意思，你们继续聊。"我朝她们笑笑，小步走开。

"你看看，什么叫'外行看热闹，内行看门道'！"身后的两人互相打趣道。

我莞尔。曾几何时，我也是音乐殿堂外那个只会发出赞叹声的门外汉，站在陆地望着水面泛起的朦胧白雾不明所以。

那时年方五岁的我，对音乐格外痴迷。蒙父母宠爱，我如愿开始了小提琴的学习。然而，学起来才知道没有想象中那么容易。我在汀洲上看到的水域，尚不及浩渺湖水的千分之一。别说驶向湖心，就连驾起这叶小舟都困难重重。好在，年纪虽小，志气不小，我跟着老师一步步地向前走，走了九年，却发现自己只是在离岸不远的地方打着转，越转越不知前进的方向，越转越感觉到深渊般的绝望。

"小姑娘，你不要学得这么死嘛！"老师总是说，"我看你这个人挺有灵气的，拉起琴来却只是机械地把音符排列组合，怎么能这么学音乐呢？"

"……"我紧握着琴弓，眼泪不受控制地溢满眼眶。

看我如此，老师不得不把语气缓和些："说到底，拉琴不仅仅是技能，还是一门学问、一门艺术。技巧我可以教给你，但是这些技巧、这些知识如何实际应用、为何要用，还得靠你自己去理解、去揣摩、去领悟，我们音乐的'内行'，讲究的不就是这么个'门道'吗？"我点点头，生硬的旋律却不见改观，老师无奈地叹了口气。

某日，我读到伯牙与子期高山流水遇知音的佳话，怦然心动，若有所思。音乐，原是用心打造的情绪载体，抑或是情绪本身，是描绘生活的画笔和染料。琴音响起，如同缤纷色彩在画布上晕染翻飞追逐，勾勒出山水，勾勒出心境。小舟稍稍停留，似在等我做出回答。

也许我该去读读音乐家们的故事，读读乐音的故事。于是，我邂逅了莫扎特的天资聪颖、贝多芬的不屈命运、柴可夫斯基的无尽诉说、肖邦的赤子之心；我聆听古人"诗言志，歌咏言"的教诲，感受琵琶女与白居易天涯沦落的苦楚，想象李凭箜篌石破天惊的震撼；我在曾侯乙编钟的清越里梦回商周，在《保卫黄河》合唱的慷慨激昂中传承忠魂，在谭盾与石头老人的相遇间拾取失落的纯粹与美好……正如米兰·昆德拉把音乐的力量融入文字，我是否也应像写文章般使那千变万化的节奏、调式、和弦、旋律，顺着我的心绪，为我自己的情感服务，而非把它们当作公式生搬硬套？雾霭淡了些许，我尝试着拔去心中的云。

　　乐团演出要求，我被迫离开家乡，前往异地集训。我一无所有，身边除了行李便是那把陪伴多年的琴。自小未曾离开父母，离家如此之远，我的心如同窗外的雨幕，湿漉漉的。盛夏之末，蝉鸣化作点点淡墨渲染着夜色，日夜的训练让彻骨的别离也模糊了身影。休息时，我默默地走到门前，和着雨音，情不自禁地举琴而奏。玻璃门外，行人撑着雨伞匆匆而过，我身后，同学们正嬉笑打闹着。而我，万千愁绪流淌于指尖，将宫商角徵羽奏律成弦，享受着跃动的音符将我的心房轻轻叩击，静玉生烟，荷雨浸月，落霜纷纷，音吹白雪。微闭眼，四季之景在我眼前轮转，似真似幻。小楫轻舟，梦入家乡的青石巷；探寻音乐的门道，原不过"心意"二字。

　　雨伞撑开了空间，雨水遮蔽了双眼，将我淹没的思念，倒映出一轮明月。

　　"思乡曲……想家啦？"老师不知何时来到身旁，兴许是我太投入了，"这是你这支曲子拉得最好的一次，揉弦还得再练练。本来就是受过训练的孩子，基础很不错。再加上对音乐的推敲理解，你算是找着门道啦！"从音乐中品味情绪分析技巧，真不愧是老师。所谓"知我者，谓我心忧；不知我者，谓我何求"，老师也可以说是我的知音呢。

　　乐琴瑟之莲花般静谧，方知俗世喧嚣不染初心。此后的许多次上台，我并不在意他人的指指点点，外行的热闹是他们的，浮光掠影，谁解其中味？人类的悲欢本不相通，我只随心之所向。

　　"夫天地者，万物之逆旅也；光阴者，百代之过客也。而浮生若梦，为欢几何？"一把琴的存在，即是幸福，像一个石槽，将人生所遇万事万物，如雨水般倾落其中，化作静水流深的旋律。从一时兴起到成为爱好再到生命不可分割的一部分，多么不可思议，又多么幸运。

　　兼葭苍苍，白露为霜。如今，我在水中央，得以窥见别样的清丽旷远。

（指导老师：杨玉琴）

【点评】

　　标题用《在水一方》，自含有追寻的周折与觅见的欣然。叙写门道，以音乐为题材者众多，此文在其中特色鲜明。化知识信息为心绪心意，行文自然清新；融经历经验于叩门问道，时现深思高境。本文获决赛特等奖。（施战军 评论家）

戏·魂

□陈婧桐（广东省广州市第二中学南沙天元学校高三）

一

　　我是一名小生，皮影戏里的小生。

　　无光，无问，无声。想来，我已在这旧匣子里躺了有好几个年头。僵直的身板，卷曲的手，还有，被重物压着的腿……无不让我怀念在灯光下的律动，怀念那时在老宗师手下的灵动。无奈，物是人非，老宗师已离世数年。更何况，四面秃壁，斩断了我远飘的思绪。

二

"现在是何时了？"我问。可惜，这终究是我一人的天地。

"咣——"门被打开了！

是有人进来了，我想，不过他进来做什么呢？我拖着我的身，靠在这匣板上，听着外面的一举一动。

"怎么没声了？"我眉头轻皱。忽然——

暗淡的匣子里一瞬间充斥着光亮。尘啊，灰啊，在这光束中肆意地舞着、跳着、欢闹着。意外，失措，惊喜，我强睁开眼，好看清光的模样。那人把大掌向我伸来，迎面拂来一股久违的风。

——我被那人带出了匣子！

三

外面的世界啊！外面的世界啊！我大张着嘴，贪婪地呼吸着新鲜空气，舒展着我的手脚。虽然不知道后面将会发生什么，但，这一刻，值得了！

才想起忘记看清这人是谁，我轻歪脑袋：圆脑袋，厚唇，却有干净利落的眉峰，确实有大家之风。但，我没见过他，或许是老宗师后来的门生吧。

走过那皮影戏舞台，我的心久久无法平静。当年在台上意气风发的皮影小生，如今，沦为历史的"遗孀"，我不禁自哀。

"还能像从前那样吗？"我不知道。

四

"汉文，叫你拿的东西你拿了吗？"

后台的里头，坐着一位老者，声音苍劲，浑厚有力。

我认得他！他是老宗师的得意门生——宋岩！

"拿了，师父。这就是您让我带上台演出的角儿吗？"

"不错。这是老宗师弥留之际传下的，考验你火候的时候到了。"宋岩捋了捋花白的须鬓，"快准备准备，该你上场了。"

听罢，汉文却不懂师父的用意，只是按部就班地拿了一条手帕，擦着我身上的尘。

"什么考验不考验的，不过就是谋生的一门工具罢了。"汉文轻声说，却被我只字不漏地听入了耳。我突然有点厌恶同他上台了，倒不如回到那匣子里无所事事。

五

"下面有请汉文为我们带来《杨家将》！掌声有请汉文！"

我随着汉文缓缓步入舞台。接着，被他放置在那幕上。

站在幕上，我感受着那幕的余温，享受着那暖黄的灯照在身上的感觉，注视着台下数以百计的目光。顷刻间，我被数年前那熟悉的感觉紧紧萦绕。那一刻，我似乎有点期待这位汉文小将的戏了。

"轰隆呛——轰隆呛——"这《杨家将》开唱了。

移位，跨步，跳跃，我在汉文的支配下宛若当年保家卫国的杨家将士，身体里的记忆，也在汉文手下渐渐苏醒。

"忠心赤胆杨家将，浴血沙场保家邦……"汉文铿锵地唱着。若是外行，此刻必定已拍手称赞，连连喝彩。但，我可是老宗师留下的东西，石头和美玉，我还是能辨的。

别看那汉文唱得字字有力、句句豪迈，实则有壳而无实，这小子的确还差点火候呢，我想着。

不过，这唱戏的时间也是过得飞快，一曲终，汉文向着台下的戏迷鞠躬道谢，台下一片掌声。我也仍在细细回味着这场时隔已久的戏——不好也不坏，就是哪里出了问题。

六

我随着汉文下了台，又被汉文带回了后台。恍惚间，我仿佛听到了一阵戏音。

"是台上的门生仍在唱吗？不是的，汉文是最后一个登场的。"

我寻思。然而愈走近后台，那阵戏音愈发清晰。走进后台，油灯下，宋岩赫然端坐在里头，手握着角儿，那戏音正是他发出来的。

宋岩瞧见汉文，便使眼色叫他坐下，不必说话。"嗒嗒——"戏起，"鸟未亡，狐未死，国仇未报，壮志未酬"。宋岩唱着，浑厚，苍凉，嘹亮，这天籁之音充斥在我的耳畔，恍若那就是老宗师。

我止不住地两眼发热。"嗒嗒——""还我家国——"曲终，声灭，却在我心中久久回响。我仰望着汉文，才发觉，他也早已听入了神。但又想起上台前他的那番话，我不禁笑了，他真的懂吗？

"不愧是师父！"汉文拍手叫道。

"你还记得这是哪出戏吗，汉文？"

"当然记得，这是《岳飞传》，师父。"

"不错，这是我教你的第一出戏。"说罢，宋岩将我从汉文手中拿过，"这也是我学的第一出戏。那时，老宗师说'我教你《岳飞传》吧'。我不懂为什么要学它，但老宗师却从不解释。直到那年，日本人扫城，老宗师仍在那炮火残垣中为老少百姓唱着这戏，我才大悟。"

宋岩把我捧在手上，在他眼里，我窥见了老宗师分明可见的影子。

"外头人说戏子就是谄媚的、弯腰逢迎的，但，老宗师知道戏子的心是赤红的火，燃烧着的是华夏子孙滚烫的血。我们唱的不是戏，是诚，是忠，是国魂！"

汉文的脸通红。宋岩轻抚着我泛黄的身，握起汉文的手："师父相信你，你可以的，是吗？"

汉文接过我，深深向师父鞠了一躬："我明白了，师父。"

我被汉文揣在怀里，似乎对这门生的感情有了些许变化。

七

接下来的日子里，我不再躺在那匣子里幻想世界，而是在汉文手下，渐渐地重焕生机。日复一日地揣摩、融合，那个唯求生计的汉文变得淡泊，身上淌着的血却日益滚烫。我感受着汉文的变化，见证着汉文的成长，对这门生的看法也随之改变——是的，我觉得，那小生，要回来了。

八

时隔多日，戏馆再次开张唱戏。这次，汉文演的，正是宋岩教给他的《岳飞传》。

紧张，期待，我再次站在幕上。汉文手提细线，转身，移步，跳跃；我在这幕上行云流水地跳着、跃着，当年那个意气风发的小生，在这位年轻的门生的手下，真的回来了。

"心未当，仇未报，何时灭……"伴着汉文的戏，我翻开了记忆的卷轴。

在泛黄的纸浆里，我看到了老宗师在日本人枪口下腰板挺直的模样，看到了老宗师唱皮影戏的庄重可敬，看到了宋岩在老宗师藤鞭下一板一眼学戏的模样，看到了宋岩接过老宗师戏班时许下的铮铮誓言。

然而，最让我欣喜的是，此时此刻，我在这位年轻门生身上看到了中国人的脊梁！

曲终，但声不灭；前辈可畏，后生可望。

光下，我望向这位门生："你入道了，汉文。"

（指导老师：李婷婷）

【点评】

文章以皮影戏这一非物质文化遗产项目来写"门道"，写出了皮影戏里的"形"，更写出了其"魂"。"形"是表面的，是"热闹"；"魂"则是深层的，是"门道"。文章构思巧妙，有一定戏剧性冲突，起承转合自然，引人入胜，既有文化的深度，又体现出历史的传承，是一篇优秀的作文。本文获决赛特等奖。（王士强 诗歌评论家）

门道

□丁若涵（江苏省南京师范大学苏州实验学校高三）

初次见面时，晚霞的余晖映照在橱窗那台华丽的三角钢琴上。橱窗外车水马龙，橱窗里亮着黄晕晕的光。年幼的我第一次敲开了那扇玻璃门。

琴行的老师是个年轻的女人，屋子里摆着名贵的乐器，她常常坐在屋角那台钢琴后面，安静地翻着乐谱，偶尔敲击琴键，发出轻快的鸣响。她似乎一点不像那些司空见惯的乐器老师，总是因为一两个指法或节奏的错误而大发雷霆。她总是在弹奏前讲许多故事，那时的我并不明白为何钢琴课如同语文课一般饶有趣味，只是常常惊异于故事中的人跌宕起伏的人生与情感。她常常说，音乐之道在于理解。年幼的我如何能理解这句高深莫测的话，只是常常见到她闲暇时一人弹奏，和窗外的车水马龙构成残破的剪影。复古式的灯具散发着黄晕晕的光，挂在墙上的木制提琴的金属弦，三角钢琴上摆放的一束玫瑰，不知怎的就给原本平平无奇的屋子染上一丝浪漫，仿佛把时间拨回到十九世纪的维也纳。

我永远记得第一次听到《月光曲》的情景。终于弹完了枯燥的练习曲，我坐在琴边，那时已是华灯初上，霓虹还未曾完全亮起，玻璃窗外传来若有若无的鸣笛声。琴声把人拉入沉沉暮色中，那是十九世纪的一个夜晚，舞池里歌舞升平，厅外喷泉旁月光皎洁。那是一个微醺的夜晚，空气里弥漫着一股淡淡的无奈与忧伤。夜色凉如水。

我突然想起曾经看到的凡·高的一句话：没有什么是不朽的，包括艺术本身，唯一不朽的是艺术传达出来的对人与世界的理解。

不明白为何一个为了妓女割去双耳、抑郁寻死的人能画出无比耀眼明艳的花朵，为何一个双耳失聪、日夜酗酒的病患之人能创造如此皎洁无瑕的音乐。

她曾经这样对我说，当你听到一首曲目不再是仅仅觉得它"好听"，不再是单纯地听出它的变调或是和弦，而是能够与乐章一同共鸣，那便是真正理解了。过去我不曾理解这句话。

如今再想，似乎这便是钢琴之门道。

猛地想起曾经看过的一部电影《海上钢琴师》，无比流畅清澈的琴音从指间流淌出来，如同玫瑰的第一次绽放，源于一次深知再见遥遥无期的相遇。又想起早已过世的坂本龙一先生，在日本3·11地震之后，弹奏一架被海水侵蚀不堪的钢琴，呕哑刺耳的声音早已不是钢琴天生清丽的声响，他却弹得那样动情，仿佛这架破损的琴尸里浸润着夜空与大海，那是失去调音后最天然的声音。

后来，我爱上了诗歌，惊异于司空见惯的文字组合在一起竟然能展现如此的波澜壮阔，才明白八十八个琴键真的能描绘一整个世界，原来有的人一生都活在这些琴键里。我便是在这一次次的震撼中，逐渐理解了钢琴的门道。从第一次为古老的爱情而流泪，为克罗地亚饱受战火洗礼的人民而痛心，歌颂冲锋的勇气，渴望和平的到来，到感慨于宫廷的歌舞升平，赞叹如同大海般波澜壮阔的命运，聆听秋日闲暇的午后私语，欣赏多瑙河畔柔美动人的风光……这种情感已然融进了血液中，随着生命之书不断翻阅而不断奔流涌动。

我曾经在学校的一个无人角落找到一架许久无人触碰过的三角钢琴，自以为找到了一个鲜有人知的地方，弹起了我学会的第一首曲子《罗密欧与朱丽叶》。曲罢却看见门外站着好几位闻声而来的同学，争着问我是在哪里学的钢琴。恍惚间只觉心中有一问题不断盘桓，世间真正能与乐章共鸣的有几人？多少人能听懂来自百余年前的刻骨铭心的爱意，就像人们看着如烈焰一般的向日葵，高声讴歌凡·高乐观向上的品质般荒唐。人们买着价格昂贵的门票拥挤着进门，又有多少人真的能理解台上的人到底在弹奏着什么？谢幕后千篇一律的评价"不错""好听"，又何尝不是钢琴家的悲哀？

我离开家乡五年之久，那家琴行也不知去向。开发的房地产，机械的轰鸣，再也留不住那些古老而名贵的乐器，古典的乐曲似乎早已迷失在传遍大街小巷的流行曲目之中。

如今每年被送去学钢琴、提琴的人不计其数，这当中到底有多少人真正能理解琴之门道、艺术之门道？

那时候她说，倘若有一天能在琴键中注入自己的情感，那便是钢琴的门道。少时不懂，如今已然明白。这又何尝不是一种对话？穿越百余年回到那座华丽的宫殿，弥漫暧昧与酒气的舞池，喷泉边皎洁无比的月光，破败屋子里的颓唐失意，大海边波涛怒涌的疯狂，围栏处那深爱而不得的少女……

虽只有八十八个黑白琴键，却弹奏出世间百味、人生百态。琴与艺术从来不是为了指法而存在，真正应该做的是在乐章中找到自己，在乐章中理解自己，在乐章中成就自己。

那天夜晚，我一个人从上海坐车回家，璀璨的霓虹照亮了天幕，拔地而起的高楼如同迷宫。我来到站台边，猛地听见楼下正有人用小提琴演奏《月光》。提琴深沉的声音显然与钢琴温雅清丽的声音不同，我却难以克制地流下眼泪。

恍惚间我回到那个傍晚，夕阳染红天空，橱窗外华灯初上，车水马龙，橱窗里静谧美好，玫瑰花悄声绽放，让人回想起十九世纪舞池里弥漫的酒气和舞池外皎洁的月光。

原来真的有人用一生驻足在黑白的八十八个琴键里，原来真的有人能将琴键作为耳和眼，静静地注视着世界，原来真的有人怀念着十九世纪舞池边的月光。

那是我们的第一次碰面，曾经站在橱窗外张望的我，如今已成道中人。

（指导老师：顾萍萍）

【点评】

这篇文章构思巧妙，表达力强，生动诠释了钢琴学习中的"门道"。钢琴的指法、技艺只是一种基础，更重要的在于对人生、对世界的理解，"在乐章中找到自己，在乐章中理解自己，在乐章中成就自己"，如此才算是真正进入了艺术之"门"。由这篇文章，我们也看到作者在此过程中实现了人生与艺术双重的成长与进阶。在有限的时间内，写出这样一篇文字精彩优美、内容深刻传神的文章，殊为难得。本文获决赛特等奖。（王士强 诗歌评论家）

灵魂与现实共舞

□邵雪妍（江苏省邗江中学高三）

梅子黄时，乍暖还寒，一声惊天的春雷震响了小村。绵绵细雨自苍穹坠入人间，时而淅淅沥沥似乱珠飞跳，时而滴滴答答如笛声暗飞。屋前青石板路的细小缝隙中也凝出了春意，嫩芽依着石板恣意生长，在和煦的春风中微昂头颅，在温润的细雨间舒展身躯。

小村的风光自然是极美的。家家户户白墙黛瓦，似是善水墨的画匠泼墨而作又细笔勾勒出的长卷，那如同千年不腐的丝绢般的碧河汩汩涌向远方，默默诉说着小村的百年历史。

他年幼时最爱做的事，莫过于坐在河岸边，握着不知从何处拾来的树枝，在泥地的画板上粗浅地描绘小村的样子。排排房屋鳞次栉比，小河绵长而纤细，过往行人步履匆匆，急于农事……这是他笔下的小村。孩童的笔法稚嫩，不加过度修饰，甚至会显单调，但却是明明白白，河是河，人是人。倘若随便拉个过路人，指着画作问他画的是什么，那人必定朗声笑道："这不就是咱们村子吗！"

朝阳东升，落日西垂，春雨蒙蒙，冬雪簌簌，他在一次次落笔中成长，他的画技亦是越发成熟，从原本的落木泥地，到现在的笔墨纸砚画具齐全。他手下的小村也是越发美丽逼真，叫人一眼看了就能认出哪是哪。他享受着人们的赞誉长大，心中也曾波澜四起，想着再仔细一点，画得更真些，却在完成后的一顾中怅然不已，只觉得少了些什么，但对比眼前的景色，却又查不出到底少了什么。

鸡鸣乍响，钟鼓敲彻，朝阳破云而出，光辉似流金般倾泻而下，落在波光粼粼的小河上，刹那间绽出碎金落玉般的浮光。今天的小村格外热闹，他匆匆穿衣，出门拉过个人，好奇地问道："今天怎么了，这么热闹？"那人抬首瞧见是他，面露喜色，大手一挥拍在他肩上："哎哟，今儿来了个会画画的，画得可好了，你也快去看看，指不定对你有用。"

闻言他再也坐不住了，步履匆匆挤进人群，一瞧那旁人口中"会画画"的人。女人被人团团围着，身前摆着画架，指尖捏着铅笔，手腕如同蝴蝶振翅，一下下地摇动着，铅笔在纸上"沙沙"而过。她眉眼中都凝着认真，时而眉峰微蹙，时而唇角浅勾，指尖抹过画纸，一团铅黑落在皙白的指尖，如同那黑白棋子交错，黑的沉重，白的晃目，但她却是丝毫不在意，一弹手指，继续着她的创作。旁人的惊叹声不时袭来，她却丝毫不受干扰，垂眸点点完善她的作品。

时光渐去，她依旧专心创作。身侧的人群渐散，她得以喘息，迫不及待地昂首看看她所画的东西。落目是一片灰白黑，画面素雅细致，轻扫时铅痕沾纸，淡灰坠入，手腕微微发力，上扫着力，颜色加重愈显凝黑，在灰黑交错间，小村的风光跃然纸上。他目不转睛地看着，心随着笔尖微颤。终于最后一笔落下，她起身拿起画纸，指尖微弹，细碎的粉尘坠落，小村的风光便凝在了纸上。他落目一扫，只觉惊艳，但却在细看之下，恍然发觉不同之处：她笔下的小村并不呆板直白，不同于眼前的风景却更胜眼前的风景。

女人回眸，目光落在他身上，唇角轻轻扬起，似是问好。他却有些焦急地指着她的画作："这儿，这儿，还有这儿，画错了，不是这样的。"他急匆匆说话，只觉得嗓子发痒，末了才意识到刚刚行为的突兀，面颊泛红，低着头一言不发。

"村子的风景很美，人情亦浓，只局限于现实，未免有些浪费这番风光了。"女人笑着说完，便转身离开，身影消失在远方。他呆立在原地只觉得恍惚。

回家取出自己的画作，脑子里却全是女人刚刚的作品，高低立判。他笔下的小村是小村，却也只是小村，透着原本的风情，却少了他心底的那抹感觉。

他在小村长大，受穿村而过的小河哺育，他曾贪玩攀爬上门口的槐树，一品槐花苦中带甜的滋味，涩了口舌；他曾赤脚踏过泥泞的水田，淤泥沾上足底，湿了脚尖；他曾和路过门口的每个行人问好，他们都是他所熟悉的亲人……小村的风光远不止于眼前所见，绘画的门道也不止于逼真，只是刻板地落笔，纵然画出了眼前景，却绘不出人情冷暖，凝不出小村百年不朽的魂魄聚力。

他重新捡起纸笔，笔锋漫漫，青山将出；腕骨翻转，房屋将显；敛目垂眸，笔画一转，远方不见的风情亦浮于其上。那是他所熟悉、所喜爱、所想要的。

纸笔落下，他方才真正体会到绘画的门道：绘出现实，超越现实。将情入画，画融于情。将自己融入现实，顺心而为，将热爱赋予生活。山川绿水流淌而过的地方，或许曾是祖辈辛勤耕作的沃土；炊烟袅袅升起，或许是一家其乐融融之时；石间绿芽生长，或许是蛰伏一冬后绽出的生机。若只局限于眼前所见，岂能看到深埋于后的独特风光，又怎能画出心中所想，泼墨山水也终将是毫无灵魂的木偶。

风光与情怀相聚，灵魂与现实共舞。

终了，他也朗声笑道："这不就是咱们村子吗！"

（指导老师：吴会娟）

【点评】

本文通过对比两个画家笔下不同的小村风光，凸显出艺术创作既要"绘出现实"，又要"超越现实"的"门道"，关键在于能否"将自己融入现实""将热爱赋予生活"。结构严整，蕴藉隽永，光昌流丽，巧妙呼应"外行看热闹，内行看门道"的主题，也揭示出"风光与情怀相聚，灵魂与现实共舞"的人生哲理。虽有白璧微瑕，仍不失为一篇上乘之作。本文获决赛特等奖。（顾之川 人民教育出版社编审）

弹情

□崔逸涵（江苏省常州市第一中学高三）

演出后台的休息室里，我在一堆乐谱的残骸与东倒西歪的谱架之间，望向她因为疲惫而略显苍白的脸。我轻声对她说："恭喜你，老师，这又是一次完美的演出。"

我不止一次地羡慕她，羡慕她高超的技艺与精湛的表达。钢琴不比我所学的弦类，其音符与准确度都是既定的，也无法通过功法与揉弦来改变作品的行进。所产生的效果完全来自对于节奏的把控与轻重，要在朽木一般枯燥的技法上推陈出新，滋养繁花，难度可想而知。

只是方才我坐在观众席上，和周围的所有人一样屏息敛声，震惊得无法言语。黑白琴键好像被切割成了两个不同的世界，低长宛如严寒之下铁骑的阵脚，稳稳托盛着高音的呐喊。所有明艳的色彩几乎在一瞬间爆炸开来，在节奏中翻滚盘旋，被拉长成两条平行的动感长线，音符的凛冽刺痛我的双眼，又在一瞬间合并成一阵软融的春风。我仿佛一片落叶在浪潮里沉浮，在气旋中缓慢坠落。好像每一次敲击琴键都是一个尘埃般渺小的生命在挣扎，我在见证一场盛大的新生与死亡。

我惊叹得说不出话来。坐在我旁边的指导老师轻笑一声，转向我说："你不是一直苦恼于演奏的门道吗，不如去问问她？"

"明明是不同的乐器，不应该门道不同吗？"我反问。

"相信我。"他的脸转回去，重新隐入了会场的昏暗之中。观众高喊着请求她返场，而钢琴纤长的支臂托着腮，沉默地凝视着某个地方。

"音乐从来都是同一门语言。"那天她温柔地告诉我，"你想要的门道是共通的。"她眉眼弯弯地笑着，那份难得的真挚让我有一瞬间的恍惚，好像她是一个明眸善睐的小姑娘。

"每个人生来都有被艺术眷顾的能力。就像是你的双手，在钢琴上，左手用来铺陈低音，右手用来添加旋律。就好比你的小提琴，左手用来奠定音符的基调，右手用来控制轻重缓急、乐章的进行节奏。双手的排布与分配，便是演奏成功的所在。"

我低下头，看着因为紧张而微微出汗的手，看着上面隐秘镌刻着的杂乱无章的斑纹，如同我在乐谱上标注的技巧提醒一般矛盾密布。"太不争气了！"我握紧右手暗自骂道。

可是就在下一秒，我的左手被温暖包裹住了。她拉起了我的左手，冲我摇摇头，脸上流露出一丝沉重。

"我见过无数个像你一样的孩子，你们太在意演奏的技巧了，"她说，"你演奏的时候一直惦记着下一个小节的技巧和节奏，对吗？"

我点点头，因为迷茫而不知所措。我好像一直都在追求所谓的完美，即循规蹈矩地遵从那个既定的评判标准，难道不该这样吗？我张了张口，却什么也问不出来。

她说："或许你愿意听听我的想法。

"每个人生来都有被艺术眷顾的能力，右手代表我们后天的表达，正如语言一样，成为必不可少的一部分，但是有既定的标准。而你的左手代表的是感情的底色，是未经雕琢的，音乐最本真的所在。

"正如有的成年人在一瞬间变得沉默，我们渐渐学会了把自己嵌入一个同质化的标准。所有人都在乎如何以后天的技法达到这个标准，而逐渐地，左手在乐曲中隐居幕后，销声匿迹。

"在你还是孩子的时候，你记得吗，你还没有学会熟练地使用自己的右手，尽管你的一切都被稚嫩粗暴的天性支配，你的声音仍然清澈明亮，它们能够穿过群山与旷野。"她递给我一张曲谱，是圣-桑的《动物狂欢节》，今天安可的曲子。与我印象中不符的是，那张乐谱一尘不染。如果在从前，我会认为这是因为她把所有技巧熟记于心，可这次，我的心颤动了一瞬。

"我完全没有在意过标准如何，"她弹了弹纸背，狡黠地冲我眨了眨眼，"我在想一些，我们都曾经历过的事情。闭上眼睛，我再给你弹一遍，然后告诉我，你看到了什么？"

有些悲伤的音符再次在我的周身流动起来，狂欢之后的寂寥与孤独感渗入我的每一寸皮肤。我忘记了那些让我抓狂的、难以企及的标准，回忆如潮水般涌入。我想起夜晚搭乘过的末班车，鼾声与夜晚的泥泞黏合成一团；想起氤氲的饭菜香气之中模糊的远去的亲人的脸；想起曾经的病房里大敞四开的窗户，阳光下雀跃的花粉和因为过敏起的满身红疹。

后来不知道从哪一天开始，我变得忙碌、疲惫，而后沉默。我日复一日地在学校与琴行之间奔波，为了考级和比赛不断地追求高超的技巧、繁复的华彩、分数、掌声、夸耀，我的手被琴弦磨出一层麻木的茧。音符早已变成公式，死板，冷漠，毫无生机。渐渐地，我的生活好像也变得模式化，我似乎丧失了对当下美好的感受。

我以为我早已忘记了这些瞬间，直到今天我才意识到，我一直望着那扇满是花粉的明亮的窗户。那些抓得住的、抓不住的，灯花流火般散落，它短暂地在我生命中闪烁过后隐入尘烟，天空遥远而辽阔。

它们是乐曲的组成，是我的左手，潜伏在深处的暗潮涌动，手掌之间如影随形的裂痕。

这些生活里的瞬间，它们才是音乐最本真的来源，它本该赤条条地来去，却不断被曲解，被铐上繁重的枷锁，从而限制了它触碰天空的自由。音乐变得和社会竞争一般论迹不论心，可过度苛刻的标准与刻意追求的结果，本身就是一种平庸。

有的人任由自己忘记它们，依仗右手的庇护，握住权柄，只手遮天。而有的人以某种方式记录下它们，就像她把别人尝试抹去的斑纹背负在身上，那些裂痕成为音乐中的缝隙，却是阳光照进来的地方。

她帮我把琴盒打开，架琴，起弓，她像个孩子一样笑着，看着音符从我的指尖飞泻而下。这是太婆最喜欢的《渔舟唱晚》，也是我苦练不成的考级曲目。而我不再为开头把位高频变换而提心吊胆，我只是想起梧桐吐绿时我和她说笑过的林荫道，想起平静的故乡里被梅雨泡发的青苔与沉甸甸的白云。她的温柔与精明错付给了那个时代，她的命运如渔歌一般颠沛流离，乐声凄厉。阿婆，天色已晚了，我的琴声从未如此清亮，它飞越河流与岸，能不能到天上的你的梦里呢？

散场之后，我再一次回到了琴行，在转角的楼梯间坐下，静静听着楼上此起彼伏的嬉闹声，打开手机里的播客，播放一位我所钟爱的作者发布的新作品。他说：嘘——静静听，你听到了什么？

do，do，do re mi。

do 是你，在弹琴。

do 是我，在弹情。

（指导老师：张玲）

【点评】

这篇文章很好地诠释了"外行看热闹，内行看门道"的道理，不！在此基础上，它还揭示了内行也有可能看的是热闹。比如文中的求学者，她一直在乎的是演奏的技巧，而忽视了音乐最本真的品质，那就是发现生活的纯真与自由。这样写，文章就深了一层。本文获决赛一等奖。（何郁 特级教师）

门道

□王昕阳（中国人民大学附属中学通州校区高三）

我曾注视那把琴很多年。一把素面古筝，没有精雕细琢的花纹，也没有抛光锃亮的琴弦，只是一把普通的甚至可以称得上陈旧的古筝。这把琴挂在琴行大厅的墙壁上，没有套保护罩，谁来了都能伸手拨弄两下。听说它只在少数时候被老板娘摘下来演奏一曲，多数时候充当吉祥物，琴行几次搬家都带着它。

我从楼下过，常常只远远地看上那么一眼，就闷头一边用胶布把甲片缠在手指上，一边快速上楼。

"年轻人，不要急躁……"

往往这个时候老板会躺在楼下的摇椅里，面冲着落地窗晒太阳，手里还有一杯刚泡的新茶。茶叶安静地漂浮在水面上，氤氲出一片自在的水汽。

"速度再快一点，节拍器用来听个响儿就得了？"老板娘的笔敲在谱架子上，又指了一遍我刚刚弹过的两个小节。

我沉默蹙眉，赶着节拍器又梆梆地弹起来，脑子里全是老板那句"不要急躁"。我寻思，何止年轻人，我的老师，琴行的老板娘，您的妻子，看起来可比我急躁多了。

北方冬天太冷，一呼吸鼻腔里都是一股寒冷的气味。这当口窗外的乌鸦嘎嘎一叫，更添肃杀。我顶着这肃杀和老板娘威严的凝视，把那挨千刀的两小节过完，羽绒服里早就出了汗。我用余光看见老板娘张了张嘴，似乎是想说什么，但我最终没能听到她未出口的话。

一个小时一节的课又快又慢地过去了，我戴好帽子，紧了紧抽绳，以和来时一样的速度欻欻下楼，然后一头撞在背对楼梯间站立的老板的后背上。

"下雪了，等等再走吧。"老板甚至没有回头，听见我的道歉后自顾自往楼下走，手里的茶换成了菊花茶。我惊诧抬眼，果然看见十二月的街道飘起了雪花，有愈下愈大的趋势。落地窗很快糊满了水蒸气，行人汽车都渐渐模糊看不分明。冒雪回家不现实，可距离又没有远到非打车不可，只得给家里人打电话等人接。"尝尝我新泡的茶，有点烫，吹吹。"已经窝进摇椅的老板艰难地伸手够茶桌上的一只瓷杯递给我，我依言接过，尝了一口咂摸两下，说没味儿。

老板哈哈大笑起来，伸手一指那方形茶桌，要我尝尝那上面的几杯茶。

我依次尝过，有的说甜，有的说苦，有的说没味儿。"八九不离十吧，喝茶不就喝那一口苦、一口甜、一口没味儿嘛。"老板眼睛眯起来盯着落地窗，明明窗外已经什么都看不见了，"你看那苦的毛尖，清肺去热；甜的茉莉花，滋润养神；这没味儿的菊花，则是去湿气的上品。"

我敷衍点头，两指一抹玻璃上的水蒸气，露出一小块清晰的视野。一只湿了羽毛的雀儿立在枝头，眼睫轻颤爪子哆嗦，此刻艰难地抓着树枝，令人见之动容。"你要是再早三十年认识我，我也不懂琴，也不喝茶，都是你老师的功劳。"老板追忆往昔似的，完全合上了眼，"你学乐理的时候，是不是丝竹管弦什么的多数都在南方？他们那儿的人天生有种气质，温婉柔情刻进骨子里，一颦一笑都是气质。别看你老师现在泼辣，嫁给我的时候那也是一顶一的窈窕。"

"你现在学琴，图个痛快，图个说出去有面儿，图个有一技之长傍身不愁吃饭，图个生活调剂，可实际上图什么你知道吗？"

"图什么？"我问完才发觉自己犯蠢，答案明明显而易见。

"图你自己喜欢。"老板突然睁了眼，眼底不再是随便的笑意，也盯着那可怜小雀儿，"就像我喝茶一样，苦、甜、没味儿，那都是不常喝茶的外行的简单评价罢了，于我自己对茶的感知没有半点关系。我喝的是茶叶漂在水里自由的姿态，是万般味道褪去后舌尖的一点暖意，是喝完后心肺清新的舒畅。可这些别人知道吗？不，他们不知道，只有我自己知道。"

原本神神道道的小老头儿此刻突然变得像一尊佛，嘴里说着我似懂非懂的话：" 琴，尤其是古筝，演奏起来出神入化到'二十三丝动紫皇'都不为过。外人只能看见你翻飞的手，听见你指下的铮鸣，可谁都不了解你心里的惊涛骇浪。"

可我心里没有惊涛骇浪，只有一弯浅浅的小河在流淌。"你不只是演奏者，要把自己当作创世的神，也要当作树，当作鸟，当作云，当作世间万物的体现。"小河撞上了石头，激起小小的浪花。"你弹《战台风》，那你就是那战台风群众中的一员，也是嘶吼的台风；弹《将军令》，那你既是英勇的统帅，也是他麾下的千军万马；弹《春到湘江》，那你既得是湘江两岸欣喜的人民，也得是自由流向远方的湘江水。"小河汇入了千万条河流，此刻奔涌着一往无前。岩石阻挡了它奔流的去向，转瞬间就被碾压而过，掀起惊涛骇浪。

我瞳孔骤缩，下意识抬头寻找老板的视线，却发现我们刚好视线相撞："外行看不明白的，你得能看明白，这才是门道。"

还没等我反应过来，老板已经从墙壁上把那把素琴摘了下来，甚至没用琴架，直接将那把琴放在了茶桌上。他鼓励我上手弹两下，我犹疑半响，最终下手弹了《春到湘江》的主旋律。

我以为那是一把好琴，不显山不露水地普通着，实则弹奏起来"如听仙乐耳暂明"。可我发现事情就是充满转折。那把琴的音色普普通通，琴弦打在甲片上的触感普普通通，连琴码的排列整齐度也像它的外在一样普普通通。怀着巨大期待的我真正听见了它的本质，难免失望。"这把琴是我打的。"出乎我的意料，老板端着茶笑起来，"从挑木材，到雕刻、打磨、抛光、制作琴弦，都是我亲力亲为。可我这么努力了，它也只是一把无功无过的老家伙而已。可我做它的时候，脑子里想的可不是它能不能一鸣惊人。"老板伸手抚上琴尾，拇指一下一下蹭着光滑的表面，"我想的是，爱演奏它的人，也爱这种神奇的乐器。我的心血倾注其中，那它就一定是一件好的艺术品，尽管不一定是一把好琴。"

"这也是门道吗？"我笑着问他。

老板又伸手一抹玻璃上的水蒸气，雪已经停了，路面上厚厚一层积雪。那只可怜的小雀儿羽毛也干了，正在抖动翅膀。

在老板没注意到的地方，老板娘已经看了我们很久。她手里端着一杯和老板一模一样的菊花茶，水汽蒸腾起来，给这个来自南方的女人染上了水乡的色彩。

老板点点头，带着鼻音"嗯"了一声："是，你出师了。"

之后上课照常，老板娘惯常凶猛，老板言笑晏晏像尊弥勒佛，他们一个给我实质性的教学，一个给我缓冲的精神指导。

等到考完了级，我已经没什么时间继续在弹琴上下功夫了。到外地上学后更是和琴行的联系日渐淡薄，少有的联系也只是给老板、老板娘的微信朋友圈点赞而已。

去年冬天我从学校回家，经过琴行的时候突发奇想，想进去看一眼。

琴行来了新老师，老板娘已经不再讲课了，只做考级指导。老板的摇椅换了新的，茶桌没换，还窝在落地窗前晒太阳。我推开门，摘下羽绒服帽子。

我只是一个普通的过路人，没有人认识我，可我认得这里。

我仰头，看大厅正中墙壁上挂着的那把永远不会蒙尘的素琴，一点说不清道不明的情绪在胸口乱成一团。我注视那把琴很多年了。

（指导老师：魏丹）

【点评】

学会叙述或许是写作要练习的第一基本功。这篇文章在叙述上很见功力。总结起来就是这样两点：第一，讲故事要耐得住性子，不急不慌，慢慢讲，这样才能讲出味道。第二，讲的时候时不时要扣一下题，这样故事的感悟性就很强，关键是与命题有关。本文获决赛一等奖。（何郁 特级教师）

门道

□干雨萱（江苏省淮阴中学教育集团淮安市新淮高级中学高三）

落日解鞍芳草岸。花无人戴，酒无人劝，醉也无人管。

自在。

辞官归田后，我便再未打听过朝中事务，那风云暗涌的朝堂便随了南飞的大雁一同离我远去。我自诩寻得了生活真正的门道。

划了两块地，一块种豆子，一块用来种了菊花。

去田里种豆，晨起的料峭寒意，自觉是沁人心脾，圆滚滚的豆子甚是可爱。闲散时赏菊，外围的花瓣条条缕缕地垂下，似有杨柳拂过江面的婉转，又多了些韧性。我最喜在黄昏时仔细品鉴，温黄软绵的夕阳半依着远处的青山，残存的朦胧的光束托起近处明黄的花，确是暗香浮动月黄昏的美景，就着不远处百鸟归林的盛况，真可谓是"落霞与孤鹜齐飞，秋水共长天一色"。

这般自给自足的生活，也为自己日日跑来青山又无甚事做了借口，也有谈资可附上几句闲愁。

盛年难再来，一日难再晨。

如此晨埋荒草夜披月归、隐居田园不问世事的陶潜，已然不是少时遥指建康高谈阔论、誓有一番作为的陶潜。"出走半生，归来仍是少年"，这番话终是与我擦肩而过。

我将年少时的豪情万丈连同那少年的壮志凌云酿成酒封存在田园风光里，除我无人可启，而我也不愿再启。我恐这醇烈的酒香让我再次回忆起从前的意气风发，那时的我认定以天下为己任，于朝廷间挥衣舞袖方为生活之门道。现如今，这一腔热忱，无处可用，实在憋屈。既然下定决心离开那黑心的官场，便不要时时想着为好。于是我沉溺在美酒和山水之中。我以天为被以地为席，做着能左右自己，于这田园山水中辟出一块圣地的人。但，我当真无所求了吗？

庄生晓梦迷蝴蝶，我也曾见过心中的桃花源。

那里屋舍俨然，良田美池，奇装异人，所有之景我从未见过。

那是一位傲气的少年，他明眸干净得像睡前所见的皓月，与官场上那些眼里装着贪嗔痴淫的"清官"截然不同。少年似乎早已料到我的到来，他不曾有何疑问，只尽地主之谊，带我泛舟、抓鱼，又满心热情地将我介绍给乡亲邻里，自始至终嘴角上勾得如同一弯新月。

多久不曾见过这么纯粹的笑脸？步履缓缓间，我默默想着。

这里的人多是热情好客，自听说我是个外来人后，便争先恐后邀我入屋做客，以美酒佳肴相迎，全然不见戒备惶恐，将一腔热情毫不吝啬地送给了我。

许是被这儿的氛围感染，我也不拘束，同他们推杯换盏，觥筹交错，闲话家常。快意。这里的一切无一不纯。他们的酒醇烈，他们的水纯净，他们的人纯粹。极乐过后是避不了的极悲。

杯盘狼藉间是一声抑不住的轻叹："这就是我心中所想的盛世啊！"

"那就回去吧，回去你的人间。"

恍惚间是少年的声音自远处而来，带着黄昏夕阳的温暖越过青山，又裹着菊花的清香泛泛入耳。

"等一下！"我大声呼唤，"告诉我！我究竟该怎么活？到底什么才是生活真正的门道啊？"

我听到了少年的一声轻笑，自在而从心。我将这笑声琢磨半刻，倏而惊觉起身。太阳晕出的圈圈光晕笼罩在少年身上，渐渐地同另一个熟悉的背影重合，我怔怔地望着这背影，直到他快走出视线才轻呼一声："陶渊明。"

那背影一顿，似是越了时间长河一般缓缓转身，脸上是意气风发的笑容。他伸指朝天，朝地，最后又点了点自己的心。

（指导老师：刘玉琼）

【点评】

这是一篇想象之作，也是古今心灵的对撞之作，还是两颗少年之心的对话、反思与追问。什么是生活的"门道"？少年作者在问，文中的陶渊明在问，我们读者也在问。文章扣住此点，不断演绎，用散文化的笔法，对此问题做了思辨的也是文学的探讨。本文获决赛一等奖。（何郁 特级教师）

门道

□陈俊霏（江苏省徐州市沛县歌风中学高三）

这是我这么多年第一次返乡。

此时我已经是享誉全国的著名青年画家，一来就受到了政府部门领导的招待，父母也是电话接个不停。"慕名而来"的人络绎不绝，家中每日都是门庭若市，热闹非凡。

几乎每个来者，都是先将我上下打量一番。虽说多年没有回到家乡，但这时的我也不过是将近而立之年，谈不上老，皮肤也保养得很好。于是我面带微笑，经受住了他们的考量。

"哎哟，你看这姑娘，漂亮的，真是女大十八变，越变越好看！"

总是这样的开头，接下来他们就该说我爸妈真有福气，这么会生，然后将我挂在家中的画称赞一番。

无所谓我画的什么，也无所谓那些所谓的门道，他们看不懂的，他们只知道卖的价高、人人都夸的就是好的。

我也无意解释，心中当然也就没有对于我的作品的骄傲和自豪感。

我想高山流水觅知音，便是断琴绝弦也是值得羡慕的，毕竟他曾经拥有过与知音畅谈的日子。

我已鼓琴许久，但依旧没有等到一个知音。

我不胜其扰，开春就去了S城，一个没有人认识我的水乡。这里文化气息很浓厚，居民也都安逸平和。

我买了几斤S城特产的黄酒，经常带上一小杯出去写生。

我坐在巷子口，画青苔爬上的屋脚，描绘藤蔓上似有若无的生机。画累了，我就停下来，看巷口的人来人往，分辨嘈杂声音的出处。或抿一口黄酒，或闭上眼睛感受天人合一的落寞。

我总是喜欢用上帝视角看人间百态，所以我的作品总是细腻的、克制的、冷漠的。

一切都是那样的淡漠，就连画的色彩也是那样的孱弱。

我厌倦了拍卖竞价，厌倦了名利场上的浮华虚伪，厌倦了身边人的阿谀奉承。因此我选择深居简出。最大的愿望便是有人能真正看懂我的画，不仅仅是看构图造型，我会很乐意与他分享我的灵魂，谈谈我对艺术的解读。

一日天刚刚放晴，我呼吸着雨后清新的空气，浅浅动了几笔。

一位顶着一头白丝的奶奶不知何时站在了我身旁，仔细地看着我的画作。

"姑娘，我这个老太婆不懂门道，你也别笑话，但我还是想说，姑娘你要开心一点。你画的虽然是这阳光下的美景，可我总看着寒气入骨，不像是快要入夏的季节，反而更像是冬季，要比春天更严厉，很洁净。姑娘，你是有什么委屈和不满吗？给阿婆说说看呗。"

我一时竟说不出话来，愣愣地看着她——矮小的身体有些佝偻着，小巧的脸上布满皱纹，嘴角慈祥地向上扬着。

那些评论者能评价我的技法、我的画作的色彩，但却是第一次有人看出我的不快乐。

是啊，这些年来，不懂门道的看热闹，懂门道的看技法，唯独缺少的，是能直击人心的、直接看到艺术家的灵魂的人。我苦于常被人错误地解读。流于表面地解读，所以总是郁郁寡欢。

我相信艺术作品是艺术家的部分灵魂，我把一部分的灵魂寄托在我的画作上，用真心去创作。这个科技迅猛发展的时代，能留给真心的地方已经不多了。我想撕开人世间那张虚伪的皮，却无可奈何，只能用冷眼对待丑恶，用洁净对抗污浊。

我内心被柔和的话语触动，眼中蓄满了大抵是委屈的泪水，我一时哽咽，与她四目相对，泪水终于决堤。

无须多言，她将我拉入她温暖的怀抱中，像哄孩子似的轻拍着我的后背。我不禁由低声的呜咽变成了号啕。我仿佛投入了艺术母亲的怀抱，她看出了我的悲伤，肯定了我一直以来的坚持。

我向来对陌生人都是疏离的，从不掏心掏肺，但这次我竟然讲了许久——从我的父母从小教我纯良，勤劳，用真心换真心；到我的老师教我的那些大作背后的高洁的情操和气节，叫我不为繁华易素心，真正表现这个时代的特色，反映广大人民的心声；又到我是怎样在追随潮流还是坚守本心当中徘徊不定的。

我承认我完成了儿时的梦想名利双收，但我被懂门道者的评论推着走，被不懂门道者的诋毁或是奉承左右。从前羡慕的热闹都成了海市蜃楼，我困在幻境里动弹不得。

不仅如此，我还常常在深夜里辗转反侧，我想那些人认为的"懂门道"，懂的难道只是技法和构图吗？若是那样，AI 不知比我们强了多少倍，画家的意义又在何处呢？也有人曾评价我想传达的内容，但那些只是自我无聊的注解，阅读理解似的填空，谁又真正在乎我的本意？谁又愿意占用创造价值的时间听我唠叨？又有谁能保证在我虚无缥缈的精神世界之中不迷路？

阿婆依然是静静地抱着我，安抚着我。直到我话已说完，泪已擦干，情绪稳定下来，她才开口："孩子，阿婆虽然不懂艺术，但是阿婆相信总有一些人会真正理解你的创作。并且我认为还会有人像你一样，在表达真善美的路上踽踽独行。不要为门道所扰，也不要被热闹所迷，坚持你自己的初心就好。阿婆就是你的知音，阿婆还想多看几张你的画，日子还长，咱们总有机会的。"

于是那个午后，我终于有了一位年长的知音，她坐在桥墩上，我为她创作了第一幅画像。画中阳光温煦，草长莺飞，笑脸盈盈，没有冷冽，只有温暖。

我终于还是摒弃了对于外界的在意，真正懂门道的人总会看懂我的表达。

放下画笔，我长舒一口气，递给阿婆。阿婆惊叹一声，高兴地笑出了声。

心中的阴霾被这春日暖阳化开——我有我自己的"门道"！

（指导老师：王鑫）

【点评】

本文以一个画家"高处不胜寒"的孤独寂寞为起点，以渴求同道知音为线索，展开对门道含义深层次的探究。层进式结构设计依次展开，如同打开一道道门，题目含义逐渐清晰，文章主题逐渐明朗，直到打开最后一道门，仿佛眼前涌起一轮红日，主题闪闪发光，让人豁然开朗。表达上叙议结合手法运用恰到好处，画龙点睛的议论既体现了层次，又增加了深度。本文获决赛一等奖。

（李岫泉 特级教师）

门道

□冯瑞（山东省临沂第二十四中学高三）

夜已降下了帷幕，静谧安详。漆黑的夜色将我笼罩、吞没，月光似流水般在天空中流泻、徜徉。我骑车驶入了一家小巷。巷子里空无一人，只有窸窸窣窣的虫鸣和河水的呜咽此起彼伏。

偶然间，一块醒目的木质招牌吸引了我的目光：正宗龙须面。旁边还写着"第九味"。我纳闷：难道龙须面还有正不正宗一说？难不成龙须面还有什么标准？况且我只知道酸甜苦辣咸涩几味，何来第九味一说？

无数困惑席卷了我的脑海。带着强烈的好奇心，我停车，欲进去一探究竟。

进门时，一股飘逸的面香扑面而来。店面装饰有典雅古朴之韵，几个檀木制成的方形小桌拼凑在一起，透露出古色古香。一旁的墙上悬挂着龙须面的介绍，我细细品读。相传龙须面起源于宋徽宗时期："一狭小针孔，十根龙须面可过。入口即化，香酥怡人，回味无穷，不可旋而忘矣。"

难道真如宋徽宗说的那样神奇不成？为验证此话的真实性，我点了他家的招牌龙须面。点菜之后的时间总是无聊且漫长。等待的工夫，我趴在窗口观察后厨的制作。

只见一位年龄尚小的师傅穿着简洁，面前是早已和好的拳头大小的面团。他随手拿起一个面团，便开始凭借自己的力气抻面。师傅灵巧的双手如同在空中表演，或旋转，或跳跃，一套功夫下来行云流水，一根，两根，四根，八根……抻了又抻，本来圆滚结实的面团在师傅充满魔力的双手中，已变成了一根根细长的面条。

我眼花缭乱，逐渐跟不上抻面的计数。师傅将这如流苏一样的面条放置锅中，当即捞出，已成喷香宜人的龙须面。

师傅灵巧的双手编织了一个个美丽的童话，错综复杂的制作流程让我看得心服口服。我问老板娘："怎么还用人工制面呢？我看别的面馆都是用机器产面条。而且这面馆人一多，只凭一人做面能忙得过来吗？"

老板娘只是笑笑："龙须面的制作有它的标准。只靠机器制作是做不出心目中的味道的，唯有人工方能保存下独特的风味。"

不管谁做都是面条吗？难道一碗面条还能有啥不为人知的门道？我暗自思忖。

龙须面端上来时，鲜亮夺目的配色和散发出的悠悠清香一下子侵占了我的大脑，激起了我久违的食欲。我迫不及待地夹起一筷子面条塞入口中，果如传说那样，入口香滑，酥嫩可口，留下满腹余香。古人诚不我欺。

原来，这就是正宗龙须面的味道吗？

我只知道酸甜苦辣咸涩几味，然而这几味在别家面馆中自然也能够寻到。而这第九味，就是这标准之味，已然超过了前面八味。这第九味是它独有的，是它严格遵守制作的高标准才能够获得的。

这一碗龙须面，仿佛一座跨越历史与现实的桥梁，将我与不朽的古老文明紧密相连。龙须面，多么美丽的名字。我不知道古人在发明这一碗沁人心脾的佳肴时到底发生了怎样美丽的故事，仿佛一列冒着白烟的火车，携带着久远的记忆驶向远方。虽然这一切已经无从考证了，但是没有关系，一碗龙须面遗留的芳香余韵足以慰藉众生，在历史上留下浓墨重彩的一笔。

恍然间，我似乎明白了老板娘话语中的深意。是啊，只有亲手制作才能掌握住龙须面里延续了几千年的精华。机器生产固然高效便捷，但冰冷的机器只是无数个零件的冷漠叠加和机械动作的无情重复，显然无法和人工的精致相媲美，没有任何美感而言，更缺少了几分人情味。在工业的快速发展给我们的生活带来便利的今天，我们是否严肃地思考过，面对单一化的流水线生产，我们是否与最初的那份纯粹与感动渐行渐远？

在严格的高标准面前，有人选择放低标准，倦怠经营；而有人选择坚持初心，孜孜不倦，以虔诚之心恪守制作原则，只为给客人留下一份独特回忆。

我想，这就是这家龙须面馆一直以来经久不衰的门道了。相信在不久的未来，会有更多的人被这纯粹的龙须面打动、感染。

走出面馆，群星闪烁，晚风拂面，嘴巴里残留的龙须面的味道令我回味无穷。

（指导老师：蒋庆香）

【点评】

本文在立意构思表达几方面都有可圈可点之处。首先是构思巧妙，作者借一碗龙须面，展开"寻味问道"之旅。"道"不是一个容易体会到的东西，更不是容易说明白的东西。作者开篇抛出"第九味"的招牌，设置悬念，勾起读者好奇心，接下来连连追问，吸引读者跟着作者走上探寻之路。第一问：我只知道酸甜苦辣咸涩几味，何来第九味一说？第二问：难道真如宋徽宗说的那样神奇不成？第三问：怎么还用人工制面呢？第四问：难道一碗面条还能有啥不为人知的门道？第五问：这就是正宗龙须面的味道吗？第六问：我们是否与最初的那份纯粹与感动渐行渐远？一碗龙须面引发的连环问，环环相扣，层层深入，一直追问出厨艺的初心：最初的纯粹与感动。从而揭示了门道的真正含义，完美地完成了问道之旅。本文获决赛一等奖。（李岫泉　特级教师）

门后，是一座玫瑰园

□左乐然（天津英华实验学校高三）

一

她初次"遇见"长笛，是在初中一年级伊始。

彼时，她还没有那么繁重的课业负担，每日的生活被四五点钟准时打响的放学铃声割裂开来。同学们会三五成群地离开教室，回家去享受舒适的课后时光。十三岁的玥这时便会背起长笛盒，带上谱子和调音器，步入一扇特殊的门。

那是专属于管乐团排练厅的一扇铁门，是一个玥从小就憧憬向往的地方。小小的她因为母亲这份老师的工作，常常在放学后陪母亲加班到夜晚，听着排练的声音。直到太阳坠入高楼，直到月亮睁开眼，操场上的照明灯依次合上月亮般的眼眸，悠扬的乐声还在流淌。

等待总是无聊的，但是听着管乐团的演奏，这些等待的寂寞便会随着梦想的生长而烟消云散。一曲《欢乐颂》热情洋溢，一首《狮子王》带她穿越回动画里的草原世界，一首《Bang Bang》托举着她在乐声中蹦跳舞蹈……

她最喜欢的曲子，叫《玫瑰狂欢节序曲》——就是她现在拿出的这页曲谱。思绪回笼，她将长笛组装好，调音过后加入团员们的练习队伍。这首曲子她已练了将近一年，受制于自己的水平，她还是无法将这首曲子表达的情感肆意地释放出来。指挥也不甚满意，单手一握示意大家停止纷乱的演奏，步下指挥台走到大家面前。

"你们没有真正理解这首曲子，"他环视疑惑的同学们，继续说，"你们还没有得到演奏员真正的要领，或者说，你们还在像外行人一样看热闹，没能摸到乐曲的这个门道！"

指挥就站在她跟前，眼睛若有似无地瞟过她的脸。她的脸涨红，心里止不住翻腾：我明明已经很努力了，为什么指挥还要像警告一样独独关注我？

排练的士气因指挥这段话而低迷。大部分人垂头丧气地整理好自己的物品离开这扇门，留下玥来锁门。她最后看了眼昏暗的排练厅，拧动了钥匙。

刹那间，命运的齿轮开始转动。

有几个人急匆匆跑回来取忘带的东西，门却拧不开。玥刚想帮他们再打开门，他们却直直略过了玥，懊恼地离开了。

他们……没有看到我？玥愣住了。

二

这种情况一直持续至第二天上学，老师和同学没有对玥的缺席发问，对玥的动作言语视而不见、充耳不闻。

眼看日落西山，她的疑惑加深，随之而来的是深深的恐惧与无措。为什么会骤然发生这种情况？是有什么条件触发了这场无聊的闹剧？她的未来该怎么办？

看着走向排练厅的同学，她灵光一现："啊！这些都是在昨晚排练后发生的！"旋即脚下生风，奔到今晚的排练厅。

踏进门的一瞬间，乐声在耳畔响起——还是昨天那首《玫瑰》。

大家各自练习着基本功。指挥正站在一名小号手身边指导。经过他的点拨，那位小号手好似恍然大悟，吹奏出的号声中也加入了更多的技巧与底气。她只能羡慕地看着小号手摸到了指挥所谓的"门道"，然后架起长笛加入排练。

这次的排练仅仅经过一天的沉淀，效果可想而知。排练结束后，她自发留下来加练，甚至没有留意最后走的同学锁上了门。待到发现时，窗外已然漆黑。

她惶然流泪，以为自己要被困在排练厅整整一晚时，门被推开了，不是来拯救她的同学，而是那位指挥。

"你还在练习？那给我吹一遍听听吧。别担心，你可能只是还没摸到门道。"指挥微笑着，打断了她想的疑问。

她缓缓点头，手指翻飞间，轻柔婉转的笛声从唇边流泻而出，奏出狂欢节前的街道上安静的序章。然而，她的演奏还是被指挥打断了。

"你感受到我们管乐的门道了吗？我认为，我从你的身上并没有感受到。"指挥严肃地指点着谱子上的音符。她几乎要崩溃，整整一日被忽视，努力练习却得不到表扬，他人的进步飞速，无不压迫着她敏感的神经。

指挥见状摸摸她的头，没再多做什么，只是转过身，说："明天再来排练时，坐在我旁边吧，不用演奏，你只需要听听在我耳朵里你们的演奏是怎样的，就会明白的。"

三

第三日，一如既往。

她不能为人所见，就自然地坐在大家面前，听着《玫瑰》。除了那位顿悟的小号手外，其他人的演奏都各有高光点，却无法融进集体的节奏。这首强调合作的狂欢节序曲也因此被分散，失去了乐曲的灵魂。

她看向指挥，什么都明白了。他们是一个团，是一个需要相互融合、相互依赖的整体。相较于单独一人高超的演奏，他们最大的底牌便是合作。有了合作，他们才是一个"乐团"。

指挥眼含赞赏地注视着她，仿佛在说，去吧，给我看看你明白了什么。

她举起长笛，回到自己的座位上，将自己的笛声融入同学们的乐声。大家跟随着指挥的节奏，渐渐将各自不同的节奏交融在一起，曲调时而铿锵，时而悠扬，时而迅疾如破空之声，时而舒缓似脉脉温情。这是一曲真正的《玫瑰》，是一场盛大的玫瑰狂欢节，在这场欢宴中，人们载歌载舞，玫瑰如雨般飘落，炸开，流淌出的乐符变成一场音乐的盛宴。

乐声在耳边仿佛远去了，恍惚间，她看向那扇门，那扇她无比眷恋、充满憧憬、寄托梦想的门，只觉得现在的她才是真真实实跨过了那扇吱呀作响的老旧铁门，触碰到了在管乐团中做一名演奏员的门道——不是一枝独秀，而是竞相开放；相互映衬，方为最美。

一曲终了，指挥率先鼓掌称赞，大家也感受到演奏的变化，激动地紧紧相拥在一起。她又能被看见了，被抱在日日一起练习的朋友的怀中，落下喜悦的泪水。

这是一次蜕变。而玥，拿到了一枚打开自己心灵之门的钥匙，同时打开了一扇连通众人心灵的音乐之门。

四

他们凭着这首《玫瑰》在演出中获得了喜人的奖项。毕业后，同学们纷纷奔赴自己的理想；而玥继续握着长笛，考入一所音乐学院深造。

在此后的年月里，她在演出顺利结束后收到无数人递来的玫瑰。这些表达赞扬的玫瑰连同她十三岁时指挥给她种下的那一束玫瑰，在她的心中生根发芽，已然盛开成一片无垠的玫瑰园。她日益感激指挥的启迪，如果不是他那次关于"门道"的教育，恐怕她也不会有今日的成就。

于是她回到了曾经的学校，成为专职的乐团指挥，带领新的乐团人重新启封那首《玫瑰狂欢节序曲》。

一个月明星稀的夜晚，她推开乐团的后门，看见一位抱着鼓槌在马林巴前哭泣的小姑娘。她没有多做什么，只是说："你还在练习？那给我敲一遍听听吧。别担心，你可能只是还没摸到门道。"

门前，是在音乐道路上蹒跚的孩子们的小小梦想；门后，是一个个孩子心里绽放的广袤玫瑰园。

与此同时，一朵玫瑰在另一个女孩的心里，悄然盛放。

（指导老师：高燕）

【点评】

作者笔法略带魔幻现实主义，这篇文章更像是一则童话。作者内心深处永远住着一个小女孩，渴求被认可，希望触摸门道，成功之后，在小女孩身上，看到了自己的倒影，昔日的命运轨迹，驱使她施以指导，延续门道，传承法门。作者用音乐素材、魔幻光芒，为这则故事镀上一层金。这种光泽和神秘感，让故事读来多了陌生化效果，显得格外迷人。不如，我也东施效颦，以马尔克斯的句式来回应吧：许多年后，当她被簇拥于玫瑰和掌声里泪流满面时，一定会想起推开演奏厅大门，破光而出的那个遥远的夜晚。本文获决赛一等奖。（张锐 教师作家）

门道

□葛嘉瑶（浙江省杭州第四中学下沙校区高三）

冬天来了。

银杏的叶子还没来得及变黄，但这位老朋友的突然来访让我在惊异之余抱有一丝喜悦。这意味着裹上厚厚棉袄的我可以在路口遇见一整年都心心念念的烤红薯小摊了。

每次回家都会经过的那个路口，在晚上九点的夜色中只有呼啸而过的车辆和埋头前进的行人迎接我。常常不知道是我的脸已经在低温中麻木，还是我脸上的触觉工作者罢工，寒风迎面跟我打的招呼吃了闭门羹。我的步伐却乘着风越来越快了，身后的行李箱在凹凸不平的人行道上颠簸起舞。得感谢我的鼻子在这时候还留存了一些理智，嘎吱一声，行李箱完成了一个完美的漂移停在我的身侧，而我，差点连围巾都跑掉的我，站在了一柜子的烤红薯面前。"爷爷！来一个烤红薯！"

"好嘞。小姑娘你今年又来了啊。"爷爷洪亮的嗓音压过了周围的任何一种嘈杂的声音。这么说着，爷爷手上的动作丝毫没有停下，迅速地从柜子里挑出符合顾客心意的烤红薯，装到袋子里，嘱咐说要凉了就不好吃了。在我来之前，小摊的队伍已经足够惹人注意。一阵又一阵热腾腾、香喷喷的烟气直往我鼻子里钻，而在这雾一般迷蒙的烟气里，我发现爷爷还是同往年一样，穿着一件褪了色、洗得发白的黑色大袄，戴着同样微微泛白还露出了几缕棉花的耳罩。寒风吹走的是小摊前萦绕的烟气，我发现的却是爷爷同往年的不一样。更多的银发藏在他的耳罩下，更多更细腻的皱纹爬上了他的面颊，更多的老茧固执地留在了他的手上。他的腰板不像以前那么挺拔了，不过我想，这不是寒风吹的，是因为他总是得弯腰。

他总是得弯腰：因为柜子很长，他总是需要弯腰才能拿到下面的烤红薯的；因为有很多小朋友自己来买烤红薯，他总是需要弯腰跟那些小朋友说话；因为有城管来巡查，他总是需要弯腰致意或是弯腰赔礼然后收摊的……在没有人光顾小摊的时候，他会坐在自己的竹椅上，看着人和车。我常常想，他也会像孩子一样数这些城市间步履匆匆的人吗？有时候不知道是被风冷到了还是突然起了兴致，他会在椅子上小幅度地摇晃起身体来，头也跟着转动，我想，他兴许是想到了一首小时候在学堂里学的某一首极衬眼前所见之景的诗文吧？

"拿好咯！"我的思绪在爷爷将烤红薯递给我的那一刻回到了现在。我看得很清楚，他本来要拿一个很大的烤红薯给我，而后突然想起了什么似的，把手伸向另一个不太大的。他一直都记得。很多年前我第一次来买烤红薯的时候就跟他说过不用太大的，因为自己吃不完。一晃这么多年，他还记得我，还记得我跟他提过的特殊要求。我站在路边享用烤红薯的时候，他依旧在小摊上忙忙碌碌。

他总是很忙碌：那个小朋友要一个特别大的烤红薯，他要拿回家和爸爸妈妈一起吃；这个奶奶因为牙齿不太好，要一个更软一点的烤红薯；那个叔叔喜欢皮更焦一点的烤红薯，他觉得皮焦的那部分特别香糯……这些都是后来街道上只偶尔有几个行人的时候，他才得以闲下来，跟我聊天时缓缓道来的。不然我永远没有机会知道这些，因为我看到的总是他遇见常客的时候，双方会心一笑，而后客人就拎着热乎的烤红薯满意地离开了。他还告诉我，什么大小的红薯应该放在什么位置烤，哪个位置的烤红薯可以满足怎样的需求，还有火候、时间……可惜，或许是因为太沉醉于烤红薯的香甜了，我只是频频点头，嘴里塞得满满的，开玩笑说："爷爷你要是全告诉我了，我明年就来和你抢生意了。"他本就笑着的脸上，皱纹愈加深了："好啊。"

直到现在我才意识到，简单的"好啊"两个字，饱含着多少辛酸和发自心底的自信。迫于生计的摆摊生活从来都不是一件易事，他饱经风霜的脸上写满了待客之道，他布满老茧的手上握着看似普通却有大学问的手艺。因为这些，他有十足的底气一定能做好在别人看来仅仅是烤红薯的这件小事。我当然不会在下一个冬天去摆摊烤红薯，而且我一定抢不到他坚持了数十年的生意。他手上真切拥有的手艺，他脑海里深深刻着的人们的需求，他被风被雨侵打过的毅力，他一年又一年的坚持，是别人怎么都抢不走的门道。

寒风吹彻，形单影只的路灯把我们罩在光下，身后的银杏在为他下雨。我的眼眶被吹得红红的，不知缘何而起的泪水在眼眶里直打转。爷爷还在滔滔不绝地说着，他的眼睛分明是发着光的，我也分明在他的眼角看到了一滴若有若无的泪。好像都托不住泪了吧，我们俩突然一起仰头大笑起来。城市的夜晚居然有一颗星星能比飞机灯还亮。

冬天来了。不过来的不只是冬天。

（指导老师：唐倩南）

【点评】

冬日夜归人，烤红薯的老翁和少年的短暂交谈，无数个夜晚的瞬间沉淀出光阴的故事，在某一个夜晚酝酿发酵成一个温馨的片段。红薯香甜流蜜，烟火红尘里，自有人间真情。烤红薯的门道，作者借抢生意的笑谈，轻轻点出。门道岂是朴拙的语言所能讲清，作者笔墨施之于冬日氛围，老顾客言谈甚欢的温暖，老翁的白描，以及家常如话的聊天。陌生人的交流，不再是冰冷而客气，而是有了"家人闲坐，灯火可亲"的温暖。本文获决赛一等奖。（张锐 教师作家）

门道

□杨琦（浙江省绍兴市第一中学高三）

那是一幅质朴的画。两个戴头巾的老汉，肤色黝黑，面上的沟壑因笑容而愈发深邃。他们手中拿着旱烟，或坐或倚，像极了两个稍做休憩的远行人，走了很远的路到这里，未来还要走很远的路。

他站在领奖台上，炫目的聚光灯打在他的身上，他的身体因激动而微微发抖。看着画中的老汉，他的思绪仿佛从脑海中剥离，回到了那个遥远的下午。

那是他第一次见到师父。

那时的他，年轻气盛，总爱四处张扬自己的画技。身边的朋友大多不懂行，只是一味地夸奖起哄，迎合着他的喜好。懂行的人瞧见，只是微微摇头，也不揭穿。从未学过画却能得此夸奖，他的心日渐骄傲了，认为自己是不可多见的天才，甚至觉得大师的画亦不过如此。

而这一切的美好从他遇见师父的那一刻被打破了。

一个老汉，裹着一块红色的头巾，黝黑的面庞上布满沟壑。老汉总是静坐在路旁，拿着一根破木头铅笔，在一块板上涂涂画画。没有人知道他从哪里来，亦没有人知道他会往何处去。各人盯着各人眼前的世界，没有人的生活会因为这个一言不发的老汉而改变——除了他。

从这个老汉出现之始，他就注意到了。他被老汉身上平和的气质吸引，却又害怕他和自己画得一样好，自己便会失去同伴们独一份的赞美。于是他开始偷偷打量起老汉的画——热闹的市集，幽静的小巷，葱郁的树林……

一幅幅画面在破木头铅笔下产生，散发着和老汉一样宁静的气质，质朴平和却让人不觉深陷其中。再对比自己画过的街道树林，他的脸烧得通红。我再也不会出去显摆画技了，我要和他学门道，有一天画得同他一样好！他在心里暗暗发誓。

他回到家，搜罗出自己所有的画，在暮色来临前匆匆掩上门。希望我可以赶上他！他深吸一口气，开始奔跑。夕阳的辉光照耀着这个瘦小的身影，在他的头顶镀上一层金，影子跟在他的身后，被拖得长长的，喘着粗气。

老汉依然坐在那里，望着遥远的天际。赶上了！他小心地走上前，双手托起自己的画，开口向老汉请教绘画的门道。老汉展开画，静静翻看。无言包裹了这方天地，他的心仿佛被一只大手揪紧，喘不过气。

"孩子，我只能教你最基础的东西。"老汉开口了。他欣喜若狂，连忙拜了师，心口的压力亦如顽皮的孩童不见踪影。

那一天起，他跟着师父开始了漂泊。一路上，师父指点了他很多，教会了他绘画的笔法与技巧，教会他如何探寻世界的美。他们走过暮色荒原的风，走过红日初升的云，走过奔腾不息的河。出师那天，师父拍了拍他的肩："我已没什么能够教你，去吧孩子，你该一个人去看看这个世界。"

他凝视着师父饱经风霜的脸，想起曾经师父一个人游历至自己居住的小镇，他明白，自己历练的时候到了。

他郑重地点点头，目送那道身影独自远去，最后消失在茫茫夜色里。师父来时走了很远的路，现在要去走更远的路了。

我的路才刚刚开始。他背起了画板，最后朝着师父的方向鞠了一躬，起身向着与师父相反的方向走去。他跨越了群山，跟着驼铃穿越了大漠，他看过星火漫天，羊群零星分布于草原。他在大自然带给他的一场场震撼中，在批阅春秋冬夏而逐渐丰盈的阅历中，渐渐摸到了所谓画的门道——无论平和或是绚烂，用线条勾勒刹那间的灵魂震颤。

台下的鼓掌声起，他的思绪又回到眼前。眼前的画是他在一个偏僻的小镇落脚，听见窗外有人交谈，他打开窗，是两个戴着头巾的老汉，从远方来，在此地歇脚，讨论着接下来的行程。这身装扮让他的心被狠狠击中了——这么多年过去，师父的脸已有些模糊，但这身装扮却是牢牢刻在他脑海里的。于是他毫不犹豫提笔，画下了这两个远行人的模样。只因他们同师父一样，走了很长的路来到他的身边，告诉他未来还要走很长的路。

他知道，那两个人不是师父，师父是不抽旱烟的。但他仍将奖杯朝着画高高举起，像一个炫耀奖品的孩子。

（指导老师：陈雪萍）

【点评】

这篇作文，有年轻人唯美的遐想，童话般纯真。少年自负，老叟点拨，山川路远，风霜磨砺，终成名家。剪裁得当，以获奖画作切入，传神精巧，勾出流年往事，不刻意求奇，把诗意赋予了漂泊历程。门道无他，技巧和阅历。"他们走过暮色荒原的风，走过红日初升的云，走过奔腾不息的河。"这是属于年轻人的史诗。而文章末尾又呼应开头，巧遇似曾相识的画面，灵光一现，神来之笔，是对恩师的回忆，也是对门道的致敬。门道传承最好的方式，是以青出于蓝而胜于蓝的画技，来呼应师父昔日的妙笔。本文获决赛一等奖。（张锐 教师作家）

品味艺术

高一高二组总决赛题目

现代汉语中，"品味"一词的本义是品尝滋味，引申为仔细体会、琢磨。在艺术鉴赏的过程中，人们总需要细细品味，才能更好地感受艺术的形式之美，进而理解艺术形式背后的意境、趣味、内涵之美。此外，"品味"也可以作名词，指一个人的格调、趣味。真正有品味的人，必然也是有艺术修养的人。

请以"品味"为题写一篇文章。

解析

相对来说，这个题目的指向更为直接，即使没有题干的材料提示，艺术感觉好的学生也能很好地理解题意，写出合乎要求的文章。为了降低审题难度，强调其与艺术的相关性，我们给出了上述的提示。

这个题目可以有两个写作方向：一个是以艺术鉴赏为题材，所谓"品味"就是通过反复思考、玩味，感受艺术作品的美感，理解艺术作品的"意境、趣味、内涵"。

如何表达这个过程呢？我们的设想是，学生可以再现自己对一个艺术作品的解读过程，从形式技巧到情感内容，到哲理内涵，逐层深化；也可以从若干不同的角度、不同方面来对同一个艺术作品进行解读，表现自己的感受和感悟不断深化的过程。

这个题目还有另一个方向，就是把"品味"作为名词，写一个有品味的人，表现一个人的生活品味。真正的品味不是品牌，不是价格，甚至不是用品本身，而是生活的艺术化，是讲究格调、趣味、文化的生活方式，是一种更注重内在修养的生活方式。穿金戴银、宝马香车未必比荆钗布裙更有品味。照这个方向写作，同样要有艺术化的思维方式，展示描写对象的艺术化特质。

概言之，这个题目的关键在于围绕一个对象（艺术作品、人物）的艺术特征（形式、情感、个性）等方面进行深入刻画。泛泛而谈、贴标签式的概述，不是合式的文字。

品味

□滕菲（山东省青岛西海岸新区第一高级中学高二）

　　品味，小小两个不算生疏的字，却花了些时日才以支离破碎的姿态，走进我不知何时才能望见"成熟"门槛的生命。

分离一：这小小两个字有四张口呢

　　品味品味，品尝滋味，"饮冰十年，冷暖自知"。其实从我们还未离开母亲宽厚温暖的躯体时，不是已开始在每一个不算真正意义的呼吸里,感受着感官所带来的感受了吗？握笔成字的时节来了，三口是品，三水是淼，我和其他刚开始认字的小朋友一起，抓捕最直观初始的拥有几千年历史的汉字里的一些趣味。但老父亲看到我写的"口"字，关注的却是这个四边形的三个笔画的运行顺序。画惯了正方形的小女娃在父亲威仪下立刻原形毕露，同两笔圈成的"口"一起被"缉拿归案"。

　　还远不敢对"品味"这种蕴藉深奥的东西妄加释读，在含泪用正确笔顺写一百遍"口"字的铅笔痕边，我初步体会到了自己所品味出来的东西，与他人关心的落点，以及品味的真实完整的含义，都未必一样。

分离二：感性与理性的琢磨

　　"哧啦"一下,印着调色盘和画笔的美术书在我面前翻开。红与绿是对比色,橙与黄是邻近色,马蒂斯是野兽派……咦,为什么他们都觉得《戴帽的女人》五光十色的脸不好看？很庆幸，我不是个在博物馆对着千里江山大喊很难看的小孩，也总能接受短短四句诗里蕴含的孤高的思乡之情和闰土脸上紫色的高贵和苦闷……可是一张格子或波点的抽象画丢给我，我怎么也没法把它们和它们世界级的艺术价值联系在一起。果然我还是个不懂品味的人吗？向后瘫倒在教室里的椅背上咬指甲，拿起笔在全是涂鸦的破烂草稿本上继续涂鸦，一个个本应肆意自由的线条却怎么看怎么不顺眼不顺心。反观屏幕上似乎没有目的的色彩和线条，无言却分明好看得沁人心脾，挥洒自如。那句形容《星月夜》的话，"最关键的不是笔触一直卷啊卷啊，而是看着光一点点点亮整个星空"，我好像心里有什么隔阂第一次被打通了。为什么会去琢磨作者的心理和看似含而不露的寓意？当品味到了"共情"时的滋味，联通了移放到自己身上那种模糊又真切的感觉和知识经验给我们的提示，凡·高痛苦中扭卷出来的月光便一点点升腾扩散，烟花般点燃了寂寞的夜空。

分离三：潜意识与抽象思维

　　作业只剩下一篇作文就写完了，我晃晃悠悠把自己埋进星期天 23:59 的被子。躺下吧，就当品味一下题目里包含的创作空间吧。我眼前变黑，是温暖的、被子般绵软的黑……不对啊，我要动脑思考，格物致知！相信自己，你的潜意识肯定在品味着体察着呢……迷迷糊糊，我终于掉进没有具体目标和思考引导着的睡梦中，一如我想用手机搜索关于自己困惑的文章，却轻轻陷进系统推送的信息泥潭里。眼睛虽在读着感受着，却不知道究竟有没有动脑去理解提取、去鉴别鉴赏。一个信息错综的梦过去，霓虹靓影仿佛还在眼前，却又累又不安，留下的真实印象都快速崩塌淡去。

我究竟获得了什么？我有品味吗？我会去品味吗？

一切喧腾夺目地退场了、黯淡了，埋藏在大脑据说未能破解的区域里的潜意识不可靠了。清醒下来，脑中出现了我的声音，连词成句叩问自己，叩问内涵与境遇。

虽然没察觉，但品味这一动作似乎又挣扎着零碎的躯壳重新投射在脑海里远方的地平线上。

分离四：品味与生活

据说，科学追逐真，人性追寻善，而艺术则在追求美。唯有懂得美，将其运用贯彻到生活里，在生活里追求美，才算摆脱了凡俗，过上艺术的人生。

这个"美"，是一以贯之、持之以恒的，不矫饰，不虚美，不隐恶。

我脸上带灰、衣上着污、浑身看不出一点品味混乱地走在人群间，心里不能说没有一点愧赧。手忙脚乱、走马观花的狼狈和后悔，在直面自己那些不知为何消磨掉的时间时，格外刺眼。

再怎么找借口自我疏解转移，那些错误造成的缺憾都在那里，成为品味中的盲区和渣滓。但我稚嫩的信条也能够发声："欲不欲，学不学，不贵难得之货，复众人之所过。"这样，也是一种品味，经过迷茫和支离破碎后，真正可以说是属于我自己的品味。

为了所追求的，去面对那些也许还不清晰懂得的未知与不解、分离与重建，我也能感觉到、品味出一种形式之美与内涵之味。或许笨拙，或经坎坷，都是吾心所善、我身之感。

足矣。

（指导老师：逄格阅）

【点评】

艺术本身的不确定性反而铸就了艺术审美的多样性。作者从"品味"一词入手，阐释了理解艺术的四个不同面向："品味"二字本身含义、感性与理性的辩证、潜意识与抽象思维的分析、品味与生活的关系，看似支离破碎、毫无章法可言，实际是从对主题的字面认知开始向外拓展，不断深入相关意蕴的解读，引申到生命个体的多维度认知，落脚点最终又回到对生活中艺术美的追寻。文章整体结构新颖，表达层层递进，语言简明流畅，对"品味"的意义有着较为深刻的判断。本文获决赛特等奖。（刘振 高校教授）

品味

□刘琳卓然（山东省淄博实验中学高一）

　　小姨在小区外的街上开了家鲁菜馆，生意红红火火。这其中要有一半归功于姥姥。几位老主顾一登门，便要笑嘻嘻地问："今天你们家老太太掌不掌勺？她那菜，哎哟，可太值得品味了！"

　　姥姥是十里八乡皆知的名厨，看过她做菜的便知，她做菜是门艺术。做菜前抄菜谱是她立下的老规矩。菜谱要细致，精确到"米醋一茶匙""大火宽油炸五分钟"之类的条件都得抄上。做饭时，姥姥是极麻利的，不该耽搁的时间一刻也不耽搁。将饭菜往盘里一盛，还需在不破坏食物味道和口感的情况下，用最短的时间，摆最精致的盘。最后待那奢华的艺术品摆上桌，长辈先夹一筷子，从色、香、味方面细细品鉴一遍，这才算完。此等环节，此等精细，每每得等到过年时的家宴才得以品味。但或是姥姥实在按捺不住"做饭瘾"，便跑去小姨店里杀杀瘾头，做两道菜，满足了老主顾的胃口，也叫小姨的门店得以"续命"。

　　姥姥八大菜系，样样精通，可毕竟是山东人，其他七种菜系只能称"精"，但鲁菜做得可以道"绝"。对于鲁菜，姥姥的要求近乎苛刻，对于她最擅长的一道菜"糖醋黄河鲤鱼"更是如此。其口味的酸甜，面糊的香脆，鱼肉的细腻，姿态的生动，缺一不可。因此，品尝子女中唯一从事美食行业的小姨做的鱼，她也常是连连摇头道："'食不厌精，脍不厌细。'唉，你没做到'点'上。"可若问她是什么"点"，她自己也描述不好。

　　我是姥姥带大的，从小看着姥姥做菜，耳濡目染，也会做几道菜，可也是学艺不精。见过姥姥评价小姨做的菜，我也跃跃欲试，准备趁暑假跟姥姥好好学一下做菜。可姥姥竟一口否决，她用沾满面粉的手点点我的鼻尖，道："你志不在此呀，我还是教你妹妹来得好。"

　　没错，姥姥从我很小就"偏心"，做饭手把手教妹妹，却只让我在一旁看。也因此，比我小一年的妹妹早早能做全家宴，博得长辈一片称赞，姥姥对妹妹的评价甚至高过小姨。我也常安慰自己，除了做饭，我不论是考试分数还是琴棋书画，样样居于妹妹之上，父母对我之宠爱，老师对我之夸赞，培养出我争强好胜的野心。可唯独从小照顾我们姐妹二人的姥姥，在传授技艺方面，格外器重妹妹，这也常令好胜心极强的我嫉妒和不满。于是，我在姥姥想传"绝学"糖醋黄河鲤鱼给妹妹时，也凑上前去，想要在姥姥面前大展身手。一份菜谱，摆在我和妹妹之间。我用我最漂亮工整的字迹去抄写，想能博得姥姥的欢心。菜谱抄得很快，我将得意的目光投向妹妹，却见她用歪歪扭扭的字，不紧不慢地抄着菜谱，嘴里念念有词，时时合拢双目，嘴角上扬，似乎已闻到鱼的酸甜鲜香。

　　终于，妹妹抄完了菜谱，她挺起身，胸有成竹之气势让我愣住了。看着她熟练地给鱼片刀花，我有些退缩了，可还是从心里给自己鼓气：没关系，考验技术的还在后面。

　　料酒、葱段入水，将片好刀花的鱼舒舒服服地浸入；米醋、果汁入锅，双手搅拌出醋汁调味的甜美。我自认为同妹妹做得一般无二。可看着锅中滚烫的油时，我却犹豫了。裹好面糊的鲤鱼在我面前似有千钧之重，我放缓了手速，将左手食指抠入鱼嘴，再将右手食指塞入鱼尾的刀口处。突然，一阵"噼里啪啦"的声音从身后响起，妹妹已将鱼浸入油锅了。

面糊粘在她的手指间，沿着手掌的边缘滑落；油锅里下了满满的宽油，油星在锅中四处乱蹦。妹妹第一次做鱼，难免生疏，不一会儿，我便看见她稚嫩的手上印满了油点，手上的皮肤烫得发红。

我急忙去喝止妹妹，可她毫不退却，就像感觉不到疼痛一般。她近乎痴迷地盯着油吞噬着鱼的腹部，将上面的面糊炸得金黄。纱窗外的阳光斑斑点点地映照在她白色的衬衣上，勾勒着她的发丝与她被热气熏红的脸颊。她的身影，一瞬间穿过了我十几年的记忆，与童年时姥姥做菜的身影无限重合，仿佛她就是我模糊记忆中的写实。

姥姥站在门外笑了。她与妹妹做到了我和小姨做不到的"点"上，也许她们在抄菜谱时便品透了这做菜的艺术吧。她们用发自内心的热爱，支撑鲁菜这门艺术的源远流长。"热爱"二字，便是她们对做菜的品味。

（指导老师：周倩如）

【点评】

艺术并不总是那么遥不可及，它存在于时尚模特的前卫走秀，存在于洪钟大吕的音乐律动，但有时也存在于或许并不那么高雅的行业领域。作者将对艺术的理解与舌尖上的美味相勾连，以温暖的亲情诠释着厨房里的艺术，让衣食住行、人情物理还原出被琐碎生活湮没的本真意味。真正的艺术从来不是指向充斥着浮夸矫饰的精神荒原，它不会因为沾染了些许的烟火气就变得粗俗不堪，相反，只有当与所谓的日常与平凡紧密结合，它才会获得长久的艺术生命。本文获决赛特等奖。

（刘振 高校教授）

品味

□边欣悦（山东省邹城市第二中学高二）

我从很小就开始学画了。幼时的我常常喜欢用各种绚丽的颜色填满整张纸，然后兴冲冲地举着我的大作，邀功般跑到老师身边"炫耀"。

每当这时，老师只会笑眯眯地看着我，夸我想象力丰富，用色大胆，但是经不住细琢磨。我不懂什么是细琢磨，老师挠了挠头，说道："这就带你去看看。"

树影斑驳，太阳高挂，明晃晃地洒下一片春光。古老的建筑旁，有一群美术专业的学生在写生。老师牵着我在一个大叔身边坐下，我不由得观察起这个"奇怪"的大叔来。一头杂乱如草般极具艺术气息的长发，黑色的圆框眼镜架在他并不高的鼻梁上，手上沾满了墨炭。然而他这双被墨炭染成黑色的手却极为灵巧。

只见他时而远观，将那远处的青瓦白墙印在心间；时而近察，用画笔将心间的印记复制在纸上。工笔勾勒，细笔描边，寥寥几笔便描绘出了小桥流水、老树昏鸦。当时的我无法理解这种画法，连纸都没有画满，老师却说什么这是大师之作，什么意蕴深远。

老师说："这是'留白'的艺术。""什么是'留白'？""现在你不懂。等以后细细品味才能了解。"老师并未跟我多说，我还是不懂。但老师说我以后会明白的。

蝉鸣循环了几个夏天，绿草枯荣了好几岁，我已不再学画，然而为了准备学校的比赛，我又拾起了画笔。忽地，埋藏在记忆深处的"留白艺术"如一道闪电般击中了我，我好像真的明白了"留白"，在日复一日的平淡生活中理解了"留白"。

比赛要求在一张纸上画出最多的骆驼。我稍做思量，用大号毛笔勾勒出绵延不绝的山川轮廓，将几头骆驼隐藏在几座山头中，象征着远方无尽的山川中还行走着无数头骆驼。

绘画完成后，我邀来老师。老师眯着眼睛仔细看过后依然笑眯眯地看着我，一如当年的他看过我稚嫩的笔触后的样子。"不错，你已基本品味到了'留白'之美。现在，我有必要向你解释什么是真正的'留白'了。

"'留白'是有限的艺术，但又是无限的艺术。说它有限，是因为它的画面很简单，看似十分普通；而说它无限呢，是它所表达的意境，画有尽而意无穷，观画者细细感受后才能发觉画背后的内涵。这种艺术的鉴赏，是有门槛的。只有有品味的人才能品味出它的内涵与意境。然而'留白'的艺术绝不是只体现在绘画中，剩下的你就自己悟吧。"

那日，我和老师聊了许久，临走之前，老师交给我个任务：悟"留白"。

我将老师的话细细咀嚼了许久。国画艺术重视"气"和"韵"，一幅好的国画不仅要画技精湛，更讲求气韵流通，而通过留白就能留出恰当的位置使得气韵相通。国画在一定程度上也体现出国人温厚纯良的性格。

在绘画的过程中，"留白"也需要"点"与"染"的服务。一个负责塑造意境，一个负责细细雕琢。一幅山水画的意境如此就渲染出来了。

在"留白"中，我见到了"大漠孤烟直，长河落日圆"的壮阔，亦感受到了"墙角数枝梅，凌寒独自开"的孤傲。中国画的意境，既需要丰厚的国学功底，也需要一颗能够感受美的心，去倾听、去感受、去深化其中的内涵。

现在的我，已不像儿时那般追求色彩的绚丽，而是用心去感受艺术的内涵之美、意境之美，细细地去揣摩色彩背后的东西。

我拿起画笔，意犹未尽……

（指导老师：祁继梅）

【点评】

不同艺术的形式虽然多种多样，但感受和品味艺术的路径却是相邻相近的。人要与艺术进行深入对话，少不了学习艺术的长久经历和过程，但更需要用心去倾听、感受、揣摩、领悟，然后在细微和点滴的收获中实现自我的快速成长。文中娓娓道来的故事，流露出质朴真挚的情感，将深刻的道理寄寓在流畅自然的语言之中。师生的交流、个人的顿悟，都能成为拉近个体与伟大艺术之间距离的重要契机，而品味艺术的道路也因此变得不再遥远。本文获决赛特等奖。（刘振 高校教授）

品味

□ 吴冠琛（山东省济钢高级中学高二）

我抬头看窗外皎洁的月，银白色的月光洒在水中又被晚风轻轻揉碎了。极目远眺，是黑色的天幕与银白的月，我深吸一口气，低头看向排列整齐的黑白键，道："老师，我再试一次吧。"

手指纷飞起落，左右脚踏板步步有序。我仿佛坐在流淌的黑白色绸子上，轻时似手轻触月，重时如水花跃起，应和着夜的律动。

双手轻轻抬起放回膝上，这首肖邦的《夜曲》也随之结束。旁边响起轻轻的掌声："小吴啊，节奏与韵律上又有了进步，但……"

我放下的心又悬了起来，长叹一口气，和老师一齐说出："但还是品味得不够。"

"为什么？这么多次了，还是这个问题！"

"孩子，你不懂。技巧永远只是艺术的一部分，而每首琴曲，品味是不同的，这也是它们的价值。行了，明天就是决赛，你已经很好了，早些休息。"他摸了摸我的头，转身离去又轻轻带上房门。

我坐在琴前，试着品味其中韵味，但五感却是空白。我明白我的心已经乱了，也起身出门，回到宾馆房间里。

感受着被柔软的被子包裹，手机响了起来，是姥爷打来的视频电话。他是个"老顽固"，母亲让他带着外婆来城里住，他非不肯，还是在小镇河上采着菱角捕着鱼。我想像平时一样挂断，但犹豫片刻，还是接通了。

镜头里并没有出现那张熟悉的面孔，而是和此时窗外一样的黑色的夜与明月。那一头的月被薄薄的云遮着，有些"犹抱琵琶半遮面"的意韵。

故乡的月啊……我不禁想着，随即又狠狠摇头，扔掉这份情思。

"姥爷！姥爷！"

"哎！来了！"他还是那身蓝色的土布，上面打着颜色深浅不一的补丁，头戴斗笠，镜头拉近，月光流淌在他沟壑纵横的沧桑面孔上。

还是那条木船，那条老船和他一样老了吧……

"这么晚了，您为什么还出来啊？"

"娃，这山，这水，这月亮，太漂亮哩！听说你去省会比钢琴决赛哩，莫得啥事情，我给你打气，不打扰你了，我先……"

"不，等等，姥爷，我……我记不清我小时候的事嘞，您还记得吗？"还是那山、那水、那月，在那条船上，画面同记忆中的相似，可有些事却记不起来。

笼着月的云散去了一些，听着姥爷用土话讲着那些事，记忆中的模样也愈发鲜活：远黛青山隐于黑夜，像隆起连绵的兽脊，小时候的我坐在船上，指着天与水，说有两个月亮。姥爷便抱着我，我尝试用手去捞在江中被揉碎的月，却只留几滴清水在掌心。我急得哇哇大哭，直至姥爷剥好的香甜的菱角入口，这才破涕为笑……

像是打开闸后涌流不息的江水，更多回忆涌入心中，我细细地品味着童年的一切、故乡的一切，笑容不自觉地爬到我脸上。镜头那一端，那层薄云已悄悄地散了，月晖照彻万川。

电话不知何时挂断，那些回忆却止不住。我从小在那个小镇上长大，但很多时候，看过大城，就不再想小镇了。我渴望品味大千世界，而非留守在一个小镇上。母亲父亲带我进城学琴后，我便少再回去，我试图忘记，但我错了，故乡是根，是那被云笼着的月，云会散开，人要归根。

我似乎还没给姥爷，给那山、那水、那月弹过琴。我走出房门，回到琴房，夜色愈发浓了，我没有开灯，只是让月华笼着琴与我，我将视频通话回拨——这也是我第一次回拨。说明意图后，姥爷坐了下来，倚在船边，手轻挥着蒲扇，对着我微微笑。

手轻落在琴上，轻轻划动，划过的地方在我眼中即有满天星辉，手指纷飞起落，像是在凫着江水寻着菱角，左右脚交替踩着踏板，好似又踩上了故乡松软的泥土，又像轻踏在姥爷的小木船上。乐章如水，月色如水，乐章的旋律似在黑色的夜中流淌，不见踪影但又包裹着一切。手抚在琴上，我抬头，看到的是故乡的远山与明月。

我微微笑，在心中把那最后的残云拨开。我看到肖邦坐在简陋的琴边，用乐声抚慰故国饱经风霜的大地，追忆家乡动人的夜色……

一曲终了，我将手轻轻抬起放回膝上，起身走向姥爷，向故乡鞠躬，再抬头，金碧辉煌的大厅里掌声如雷鸣般响起。走下台去，老师激动地抱住我："孩子！你太棒了！透过乐曲表面品味到了其中真情！"

"其实，我更是品味到了我自己。"我微笑道，"老师，我不准备留省城了，我要回去。"

他一愣，也微笑着说："这可不像你啊。"

"品味世界固然重要，但……我更想好好品味自己的故乡，那儿才有我真正的《夜曲》。"

我抬头望向穹顶，似乎看见故乡的那山、那水、那月与姥爷在微笑着招手，像是迎接知返的浪子，顿时热泪盈眶，打湿了故乡的夜色……

（指导老师：杨健）

【点评】

意蕴叠加是指在文学作品中，通过将深层意义或情感叠加在表面故事情节之上，从而增强作品的艺术效果和情感表达。本文最大的特色是将意蕴叠加，一是我眼前的"黑色的天幕与银白的月"，二是"我"的童年、故乡和亲人，三是肖邦的《夜曲》，还有黑白琴键，诸多的意蕴构建了丰富而深邃的艺术空间，将对名曲的理解、生活的感受、人情的体悟聚合，从而着力阐释了"品味"的含义。本文获决赛一等奖。（周玉龙 正高级教师）

品味

□曹誉萌（山东师范大学附属中学高二）

　　一片甲骨，静静地躺在陈列柜的绸子上，我望着它，它也望着我。我向它伸出手，指尖却被什么东西挡住，是玻璃吗？抑或是历史的洪流？我与它隔江相对，江涛声声入耳，衣袍猎猎翻飞。但我还是听见了它的心跳，品味到了它那跨越千年的悲喜。

　　起初，只是一个意念附上了一个载体。或是无法纾解的郁结，或是缠缠绵绵的情思，令人眉头微蹙。它承载的越来越多，多余溢出的意念四处流浪，无以为家。它们向前走，终于在汤汤黄河水旁，一群被剥离了血肉之躯的龟甲成为它们有力平稳的鞍马。龟甲在大火中寸寸开裂，可大火旁的人们眉头却寸寸舒展。

　　"无咎。"有人长舒一口气，用刀笔刻下了线条，那是形象的线条，有美感的同时，记录下了大火旁人们的思绪百转。它被封存，同它一起的，有同样刻有文字的肩胛兽骨、泛黄修竹。它隐约能听见，外面战鼓震天，脚步杂乱，血肉相搏的声音声声入耳。但是刹那间，一切却归于止息。它们被深深埋入土壤，不见天日。但它们不知，中华艺术和文化的万古江流，从它们身后发源，涓涓细流成小溪，小溪相遇成江海。几千年，它们只听见地上生活的人们有力的心跳，且隔着厚厚土壤，它们亦感受到了人们温热的呼吸。此时的它们已不再是意念的载体，它们是文化艺术的源头，所代表的人们对天公地母的崇敬，对鸟鸣花落的感伤，对民族文化存在的证明，已在岁月的漫长沉淀中凝成纯金。

　　终有一天它被带离土壤，转手无数却没有一人能觉察品味到它背后生于斯、长于斯、歌哭于斯的人间悲欢，一个朝代的暴烈与柔和，和天下覆于一朝的感伤。它喟然长叹，近代纷飞的战火中，终于有一个人驻足回望。他是国子监祭酒王懿荣。他拿起了甲骨，终于看穿了作为载体的表层，看见了它千年后仍旧在有力搏动的心脏。王懿荣四处呼告，战火中迷离而不知所从的人们望向了他，望向了他手中的甲骨。恍然间，它们看到了自己真正的来时之路，是中华民族的血脉，是千年未绝现仍不应绝的文化与艺术，亦是他们所品味到的那句"无咎"背后的舒心与宽慰。余秋雨先生曾说，甲骨文是一个文明童年的声音。人们听了自己童年的牙牙学语和艺术所诞生时的清脆啼哭，才能知道自己来过，亦知自己将去何方，而不是如一叶扁舟浮江海之上，茫然无所从。不过万幸，淇则有岸，隰则有泮。飘零战火近百年后，人们终品味到了文明伊始那萌动的感情，像那流浪的意念，找到了自己的岸。

　　横跨我与甲骨间的历史洪流消失了。我走向它，指尖与前人的指纹重叠，我与他们同哭同乐，共唱颂歌，共同品味文明重生的阵痛，共同期许文化艺术江流滚滚向东汇为江海，日夜相继。东风传火，慷慨歌阵阵；旷古绝唱不断，今有后来者。甲骨文在无数后人的回味中，吹尽黄沙始见金。

（指导老师：石敏）

【点评】

　　一块小甲骨，蕴藏无限事。那一块甲骨躺在陈列柜里，裹着绸子，它原本是静止的。当作者的意念加诸其上，它便伸出手，像在触摸，也像在呼唤，或流浪，或开裂，或舒展。不同的形态展示了隔着岁月尘烟的悲喜，见证了历史的演变、历史的变化、人类的抗争、文化的发展。作者借助神奇的想象引领读者跟随一块甲骨回溯了悠长的历史，体悟了丰富的意味。甲骨"无咎"的卦辞透着一种敬畏与祝福，点明了"品味"的内核。本文获决赛一等奖。（周玉龙 正高级教师）

品味

□王鲁霏（山东省烟台第一中学高二）

"汝曾闻颜常山否？吾兄也！"

我是极喜爱《祭侄文稿》的，但不是"一见钟情"，初见时不解其意，细细品味而来，便真真让人醉倒其中。想来，这也算"日久生情"之语了。

初见是偶然，拥有"天下第二行书"之盛誉的《祭侄文稿》，其字形笔力全无"翩若惊鸿，婉若游龙"之感，以潦草形容毫不为过。很难想象这篇八处涂抹、仅点六墨的凌乱作品可以摘得如此桂冠。但同样的，艺术绝不拘泥于形式，意志与灵魂远比精美空洞的墨笔更重要。细细品味《祭侄文稿》，浮现在我眼前的绝不是粗粝的笔法，而是颜真卿及其家人悲壮不屈的、闪光的灵魂。

这是大唐帝国覆灭的倒计时，也是安史之乱的第三年，颜真卿依旧死守平原。战事吃紧，百姓流离，他很少再有闲情逸致去创作楷书了。通宵达旦地布置攻防，开仓放粮，练兵训将早已让他心力疲惫。但他毫不退缩，毫无惧意，带兵冲锋陷阵，一天之内夺回十七个郡县，给叛军以致命打击。敌方士气不振，节节败退。就如航道的分岔口总有引领者指引方向、昂头高歌一样，历史的危难时刻总有身先士卒者力挽狂澜，扶大厦之将倾。可是，面对英勇无畏、势不可当的颜真卿，敌军为动摇军心，送来了颜真卿兄侄的尸体。场面一度凝固，所有将领都望着颜真卿。但他安之若素，丝毫不为所动，命人将尸体抬出去，说这仅是敌军黄口小儿的诡计。所有人都松了一口气，放下心来，可或许只有颜真卿知道他握着毛笔的那只手止不住地颤抖。

是夜，他趁万籁俱寂之时乘月色而去，却只找到了其侄颜季明的头骨。望着那血肉模糊的尸首，他写下了祭悼的绝世之作——《祭侄文稿》。

冷冽的秋风从帐幕透进几缕，拨动了案台前微暗的烛火。那支上好的狼毫笔落纸之处，不再是华美隽永的正楷，而是饱含无限悲思的行书。颜真卿不去多蘸墨，势必要一条路走到黑，对兄长子侄的悼念和对敌人叛将的愤恨禁不起哪怕须臾间的犹豫。一气呵成的言语是无限愤与哀的交织融合，糙粝的涂抹是他生怕不能将其兄颜常山、其侄颜季明的英勇与悲壮写出。独守城池，以父子二人的身躯妄图抵御兵强马壮的叛敌，最后却遭己方将领背叛，拿不到粮草资源，活生生被困死在城中，一颗真心付之东流，功劳被人冒名顶替，连最后的荣光和完整的尸身都得不到。最让我心疼的是，在写这一段遭遇时颜真卿连续涂抹三次，步步小心，时时注意，生怕措辞不当被参上一笔"以下犯上"大不敬之罪，如履薄冰也不过如此。就在如此情形之下，颜真卿依旧坚守战斗，他不是为昏庸的统治者、腐朽的政权、严苛的法度而战，他是为无数个如颜常山一般的赤心武将、无数个如颜季明一般的稚嫩孩童、无数个流离失所的百姓而战。他不会寻死，他更不会叛变，家国深情与血海深仇注定了他与趋炎附势的小人之间有不可逾越的沟壑，也注定了他伟大而悲壮的一生。读到"父陷子死，巢倾卵覆"之时，我的泪水再也忍不住，流了下来。即近末尾，行书已经逐渐转变为草书，登科及第的进士竟也词不达意，无语凝噎。最后一句"呜呼哀哉，尚飨！"让我的心灵大受震撼，于品读回味中，哀思之情越积越深厚，最后化为一股根植于心中挥之不去的愁。

数年之后，朝廷派颜真卿去招安叛将李希烈，所有人都反对，知道他此去九死一生。但他还是去了，去得义不容辞，去得义无反顾。果不其然传来了他的死讯。死得不算惨，比他的亲人好太多。至此，颜家三十多人全部为国牺牲。

死前，颜真卿被敌人劝降，他拒绝了，留下的最后一句话是："汝曾闻颜常山否？吾兄也！"

一千二百多年的迭代更替，《祭侄文稿》依旧被保存得很好。墨迹早已干涸，可精神与意志永存。何等英勇、何等悲壮、何等凄凉的颜真卿也只有"托遗响于悲风"。但《祭侄文稿》中颜氏的意念永垂不朽，灵魂闪耀的光芒足以再谱十万章。

品味这部作品，我的灵魂得以升华，艺术的意志得以延续。或许这就是品味的意义，也是品味最大的魅力。

昔人已逝不可追，留得残荷听雨声。

（指导老师：李悦）

【点评】

本文将《祭侄文稿》潦草粗粝的书法与颜氏慷慨悲壮的情怀糅合为一体，这一份超越时空的悲壮与崇高让"品味"这个题面附上了厚重的底色，值得后人永远咀嚼品味。厚重的题材阐释了题旨，巧妙的构思展现了匠心，灵动的语言彰显了个性，读之，令人赞叹不已。本文获决赛一等奖。（周玉龙 正高级教师）

艺术的韵味

高一高二组总决赛题目

"韵"是中国传统美学的一个重要概念,与之相关的术语还有"韵律""韵致""韵味""神韵"等等。南朝画家谢赫提出的绘画"六法",第一个就是"气韵生动"。宋代范温指出:"有余意之谓韵。""韵者,美之极也。"意思是说,如果作品能于具体的形式、言语之外让人有所思考、有所感悟,就是有韵,就是最高境界的美。现代画家齐白石说:"作画妙在似与不似之间,太似为媚俗,不似为欺世。"这里的"似与不似之间"其实也是"韵"的一种表现。

请结合你在艺术欣赏、学习时的经验,甚至日常生活中的感受,以"韵"为题写一篇文章。

解析

这个题目的限制性比较强,要求参赛者围绕"韵(味)"这个具有鲜明中国特色的审美范畴来展开。

材料中,除了提出"韵"的相关概念之外,还借范温的话阐明了"韵"这个美学范畴的含义,即"有余意"。换句话说,作品的美感不是非常外在的,而是需要慢慢体会、反复玩味才能领悟的。这也是中国传统艺术的审美追求,无论绘画、书法、音乐、戏曲还是文学都是如此。

为了进一步阐明"韵"的表现,材料中还引用了齐白石的名言"似与不似之间"来说明"韵"的表现。"太似"本质上是直白,没有玩味的余地;"不似"在一定意义上是晦涩,令人无法理解,也就无从感受其美感。

对于这个话题,大多数的高雅艺术,恐怕都可以从韵味的角度进行解读,参赛者如果真正了解艺术,就不难结合自己的实际经验写出好的作品。

此外,题目还有一点开放性,可以跳出艺术作品,写现实生活中的其他内容,如人的"韵味"、话语的"韵味",等等。

这个题目的关键是要通过刻画不同的艺术形式,表现出它们的外在形式背后的内在意味、情感,体现"韵"的本质。

韵

□许乐沁（福建省漳州第一中学高一）

一个人，一幅壁画。

他已经执着工笔在飞天乐师那双残损的眼上补了整整一个下午，石窟内不断酝酿的寒气自手握工笔的指尖传递，进而如潮水般侵袭全身——他的手就快要失去知觉了。可面前飞天乐师似乎还同先前一般，大眼瞪小眼，也不知道在跟谁置气。

他长叹一口气，无奈地放下双手。双臂因长时间的抬举而变得酸痛不已，持续的仰头导致脖颈处的骨头像被人生生拗断，一时间竟无法自如转动。他从小就是个喜爱光和色彩的孩子，曾扶了古树干，痴看清透如花生油的阳光自枝丫间倾洒；曾仰望夏夜的潮湿绿谷，看漫天星斗于夜幕的骰筒中旋转……他当然也仰慕凡·高，惊叹于塞尚笔下蓝苹果的魔幻鲜艳，渴望去海边一睹高更的曲线中所描绘的天与海的地平线……他如愿进入全国顶尖的美院学习，毕业后，却只是在一个遥远的西北边城落脚，当一个修补壁画的小匠人，日复一日重复着机械枯燥的临摹与复刻。"真是不顺遂！"他心里想着，委屈、懊恼、失望一时间齐齐涌上心头。他猛地把笔一摔，笔杆触地发出的声响在空旷的石窟中显得尤为刺耳。

"把笔捡起来！"一个声音在洞口响起，音量不大，却有着不容争辩的威严。他望向洞口那个矮小的身影，沮丧地垂下了脑袋。"是，师父。""走，跟我去第二十九窟看看。"看他终于拾起地上的毛笔，师父的声音又恢复了往日的和蔼。

第二十九窟！那是一个自己从未到过的地方！一瞬间，方才的懊恼被一丝喜悦代替。钥匙旋转发出的咔嗒声在偌大的石窟中回响，在他听来，仿佛飞天乐师手中琵琶弹奏而成的乐曲，耳边传来他因激动而不断急促起来的呼吸声，但在开门的一刹那，一切嘈杂顿时消失。

那是满壁用图像讲述的史诗。

啊！满壁的浓墨重彩，大胆得令人心悸！金面的神，旋转的舞女，以及大漠中踽踽独行的骆驼队……无不讲述着一个个缱绻千年、氤氲万世的佳话。灯光继续上移，又一片黑暗浮现，只见青肤金衣的神的头部，赫然存在着一块突兀的方形空白。震颤如潮水般涌向全身，他甚至感到一丝可怖。"这是美国人用胶水硬生生撕下来的。"师父的声音缓缓响起，灯光一晃，他似乎瞥见师父脸上表情那一瞬间的扭曲。"小伙子，知道为什么叫你来吗？刚毕业就到西北修补壁画，不甘心吧？但你要记住，我们做的，并非是简单的修补，是韵啊！是重拾那快要消失殆尽的敦煌古韵啊！上个世纪，敦煌几乎被西方列强扼住了喉咙，三分之二的文物都被列强掠去！小伙子，不要不甘心，只有用心思考、感受，才能让千年前的敦煌重现于世，才能让飞天的神韵响彻今天的华夏啊！"

师父的话久久萦绕在石窟的上空，他清楚地感受到自胸腔迸发而出的剧烈震颤。韵，韵！什么是韵？是飞天舞女的妩媚神韵？是敦煌乐伎的神秘音韵？抑或是，大漠之中所流淌出的千年潺潺古韵？他忽地想起大学鉴赏课时老师说过的一句话："韵者，美之极也。"是啊！他在这一刻才真正意识到，修补壁画，并非自己臆想的那般枯燥，也绝非一味模仿便能轻易完成的事。他每一次虔诚地举起双手，都是尽自己最大的努力，从飞天手中接过那一片片支离破碎，深藏千年轮回的古韵碎片啊！他的肩上担负着的，是寻找古韵，复兴文明的重担啊！千年前的那抹遗韵寂静太久了，是该有人重新奏响了。

重新坐回脚架，定位、抹炭粉、上墙、描线，他熟练地做着修复前的准备工作，方才的懊恼沮丧早已烟消云散："修补好了壁画，画出先前的韵味，我不也是敦煌的凡·高、塞尚吗？"

屏息，再一次执起工笔，远远地，他听见，飞天乐伎的歌声，隐现在一片寂静之中。

（指导老师：蔡小燕）

【点评】

该文以虚构的方式讲述了一个青年人自我认同的变化。这位美院大学毕业生，在西北边城跟随师父修补敦煌壁画，"小匠人"般的工作令其厌倦，情绪低落，被师父带到第二十九窟进行现场教育。当得知这里三分之二的文物被列强抢去了，美国人用胶水硬生生撕下神的头部，唤醒了他的家国情怀和对艺术的全新理解：美的极致即为韵，修补壁画即"寻找古韵"。他对修补工作产生了新的认知，甘愿承担"复兴文明的重担"，"修补好了壁画，画出先前的韵味，我不也是敦煌的凡·高、塞尚吗？"作者感受力敏锐，对人物心理的展现真实而细腻，其心理转变符合逻辑。本文获决赛特等奖。（陈改玲 高校教授）

韵

□张语萱（江苏省六合高级中学高一）

道生一，一生二，二生三，三生万物。万物皆可赏，世界由人类探索与发现，在内心的艺术之芽生长开花之时，人们以"韵"表达世界。

"南风悠悠到渡口，惹离人愁……"中国的戏曲似乎都掺杂着悲愁，这也是"韵"之所在。当画眉点上心头，戏服穿戴于身之时，口中诉说的便是广大人民内心的独白。宋词、元曲不断地世俗化，其韵味也逐渐平民化，达到"言有余意"地表达诉求的境界。

当"韵"被融入画笔，目之所及，皆为韵之美。从马致远、丰子恺到达·芬奇、凡·高，从《千里江山图》到《星空》……东西方美术文化的碰撞，摩擦出"韵"的火花。世界上的任意角落每时每刻都会诞生"韵"。《泼墨仙人图》是当时中国人民对神仙的尊敬和对美好生活的祈望；《蒙娜丽莎》是当时人们对美好女性的赞美与追求。"韵"被不同的画风所表达，"韵"不拘泥于国界。

"韵"混入土石，被加工成精美的彩陶瓷器。人面鱼纹彩陶盆反映了人类早期社会的文化价值；唐三彩映射出大唐时代的艺术特色；青花瓷折射出一种"天青色等烟雨，而我在等你"的优雅情趣。"韵"在人的手中捏造成型，在高温烈火中绽放。

人以笔为工具，将"韵"深深地嵌刻在历史的潮流里。四大名著中的《红楼梦》何尝不是一种"韵"？鲜明的人物折射出社会的善恶美丑，这是韵；贾宝玉想要的是一块上好的玉，却被硬塞了一支钗，这注定成为悲剧的结局，也是韵。中国古代人民将"韵"刻进人物的血肉里，叫尘埃埋不了，叫岁月抹不去。

"韵"绝无完美和不完美之分，作品中凡是让人有所感触的，皆为韵。断臂的维纳斯是不完美的，人们却以完美给它贴上标签，我想如果没有那断了的手臂让它的身体有了缺口，那股"韵"也就不会从它的身体中流露出来、被世人尊奉了。

韵出于人之手，韵的本质源于民生。当琵琶女怀揣对丈夫的思念及对岁月的留恋而弹琵琶时，弦间所流出的韵使白居易"青衫湿"；当六国破灭四海归一之时，无数美人珠宝送入阿房宫，奢华之韵的背后，是机上之工女，是南亩之农夫，是无数的民脂民膏。于是，当项羽一把火将宫殿变为灰烬的时候，杜牧叹一声："可怜焦土！"此时，韵之味达到顶峰。韵是人民的韵，寄托着人民的愿望。

但是，当珍宝画作被陈列在博物馆，高速运转的人工智能代替人的双手，"韵"在喧嚣的都市中的呐喊被淹没，文明将迎来怎样的无声海啸？我们是否能听到水墨画拍打玻璃的声音，是否能听到白瓷悲痛的求救？当艺术不再珍贵，韵不再随历史而更迭，我们应该思考传承的意义。

传承，需要我辈的觉醒与努力，需要我们对古之韵的品味与传播，更需要注入新的活力，让艺术之韵穿过历史的层层浓雾，让跨时代的对白阐述文明的姿态。

"韵"是美，是思考，是表达。从古至今，人类从未放弃对韵的表达，未来也会是如此。

（指导老师：刘卓越）

【点评】

作者以独特的视角和丰富的想象力，深入探讨了"韵"这一抽象概念在多个文化领域中的体现与传承，展现深厚的文化底蕴和敏锐的艺术感悟力。文章构思不仅新颖独特，而且逻辑清晰，使读者能够轻松跟随作者的笔触，领略到"韵"的无穷魅力。作者不仅停留在对"韵"的表象描述上，更深入地思考了其背后的社会文化和历史背景。文中提出，"韵"是人民愿望的寄托，这一观点深刻而独到。同时，也表达了现代文明对"韵"冲击的担忧，呼吁大家重视传承的意义，注入新的活力，让艺术之韵得以延续，体现出作为青年学子的责任感和使命感。整篇文章能够将复杂的哲理和深刻的见解用简洁明了的语言表达出来，让人读来既感到亲切又深受启发。本文获决赛特等奖。（李骏 高校教授）

韵

□何卫（贵州省思南中学高一）

丹青画卷韵长青，翰墨情深续篇章。

——题记

轻袖浅拂，一染，一点，只此山水；蓦然挥就，一顿，一转，皓纸传情。恰柳绿莺啼，青绿荟萃，笔转顿挫，浓淡变化，青白樱粉，氤氲墨香浸润锦瑟年华，水墨绢本渲染青绿篇章。拈起时光的裙角，回忆在心间荡出了层层涟漪，思绪浸入了流动的墨香中……

一阵清风，载着一个绚丽的梦，飞往那与水墨的邂逅。兰花饱满，枝节分明，浓淡交织。初逢郑思肖的墨兰图，我便被其深深吸引。在线条的枯湿浓淡、形态的顿挫起伏之间，那一株兰花虽柔犹劲，轻触画卷，墨兰似乎更显遒劲之气。历史的车轮转向那时，郑思肖面对政治黑暗、生活失意，作墨兰图，发出"宁可枝头抱香死，何曾吹落北风中"的慨叹，水墨意韵在我心中埋下了种子。

何其有幸，让我在喧嚣尽头与水墨相遇，如沧桑枝叶中的一朵明媚，簪进岁月的发梢，与馥郁相会，让淡淡的岁月氤氲着淡淡的芬芳。

落日熔金，夕照残阳，钟摆轻叩钟壁，时间在斑驳的树影里跳跃，在徐徐清风中穿耳而过，在交融的渲染里躲藏。铺展的宣纸上，笔墨密密麻麻，纵横连接，如同沙砾陷入海洋。只画了几笔，便将毛笔狠狠戳在毛毡上，留下深深的墨痕。水墨似晦涩而贫瘠的诗句，我悟不懂水墨的意韵，亦看不清漫漫前路、微微光亮……

蝉鸣阵阵，清风悠悠，窗边的晚霞逐渐被夜色裹挟，丝丝缕缕占满西边的天空。耳畔响起亲切的声音："水墨画啊，要讲究静，沉下心来才能更好体悟嘛！"说罢，爷爷用他那双粗糙的大手握住毛笔，笔力遒劲，时而眉头微皱，时而面露笑意，笔墨似精灵般在纸上跳跃，一株兰花跃然纸上。

夜色席卷了天空，但留满天破碎的浮光点亮心房。我静下心来，学着爷爷的样子，轻握狼毫，提笔竖立，顿笔转折，让心与兰花相拥，于纸上显形。渐渐地，墨香熏陶了身体，抚静了心神。我仿佛看到文化的血脉在浓墨晕染中翻涌奔腾，水墨气韵在兰花香蕊间恣意纵横。

丹青不染倾城色，水墨却含淡淡香。丹青淡淡，风来无涟漪；翰墨泅泅，墨香有余馨。

青衿之志，履践致远。初见乍惊欢，久处亦怦然。

青春的舟飘摇曲折地渡过了时间的海。上高中以来，压力悄然潜入掉落的缕缕发丝中，无声附在眼下的黑眼圈里。不知从何时起，砚台蒙灰已久，我逐渐丢失了那微微光亮。拂去浮灰，轻碾微尘，一支狼毫，寂寞无言。轻嗅，墨香四溢；挥毫，独剪悠光。携水墨气韵于纸上，留淡雅娴静于心间。打破厚重的夜，觅得一束微光，点亮心房。

磨台墨一砚，展宣纸一卷，嗅芬芳一袭，觅微光一束。在悠悠绿水边，奇山秀石旁，一株墨兰亭亭玉立，婀娜多姿，仪态万千。

"丹青卷，水墨染，繁华似水忆流年。"历经岁月的沉淀，我已然成长了不少。轻握狼毫毛肚浸水，笔尖蘸墨，笔力直透毫端。笔下的世界千姿百态，如水之回流婉转，刚柔并济；如山之挺拔巍峨，直指天端。横带几分苍劲雄奇，竖隐几分清秀婉丽。远山如黛，近水含烟，亭台楼阁映月明。在樱粉、泥金、青绿等色渲染下，奇崛山石，山风劲劲，一株兰花傲然挺立，坚韧顽强。一浓一淡记录着曾经的过往，藏匿着心底的柔软。青绿淬墨，远近相接。焦、淡、浓、柔、劲交织融合，汇成水墨的气韵悠长。

风轻挽我的身体，抬首，墨兰花开，空气变得酥软。于方寸的纸上世界，可盛放于书案茶几，以雅姿伴雅士；可盛放在道旁阡陌，似隐形离隐者……

丹青留韵，翰墨情深。摒弃杂思，方能远离喧嚣；抛弃愁绪，方能在旷野之中坚持。亲爱的朋友，您是否在不经意处嗅到这墨兰的气韵，文明的馥郁呢？

（指导老师：田江玲）

【点评】

作者从兰花绘画入手，将个人经历与水墨艺术相结合，表达了对传统文化的独特体验与思考。"笔转顿挫""青绿淬墨"等水墨画法的描绘，不仅展示了技法之美，也体现了作者对艺术本质的感悟。在爷爷教导与自我学习过程中，传统艺术的韵味得到领悟与传承，自我心灵也在宁静中成长。文章语言优美，情感真挚，将艺术与生活和谐交融，体现了作者较好的文化艺术素养。本文获决赛特等奖。（张晓玥 高校教授）

韵

□王艺霖（云南省昆明润城学校高二）

记忆中的雪山、草甸还有我们称之为海的圣湖不仅是自然美景，且带着独特灵性。自小，拉姆在转山转水转佛塔的过程中，自然有灵的意识潜移默化。在她的心中、眼中，一株花、一捧土、一座山都会幻化为人形，而凝聚这自然馈赠的土陶，也有着自然独特的灵韵。

孙诺，一位做尼西黑陶的手工艺人。

孙诺爷爷是家里起得最早的老人，每当拉姆起床时，便会听见陶拍清脆的击打声。不过大家都习惯了。拉姆认为清晨清脆的陶拍声，不亚于山中隐约的瀑布声，沉静悦耳。

火盆上的酥油茶在黑陶罐子里咕嘟咕嘟冒，一旁的土锅里煮着香喷喷的酥油奶茶。家家户户都用着孙诺爷爷亲制的土陶，拉姆也常常引以为傲。

乍青培楚，爷爷的徒弟，也是拉姆的好玩伴。

乍青和拉姆自小就帮孙诺爷爷干活儿，二三月份就随爷爷去山下采黑土。小孩子的精力总是无限的，爷爷累了就在一旁坐着念经，而拉姆和乍青一边嬉戏一边也未停下手中的活儿，头上、脸上全是黑土。孙诺爷爷总是说："小泥娃娃两个，旁边的河里涮一下去，水里头不要掉下去嘎！"

孙诺爷爷把厚厚的毯子盖在腿上，全神贯注地用刮刀雕着手里那个"丑丑"的黑泥巴罐子。

乍青和拉姆也盯着爷爷的手和土罐子，吸着鼻涕，眼里闪过惊喜与好奇。

安静的"工作室"里只听得见牛圈里牛儿咀嚼的声音以及孩子们有规律的吸鼻子声。

"你们两个这里不要蹲起，外面火烧着去，我要烧罐子了。"拉姆和乍青一溜烟跑出去捡柴，不带任何贪玩的小心思，麻利地在院子中央烧起了一堆火。不一会儿，孙诺爷爷带着两只土罐子走了出来，用铁铲放进火里。大火燃得很旺，木柴"噼里啪啦"地响，拉姆很喜欢闻这些野柴散发的香味，陶醉其中。

再见到土罐子是两个小时以后了。孙诺爷爷用酸奶水和青稞粉洗着土陶。爷爷很开心，嘴角微微上扬，看土陶的眼神充满了慈祥与喜爱。爷爷反复地冲洗，乍青和拉姆看得口水直流。爷爷一抬头看到这情景，笑起来："你们两个小泥娃，贪吃的小泥娃。"

村里的桃花开了，天湛湛的蓝，溪流泠泠的清，花瓣飘得到处都是。乍青整日里跟着孙诺爷爷做土陶，爷爷教得很用心，乍青学得也很用心。拉姆还小，所以孙诺爷爷只是丢一块土给她，让她在一边自己塑泥。可能是自小就与这些瓶瓶罐罐生活在一起，拉姆也会有模有样地在揉、塑、击、雕一系列工程后做出一个歪歪的罐子。

孙诺爷爷看这两个小孩子，笑了，很慈祥，很开心。

突然有一天，一辆亮橙色的大车开到了家门口，上面下来了一群很"亮"的人。他们惊喜地摸着那些细腻、精美的黑陶，嘴里说着拉姆听不懂的语言。

人群中一位哥哥开口问孙诺爷爷："你们可以批量生产吗？我们帮你们去山下挖土，你们就可以赚很多钱。这些陶器真是太精美了！"孙诺爷爷放下手中的陶拍，抬头，淡淡一笑，说："我们呢，一年就产一百只小罐子，供村民和我的家人们用，我们不量产的。你们来的路上辛苦了，上去喝碗茶吧。"说罢，轻轻放下工具，转身走上楼去。

孙诺爷爷吃饭时对那群人说的话，人们记得很清楚。

"我们做这些东西，放了很多心情进去，我的两个小泥娃娃帮了我很多忙，小孩子的天真和我的情绪交融在一起，才能做出一个美丽的罐子。"孙诺爷爷摩挲着手里的黑陶杯子，用藏语说。

那群很"亮"的人，悻悻地离开了。

几个世纪里，我们用大自然无私给予的黑土做着各样的陶器。而在长久的使用中，我们也给予了它活着的灵魂。

美好的东西是不能量产的，孙诺爷爷铸在黑陶里的情、时间以及美好的记忆是尼西黑陶独有的韵。而用大自然给予的黑土制作陶器也更是赋予了它自然的灵性。

我一直认为大自然是有灵性的、有生命的，而人类文明最智慧的就是与自然和谐共生。

桌上的陶罐，静静地立在那里，诉说着尼西乡美丽的故事。孙诺爷爷的经语，拉姆和乍青的童年，充满了人们的爱、温暖以及来自大自然的灵韵。

（指导老师：李孟珂）

【点评】

文章视角独特，笔触有灵性，通过描绘尼西黑陶的制作过程，表达对"韵"的理解。作者善于写细节，拉姆与孙诺爷爷之间的深厚感情令人感动，同时也勾勒出人与自然和谐相处的画卷。孙诺爷爷从容淡定地拒绝了商业化，手工艺的不可替代的情感与价值内涵得以凸显，升华了文章主题。文章字里行间透露出对传统文化的敬畏与对自然灵韵的敏感，情感真挚，引人深思。本文获决赛特等奖。（张晓玥 高校教授）

韵

□邱皓敏（云南省曲靖市民族中学高二）

奏筝者几转腕，指尖动山河，几弦之间，小泉淙淙，大河汤汤，高峰促狭，平坡直下。三折两转绵远、长扬，尾音收响。达意、有味、动情，集此三者谓之韵。韵一出，非畅晓者漠然，而会心者已笑。

西南声乐善其一必兼其二，故葫芦丝与巴乌又称"姊妹乐器"。然而我是一个很无所谓的"槛外之人"，窥得达意之径，奏起管乐却甚无味，也就无往动情，更别谈韵了。

但就有那么个人知韵。

葫芦丝乐音欢畅百变，巴乌低稳浑厚，所以我并不晓得二者如何能收兼。

竹管七个洞孔一张簧片。吐气掌息是很重要的。它的把控比小号易，比提琴控弦难，令我抓狂练习后嘴痛腮酸之余却又暗自窃喜：我没再力度如一，不加情味地"吹丧乐"。

"气息始终如一，你倒是吹得卖力。再练下去我唯一能认可你的点就是肺活量了。"那个少年宫的下午我的老师如是说，"一点韵味都没有。"

我既不安又不甘心，旁人总是对我赞赏多于批评，而这个翻脸快过翻书的大叔却从不给我留面子："你不如去听听新来的那个小胖子，人嘴没你溜刷(厉害)，吹得可比你溜刷。"

"那敢情好啊……"我看着他的背影嘟囔道。那个已褪色的下午很久没有被想起来了。我总是能从大段回忆中提取出几个关键词来：强风吹拂赛场上赤旗飘飘，不时放出噪声的音响，少年悸动的心，前方不远处的乐韵悠扬。

我见他粗圆的手指灵活变位，我听他稳定自若吐出华章，我看他台上站立脚掌不忘记拍，我识他双眸闪瞬华。葫芦丝与巴乌并奏《婚誓》意定贞挚，《月光下的凤尾竹》幽谧静美，《吹起芦笙跳起舞》奔放热情……每当快奏到他情悸之点时，那份自信昂扬的情便翻飞成蝴蝶四散飞扬，但却不会影响原曲的调子，可能我也分不清胸腔里跃动的激情到底来自何方。

曲终他在台上笑着，我在台下笑了。

我一直不理解同一首曲同一个调为何反反复复变动出新曲。"学我者生，似我者死。"我想反复体察接受理解共情然后才是共鸣。正因我们悄悄地把主观情愫加进去，才奏出了不可能完全相同的乐章。人的主观想法是影响很大的。

我又想起《江雪》的配图。

一人独钓一寒秋。不见雪，不见江，一斗笠，一钓钩。绘江不绘水，韵自在无水。乐韵始自共感，画韵启自留白。初见无味，再辨韵已出。中国山水有很多这样的留白，余韵无穷。绘瀑不绘水绘岸间，草木山间惊鸟，不见雾气夕照，见色散开明。看到什么在我心。

正如诗文，思念不写思，写衡阳雁、折枝柳、踏歌声；悲痛不写悲，写残垣断壁，楼空余人已去；爱恋不写爱，写春动萌芽，芙蓉荷花，眉上翠，腮边红，楼间支窗看远方；悼忆不写悼，我写窗边月、枕下书、梦中声。含蓄内敛，字字有声，笔者已达意，余韵自在心。三分技，七分情，书页单薄，载不动这浓情厚谊。

韵赋艺术，其间一通百通，不分形式，不分意识形态。知韵难传韵更艰，所以我佩服艺术创作者自己懂韵也能传播韵。书画、雕塑、建筑、声乐、舞蹈、戏剧、电影……有的是一堆文字二维图画，有的是三维立体形象，也有的只是五感中仅需一感便能感知的，譬如音乐。它们不仅各有其美，还意韵相通。

《乔家大院》的编剧兼导演说："我只是想让人知道有那么一个时代有那一批人那样地活过就足够了。"

达意、有味、动情，集此三者谓之韵。非畅晓者漠然，而情动者已笑。

（指导老师：张威）

【点评】

文章由奏乐入手，以葫芦丝与巴乌为引子，逐步将"韵"由音乐拓展至诗画的理解。通过《江雪》配图与山水画的留白激发，作者思考了中国艺术重余味、讲求含蓄美的独特"韵"味。作者笔触灵动，善于将抽象的"韵"具体化为情感的传达与共鸣，巧妙地将音乐与画意融汇在一起，阐述了对艺术"达意、有味、动情"的深入领悟。本文获决赛特等奖。（张晓玥 高校教授）

韵

□杨旭（浙江省台州市路桥中学高二）

"不像。"老师淡淡道。

笔尖微顿，目光凝滞，笔下线条却乱了。我提起笔，重新望向我的字。层次错落，胜在清隽。

习书法已有十年，方才敢写王羲之。此书于我，此旅于我，是一场朝圣。写过米芾的不羁洒脱，写过《张迁碑》的厚重沉顿，亦写过孙过庭的圆润浑然，却一直未曾叩问《兰亭》"圣域"。

我看不出我的字何处不像，又望向老师。

他却再也没说什么。

我已知晓他意，他是让我自己悟。

摹本放在字边，我重新沉下心，一笔一画都力求相似接近。越是临摹，越是惊叹，起承转合于满处沉顿，于空处意连，如山涧清泉，如风过夏莲，如冥冥间仙人临世，借他之笔写下仙境。

如云聚，亦如云散。其间我忽见一只鹤，半明半暗，浮光掠影。这是一只"流动"的鹤，既非动如脱兔、大开大合，又非静如深潭、处处雕饰。这是一种灵动，是云间的仙鹤。

我心神震颤，下意识蘸了墨下笔，无意间写了一张又一张，满心都觉得确实不像。不是此处意断，便是彼处凝滞。

我心许是乱了，但我如痴如狂。

我捧着那幅字，仿佛于云间去追那只鹤，却也只能在迷雾间窥见残影。

如果说我笔下的是精心雕琢的饰品，那他笔下当是浑然天成的宝玉，未经雕琢，便已摒去浮夸，只余下至美。如此华美，又如此超然。

终于，我提起笔，心中意满，望向老师。

他从头至尾看了一遍，沉吟片刻，既未说像，也未说不像，只是拂走了摹本。

我怅然若失，已忘了先前处处的意连意断，蘸了墨水，却不知如何下笔，只能依循着断章残片的记忆落笔。

不过写了几个字，只觉得与先前相去甚远，不忍再看，只余烦乱，不像到极点。

我于是抬眼，却对上老师的眼，他仿佛有些意外。

我慌乱地别开眼，将目光落在墨砚之中。圈圈墨水因旁人动作微荡，晕开了明亮的灯光，好像守望着墨痕。

恍惚之间，我又蘸了蘸墨，不愿下笔，便只能顺顺笔尖，在砚台上打个几圈来打发时光。

老师又行至我身侧，我只能提起顺好的笔落纸，心想他又该说我的字不像了。

谁知，我却只听到了两个字："写吧。"

我点点头，又去深入记忆的迷雾，去寻那只仙鹤，在青云间同它追逐，在云雾间求索。

累了，我便又蘸墨，让笔在砚上打个滚又继续写。

如此反复。我不欲再追鹤，只是静立着，写下我的字。迷雾之间，我却看不见鹤了。

我望见十年前的自己。

第一次握起笔，鼻间尽是墨水味，听人说"墨香"，可我却觉得掺了水的墨算不上好闻。立在桌前写了两个半小时，也还是精力满满。

后来写魏碑，便提起全身的气力落墨。魏碑无趣，两个半钟头只两个字，也不觉得墨水难闻了。为消磨时间便学着在砚上用笔打圈，此刻方才明白，原来砚上也有年轮。

圈圈复圈圈，年年复年年。

我写行书，写行草，写草书，也写篆书。今又写《兰亭》，叩圣域。我终于觉得墨香。

我又落墨，灯光滑过墨色如檐边落雨，我写下年年复年年，写下兰亭仙鹤，写下永和九年，在无数个冷寂的夜，千千万万遍。

鹤在云间，书在韵里。

写完最后一字，我像老师那样从头看到尾，线条粗细变换，墨色深浅有致，笔意自有连断。诚如他言，不像《兰亭》。

可我又非王羲之，何必像那《兰亭集》？

老师又转到我处。忽而发觉，打圈的不止我的笔尖，还有老师在此处转的一年又一年。

他还是什么也没有说，却点了点头。

墨色浅晃，光影流转，永和九年有人于流水岸边叹死生亦大；今朝我有幸窥见名士风流、云间仙鹤，于鼻间萦绕墨香之际寻见自己。

云雾卷舒，仙鹤之姿影影绰绰，犹抱琵琶半遮面。它依旧如此灵动，如此超脱。

我分明看见，它向我走来。

（指导老师：余洋）

【点评】

该文叙写书法之韵。以诗化的语言,书写其摹写王羲之书法的体悟,借此展现对自我的寻找和发现。文章点面结合,聚焦摹写王羲之的内心顿悟这一点,实则是对他十年练字的心路历程的追忆和展现。作者艺术感受力丰富,文笔飘逸而灵动,他打量自己就像迷雾中的鹤,从中看到了从前的自己,最终从"像与不像"中跳出,"可我又非王羲之,何必像那《兰亭集》",进入新的境界,找到了自我。本文获决赛特等奖。(陈改玲 高校教授)

韵

□邱镆(浙江省瑞安市上海新纪元高级中学高一)

左手青田石,右手白钢刀,刀与石的碰撞留下道道白痕,那是金石雕刻绽放的花,如一条涓流,细细淌过悠远而雅韵的岁月。

初次接触篆刻,是在小学三年级。那时的我特别喜爱篆书,因其端庄之中不失灵动和刚劲。兴趣使然,我对古朴而颇有韵味的篆刻产生了隐隐情愫,开始打磨推敲,体味其乐,不求甚解。后有所感,记于斯文。

篆刻的第一步并非直接画线而刻,而是描摹,即在宣纸上对所要篆刻的字样进行临摹和练写。我因有三年的软笔书法功底而对此不以为然,殊不知,要想将与正常文字左右相反的字样完美描摹在方框中何其之难。明晃晃的灯光映照下,方框中组合出的字样竟是如此碍眼——用笔的力度在笔画转角处太重,在收笔回锋处太轻,或多一笔或少一笔,扭曲缠杂在一块儿,挤满了整个方格,像儿时从土壤中翻出的小虫,更无一点韵味。

失落感如涨潮,一点一点漫上内心的堤岸。窗外,暮色像个棉花球,沾了染液按在这个天空上,一点点晕开,树叶都沉着脑袋,躲避着满天的沙沙细雨。

无奈之下,我决定直接在青田石上开始雕刻。经了解,刻法分为切刀和压刀两种。切刀较为精细,通过刀面与石面成一定角度反复做"切"的动作,汇合成一道白痕笔画。而压刀则较干脆,将刀以较小角度切入石面,用手加力一压,"咔——"石屑应声而进。而我却遇到了更大的困难。原来刀法要讲究力度,而眼前的石块在我急于求成的轻磨重刻下,显得坑坑洼洼。那死板生硬的笔画如同一根根小刺直戳我的心。

带着"气韵生动"该如何表现的疑问,我带着"作品"去请教我的书法老师——一位头发花白、同样精于篆刻的老先生。他只是微微笑起来,眼睛都眯成了一条缝儿。老人家言道,篆刻的描摹不仅需要字体灵动有力,更是需要"美"的组合,配合好间距和大小,适当处留白,方显韵味。篆刻锻炼的是心性,内心过于浮躁则会影响刀法,要沉住气去打磨……

我若有所思地点点头。

时光如白驹过隙，我也一天天地长大。步入初中，升入高中，永远做不完的作业，被"别人家的孩子"碾压的悲哀，与同学间的矛盾冲突，父母的期待，每一样都压得我几乎喘不过气来。我仿佛是天空下一只灰色的鸽子，迷惘而失落。但我还是坚持篆刻，周末一个人在房间静静打磨一块石头，反而成了得以喘息的时刻，任凭时光消磨。在一次次的雕磨之中，我对篆刻古朴的韵味多了一份亲近。我的名字是三个字，要在容量为四个字的石印之中刻出来，就要学习"美"的配合。可以将我的姓氏放大独占两个小格，而左侧两个字看似分隔，实则灵动相接，四角稍做留白，端庄圆润的朴素之韵，油然而生。

有时看到满桌的白色碎石屑，不禁感想万千。一块青石从山上被开凿，在工厂进行切割加工，到了我们手中更需细雕精磨。而我们生在这人世间，摸爬滚打饱经风霜，岁月之手执着我们这些青石，社会执着白钢刀，一笔一画做着生命的篆刻。我悟到为人如篆刻之描摹，需要圆滑灵动，更需与他人彼此间和谐相处；亦如篆刻之雕刻，在世事变幻中磨出心性。

篆刻大抵是要破边的。

破边，即用刀柄在石印的四角上敲一敲，在四边上磨一磨，或在字样的留白处划上一两笔，以增加石印的真实性。最有韵味的破边，是效法自然；中等的，是为破边而破边；下等的，是在四角上碰一碰，以显示自己的不外行。

有人也许会发出质疑，为什么要破边？这不就不完美了吗？

我想，四角精锐、方方整整的石印是不好看的。且看我国所保存的石印，大多都是不完整的——那是历史的遗韵。

纵观世界艺术遗存，维纳斯是断臂的，胜利女神是无头的，《兰亭集序》是临摹的，《富春山居图》是火烧过的。正是它们的不完美，方显韵之美。

为人亦需破边，不去追求十分完美，阳光才会照到人性深处的璀璨，生活才会有雅韵。

（指导老师：周小娜）

【点评】

文章主题鲜明且富有深意，以篆刻艺术为载体，探讨了个人成长、艺术与生活的关系，以及对完美的理解。作者从篆刻初识、心性锻炼、艺术理解到生活感悟，层层递进，结构清晰，逻辑性强。全文语言流畅，用词考究，富有诗意，增强了文章的感染力。作者情感真挚，通过亲身经历表达了对篆刻艺术和生活的热爱，不仅描述了篆刻的技术细节，还将其与人生哲理相结合，如"为人如篆刻之描摹，需要圆滑灵动"，启发读者对生活的思考，使文章有了更深层次的意义。总体来说，这是一篇充满个人感悟的文章，展现了作者的艺术修养和生活智慧，给读者带来美的享受和启迪。本文获决赛特等奖。（李骏 高校教授）

韵

□丁晨航（浙江省绍兴市第一中学高一）

离开繁华的街市，穿过一片竹林，便见到坐落河旁的一片老屋古宅。白墙黑瓦与宁静东流的河水遥相呼应，这便是旧时绍兴枕水人家的最佳代表。

漫步于河旁，驻足于古宅前，便被其所具的古风震撼。白墙黑瓦，虽然没有达官显贵家的朱门红瓦来得富丽堂皇，但有着朱门红瓦所没有的生动气韵。

仔细观察，方见白墙黑瓦的独特匠心。黑瓦的釉色已经深入瓦缝，足可见匠人在烧制时的用心与细致。一座房屋上的黑瓦数多达几百片，很难想象匠人们是怎样经过一天又一天的精心烧制，才完成了这房屋上错落有致的瓦片的制作。当然，更令人感到震撼的，还是那黑瓦上、房檐下的奇特雕刻。雕刻的内容多种多样，从人物到花草，再到神话传说，无一不有。再看细节，花草叶脉的纹路，人物衣裙的纹理，无一不细致到位。更生动的是那人物的表情，神态各异。其所描绘的不是那些达官显贵的富裕生活，而是百姓们日常生活中的说笑、闲聊。袖珍的人物脸上，却被匠人雕出了独特的韵味。而那壮美的华夏山河，也被融进了黑瓦中。对江山的雕刻，更来得写意。有几处寥寥几笔，便刻出了"大江东去，浪淘尽"的气势。当然，"小桥流水人家"的景观也少不了，几座小桥架于河流之上，再加以几座古色古香的古宅，气韵不凡。雕刻中，尽显世间万物、人间百态。

我相信，这些雕刻的精细程度、艺术水平，不亚于中国人心中的那些名画，在我心中甚至可以与阎立本的《步辇图》、王希孟的《千里江山图》以及张择端的《清明上河图》一较高下。更重要的是它们没有许多名作中的那些媚俗之气，只有纯朴的匠心与才情。

除了黑瓦，白墙上也有着几处写意的绘画与潇洒的书法。虽然不是旷世名作，但也是能引起人心灵共鸣的佳作。配上东流的河水、随风而落的柳絮，以及拂过面颊的微风，不禁让人在这种令人沉醉的宁静中，轻轻感慨："若能澄心净耳听，万籁俱寂亦是韵。"

这绝美背后潜藏的那份匠心、那些才情，不禁令人再次发出感慨。百年前居住在这里的那些读书人，想必也像我一样，为之折服。的确，这种气韵可以跨过百年沧桑，也正是因为其背后的匠心与才情。使人有所感悟有所思考，让百年前的那些读书人心灵共鸣，悟出了这匠心与才情，也是这里能走出多位状元才子的缘由。

这充满了韵的匠心与才情，使人悟出了韵，悟出了宁静，悟出了细致，更悟出了不媚俗欺世的高洁品质，使得这白墙黑瓦能够仅以纯朴的古风，走过百年，走过了世间沧桑。反观那些达官显贵的朱门红瓦，许多已不知去向，成为苍茫历史中的一粒尘埃，消逝在滚滚前进的历史长河中。

我不由得向这些古宅躬身行礼，第一被其气韵之生动古朴所震撼，第二为其背后的匠心与才情而感动，第三则为自己沉沦于世俗而愧疚。走过繁华市街来到这里，犹如穿过了浮华世事而回归宁静，我不禁问自己，什么时候才能学会回归澄净？

晚霞已逐渐褪去，月亮已经升起。的确，月光还是旧时的月光，月光洒在充满气韵的白墙黑瓦之上，更显古朴雅致。

最后一阵晚风吹过，摇落一树春雪，时光对峙于檐下瓦缝，白墙黑瓦仍等待着那些漂泊者的归来。

（指导老师：傅雅飞）

【点评】

作者以细腻的笔触描绘了绍兴古宅的独特韵味，如"黑瓦的釉色已经深入瓦缝，足可见匠人在烧制时的用心与细致"等语句，让读者能够真切地感受到古宅的古朴气韵，恍如身临其境。作者引用诗词，增添文采，营造出一种古朴雅致的氛围。文章运用对比，突出主题，如将古宅的白墙黑瓦与达官显贵家的朱门红瓦进行对比，突出了古宅所具有的生动气韵和纯朴匠心，表达出古宅带给作者深深的震撼之情以及沉沦于世俗的愧疚之情，激起读者共鸣。联想丰富，意境深远，由古宅联想到百年前居住在这里的读书人，进而有了心灵共鸣和人生感悟。本文获决赛特等奖。（李骏 高校教授）

韵

□葛静欣（广东省佛山市第三中学高一）

山水清晖，余韵千年。执一支狼毫，墨色渲染，中锋绘尽眼前之景，侧锋道尽人间之韵，宣纸展开……

纸上游鱼

凭栏听雨。

彼时年幼的我立于木桌前，望着浅纸上的几尾游鱼，浮想联翩。

师父笔下的游鱼都摇起了它们的尾，似随风舞动的裙裾。雨坠，激起涟漪，鱼儿受惊躲闪，挥扬着轻薄透明的尾，扭动着光滑轻盈的身……

"小静，拿起笔，你也来试试。"师父温润的声音在耳畔响起，"跟着你的内心，向内探寻，画下你心中的游鱼之韵。"

窗外，细雨缠成线，淅淅沥沥。

郑重地抬笔，我，完成了我人生中第一幅国画作品。

"师父，我爱游鱼翩翩的尾，我想，鱼儿也爱自己的尾，所以它们躲避下坠的雨珠，不愿让美丽的尾巴受伤。"

师父莞尔。他着一身青衣，背着手，身子前倾，细细端详着我举起的"儿童卡通画"，发出了爽朗的笑声。

"不错，虽然笔触稚嫩，但也不失灵动的意韵。"

自此，我的国画生涯徐徐展开，宛如铺展宣纸，绵绵不绝……

或许，师父教我的第一课，不是纸上的游鱼，而是——韵味来源于探寻纯真的内心。

笔下青竹

桌上几张墨竹。

临摹了十几张古代名作，却怎么也仿不出前朝的意韵，少了些飘逸，少了些灵魂。

师父拍拍我的肩："写生去吧。"

庭院风声萧萧。

跨过门槛，肆意的风卷起我别在耳后的碎发，盖住了我的视线。正值心烦意乱之际，我眉头紧锁，不耐烦地掀开碎发。

那一刻，庭院一角的青竹映入我眼帘。

走上前去，我抚上它的竹节，很坚实。倾听着它的沙沙低吟，恍惚着，宣纸上薄薄的一笔黯然失色，而眼前笔直苍劲的青竹熠熠生辉。

拈一片竹叶，轻薄如纸，却锋利如刀，散发着幽幽竹香。

我看见了！我看见了竹中的竹，那是一种收敛锋芒的韵味，在泼墨画中，苍劲与进取蕴含其中，隐却在浓淡墨色之间。

风停了，我的心也趋于平静。

镇纸，墨砚，毛笔。

浓淡墨交织，薄薄的竹叶也有了锋芒，让人担心会被划伤；空心的竹节有了厚度，给人以坚实之感。

原来，韵味藏在所见之景的背后。

画中山水

正是五月光景好。

我随师父去逛画展，欣赏古代名家之作。

一幅幅山水画，穿越千年，呈现在世人面前。布帛早已泛黄，或破损，或残缺，但颜料鲜艳依旧，墨色深刻。

驻足。

画中山峰错落，流水潺潺。

但也有不寻常之处！

山峰视角不一，仰视，平视，俯视，出现在一幅画中，却不显突兀……所谓的流水，只是一片留白，我却似闻水声潺潺……小舟人家，比真实情况大了数倍，却意外和谐。我融进了这无尽山水之中……

这，就是国画的意韵所在吧！太似为媚俗，不似为欺世。而国画处于似与不似之间，给世人留下了无穷的遐想，引人思索，予人美妙的享受。从中，我感受到别样的韵味，心中无限感慨，与古代名家，穿越千年，灵魂共鸣。

因为余韵，我们灵魂共鸣。

韵不只在山水清晖，国画千年，凝聚意韵，而我，沉醉其中……

（指导老师：黄泳诗）

【点评】

该文分作三部分：纸上游鱼、笔下青竹、画中山水。具体书写了其学画的过程，以及对国画之韵的理解。由儿童卡通到跟着师父学国画，对国画之韵有所体悟。画自然之竹，竹叶有了锋芒，韵味藏在所见之景的背后。描摹古画，纠结于太似与不似之间，最后穿越千年，获得灵魂共鸣。"因为余韵，我们灵魂共鸣。"全文思路清晰，结构合理，语言富有变化，既有客观叙述，又有诗意顿悟，显示了作者丰富的艺术感受力。本文获决赛特等奖。（陈玫玲 高校教授）

艺韵"满"园

□张媛媛（浙江省天台中学高二）

阒寂，沾染夜色的墨香流淌，泪漫了西子眸中的隐忧……笔下的紫藤萝与寿鸟本应是富贵与紫气泰来，此刻却疏疏落落尚未完笔。其上一方破洞确是手肘无意落下的败笔。恍惚间，紫色的瀑布一泻而出，鸟鸣幽幽……

画人是我艺术生涯中的一大天堑，也是我为数不多被老师批评指摘的题面。提笔轻勾，屏气凝神，细如游丝，笔下的衣服总有"曹衣出水，吴带当风"的自觉。我也愿掺入更多的钛白去冲和赭石的风尘仆仆，朱砂轻点，恰似四月天桃花绽放的笑眼。眸光水润，一个个"俊男靓女"便出世了。此时只觉完成了什么惊天动地的伟业，孩童的我被扬扬的自得泡涨，撒着欢儿向老师敬奉拙作，却不约斧正。

只见老师眯着眼，凌厉的目光乍现，却又很快隐去无痕，只留下观赏昙花之人的午夜怅惘。肥扑扑的脸上也罕见地流动着抬头之纹，似白鱼跃其中，波涛渺渺。呀，大事不妙！我窃想着。短暂的静默中，只有窗外的阳光在躁动。"你画得真的很好，技艺超出同龄，看着就像活人一样，但——这不是人啊……"老师悠悠地说着，我从他幽默的言语中，读出了不同的意味。

窗外的阳光轻舞，树影斑驳，煞是可爱，一个接一个似跳水样地跃入老师抚平的宣纸上。"宣纸是会呼吸的，你得让它流动，写意写意，就是要让意气挥发。"他顿了顿，叹息着，"人啊，不能长得太完美，因为那样看不见生机……简单来讲，丑点，丑点才真……"老师抬眼望着我清澈朴拙的童眸，好像从那里找到了往日的单纯，缀满春的绿意与盎然。于是乎，我也瞧见这样一双眼——幽深得仿佛坠入北冰洋的涡流，隐隐间浮动着一种纯粹却混沌的光。他笑一笑，似唱似叹，更有"大人"共有的那种万事皆知的智慧。至少他能看得出瑕瑕。孩子的眼，淘洗世界苦痛，只珍藏完满。

提笔腾挪，粗大的墨毫，剑走如锋，高低俯仰。一会儿是健步如飞的青年，霎时又变成蹒跚伛偻的老者。笔墨在飞白中留痕，又在水的滋润助势下，肆意叫嚣，在纸上攻城略地，蚕食人脸上的白嫩，插满岁月斧凿的旌旗。那是位老者的形象，从他褶皱不平的衣衫与粗粝不堪的面廓，不难想出他是如何虔诚地向砖瓦恳求生计。他的脸是不完美的，横眉斜矗，嘴唇错位，头发如蓬英纷飞……

"韵"是人的经历、人的真实、人的苦痛啊！在抱残中守缺，读出水月盈虚的婵娟与共之美，这是一种含蓄的痛，震动了我的心弦，迸裂出铁骑刀剑之鸣。那时虽是不懂，但斜倚着，瞻仰老师画卷上的"真人"时，也确知道了有一种沉重又缥缈的美感是要到时光彼岸的长河中去拾的。

少点吧，少点！寻求完满不如认清长短。折枝画，折一枝馥郁，品一方意境。留白处，走得过流水的寂坎镗鞳之声，挤得过油油暮云、寥寥长风。这气韵情致霎时又折作了长风倚碧鸳的缠绵情愫，情人在深夜月下对着山歌……

老师也常说作画要有吐气之学，我们便也乐得去玩，以为有修侠成仙的趣味。画粗线时，气出而丹田沉下，焦墨作金石之固；作细线时，屏气敛声，手缓而笔稳，只留下淡淡一缕的水痕，一阵风便要吹散似的。泼墨畅意，勾画拘敛，停顿收放，俯仰成意。伴着孩子们银铃的笑声，谱作了一支支自由个性的律吕。停顿中是人生的踯躅多顾盼，是酒翁肥大的肚子随蹒跚的步子而舞动，亦是长空月下，渔舟灯火的随波摆动。韵律在折返中反复，在循环中创生。

悠悠然，韵韵然，抬眸重新审视我的"佳作"，却多了一种莫名的惊恐。一群人，或老或少，或男或女，都明眸皓齿，乌丝长发，桃面丹唇……确是失真，人们扮上了同一副假面，却湮没了"我"的个性。"神韵"不是现代化的医美，世界也不是流水线。"神韵"很简单，一颗敏感细腻的心，在缺口的瓷碗、尘泥的坑口、苔草丛生的石罅，谛听万物的絮语，以一种象征性的笔意作画，让读画者去补全其中况味，亦是作画者读画者间的牵系与完满，留下余音不绝，绕梁三日的感动。

画园里孩童们往日一同欢乐的场面历历在目，只是人生也是"韵章"，一段有一段的悲欣，一程有一程的分离。往日一同擦着鼻涕的好友已进入不同的高中，是职高与普高的社会分离。或许你还记得幼时的童稚誓语，志愿登上艺术的山巅;也许你已背叛旧约，任其在尘埃中腐坏消逝。不得已的得已确也是生活不变的"韵律"啊！那便在落寞中期待吧。"韵味"的留白不禁让我遐想，十几年后的伯牙与子期重逢将是怎样的言笑晏晏。

画之韵,亦有生之期许。艺术之上是人性的花。在韵中陶醉,在人生的征途上感喟,叹着叹着,便走过了千年的漫长。

一夜，一灯，一支搁置的枯笔，韵在破碎的缺口处开出紫藤萝的浪漫。

（指导老师：朱丹萍）

【点评】

从画中品"韵"，恰中题之肯綮。作者以散文笔法点出了她在学画过程中悟出的三层"韵"味：画作之韵、个性之韵、人生之韵。画人便得画出人之"韵"，即人的经历和情感；作画最忌"群像"，画之"神韵"与独特之个性相关；悲欢离合中则又暗含着人生之"韵味"。这三重"韵味"互相交织、层层递进，作者在文中所用词句也颇有韵律和文采。稍显遗憾的是，在这三层"韵味"之间似乎缺少必要的关联。"人生之韵"虽升华了主题，却有拼凑之嫌。如果在这几层内容之间稍加润滑，应该会更好。本文获决赛一等奖。（尹继东 特级教师）

韵

□金玮祎（浙江省平湖中学高一）

琴房外的那只知了，沉默了三个夏天。

如果说新冠肺炎给我带来了什么，最重要的是钢琴考级的放水。线上要提交的视频，四个已经录完了三个，而突然接到第四个不必再录的通知时，那时的我，狂笑，放纵。于是"砰"的一声，琴盖永远合上了。

毕竟我实在没什么天赋，对音乐也从未有过什么感受，那年夏天不曾走近的第四首，早已进入忘却的乐园。但是，那是海顿的作品。

海顿是谁？我不认识。为什么我会记得海顿？悲哀得很，他是贝多芬的老师。我只认识这广为人知的贝多芬了。

我又是怎么认识贝多芬的？更悲哀了，看过《名侦探柯南》第十集，才知道一首贝多芬的《月光奏鸣曲》。但有月光就够了。

月光，永远是和黑夜相伴的。当你抬头欣赏那一点月色，殊不知你早已被黑暗淹没。但转念一想，正是有这么一点光，你才分得清黑暗和光明，就算是白日，也能淹没所有喧嚣，化为黑暗。月是最皎洁的。

天才的贝多芬，也有淡淡的忧伤。第一乐章是缓慢的、反复的，这倒使我想起从一年级开始走上的钢琴之路了，从无数滴眼泪中，折射出亘古不变的白云，匆匆从窗前飘过。这是一种爱而不得的无奈。而贝多芬亦如此，爱情的折磨，使他独自一人徘徊月色下，可惜他不会喝酒，不然"对影成三人"，也就混过这段情了。

失意的贝多芬，休息了一会儿。短暂的第二乐章，在我耳中竟有一丝欢快。好啊，忘了这不得的爱吧，忘了这逝去的日子吧，忘了这耀眼的月吧，投入夜的怀抱吧！在永远盖上了琴盖之后，那三个夏天，几乎是极乐世界，空调的轰鸣和可乐气泡的破裂，让日下的树影也逐渐悠长。

可惜第二乐章很短。幸好，第二乐章很短。

放荡的贝多芬，是贝多芬了。他奏响了独属于他的第三乐章。就算你是个 Rap 歌手，也不得不惊叹于这一乐章的速度。在一连串的上升音符后，突然给你两个重音。哈哈，舞起来吧！失落的小丑！踮起你的脚尖，扭动你的身体吧！倔强的傻瓜！但同时，黑暗中也有一双手，将你牢牢地按在地上。一切欢乐只存在于你的脑海。

平凡的贝多芬哭了，很意外，天才也会哭。第三乐章才是最痛苦的一段，失意后的放荡，才是情感不顾一切的流露。贝多芬冲我大喊大叫，他说他以后怎么办。那我以后怎么办？

逝者不可追，我该怎样面对合上了三年之久的钢琴？或者说，我该怎样面对我的沉默？贝多芬的韵已经结束了，这是我生命中过去了的无数个日月。那么，我的韵呢？

"好漂亮的黑色，发光的！""妈妈，那个姐姐弹得好好听！""老师今天又夸我了，说我学得很快！""音乐课我听出了最后一个音是高音 do！""我学会了《牧童短笛》！""我会一辈子爱音乐的！"这是我不得的爱吗？

《月光奏鸣曲》早已结束了。我在这寂静中一摸脸，湿漉漉的。往昔如一张张幻灯片，当我抽出来，却发现，我是那么地深爱着音乐。

我是那么地爱你。

你一直在我生命的一隅，从未离去。只不过我未曾停留，生活的长鞭，一刻不停地抽打着我的脚，不知不觉，我忘了，我还爱着你。

和贝多芬不一样，我虽也追不上逝去的岁月，但我可以等待来者。我将把贝多芬未完的韵书写，而这就是我的韵。

音乐，我来了。

不必等待盛夏，琴盖重开时，便是最美好的重逢。

（指导老师：王燕）

【点评】

文章双线交织，结构清晰。以"韵"为主题，作者先写贝多芬的曲中之"韵"，即曲中所包含的爱情的痛苦、失意的放荡和不顾一切的情感；后写自己从曲中悟出之"韵"，即钢琴并非一种"技艺"，而是与"生命"和"热爱"相关。双线环环相扣，作者所描写的生活场景也颇生动，读来使人忍俊不禁。美中不足的是似乎可以再点出"韵"的多重含义："韵"既是曲子的"韵律"，也是作曲者人生经历的体现，更重要的是，它提供给我们一种关于"美"的启示，这也是音乐存在的意义。如果能够点明"韵"的这一点，就更好了。本文获决赛一等奖（尹继东 特级教师）

韵之所在，欲辨忘言

□杨舒元（江苏省苏州外国语学校高二）

此中有真意，欲辨已忘言。

艺术之韵何在？人生之韵又何在？我正想细细描绘、娓娓道来，眼前闪过的却是墨笔下水痕的终点、指端离弦后丝弦最后的震颤，引我去捕风捉影，却徒留一片空白。

恍惚间我听闻东篱的一声笑叹：欲辨已忘言。

范温有言："有余意之谓韵。"此话在国画写意中体现得淋漓尽致。忆昔日学画，一张宣纸，两支毛笔，三四碗碟，先生执笔弄墨，从容不迫地信笔画下凌霜傲雪的梅花、雅致简逸的兰草、橙黄的枇杷，另添生动的飞虫一两只。而我最喜欢宣纸上含墨的笔触自由地生长，离开了毛笔尖，在颜色之水与纸张之木之间，动植物仿佛又回到自然，缓缓生长，余韵悠长，长过枇杷亭亭如盖的初夏傍晚。

若能把握好手中的水与木，便能拥有艺术之"绿手指"，让花鸟鱼虫适时停止生长，既不致太局促，也不致太张扬。于是笔触之间便形成了留白。

那留白之间，微风轻拂，鸟兽细语，"蛙声十里出山泉"。

我于是体会到所谓"韵"，并非玄妙不可领会，但却让人无言。"无声胜有声"，虚拟的美瞬间落实，心潮涌起，张口欲言却感到粉蝶将从口中涌出。

在似与不似之间，乃韵之所起。八大山人朱耷，画鱼画鸟皆喜"白眼"，题二字"哭之"亦似"笑之"。我不敢言其似——至少我不曾见过鸟类的白眼——但其画面简洁如此，嘲讽之意不言而喻，连那"哭笑不得"的题字也让人不禁细细咂摸。似与不似之间，有韵在涌动，乃至川流不息。

艺术之韵，不止于写意画。韵常与律搭配，乐曲的旋律与节奏中有韵存在。德彪西的《月光》，轻柔似水，飘远如纱，印象派的乐曲摆脱了传统的和弦，极言自由与美妙；而贝多芬的《月光》一如他的风格，高歌爱之伟大与痛苦。作曲家是无言的，尽管曲名用了人类所规定的符号，但乐音中自有韵致，于是人们驻足欣赏，有所思悟，一切尽在不言中。

有了视与听的佐证，我想我们能接受"韵之无言"。语言不过是人类为交流而造出的符号，意义由人类赋予，而韵却在人类文明与自然世界交汇的那一刻，把宇宙空间变成生命精神的桃花源，而艺术是当中的桥梁。

桃花源使我想起了陶渊明，"忘言"于是有了着落。陶渊明把生活过成了艺术。"云无心以出岫，鸟倦飞而知还。"倦飞的彭泽令回到家乡，赏良辰，乐琴书，悦情话。时而策杖流憩，时而抚松盘桓，时而登高舒啸，时而临流赋诗。种豆南山下，他抛弃了官场的规则，但仍虔诚地服从自然的规律。人生何其荒芜，多有穷困与饥寒，他却甘为田园生活"打广告"，用隐逸之诗把琐屑繁杂乃至痛苦困顿串成风铃。于是在他的邀请下，南山款款而来。

韵者，美之极也。渊明时至今日还站在审美的至高点上供中华民族仰望，而他，他无暇俯瞰，只欣然采菊。这并不是说美是逃遁与麻醉——他何曾躲开人生的风吹雨打？他只是委心任去留，选择了另一种痛苦，从而选择了另一种快乐。选择文化，而非政治。

选择韵味，选择美。

世间无道，这时也许无言和回归才是终极答案。

身处盛世的我们，大可不必如此悲观。只是在工作过于沉重而娱乐太过喧闹时，应该安静一下，去领会艺术，进而暂时从人类文明中抽离，感受自然。韵味在那如哈欠般困倦的春日午后，也在高远如雁啼的秋日早晨。

在灼灼桃花中，在岸芷汀兰中。

在莫奈的莲花池，在大碗岛的午后。

"只有我们醒来的那刻，天才开始破晓。"韵味玄奥难言，却也浅近易于感受。我不知这是文明还是自然赋予人的能力，让人在一种介于两者之间的"韵"中感受心灵震颤。

我为此常常感激生于这阳光斑驳、清风温柔的人世间。

（指导老师：朱建平）

【点评】

作者对韵味有独到的认识与体验，即"韵味玄奥难言，却也浅近易于感受"，这种认识超出了绝大多数选手。作者开头引用陶渊明的话"此中有真意，欲辨已忘言"，引出对"韵"的感受。然后先谈艺术之韵，作者突出了写意的国画在留白中，在似与不似中，让人感受到无言之美；接着又借音乐的韵律，突出了韵之无言；之后以陶渊明为例谈人生之韵，指出"忘言"背后的道理是"韵者，美之极也"；最后指出选择韵味，便是选择美，韵味之美就在我们的身边。作者构思巧妙，从艺术之韵到人生之韵，从韵的外在之形成到内在之美，层层深入。不足之处是乐曲的韵味之美写得不够充分圆润。本文获决赛一等奖。（尹继东 特级教师）

千年余韵

□陈思在（广东省广州市第二中学高一）

我的语文老师，曾有一次在课堂上极认真地说，她最喜欢的诗句是"桃李春风一杯酒，江湖夜雨十年灯"。她所爱的便是那无穷的韵味。

淡淡的两句诗，辞藻并不华丽，也并未太露感情，可当你放下书本，这两句诗的印象却无比清晰。有余意之谓韵：韵的游丝引着联想，打开了一条通向千年余韵的小径。

桃李春风，青春明媚，那是五陵年少"一日看尽长安花"的得意，是"流水落花春去也"的哀愁，更是"江春入旧年"的光阴流转。而那一杯酒，让太白"醉起步溪月"，酿出三分月光，啸成一股剑气，绣口终究吐出半个盛唐；让杜甫饮浊酒，叹猿啼，用酒浇灌自己对天下的悲悯。因此，有了后半句的江湖夜雨，有了江心小船的一盏孤灯，有了辛弃疾的栏杆拍遍、陆游的葬近要离、陶渊明的种豆南山、白居易的泪湿青衫……凡此种种，无不在文字里勾勒出了一个人的生命足迹，勾勒出一个中国人的模样，五千年的悲欢离合，也就浓浓地化在这韵味里了。

因此，我们也许可以这样说：中华美学，无疑是一种韵的美学；而中华美学登峰造极之处，也在于这种韵的统一。拨动古琴，一声澄澈铿锵，随之而来的便是一缕音的游丝，绕梁久久不散；把一滴水墨丹青滴在笔洗里，五彩的游丝在水里生长，与白瓷相映成趣；而那中国舞舞者，必是身韵连绵，衣袂飘飘；写文著诗，必是余韵悠然，意境深远。不同的艺术形式，都蕴含着延伸。国画，重视的更是观者的感觉、意境的建立。韵的统一，使得中国艺术更加流动，各种艺术形式阡陌相通，相辅相成。中华文化便在这一种韵味中开枝散叶，终成华盖亭亭，让中国人与无穷的远方息息相关。宇宙苍穹，天地万物，都在一颗中国人的心里静静地运转着，由此萌生了中国人的精神。

我们受到这千年余韵的熏陶浸润，远比我们想象的更深。它也造就了我们作为中国人的精神标识。仍旧记得九岁时去北京，站在皇城根下，一抬头便是悠远无边的青冥，至今仍对那种郁达夫式的浪漫念念不忘；幽静的仲夏夜，总能听到楼下老爷爷边洗碗边听戏的声音，有时还会传来一句苍老高亢的"海岛冰轮初转腾"；住在停车场的水电工，在他窄小的红房子前，种下十数盆花草，年年花叶绿，衬得水泥墙也有了一丝喜色。千年余韵，此时是生活的节奏。它让我们关心粮食和蔬菜，关心社会，关心生活，赋予我们一种好好生活的态度，让我们在辛苦之余也能嫣然一笑，纵使生活拮据也把房间打扫得干干净净。千年余韵中那高亢尖利的无疑是逐鹿的王侯，但传得更深更远，连续不断的，却只能是百姓的和弦。平凡、温良、安然，使得中华文化不灼烫、不尖锐，而是化作温暖的一脉溪流润物无声。中华文化的韵律，是和谐的、中庸的、生动的，这让我们思考、感悟，去则天法地，去探求我们的生命足迹，去体味人间烟火，去实现自我内心与世界的交融，这何尝不是一种至高境界的美呢？中华文化，何尝不可爱、不可亲呢？

生命俯仰，白驹过隙，转眼鬓已星星，老之将至。那时回看一生，是桃李春风、江湖夜雨，也是斗转星移、物是人非。而始终如一的，只有那千年以来陪伴了两百亿中国人的韵律，那是中华民族流淌不息的血脉，更是中华美学澄澈清洁的源头活水。这千年的余韵必将因新的生命而接续下去，奏出新声。

（指导老师：刘细细）

【点评】

作者以"桃李春风一杯酒，江湖夜雨十年灯"为由头，引出五千年的诗文中蕴含了浓浓的韵味，并由诗拓展到中国美学是一种韵的美学，而这种具有韵的中华文化成了中国人的精神标识，因而中华文化的韵律，是和谐的、中庸的、生动的，是一种最高境界的美，这也是我们民族的源头活水。小作者努力将认识与具体事例相结合，在"形"与"神"的统一上还有提升的空间。本文获决赛一等奖。（尹继东 特级教师）

韵

□刘颖曈（江苏省南京市第二十九中学高一）

曾在小说中看到有炼器术士毕生所求即为在锤打器物时找到自己的韵。作者并未细述此"韵"为何，但我猜想，这是术士与器物各自灵魂之所在。

后读《红楼梦》，读至"憨湘云醉眠芍药裀"一回，不觉被迷住，读了两三遍，口齿噙香，却尚不知所爱为何。直至后文湘云笑言"是真名士自风流"，使我想到《说梦》中解"湘云纯是晋人风味"这才恍然，原是从中读出潇洒旷达的魏晋风流之态。世人谈尽《红楼梦》，而我独爱憨湘云，大抵为此。此之韵者，情之所达。

谈及魏晋风流，不禁想到《世说新语》中王子猷雪夜访戴。他冒着风雪与家人一同乘舟寻访戴逵，划船由深夜至天明。待到雪停，天光大亮，子猷起身笑道："兴尽而返，何必见戴？"

家人不解，我却从古书中窥探到千年之前一个潇洒的灵魂，乘兴而来，兴尽而归，正是魏晋风流之韵味。

曾闻宋代范温言："有余意之谓韵。""韵者美之极也。"中国画，尤其山水画，最擅留白，一片青绿之中，留有缥缈旷远之意蕴，几乎将人吸入画中以窥探其韵味。只可惜我不通画技，不能尽解其意。

幸而我虽不通画技，却懂点诗意。曾读林逋"疏影横斜水清浅，暗香浮动月黄昏"两句，不觉呆住，细细吟咏方知其味。又闻其梅妻鹤子之故事，不由慨叹唯此超然出尘之隐士，才有此超然出尘之诗句。更不必谈王维"大漠孤烟直，长河落日圆"绘尽塞北风光，王绩"相顾无相识，长歌怀采薇"叹尽旅人凄苦，张若虚"不知江月待何人，但见长江送流水"唱尽离人悲凉，李商隐"何当共剪西窗烛，却话巴山夜雨时"写尽情人忧思……

如此诗画之余意令人向往，都是古人或放达、或缥缈、或超然、或悲悯的情之所达。反观今人，再不见此"美之极"。我诧异少年人生出白发，怜惜壮年人腰背佝偻，痛心古人的"钓诗钩"如今成为"名利饵"，又惋叹世人都只为虚名浮利，劳苦伤神。

由此看来，诗仙的生活即使为千万人所向往，终究还是与我们越离越远了。记得他有句"我醉欲眠卿且去，明朝有意抱琴来"，与王子猷异曲同工，其间的自由潇洒乃至不羁带着生命的韵味，使空气也熠熠生辉。

于是立志，如能"天子呼来不上船，自称臣是酒中仙"，如能"挟飞仙以遨游，抱明月而长终"，如能如此般自由豪爽，何必自怜自抑"哀吾生之须臾，羡长江之无穷"？

至此搁笔，"上琴台去，秋与云平"。

（指导老师：刘灵）

【点评】

文章主要内容是探寻韵的内涵。全文从小说、诗歌、绘画等文学艺术作品中探寻韵的内涵，突出了韵的丰富性，是一种精神的情态。作品引用丰富，展现了丰厚的文学艺术素养，并能将引用的素材与自己的思考巧妙地结合起来，从不同的角度来展示韵的不同内涵，突出了韵内涵的丰富性。建议第五段在引用诗句时，要对引用的诗句进行剖析，突出韵在某一方面的特征。在绘画方面的内容略显单薄，同时对当今失去韵味的现象和本质分析也不够充分。本文获决赛一等奖。（尹继东 特级教师）

回环之美

高一高二组总决赛题目

习近平主席有句名言："江山就是人民，人民就是江山。"表面上看，这只是形式上的回环，仔细琢磨，就能发现其中蕴含深意：前半句是说，国家的根本是人民群众，得到了江山就是得到了人民，就要服务人民；后半句则是说，有了人民的支持，就有了靠山，有了力量。这样的表达既有形式上的音乐感，更有内容上的意蕴美，体现了一种"无理而妙"的语言艺术。汉语中还有不少类似的句子，例如：

快是慢，慢是快。

人生如戏，戏如人生。

诗中有画，画中有诗。

信言不美，美言不信。

长相知才能不相疑，不相疑才能长相知。

有的人死了，他还活着；有的人活着，他已经死了。

请根据某个回环句式（不限于上述），结合自己的生活、学习经验，写一篇文章。题目自拟。

解析

这个题目的基本意图是希望中学生关注生活中特殊的言语修辞现象背后所隐含的深刻哲理。王力先生指出，语言的形式之美（即音乐美），表现在三个方面：整齐之美、抑扬之美、回环之美。所谓"回环"修辞中，两个句子的成分是一样的，而语序先后颠倒，构成一个循环往复的"环儿"，因而典型地体现了回环之美。

回环句式中两个句子的成分相同，而位置相反，从一般的语义逻辑上来说，多数情况下这样的两个句子是不能同时成立的。要使句子成立，就需要变换角度来理解。

例如习近平主席的名言："江山就是人民，人民就是江山。"其中的"江山"可以用两种方式来解读：1."国家政权"；2."靠山"。这样就使形式相近的两个判断句变成具有深刻哲理的警句。

同样的，"快是慢，慢是快"中的"快""慢"也分别有不同的含义，一是指"做事的细致程度"，一是指"所花费的时间"。

"人生如戏，戏如人生"也应该从两个角度解读：前者是讲人生充满戏剧性、不可知性，后者是讲戏剧本身是严肃的、丰富的，需要认真对待。"诗中有画，画中有诗"在 A 卷中出现过，这两个都可以从艺术实践或欣赏的角度进行解读，也是对"艺术"主题的呼应。

"美言不信，信言不美"中，两个小句可以同时成立。一般认为，两个小句的表达重点不同：前者重点在于强调好听的话往往是假话；后者强调真话往往不中听，忠言逆耳。

"长相知才能不相疑，不相疑才能长相知"是曹禺的名句，反映了人际交往的规律。人与人之间相处久了，深入了解，知根知底，才能互相信赖，相互托付；另一方面，只有相互信任的两个人才能长相厮守。何为因、何为果似乎也得看具体情况而定。

"有的人死了"句出自臧克家纪念鲁迅的诗。选入语文课本，学生自然很熟悉，也比较容易找到相应的实例。

总之，这个题目的选题是比较开放的，可以写的话题非常多。扣题的关键在于，理解警句所蕴含的哲理，对同一个现象从不同的角度进行观察、描述。

与岁月厮磨

□王麒翔（浙江省杭州学军中学西溪校区高二）

木心有言："岁月不饶人，人亦未曾饶过岁月。"博尔赫斯也道："岁月消磨了你，你消磨了岁月。"东西方诡谲的哲学巫风在岁月的文化顶点上偶然相遇，留下这一吊诡的命题。仿佛普罗米修斯盗来了圣火，西西弗斯推动了巨石，我们如此渺小羸弱，如伊卡洛斯坠向大海；我们如此坚不可摧，向诸神炫耀人类的不屈。

每个人的生命中都有一条宽广的河流，它流过我们一生，流向下一个年代。它宽广但并不浩荡，兼温良亦怀锋芒，将人类消解了，剥蚀了。人类的一切荣光都被这河水褫夺了！仿佛亚瑟王将佩剑归于湖水，荷马的足迹被风沙掩埋，直到骨灰飘零，归于大地。历史的一切屈辱或庄严都被这利刃肢解了！犹记斯坦因出走敦煌时土地的哭泣，只见残垣断壁，再无文明。或曰："事业文章随身销毁，而精神万古如新。"可岁月却铸起过往的局限，现代的铁笼再没有六法神韵、浅唱微吟，徒留嘈杂扰耳的靡靡之音。岁月以势不可当的解构性前进，有人高呼物我无尽，于极乐中堕于犬儒之窠臼；有人静聆存在的蜂鸣，面对荒谬的终极亦是泣下沾帖；有人愿为鱼肉，卑躬屈膝，我要问他，你为何信奉虚无，形如虫蚁？

与时光的厮磨中，我们总是渴望创造，去创造久违的主体性，像尼采一样成为孩子，成为太阳，挥霍无尽的光和热。可尼采终究不是太阳，他发了疯。博尔赫斯的申诫却切实得多："你走遍了天涯路，至今仍未写出诗。"创造的终极不过甘美的绝望，理想的终极亦是幻灭之苦，对现下的一切倾注早已凝滞于过往的枷锁，在时空的拓扑结构里，在小径分岔的花园里，一切现下的注册不过是向岁月的俯首称臣。真正的革命是解构，是毁灭，是唯陈言之务去，是消磨岁月并不曾轻饶。

马克·吐温曾调侃道："历史不会重复，但总在押韵。"而变中有定的周期律恰是岁月的可怕之处。兴衰荣辱，岁月更迭，从历史滥觞审视万年，岁月仿若重复着柏拉图之"形体之圆"，而人的创造所带来的螺旋式上升则使之呈现无穷属性。在每一个时空节点中都联结着无穷的过去与无穷的未来。我们回首，只见诸神尽殒殁；我们瞻前，目光囿于时代的短浅。因此，我们手中的剑失了锋芒，一心想在世俗的文化中成为"循环"的零件，那些功名、浮华都是我们通向岁月的奴仆的拐杖，而我们永远无法成为自己。

是亦不可以已乎？

纵使剑锋已失，星辰陨落。人类的理性仍在，反叛一切的热情仍在，我即我剑之骨，欲与这岁月一决高下。我将来，将见，将征服，去解构这文化国度，从瓦解我们深信不疑的东西开始。

何为理性？那是一种冷漠的智识。可我要用反叛的烈焰将其点燃，找回人类的一切艺术与激情。何为道义？那是人们虚渺的信仰。可我要舍弃圣彼得的钥匙，捣毁天堂极乐，用人的主体性审判一切不公。这是传统构筑完毕的时代，也是瓦解一切实践传统的时代；这是工具理性的时代，也是价值被唤醒的时代；这是结构的时代，也是解构的时代；这是波流茅靡的绳索，也是泣血之刃的欢歌。我辈其与岁月为伍，我辈其与岁月为敌。

这便是反抗解构的力量，舍弃了创造的溢美铅华，换来的却是千金不渝的主体智慧。岁月的本身便是运动的，倘若一切都静止了，我们也将如耶稣钉于十字架上深陷轮回。何妨效分成两半的子爵在一切都分为两半后认识美与善良；何妨效卡尔维诺视一切物的相遇都是灵魂的两相撕咬。当一切都被解构了，一切的创造才独具意义。

"人未曾饶过岁月，岁月亦未曾饶过人。""你消磨了岁月，岁月也消磨了你。"当我们再度以回文的视角审视这些字句，在人与岁月的相互解构中，"消磨"更像一种提纯，一种结晶，一种苦涩中的回甘，一种浴火后的涅槃。将雾气淘洗干净，岁月的价值方显露余晖。

（指导老师：仇媛）

【点评】

文章聚焦时间与人的关系，展开了富有哲学气息和历史感的思考。作者的笔墨穿越中西古今，探讨了时间的双重性——它既是毁灭者也是创造者。岁月如何剥蚀历史的光辉，个人也在创造与毁灭间探寻意义，解构传统的同时也展开现代工具理性的反思，都在作者的思辨中展开。文章结构紧凑，逻辑清晰，境界颇为开阔，充分展现出很好的写作表达与思辨能力。本文获决赛特等奖。（张晓玥 高校教授）

快是慢，慢是快

□朱祥蔚（江苏省邗江中学高二）

晨光熠熠，田埂上两人一前一后地走着，我在前，外公在后。我快，他慢；我呼吸了一腔的清风，他采摘了一篮的野菜。

"回家喽！"外公冲我喊道。回家的路上，外公在前，我在后。他快，我慢；他急着回去做饭，我乐于欣赏风景。

快与慢，没有绝对的界限。快节奏的奔跑是低频的思考，慢节奏的踱步是高效的头脑。而在快慢当中，快可以提高速率，慢可以加深理解。

"快就是慢，慢就是快。"

"我听不懂。"

"你会懂。"

儿时与外公的对话在我耳边响起。抬眼，外公就在眼前。天刚蒙蒙亮，清晨的微光温柔地洒在田间地头，给外公略微佝偻的背笼上淡淡的光圈。我坐在田埂上，端着他的茶杯——虽说是茶杯，里面泡的不过是碎茶渣，新茶在冰箱里封存，却舍不得给自己泡一点。我看着他不紧不慢的身影，入了神。

锄头是他的老搭档了，一锄头嵌入土里，再一提，翻土就成了。一锄头，两锄头……我默默地数着，眼神也从南到北、由东到西跑了个遍。半小时过去了，这才是第一道工序，我打了个哈欠：好慢啊！

"外公，喝点水吧！"我嚷着。

咕嘟咕嘟，喝了两口，外公拿起腰间别着的种子袋，放下锄头，又下地了。

日光逐渐亮起，太阳摆脱远处树林的束缚，抖了抖身体，踩着云梯，向上爬。阴暗是漫长的，光明是快速的。也许在黑暗中迷茫地等待光明很慢，但光明将很快来临。

外公从袋子里掏出一小撮种子，手臂一摆，种子如雨般落下。再一次，他的手指微微分开，留出一定的缝隙，挥动手臂，放松手指，种子从指缝中流出，在空中形成一道道优美的弧线。我的目光灼灼地汇聚到外公身上，撒种的速度太快，快到我还没有看够他优美的动作。

种田都这么讲求快慢有度，更何况世间的其他事情呢？我在心里嘀咕。

回去的路上，外公在前，我在后。我跟在他的身后，像小时候那样。时间很快，快到不知何时压弯了外公的肩背，快到像是一阵卷着沙砾的风吹皱了他的面庞，快到眼中的一泓清泉不知何时被搅得混浊。日子却过得很慢，我作为他跟屁虫的习惯没有变，院里的柴火没有少，每日的生活没有动荡。

快是慢，慢是快。种田之道，移入生活。锄地之慢，何尝不是一种快，只是这种快，是在后续发挥作用时才显现出来。锄地就是夯实基础。撒种之快，也是一种慢，向前寻找时间的慢。

快与慢不可分割，相互映衬。

"外公，你种地好厉害，有快有慢，张弛有度。"

"快是慢，慢是快。"

喧闹的人声吵得我耳朵疼，妈妈站在面前指着两件商品问我挑哪个。这是在超市。我含糊了几句，思绪纷飞。

原来，我是在回忆。

超市里，人挤人，每个人都想快速移动，人流却停滞不前。在此刻，购物与耕种成了快与慢的暗喻。购物的快节奏为生活带来便利，却让人的能力停摆，这样的快也是慢。耕种的慢节奏提升了技能，也是生活的保障，这样的慢也是快。快是广度，慢是深度。

"原来，快是慢，慢是快啊！"我在心里嘀咕，看着透明玻璃外的阳光，出了神。

"你懂了。"一个声音在心底响起。

（指导老师：陈俊）

【点评】

作者以外公种田为例，生动地展现了快与慢的辩证关系，立意深刻，富有哲理，引人深思。如锄地的慢是为了夯实基础，撒种的快是为了向前寻找时间，这种选材贴近生活，易于读者理解和接受。作者对田间景色和外公劳作的描写细腻生动，使读者能够身临其境。作者采用了回忆的方式，开头和结尾相互呼应，中间通过种田和购物的事例进行对比，阐述了快与慢的关系，结构紧凑，层次分明。语言简洁明了，表达流畅，如"日光逐渐亮起，太阳摆脱远处树林的束缚，抖了抖身体，踩着云梯，向上爬"等句子，生动形象地描绘了自然景象。文章存在一些语言上的重复和逻辑上的跳跃，可以适当精简和调整。总体来说，这是一篇不错的文章，具有一定的思想性和文学性。本文获决赛特等奖。（李骏 高校教授）

流年载诗韵，诗韵载流年

□王婕羽（浙江省舟山市田家炳中学高一）

何其有幸，流年记载了诗韵悠悠，时光缱绻浸润少年的心田；诗韵承载了流年漫漫，墨香四溢，晕染年少的眉眼。

——写在前面的话

初逢，流火九月。

窗外的风携着三分夏的余温七分秋的凉意，拂开了书案上的《诗词合集》。个头仅与桌案齐平的我，踮着脚，窥见了一个诗韵流转的世界。

"春眠不觉晓，处处闻啼鸟。"

"欲把西湖比西子，淡妆浓抹总相宜。"

在我不甚理解其意时，在我稚嫩的嗓音断断续续地朗诵诗句时，字里行间的抑扬顿挫，已然将我吸引。

阳光停于窗棂，九月的一阵风，将唐宋元明的诗韵，刻进了稚子的心田，载入了似水的流年。那一刻，诗韵于流年里，生根发芽。

从那以后，总有一个半大不小的身影，跟在读诗看诗的外公身后，字正腔圆地念着平平仄仄，装模作样地品着总也悟不透的诗词古韵。

"长安少年游侠客，夜上戍楼看太白。"

追在平仄后的稚子日渐成长，流年里装载着的飘忽不定的诗韵也渐渐明朗。

我的双眼依旧稚嫩，却从黑字白纸的字里行间，窥见了几分"千里莺啼绿映红"的江南绝色，了解了几分"闲敲棋子落灯花"的悠闲孤寂，懂得了几分"明月何时照我还"的企盼无奈。平仄的诗多了份韵味，懵懂的我看不清韵味的全貌，但一切的一切，都不妨碍我为之沉迷。这是平淡流年里小小的乌托邦。

窗棂边的海棠花开了几度春秋，幼时紧跟于诗韵身旁的孩童，却因日渐增大的学习压力，在流年里和诗词走散。我弄丢了我的九月暖阳。

那是一段浑浑噩噩的日子，少年在无尽的题海和重压下患得患失。绚彩的流年失掉了颜色，就好似源源不断的山泉，误入戈壁，一点点丧失着生机，诗韵凋零。

我日复一日打发着日子，直到那个万家灯火通明的新年。

重逢，寒冬腊月。

我按照家长的要求，费力地整理着积压箱底的旧物。翻开琐屑零星，我在落满杂尘的墙角，遇见了灰头土脸的《唐诗三百首》。

这一次，没有清风拂、暖阳至。周遭的尘土在空中无声喧闹，我的脑海里，却突兀地想起，那个扎着羊角辫的小女孩，一板一眼读着诗句，翻看诗下解析，似懂非懂的天真。

记忆里的阳光炽热，那些承载于诗韵里的流年，将我从很长的一场梦里唤醒。

小心翼翼翻开纸页，流年再现：

"床前明月光""曲项向天歌""一片冰心在玉壶"……我半跪在书桌前，呢呢喃喃读着句句诗词，眼前的流年鲜活起来，眼眶微热，原来流年始终记载着诗韵，只是它落了些许灰，与少年一起，历经了成长的狼狈。

但山谷再深，少年与诗韵还会再见阳光。

再一次走进墨香，这一次，年少的双眸已可看懂"大鹏一日同风起，扶摇直上九万里"的壮志豪迈；年少的心胸已可容纳"安得广厦千万间，大庇天下寒士俱欢颜"的广阔情怀；少年的双手，甚至可以笨拙地写下"破竹一念既已出，万山再难阻轻舟"的一往无前。这一次，诗韵的风从笔墨纸端吹来。

少年终是行在流年，与诗韵并肩。

少年竟是穿过平仄，与诗人促膝深谈。

我行于江南，望酒旗斜矗；我眺望玉门，言春风也度；我镌写流年，盼诗韵永驻。

诗韵里，承载着国泰民安，印刻着壮志难酬，有太平盛世，有硝烟四起……诗韵里的中华上下五千年，汇聚成一场灿烂盛大的甘雨。我的流年，何其有幸，也是这场雨中的一朵雨花。

诗词平仄里，我的流年华彩纷呈。

墨香时光里，我的诗韵经久不衰。

我在最稚嫩的流年，窥见了诗韵；在最懵懂的流年，追随了诗韵；在最热忱的流年，走近了诗韵。

从稚子到孩童，从孩童到意气风发的少年，我行走在成长这条必经之路上，纵然磕磕绊绊，但真好，少年眉眼如初，衣袂间翻涌着的，是那段流年记载的诗韵，是那场诗韵承载的流年。

流年载诗韵，诗韵载流年。

愿于四季朝暮，晨昏拌云露；携世间万物，与诗一同，赏芳俗，点灯烛；蓦然回首，流年依旧，诗韵不朽。

（指导老师：朱珊琼）

【点评】

作者以"流年"和"诗韵"纵贯全篇，表达了对诗词的挚爱以及对时间悄然流逝的感慨。借由个人成长的亲身经历，将对诗词的深厚情感与时间的匆匆流逝相互交融，生动地展现了从幼年至少年期间的情感起伏以及对诗词理解的逐步深化。文章划分为"初逢""重逢"等多个部分，条理清晰地呈现了作者与诗词邂逅、分离而后再度重逢的过程，体现了时间的流转和个人情感的变迁。不仅表达了对诗词的热爱，也反映了对传统文化的尊重和传承，以及对个人成长和时间流逝的深刻思考。文章语言畅达优美，富有画面感，使人仿若身临其境，沉浸于作者精心描绘的美妙场景之中。本文获决赛特等奖。（李骏 高校教授）

人生如棋，棋如人生

□刘镇颉（湖北省黄石市第二中学高二）

小小棋枰，演绎千秋故事；悠悠弈道，驰骋大国雄风。黑白世界，异彩纷呈。

岁月不可以重来，生活也不可以再做安排。正所谓"棋局小天地，天地大棋局"，多姿多彩的生活恰如无穷无尽的棋，落子无悔，每一步都是智力与勇气的结合，每一手都是权衡与抉择的共鸣。围棋大概是人类用来模拟世事的最佳工具吧。

冥冥之中，人生的三个阶段也与围棋的三个阶段遥相呼应。少年时如同布局，偌大的棋盘天高任鸟飞，充盈着无限的可能，任由我们在其间泼墨挥毫，填涂芳瀚。世事如棋局局新，我们常常会在复盘时畅想当初如果那一步走对了，后面会如何如何。青春的美妙在于拥有无数的选择，但金色的丛林分出两条路，我们无法同时涉足。选定了一条路，便应无怨无悔地走下去；选定了一手棋，就应无怨无悔地下下去。人至中年，恰如波诡云谲的中局，此时的人羽翼已丰，此时的棋规模已成。开局时刻意选择的道路抑或是漫不经心的俗手都开始发光发热或结出苦果。棋盘上的棋子越来越多，乱花渐欲迷人眼，处处是掣肘，面面有牵挂。当局者迷，难免顾此失彼。

此时的棋手，或自信从容，喜怒不形于色；或双目圆睁，仿佛与世隔绝。有的人眉开眼笑，有的人面红耳赤，有的人汗流浃背，有的人面带春风。这时候，也是最容易出现"一着不慎，满盘皆输"的时候。一个恍惚间，通局的谋划土崩瓦解，垂成的功名灰飞烟灭。激烈过后，只是平静。残局如同人到暮年，自有分寸。淡定从容间，也常见老骥伏枥，行则千里，一发入魂，一招制胜。棋到尾声，棋手们也都恢复常态，收官数子，握手道别，却也有人号啕大哭，情难自已，悲的是自己两手空空，一事无成。

棋亦如人生，悟通了围棋，也就悟透了人生。雅韵灿棋坛，感几番琴冶书陶，云中境界；鸿儒多国手，历千载茶熏诗润，枰外功夫。围棋别称手谈，说的是下棋时棋士不说话，但凭借你下棋时的棋风、姿势，就可以彼此了解；围棋又名生隐，讲的是下棋时二人凝神苦思，好似僧人打禅入定。东方哲学的美是辩证的，书法有"笔断意连"，绘画有"计白当黑"，诗词有"以乐写哀"，篆刻有"疏可走马，密不透风"。而围棋，就是一部辩证法的辞典。围棋极简，棋子只分黑白二色而没有文字花纹，高度抽象地概括了对弈双方，不似象棋行动方式有别，不像军棋高低贵贱有分，人人平等。棋盘只有经纬线条，没有楚河汉界，没有黑白色格，更没有铁路军营。是以，东汉扬雄讲断木为棋，唐代杜甫诗"老妻画纸为棋局"。规则也极简，不过"围而相杀，气尽棋亡，地多者胜"。而这极致的简单中，包含着极致的复杂。围棋的终盘局面数是 10 的 171 次方种，若算上行棋次序，则是 10 的 808 次方种——宇宙中的原子总数，也不过 10 的 80 次方个。"贪者多亡怯少功"，这是攻与守的和谐；在一个地方落子越多，正面交锋越有利，但子效也就越低，这是刚与柔、效率与效果的和谐……招招之间，或腾挪躲闪，或强硬对抗，这是围棋最基础的选择，更是人生最基础的选择。奋力去追求、去拼搏属于自己的每一目领地，为了最终的胜利厚积薄发，回首望去虽是一路崎岖，却已繁花盛开。

仍记得学前班第一次上围棋课时，老师让我摸摸棋子，圆圆的；再让我看看棋盘，方方的。老师说，棋子是圆的，但必须记住自己的位置，不能乱动，得老老实实地守在自己的方格十字的交叉点上，这就叫外圆内方。他又让我听棋子与棋盘敲击时的声音，说，这就是大珠小珠落玉盘。

当时虽然什么都不懂，但这些话却出奇深刻地印在我的脑海中。虽然我是一个差劲的棋手，但我依然怀揣着第一次听"大珠小珠落玉盘"时内心的震撼，与棋为友，汲取它的营养。

毕竟嘛，人生如棋，棋如人生。

（指导老师：张海霞）

【点评】

文章将下围棋的过程与人生的历程进行对比，展开了有哲理性的人生思考，构思颇为巧妙。作者的文字很鲜活，人生的不同阶段，分别被比作围棋中的开局布局、中盘交锋及最后收官，围棋成为形象的载体，既是人生百态的映像，又是探讨人生意义的载体。文章逻辑清晰，表达流畅，语言优美，情感真挚，有深度也有温度，表达了对生活的感悟和不凡的人生态度，引人深思。本文获决赛特等奖。（张晓玥 高校教授）

向死而生

□周辰茜（江苏省无锡市第一中学高二）

我只隐约记得那是景元年间。黄昏迫近，万物寂寥。我自山中采药归来，途经小园，昔日竹林七贤饮酒欢歌之处，如今也只余芳草萋萋。然今日暮色沉沉之中，有伶仃背影踉跄于行路之间。我一怔，停步未敢上前。

我没想过自己还能见到向秀。

他像是比从前老去许多了，眉目疏离，腕骨嶙峋。而我记得他的眼睛，从前向秀是神色最温文的一个，他眸光间盛着燎原的半点星火，含三分水色。如今他脊骨间的清风霁月也都压垮在乱世沉甸甸的悲苦里，火光散去了，他像是半死的人了。

我几乎不敢再看，他却也不久留，同我一样几乎是逃走的。我闻到园中淡淡的酒味，看见他袖间未干的墨迹。我知道他是要写些什么的。回头望去，《思旧赋》像是当头一棒。

嵇康临刑那天我并不在场，可他"目送归鸿，手挥五弦"的风姿，和那首广陵绝音一样，都在人云亦云中演化为千万奇响。我们生活在这样一个混乱到满溢着烽火的时代，人心被网在密不透风的权势与迫害中，于是只好生来饮一杯苦酒，誓做整个世界的路人。然而当所有人行将就木般生活在麻木的泥泞中，竟也有人跃空而出，绽出清丽的曙光。嵇康一曲，让古人来者于魏晋长夜中窥见明亮，人们在这瞬间竟也在破碎的时代里看见了美与希望，往后"魏晋风度"自嵇康之逝高歌破阵。嵇康已死，却活在千秋万世。

可是疾苦，疾苦是不为死者留的。此刻有风，院中微微的凉意浮动着陈酒醇厚的余韵，辽远的石边溪声竟也涌上耳畔，两旁树冠低矮下坠，遮不住流淌在静默中的哀伤。

他们酿这坛酒的时候我在场。春和景明的三四月，山中勃发一片新绿。碧色天际无云，净水粼粼。溪边鸟雀都欢欣，嵇康的笑声由远及近，似山中长啸。

那天所有人都很快活。明明都已经不那么年轻了，几人仍如少年般恣睢肆意、张扬洒脱。向秀将树下泥土开隙，嵇康亲自将酒放入其中。他素来丰神俊朗，挺拔的眉骨显些锋利。然而那时他音容也极舒展，如天朗气清的昨日风光，又如他将殁时的铮铮琴音。

昔日红泥封坛几人埋一人尝，哪堪再忆不思量自难忘。

欲买桂花同载酒，终不似、少年游。

你要向何处去呢，向秀？

如果说长歌是悲伤的极致，那么短歌就连悲伤都要压抑。《思旧赋》全文仅仅一百六十八字，没有骈文的华丽，没有清谈的空灵，没有铺陈辞藻，没有长篇大论，连祭奠都显得小心翼翼到斟字酌句。再多的泪涕悲苦、爱恨痴嗔，都凝练进笔尖颤动的梵音，字字泣血，字字珠玑。向秀，向秀，你是不敢写，还是哽咽到说不出话？

可我也问不到了。向秀此番是为了忘却的纪念，是回头，也是告别，他将要去做官了。世俗的烟尘斩断了那片竹林，他的路，是向杀死挚友的当权者妥协的路，是同杀人凶手同流合污的自焚之路。向秀是杀死自己的杀手。《思旧赋》是他的遗书，是他终于从乌托邦的桃花源山口一跃而下，跌死在深不见底的石涧边。

有的人死了，他还活着；有的人活着，他已经死了。

我快流出泪来。然而就连这泪也是压抑的，仿佛自山间罅隙中挤出的苟延残喘的细泉。草木轻响，枯败的山藤垂下颈项。我们大多数人也只是半死不活地行于世上，行尸走肉，又比向秀好到哪里去呢？

但我仍然愿意相信，相信在这个充满怀疑的时代，我们还能选择信仰。我始终相信，会有一天，眼前的腐朽被未来的光明取代。会有许多真正的勇士，怀着向死而生的勇气和决心，为往圣继绝学，为万世开太平。

于是我转身，走在我自己的路上。

（指导老师：沈泠）

【点评】

这是一篇让人眼前一亮的文章。以历史人物阐发"有的人死了，他还活着；有的人活着，他已经死了"本难出新意，然而作者不落窠臼，让向秀这一人物跃然纸上。区区数笔，便将嵇康的洒脱、畅快，向秀的挣扎、迷茫写得淋漓尽致，可见作者具有极深的文学和历史功底。作者通篇的语言介乎散文与诗歌之间，颇有古风，读来清丽流畅、意趣横生。文章结尾提到要在充满怀疑的时代选择信仰，铿锵有力，掷地有声。整篇文章读起来令人口齿留香，是一篇难得的佳作。本文获决赛一等奖。（尹继东 特级教师）

大火快炙与小火慢炖

□刘珈妤（华东师范大学盐城高级中学高一）

生活中，常见这样的现象：熊熊烈火炙烤美味，外皮金黄焦脆，内里粉嫩鲜红；温和文火慢炖排骨，看上去齐整雪白，咬一口软烂鲜香。观之启思，看似大火快炙，佳肴快熟，实则内里慢熟；看似小火慢炖，珍馐慢熟，实则内里熟透。

快亦慢熟，慢亦快熟。

在"效率即是生命"的当下，快节奏的生活理念充斥四方。"上头"女孩们因一部剧的播出迅速粉上明星，"特种兵式旅游"力争在更短时间内打卡更多景点，"快餐式恋爱"在青年间流行，网络上某个IP突然爆火……"快"似乎已成生活常态和社会风尚，人们坦然接受。

显然，集中炮火猛攻确实成绩显著，异军突起之势十分猛烈。然而，突然爆火随之而来的是迅速冷却，慢慢淡出大众视野。深究根源，拥有博大众眼球的奇思妙想，却缺少源源不断、细水长流的生命源泉供养精神高地，终致一片荒芜，寸草不生。

然而，有人褪去"快"的耀眼滤镜，靠"慢"的春风化雨深入人心。董宇辉以渊博深厚的学识素养、机敏灵活的口才表达渐渐走入大众视野，慢慢地留在人们的生活中。

究其原因，董宇辉的"出圈"经久不衰，且愈发繁茂，这背后深植的是其坚持不懈的阅读学习及讲台上数十年如一日的坚守。若没有深度的思考及广泛的阅读，怎么慢慢灌注出人格的丰碑，长留人心？

小米创始人雷军曾有一个方法论：凡干大事，必得看五年，想三年，干一年。鲜明的数字对比如一盆冷水浇醒被"快"冲昏头脑的某些人，静下心来思考得失、分析利弊。小米能在短短几年内成为世界五百强公司，离不开雷军在创业前的长期调研、探索、学习，从而创新专属的商业模式，三炮而红。

其实，"快"与"慢"间蕴藏的深刻道理早在几百年前便被参悟。"铁杵磨成针"的故事警醒我们"工欲善其事，必先利其器"，只有慢慢积累、思考、探究，深耕精神土壤，让心灵生出竹枝的尊严与高度，完成自身的构建，才能在机遇与挑战并存的时代浪潮中勇挑大梁，快速找到施展才干的天地。

立足今天，仍有许多人可成为"快慢平衡的榜样"。"90后"小伙山白认真研究"非遗"技艺，花时间费功夫打磨，获无数人点赞；网络博主"江寻千"拜师学艺，潜心练习"确山打铁花"盛宴惊艳网络；花滑名将羽生结弦三年闭关训练，缔造神话……

包容开放的时代催生异彩纷呈的生活方式，有人"大火快炙"，有人"小火慢炖"，在这有千丝万缕联系的"快""慢"之间亦有愉悦轻松的微妙平衡。别被"快"拖拽头脑，别被"慢"绊住脚步，平衡交替，乃相处之妙道。

（指导老师：董青青）

【点评】

文章从生活中"快炙"与"慢炖"这两种常见现象入手，引出"快亦慢熟，慢亦快熟"这一短语，破题清晰。接着，又以"例证""引证"等方式阐述了"快"与"慢"之间的辩证关系，论述一气呵成，逻辑清楚，论证得当。最后指出"快"与"慢"之间存在着微妙的平衡，观点确凿，并与开头相呼应。作者在文中多用排比句式，气势很足，读来朗朗上口。唯一美中不足的是例证稍多，段落与段落之间有时缺少必要的连接和转折。本文获决赛一等奖。（尹继东 特级教师）

人生如戏，戏如人生

□黄卿萱（广东省佛山市顺德区第一中学高一）

梅镇街上的气氛一天天地红火起来了，村口的戏台子也火火热热地搭起来，将要迎接这一年里只有一次的傩戏。

今晚是除夕前的初演。小梅坐在化妆间里描眉，镜子边缘镶的灯一闪一闪的，剧场台下人声鼎沸，小梅的心却像被反复揪扯着，不时望一眼手机上静默的聊天框……

祖母：先把今晚的戏唱好。

约莫过了十分钟，又一条消息接着发来，三秒短短的语音，祖母沙哑的嗓音以一种极轻的姿态从手机里滑出来："人生如戏，戏如人生。"

什么意思？小梅没有听懂，思来想去只得回复道：戏一定会演好。祖母好好保重休息，演出结束为大家祈完福，立刻回去看您，单独再为您唱上一曲。平安喜乐。

祖母那头迟迟没有音讯。外面的唢呐声响起来了，喧天的叫喊声、鞭炮声点亮刚沉下去的暮色，她该准备上场了。

傩戏一年一次，用以祈福求安康，驱除疫神，盼来年风调雨顺，人们身体健康。只是今年对小梅来说实在是个特殊的年头，看台下的人潮汹涌，独不见祖母弯弯的眉眼。祖母的病愈发严重了，今年卧床休息，不再前来看戏。

幕帘揭，管弦齐歌，好戏开场。小梅深吸一口气，迈步上台走入戏里。心理学上有个专业名词叫作心流，指人在做事时专注以至踏入忘我的境地。小梅常能在舞台上体味这种感觉，今日却有些迷糊了。身后的巾幡随曲腔晃着，她骑在古时高大雄骏的战马上，"冠军侯决胜江山意气风发，换得海晏河清"，戏中沉浸在理想中的少年好像所向披靡，戏台上小梅的眼中亦有星光在闪。将士衣锦还乡，却见"兔从狗窦入，雉从梁上飞"，又是怎样的凄楚？疫神闹上台去，武神也拔剑上去，台下闹哄哄地喊成一片，刀光剑影间从戏台演到村尾。巾幡被热闹的晚风吹着，战马上的冠军侯越过乌泱泱的人群，越过戏中异乡与故乡的重峦叠嶂，遥望了一眼家的方向。

"人生如戏。"冠军侯如是想。将军在戏剧中常常出现吧？一身戎马立在苍凉的西北风沙里，当羌笛在月圆之日响起，第无数次回望故乡的瓦房。这是将军的人生，这不是戏啊。

"人生如戏。"小梅如是想。戏剧演完了一个大段，十里的街宴为演员们铺陈好，吃完再与那匈奴或是疫神斗上一斗。从冠军侯的悲伤中回过神来，小梅抓起手机来重新望望，祖母那边仍是杳无音讯。小梅心不在焉地望着眼前的繁华灯火，揣测着祖母或许已经休息下了，眼前的灯火阑珊逐渐与十几年前的记忆重叠。

祖母从前也是这个戏班子的一员，不过祖母更帅，她演的是刀剑啸戈中斩妖除魔、所向披靡的武神。那时候小梅的个子还小，但好在戏台够高，巡游时的阵仗也够大，她可以透过那样高的人群看到祖母敏捷的身手和粉黛下坚毅的眼神。

老一辈的戏班子老去，祖母来找她，希望她也能做戏台上为民众祈福的一员。

她想起一段曾经的对话。小小梅问祖母："这不是封建迷信吗？戏曲的舞台，还有多少年轻人在看？”

"这是人民对美好生活热切的期盼呀。其实这戏中人啊，对人们也有不少启示意义呢。"

后来小梅加入了戏班。你看，现在第二场戏也要开场了。将军骑着战马回到故乡，屋里已经没了人，野菜熬好的粥该端给谁呢？

后来有人说，粥端给了村里孤苦无依的老者、嬉闹的孩童。年老的将军守在这里，教出了一批能武的年轻人，村子和家国都平平安安。

武神驱走了疫神，海晏河清。

戏如人生，将军如是想。

戏如人生，小梅如是想。

戏曲终了，新一年的天刚破晓，小梅的手机亮了亮，有消息来了。

将军骑着战马，往家的方向奔去。祖母说："人生如戏，戏如人生。请继续走下去。"

（指导老师：徐娜）

【点评】

作者给我们讲述了一个十分动人的故事。主角小梅接过祖母的衣钵，加入了戏班唱傩戏，将美好的祝福与祈望传递给村里人。作者通过这一故事很好地阐释了"人生如戏，戏如人生"这一名言，这是祖孙两代人传承的信念。戏里的将军回到故乡，保卫了村庄和国家；小梅也将热切的祝愿通过戏曲传递给了大家。由于篇幅限制，作者没有能够进一步去讲述祖母身上的故事，而那位坚毅、勇敢的祖母或许正是用自身的经历印证着"人生"与"戏"之间的关系。如果能将其进一步展开讲，就更好了。本文获决赛一等奖。（尹继东 特级教师）

艺术的共通性

高一高二组总决赛题目

真正的艺术都是相通的。苏轼说："味摩诘之诗，诗中有画；观摩诘之画，画中有诗。"西方美学家说："音乐是流动的建筑，建筑是凝固的音乐。"我们用心欣赏艺术时，总能从诗歌中感受到生动形象的画面，在图画中体会到深远幽静的意境；在静态的建筑中感受到和谐与变化，在流动的音乐中发现对称与层次；在绘画的色彩与明暗中感受到音乐的律动，在舞蹈的肢体动作中发现书法的气韵与力量。

在我们日常的生活中，也总有一些人、一些事、一些场景，能给我们带来艺术的感受：晨读的少年，拾荒的老者，风雨中相拥而行的伴侣，田地里挥汗如雨的农人，天桥上弹吉他的歌唱者，甚至小区里的流浪猫……对于具有艺术敏感的我们来说，都是可以作为画成画、谱成曲、塑成像、写成诗的题材。

请写一篇文章，表达你对艺术共通性的感受，或者为生活中的人或事"画画""塑像""谱曲"。题目自拟。

解析

这个题目其实可以分为两半。前一半的核心是"艺术"的共通性，即要求学生理解和表达不同艺术形式之间的关联。这种关联突出表现在以下几个方面：

1.同样的题材、主题可以用不同的艺术形式来表现，典型的如拉奥孔的故事可以是诗歌的题材，也可以是雕塑甚至绘画的题材。

2.欣赏艺术作品时的感受是相似的，例如题干中所引用的苏轼对王维作品的评价："味摩诘之诗，诗中有画；观摩诘之画，画中有诗。"这里的"诗中有画"的画不是真的图画，而是指生动的形象，就是说王维的诗歌具有突出的形象感，正如梅尧臣所说的"状难写之景如在目前"；而所谓"画中有诗"则是指绘画中具有诗的意境、氛围。

3.艺术创作的规律有相通之处。例如题干中提到的，音乐讲究节奏与和弦，建筑要求比例关系的和谐，建筑讲究对称与层次，音乐同样也有自己的形式整齐、抑扬起伏的要求，舞蹈是动态的艺术，书法艺术也会在静态中体现动感，如此等等。

从某种意义上说，真正理解一种艺术的表现，就是能够融会贯通，用隐喻的方式来搭建起它和另一种艺术（事物）的关联。所以，只要真正地了解、掌握了一种艺术，就不难换个角度，用另一种艺术的术语来解读它、分析它。

对学生来说，如果选择这个角度来写，那么最重要的就是要了解艺术的基本规律，掌握美感、情感、形象、个性乃至艺术的技法在不同感觉形式（听觉、视觉、语言等）中的共同表现。既可以写艺术欣赏时的理解，也可以写艺术学习中的感悟。

后一半的关键是用艺术的方式来再现生活中的感触。题干中涉及的这些场景、人物都是日常生活中人们习见习闻的，对于大多数人来说甚至是毫不在意的，只有具备良好艺术修养的人，才可以从这些生活现实中受到艺术的触动，找到可以再现它们的角度和方法，创作出富有感染力的艺术作品。

而对于这个题目的写作来说，就是要用语言来展现作为艺术家（包括诗人）可能采取的技法。例如绘画要讲究视角和比例，讲究前景和背景，甚至投影和高光；例如谱曲要确定调式和节拍，要选择和弦和配器，要有一个旋律的基调，等等；写诗也有诗的形式，如押韵、节奏、句式，等等。而之所以选择这样的技法，都应该有着一定的道理可说，这篇作文的妙处也就在于说清楚为什么要这么画、这么演。

换句话说，所谓的"画画""塑像""谱曲"都不能只是泛泛而谈，而应该是在一定专业素养和艺术敏感力的基础上，专注于某个生活的细节，将其放大，用特定艺术形式的技法进行表达。

总之，写好这个题目的关键是要体现出艺术的技法，不管是写艺术的相通性还是对生活场景进行艺术刻画，都需要体现出对相关艺术技法的运用，否则就不算真正扣题。

流丹

□孟宇涵（山东省莒南第一中学高二）

我的颜色死了。

我是多年来技巧最精湛的画家，人们说的抽象派、立体主义之类，我皆不屑一顾。我画里的颜色，比绚丽更绚丽，比鲜活更鲜活。它们能把时间凝成永恒。

可现在，我的颜色们死了。我再无法分辨樱桃红与复古红的栖身之所，群青的耀眼令我不知所措。我绝望地将各种色彩倒入调色盘，无力地注视着它们像一团团巧克力，棕黑着、凝结着、僵硬着。我慌乱地抱着画板，连泪水也无法将色块冲开。它们像凝固的血，无声宣告着颜色的死亡。

讥笑、控诉潮水一般席卷而来，我抓起画板溜出了城镇。不再是一流的画家，我的生命也被挖去一半，如游魂一般在街上飘着，与一切格格不入。我得找我的颜色。我要找我的颜色。

于是这世上又多了一个流浪者了。我漫无目的地寻找，恍惚间看到流动的、恢宏大气的金色在不远处升上天际。我快步跑去，《第九交响曲》的旋律将我紧紧裹住。站在最前方的指挥者，任由乐音带他飞翔在唯美又壮丽的世界里。那不是指挥棒，那是一支天地之笔，把世界绘成奔涌的河流。我几乎被那直击灵魂的音响震出泪来，也暗暗为自己之前那些"精湛"的作品惭愧。

但之前美丽的金色，是幻觉吗？这里没有我的颜色，我找我的颜色去。

我未曾留意钻石般闪烁又透明的粉红色伴着新一支乐曲在我身后袅袅升起，只看到我所能想象的所有色彩出现在前方的万花筒里。它们打闹着，吵嚷着，旋转着，像《星夜》。一个巨大的旋涡，我身不由己地跌入。进入这座建筑，世界陷入了温柔的沉默，却隐隐响着若有若无的歌声。一排排诗集恬淡地立在那儿，最前面的架子上刻着：

这里没有一行不是生命。

生命？我要找的，不正是生命吗？我跃至书架中间，浏览着盲诗人的吟唱，咀嚼着谪仙的清狂，低吟着纤丽的词曲，也沉溺于融有太阳的大海。我在这里看到了流丹满纸，看到了灵魂富有的生命。我似乎，在这晶莹剔透的诗句里，找回我的生命了。也许，再走一步，我就能找到我的颜色，不，是颜色自己的生命。

"艺术广大至极，足可占有一个人。"福楼拜的名句镌刻在艺术馆门上。骄傲的、鄙俗的游客和"批评家"从门口进进出出，有说有笑。带着伪色彩的塑料袋飞舞着，悬浮在刻薄的评判里。我轻轻地靠近了一个正在画画的少女。她嚅着笑，似乎什么也看不见，只轻轻在画纸上涂抹着。只是涂抹，全然不见有什么层次或结构，亦不是什么最新的技巧或流派。她不加选择地向纸面上覆盖色彩。当不和谐音响起——饱和度极高的红色和蓝色相撞，我咳嗽了一声。她立即转过头来，眼睛对着我。她的眼睛像两颗玻璃珠，我意识到她可能真的看不见。

"……为什么呢？"

可笑吗？一个盲人想画画，不正如一个耳聋之人作出《第九交响曲》吗？

我注视着那红蓝交界处，似乎看到了她透明轻盈的灵魂。似乎，她的颜色是活的。

她对着我羞赧地笑，我却看到了蒙娜丽莎眼中泛起水光。我用颤抖的手捧出画板，知道自己找的不该是颜色，而是艺术的灵魂。不用看，我已经找到了。

艺术广大至极，怎么不可以包括这生命的绝美绽放，包括这灵魂的咏叹？

我审视着自己的画板，如愿看到了流动的丹青，与我在交响乐中窥见的金黄、诗海中望到的斑斓并无二致。色彩流动起来，即便是蓝色的苹果也如此恰到好处。每个为艺术而生的人，他们的热情接通成河流，他们在这河里看到彼此的倒影，看到爱美、爱生命、爱世界的灵魂共舞，看到你中有我、我即是你。

我又开始画画了，人们称我的画是"美术界的意识流"。我一笑置之。我是什么派别？我不知道。我是艺术家，我画的是艺术的底色。

生命本身，不是最美的流丹吗？我在这一种流动的丹青中，找到和谐的统一，找到大宇宙的出口。

（指导老师：陈晓艳）

【点评】

该文以奇特的构思表达了对音乐、绘画和诗歌等艺术共通性的理解，即艺术是有灵魂的。采用拟人化手法，把颜色当作活生生的生命，从丹到金，由死而生，获得色彩的生命；艺术家以书写天地之笔，由格格不入的漂泊者到获得自我灵魂，两者相结合，即艺术是有灵魂的。作者艺术修养好，对象征派和现代主义流派的艺术有一定的了解。作者联想能力很强，由绘画到音乐至诗歌，过渡自然。该文切入角度好，采用拟人、比喻等手法，采用诗化语言，表达有深意。本文获决赛特等奖。（陈改玲 高校教授）

眼中浮世，心上人间

□蒋尚祺（安徽省芜湖市第一中学高二）

百川归海，万物并生。世间生灵皆于一种普遍规律下自由生长，艺术的共通性，也就如此自然而然地存在了。不论是在结构上、细节上的琢饰上，还是存在的价值上，我们都可将这共通性窥见一斑。

仅以篆刻、山水画、诗歌三者为例，艺术结构上的共通性是非常明显的。在刀石的沟壑里，我看见骨相遒劲的山河；在雄壮巍峨的山峦里，我看见气势恢宏的诗歌。篆石的阳脊、山水画的骨相、诗歌的架构，都是撑起一种艺术的根本所在。是抽象，亦是具体；是成败的关键，亦是立身的基石。那么，艺术的结构究竟讲求些什么？一是收放张弛。清篆刻大家邓石如先生曾评："疏处可以走马，密处不得过风。"他说的是篆艺，我们又何尝不曾在《富春山居图》的阔水与密林中品味到这一真谛呢？二是方正坦荡。将一种浩然正气作底蕴倾注于艺术，创作出的作品必然是挺拔如松的。杜甫的诗中，便有数不完的例子；近代徐悲鸿的马、齐白石的虾，也是大家耳熟能详的。细理下来，一切成功艺术莫不有这结构上的共通处，于千万变化中寻得立足之所。

空有骨架自然单薄，艺术的共通性，还体现在它着骨而生的细节化的琢饰上。说是"琢饰"，是因其倾注了艺术家们太多的才干与心血。或是水到渠成的一笔，或是苦吟三年的字句，为的都是达到整体的和谐与美。忌芜染，忌浮靡，忌无病呻吟，忌牛头不对马嘴。真的轻施粉黛、明艳丰腴的美人才能从诗里、画里、歌曲里、建筑里走出，盈盈一笑，倾国倾城。

艺术形式之间最刻骨的共通性，怕还是存在于它们的意义与价值上。我说，艺术家都是怀抱一腔野望的逆流者，希望以永恒的形式把暂时的美定格下来、传递下去。殊不知，美才是永恒的，艺术的形式才是暂时的。不过这有何妨？只有透过那一双双眼睛，才能看见这世间形色各异的美。这美是多样的，有风景美，有人情美，有风俗美。沈从文的《边城》，不消说是集这三美于一身的大成者，然而你瞧那坍圮的白塔，这美又是多么脆弱。又一转念，这美被记在了纸上，便成为永恒。这大约就是艺术的价值了——不断探究着世界的外延，不断向永恒进击，不断守候于岁月深处，等你回首。这是艺术家们心根处的源泉，亦是最深情的共鸣。

艺术附着的载体是绢、是纸、是石，向往的归宿则一律指向人心。艺术，是为了对人产生作用，把这孤独的灵魂为一切可感动的东西浮起，再于世界上方融合起来。

而艺术若想臻此化境，所乘的舟楫，一称真，二称善。善不是简单的同情怜悯，真亦不是一时的动情痴迷，而是直面世间的古朴，几笔写下最清澈的思想，静水流深，行思不止。我想这艺术的共通性，也就在于各异的浮世间，也能品味到相似的温暖与真谛。眼中繁华界，心上暖人间。

（指导老师：沈燕）

【点评】

该文先以篆刻、山水画和诗歌为例，勾勒其内在联系，指出其艺术结构上的共同处，一为收放自如，二为方正坦荡。再指出作品经过凝聚着艺术家天才与爱的细节化的琢饰，才能达到整体的和谐与美。接着说艺术形式最刻骨的共通性，在其意义与价值。形式是短暂的，美是永恒的，而艺术的永恒，直指人心，以真和善而达于美。最后概括指出无论哪种艺术，以心灵为要，以温暖人间为根本。该文结构清晰，论述逻辑性强，层层递进，一步步把论述推向深入，语言文白相间，耐读有味。本文获决赛特等奖。（陈改玲 高校教授）

形意相通处，得见艺术真

□王梦扬（山东省实验中学高二）

艺术是一众连绵的群山，虽形态各异，登上顶峰后却都能望见最绚烂的朝霞；艺术是几条奔涌的河流，虽河道不一，到达终点时却都能汇入相同的大海。于形意至高点处的相通，使得艺术成为真正的艺术，贯通古今中外，经久不衰，熠熠生辉。

不同领域的交汇，使艺术于五光十色中包容万千。艺术的包容性是艺术之所以为艺术的关键之一，它并非突然而迅速地产生，而是在漫漫历史长河中不断接收、吸纳、关联、融合的过程中诞生的。与此同时，艺术宽广的胸襟也反映在了无数的艺术作品中。一句"大漠孤烟直，长河落日圆"，仿佛让人们身临一望无际的沙漠，看一缕孤烟升起，看一轮夕阳坠落，也仿佛看到了那个倚风自笑的诗人王维，与他"诗中有画，画中有诗"的艺术境界；一幅《千里江山图》以独特的青绿笔法勾勒出千年前的山河壮丽，而这壮美山河如今被绣于舞者的裙摆之上，伴随音乐的节奏与舞蹈的韵律，历史上的那抹青绿再次焕发生机。不同艺术领域的交汇相通使艺术能够包容个性与共性，包容相同与差异，包容成熟与青涩，包容历史与未来。同时艺术的包容性又再次推动不同表现形式在根本上的相联互通，使艺术之本更为真实与纯粹。

不同地域的相通，使艺术于海角天涯传递情感。"真正的艺术到达巅峰时总是相通的，不分东方与西方"，艺术的情感性使艺术不是虚无缥缈的空中楼阁，不是晦涩难懂的生硬语调，而是像一根无限长的丝线，将所有人的情感串联，让人们在并不相同的悲欢深处感受到人类感情与命运的相通。《诗经》中的《式微》与油画作品《伏尔加河上的纤夫》，从文字与图画的角度，共同体现了劳动者辛勤劳作却被压迫的时代背景；建筑大师贝聿铭将建筑与美术相结合，将东方与西方的建筑特色相联通，同时体现柔性与刚性、温和与坚毅，创造出许多闻名全球的建筑作品，使不同国家与种族的人都能体味到其中的魅力。相通的艺术促进情感的相通，情感的驱动供给艺术的生命。

不同领域形式上的相通，与不同地域情意上的相通，使艺术成为人类史上最有力的音符，是人类文明存在的精神标志。岩洞中古老的壁画，民间流传百代的歌谣，都是艺术最早的证明。而当往昔变成神话，神话照进今朝，人们方才发现，如今所处的世界被艺术的歌谣环绕，向前望与向后望均是无穷无尽，是艺术贯通了过往、当下与未来，使人类的精神在肉体腐朽之后仍代代相传。是艺术的共通性，使得人们的精神世界有了共通性，使处于不同时空的人们能够放下芥蒂与隔阂，感受命运的共通性，共赏同一轮月亮。

艺术的共通性源于包容与慷慨，来自交汇与接纳。倘若自古至今的文化形式千篇一律，显然不会有得以互通的机遇。艺术的共通性升华于思绪与情感，发扬于体悟与理解。正因有不同形式中情感的共鸣，方能奏响艺术共通的交响乐。形在本质上的相通与意在最深层的联结，使艺术不再是艺术家的艺术，而是每一个人的艺术，它映照着所有人共通的命运。

真正的艺术受得住时代的变换更迭，经得起时间的重重考验。它不畏惧衰老并且注定永远年轻，因为共通性是它的养料，使它能够汲取每个时空的力量，传递人类文明的精神火种，包容人生百态，联通世界万物。

当人们分别抵达重重山峦后看到同一颗朝阳跃出云层，那是艺术的光芒温暖了每一个人；当人们乘船经由条条河流进入广袤的大海，那是艺术的水流推动了他们的前进。于形意相通处，遇见真正的艺术；于艺术的共通性中，遇见人类命运的共通性，遇见整个世界的共通性。

请侧耳静听，此时此刻，艺术的清风正拂过你我耳畔，拂过人间，拂过世界，拂过每一个即将到来的明天。

（指导老师：杨云芳）

【点评】

文章紧紧把握不同艺术的形式问题展开叙述，行文逻辑清晰，结构层次分明，语言流畅明了，很好地诠释了个人对宏大与多元艺术的深刻理解。艺术之所以成为艺术，正是由于它和普通人的生活息息相关，因而获得了为人所推崇的非凡意义。面对看似抽象的话题，作者巧妙地化虚为实，通过妥帖恰当的例子，在聚焦艺术的同时又难能可贵地实现了对艺术范畴的超越，以更加宽阔的视野讨论艺术在人类文明、人生百态中的共通性，赋予了有限的篇幅极大的张力。本文获决赛特等奖。（刘振 高校教授）

字中有画

□秦雨萱（天津市第一中学滨海学校高二）

苏轼说："味摩诘之诗，诗中有画。"不错的，诗是由字组成，每个字都有它自身的意蕴。字，通过书法表达；字，组成了诗和文章。

字，由象形文字演变而来，虽经时间的长河变化了许多，但还可以窥见一二。先说"字"这个字，"宀"把它下面的所有东西都遮住，像房屋遮住人；"宀"下面是"子"，房屋把孩子遮住，引申为抚育，在"字而幼孩"中充分表达了这个意思。看到"字"，仿佛看到了孩子在房屋的庇护下快乐的样子，这是一个多么温馨的画面。文字是经过历史积淀的，当我们还是宇宙中的尘埃，高楼大厦还是尘土时，我们的祖先根据事物的画面造就了文字，文字承载的是画面，是古人眼中的画面，是历史的画面。经过时代变迁，沧海桑田，高楼大厦平地而起，文字流传至今，文字把它承载的画面呈现给每一代人。在文字不断流传的这段时间里，不知有多少火山爆发过，不知有多少地区发生了海啸，数不清的朝代更迭，而文字承载的画面还在。无形比有形存在的时间更长。

书法承载文字，文字通过书法表达，书法也在一定程度上表达了画面。"天下第一行书"《兰亭集序》，它在楷书与草书之间，肆意而不张扬。在其中我看到了王羲之与友人"修禊事也"的快乐画面与王羲之感慨"死生亦大矣，岂不痛哉"的忧伤画面。但在我看来，书法存在和流传的时间比文字要短些，因为会书法，懂书法的人都是有学识的人，可文字会浸染人民大众，普通百姓也要说话，文字就藏在说出的每句话中。而且大部分人都难见书法真容，它们有的在博物馆里展览，有的仍深埋于地下，连真迹都无法见到，它所蕴含的画面又怎能更完美地传达呢？可文字能被大多数人接触到。书法承载文字，但书法之画不如文字之画更真实，接触范围更广。

字组成了诗和文章，诗与文章也能表达画面。"大漠孤烟直，长河落日圆"中有大漠的壮阔之画；"危楼高百尺，手可摘星辰"中有神奇之画；"举世混浊而我独清，众人皆醉而我独醒"中有无奈却坚定之画；"竹外桃花三两枝，春江水暖鸭先知"中有展子虔的《游春图》。《古诗有故事》中说："有一首诗像有一件古董，但古董易碎，诗不易碎，买古董要花钱，拥有一首好诗却不花一分钱。"我认为一首诗比一件古董要神奇得多，诗通过寥寥数字却为人们勾勒出画，让人在诗与画的世界不断穿梭，直到融为一体。

通感是感官相通，而字与画融为一体是艺术之间的相通，我愿称他为"通艺"。

不论是书法还是诗与文章，它的主体都是字。每个字都有其独特的意蕴，都让我们穿过历史的长河，看到古人所见的画，这种"通艺"是蕴含在中华儿女的血脉中，是伟大且神奇的"字中有画"。

（指导老师：郝江敏）

【点评】

从古人发明象形文字伊始，字与画之间的紧密联系就已然难解难分。中国的传统画论中即在强调"诗画同源"理论，字、诗、画都是人类内心世界的直观表达和反映，外在形式的泾渭分明并不意味着彼此存在不可跨越的严格界限。文章灵活运用中国古典文化中的典型例证，将字与画之间以及由此引申出的诗与画之间的内在关联做了细致说明，结构完整严密，逻辑清晰。作者流畅且有些文雅气息的语言表述，也颇见扎实的文字功底与较为深厚的知识积累。本文获决赛特等奖。

（刘振 高校教授）

瞎五

□高琦程（青岛西海岸新区胶南第一高级中学高二）

云霞明灭或可睹。

——题记

一

市井长巷，二胡凄凄，如怨如慕，如泣如诉，多引人驻足。

人皆赞道："瞎五，你这把琴可是得了灵性了！"

他不答，指尖来回游走。

人人尽知他拉得好，哪知他的乐声中为何总有一抹悲凉。或藏或露，或淡或浓，哀才是和弦里的主角。

红尘短，烟花繁，他抚琴再叹；长街长，空来往，谁知他痴妄。

二

瞎五在成为瞎五前不叫瞎五。这看起来像一句拗口的废话，但对瞎五很重要。他八岁时那场大病夺去了他的光明，他堕入无尽的黑暗之中，手中的画笔也"咣当"落了地。

他成了瞎子。人们叫他"瞎五"，叫多了也就习惯了，但心底最隐秘的角落里，有一个被时光遗弃的八岁小儿，他叫戚五，不叫瞎五，他一心想成为郑板桥那样的大画家。

但瞎五呢，瞎五被剥夺了画画的权利。他习琴，学诗，吟游四方。

诗和音乐给了他新的器官，但他还是忘不了那个隐秘的愿望。

三

瞎五曾无意中吐露过这个秘密。众人先是一愣，然后便像被捣蛋的小孩挠了痒一般笑得浑身发颤。

瞎五自己也就笑了："瞎子当画家，母猪怎么不上树？"

但他总觉得，心底一直有一股热浪被埋藏，在酝酿。他在泰山之巅迎着狂风呼吸，云雾迷蒙，亲吻着他的每一寸肌肤。他设想此刻山间该是霞光遍映十八盘，百步九折萦岩峦。或是大雪初霁时，他摸索着向东方张开臂膀，他猜此时眼前已是绛皓驳色，晕开淡粉色的薄烟。每到此时，他总想掏出一支狼毫，饱蘸丹青，在宣纸上肆意游走，笑看湖光山色倚风落，蹁跹东篱不流连。

可他怎能够，怎能够。

四

觅渡、觅渡，渡何处？

一日，遇一老道。老道许是特意追他而来，上来便说："跟我走吧，我有办法让瞎子画画。"

瞎五二话不说，提着包袱就跟老道走了。

至于道观，老道提议瞎五看看他的画。瞎五愕然不解。

山林静寂。一声古琴长劈直入，瞎五一惊："雷雨天。"

琴声渐柔，圆润滑腻如凝脂。"有颗颗露珠从叶间滑落。"瞎五喃喃自语。

又是一拍重音，极富力量。"有猛虎出没。"瞎五的神情放松了许多。

一串行云流水的连音。曲终。

"五兄悟性敏捷得很哪。"老道拊掌大笑。

瞎五起身长拜。他睁开了他的眼睛，不是鼻与眉之间的那一双。

五

松涛阵阵,在瞎五的乐声中律动。他刚学会怎么起形，明暗、色调还有很多东西等他慢慢摸索。

山雨初晴，空气里有翠意在浮动。瞎五于其中呼吸一番，胸中画意勃然而起。

轻拢慢捻抹复挑，他沉浸于流动的音乐中，用高低错落的音符调色。

"五兄！我听到了绿色！是那种足以涤净心神的纯净的翠绿色。"

瞎五喜极而泣。

"我曾经……怎会那么愚钝……竟以为画便是画、乐便是乐，以为笔不会吟唱、琴不懂丹青。我竟愚钝至此！"

"言者所以在意，艺者所以在心。情郁于中，发之为歌、为诗、为画。大道本无异，万事殊途而同归，唯庸人自扰、自囿、自执罢了！"

六

瞎五仍然云游四方,仍拉他的二胡，仍写他的诗。

人们仍是赞他拉得好，只是这回，他的琴声不再被哀怨挤满，个中有了清露晨流，有了新桐初引。他拉阳春百花齐放，也拉落日马鸣风萧。他半玩笑半认真地让大家改叫他瞎五画师，大家笑笑仍叫他瞎五。

也好。画不画师又何妨呢？当他将胸襟释放到大地长天，当他以一种更宽广更高远的视角审视自己与万物，便会发现外在形式不过是美的感性显现，内蕴而共通的美的本质始终如一。

"云霞明灭或可睹。"瞎五边拉边说。

（指导老师：胡桂珍）

【点评】

在实现人生理想的过程中遭遇厄运，人该如何面对？文章讲的就是身残志坚的瞎五执着寻梦的一则寓言故事，传达出一些与作家史铁生的小说《命若琴弦》看似相近却又不太一样的人生哲理。瞎五的画师梦想没有因为突然失明彻底中断，他还在执拗地为寻梦而努力。他虽双目失明却发现了艺术的真谛，懂得以变通的方式反抗不公的命运，无可奈何之中透出凡人的生活智慧。画与音乐本不存在鸿沟，作者通过一则简单而深刻的寓言生动呈现了何为艺术的共通性。本文获决赛特等奖。（刘振 高校教授）

异美中凝同

□王子涵（山东省济南外国语学校高二）

蝉在失去暑日的偏爱后噤了声，接着来奏曲的便是密匝匝的萧瑟秋雨。于是你的手指轻轻搭在凉亭的栏杆上，指纹与并不平滑的木头相互抚摩，眼眸中映出褪去青纱、伏身入水的枯荷。如此之悲，如此之静，这就是那一句"留得残荷听雨声"。

单单七字，用唇读出，却在脑中凝出景，耳边闻乐曲，心中感悲凄。这便是任何一个欣赏此句之人，真切体悟的一份美。这份美，源于诗，通于音，融于景，化于悲情。这便是艺术之共通、异美之凝同。

在伴着四季轮转、日月星河、山川大海、草木芬芳的无穷无尽之路上，一个问题如细而微的针尖般渗入了每一个流淌着血液的人类，那便是——何为艺术？

于是隔着一条深沉时间之河的彼岸，正簇起火的始初之人被扼住了喉咙，无言的寂静与单调的形色充斥着一切。于是机巧的人们转身放下此刻无用的言语之剑，拿起树叶与骨笛，在可观月影的土坡上描绘着答案；拿起树枝与赤素的陶罐，在星华满身和火光映照下留下了提示。而千千万万个后人便乘着无法返程的船，高举炬火，怀中抱着这回答亘古之题的箱，与时间共舞。因而，在浪一遍遍的拍打下，我们于今日观到了箱子。其中，诗词、书画、舞蹈、建筑、乐曲……人们用艺术之类型将其陈列，置于通天的巴别塔上，分门别类，如此清晰。

可即便是辩证法也告诉我们说："不要形而上学地分析问题。"感悟艺术，亦是如此。

幸运的是，即使我们用理性之光辉将艺术分类，切割了缠绕不清模糊无边的藕丝，却又在无意间用生之灵魂窥到了类别中断口的契合处。于是东方大地的人们在观赏诗词时眼前又映出水墨骨干、丹青为衣的画；西方的人们抬头仰视教堂之穹顶时听到了回荡的圣歌；又或是非洲之草原上的人们在击手中的皮鼓时嗅到日光下的草香……

是的，在清晰的裂口处，各异的美中，人们自然而然地串起了艺术，没有任何一位老师教给我们。因为串起这一颗颗剔透华彩的珍珠的，是情感。

不如让我们回到刚开始的残荷听雨吧。或许是有人早早读过这句诗，抑或是有人听到《红楼》中黛玉一语，将其深刻于心。无论怎样，于我而言，读此七字，脑中看到的是残荷秋雨，可再深一些，我看到黛玉独立亭中，一双似泣非泣含露目望着残荷，似要望穿秋水，望穿注定的悲剧。凄悲之情凝如无形的绳，让我悟到字后的画、画后的人，人中的情，艺术的共通就此显现。

因而，即便是稚童，在太白诗"举头望明月"中仍可读懂他的乡思如月华倾倒，一重复一重；在读到"大漠沙如雪，燕山月似钩"时，浩荡荒凉之景便如画卷；闻到"明月松间照，清泉石上流"之时，清凉幽静便透过了白纸黑字，萦绕身侧……

或许艺术之美与情确乎无法割舍分离吧，因而当我们在一种美前体悟到蝴蝶振翅的那一霎之惊叹时，情感带着沉醉的我们走向一个又一个异种异型之美。那一刹那的惊艳，便被拉长，超越了时光，在"艺术共通性"之名的长廊下，在我们的心中种下了一颗种子。

也许，当下一次再望见一种形态的美时，情感便会刺激它发芽，生长，贯穿长廊，终凝为向上的枝干，触及太阳。

（指导老师：张淑贞）

【点评】

也许理性与逻辑还有所不足，但我以为这并不损害本文的精美。文章以"情"字来述说"异美凝同"的艺术相通性，将优美的文字、丰富的联想、敏锐的体悟融为一体，展现了作者独特的思考，具有一种感动人心的力量。初秋、蝉声、雨声，作者擅长描述人对自然的感受；河岸篝火、树叶骨笛、星华陶罐，作者在生活里演绎人情；水墨、圣歌、皮鼓，作者在不同的艺术样式里寻找共通性；黛玉、李白、王维，作者在不同的诗人心中窥见自然对艺术的启迪。有一颗敏感的心，便会有一段美丽的文。本文获决赛一等奖。（周玉龙 正高级教师）

让我陪在你身旁

□徐若思（安徽省阜阳市第五中学高一）

行动迟缓的我们，总是对离别躲避不及。终是林花谢了春红，过往太匆匆，如果时光可以重来，我多想陪在你身旁。

初识你时，我有些腼腆地躲在父亲身后。看你像棵挺拔矗立的树，阳光把你的身形削成高挑的影子，我注视着你的影子，听见父亲说："这位哥哥是弹钢琴的。"于是我下意识地看向你的手，干净而修长，我仿佛能看见它在琴键上跳跃的样子。"妹妹学画画对吗？"你忽然笑着问我。我有些吃惊，随即点头。"我很佩服会画画的人呢。"你还是含笑，竖起一个大拇指，"来日方长，多指教。"

我那时想，好温柔的人。后来听到你弹奏的《月光曲》，越发清楚地感到你就是那静静流淌的月光……

我们熟络之后，父亲总让我不要太影响你，母亲也是，总要叹口气，眉头微皱着欲言又止。我不明所以，总是在你练琴时叨扰。你弹《月光曲》，我便画月夜下的大海；你弹俄罗斯调，我便画半冻的冰河……你总说音乐与绘画是相通的，音符随时都可以从画笔下流淌出来。

那次两家一起旅游，依着我的性子，一行人去了山谷。四五月份的阳光毫不吝啬地洒满山坡，我们喊出所有的烦恼，山风裹着花香。你忽然喊我去一处狭窄的岩石缝，并示意我仔细看。我清楚地看见，石沟底开满了蓝色的小花，星星点点的，如同银河一般耀眼。你说，那是婆婆纳，一种生命力很顽强的野花。你还说，真羡慕它们勃勃的生机。我那时竟忽略了你眼中的渴望与惆怅。

山谷之旅归程后，你马上谱了一首新曲，你说曲子名为《隙》，却不告诉我原因。我惦记着回去画一幅婆婆纳的油画，走出你房间时，却隐隐听到哭声。我循着哭声，看见客厅里阿姨泣不成声，母亲搂住她，也忍不住哽咽，却想不出如何安慰。阳台上父亲与叔叔只是不停地抽烟，模糊的几个词传来——脑癌，没法子，化疗，命运，他还这么小，没让他知道，不敢让他知道……

我拼凑出了事情的大概，跌跌撞撞想跑回你房间，却看见你双手抱头蹲坐在地上，肩膀微微颤抖。阳光依旧在地板上打下你的影子，不再挺拔、高挑，只是像一个蜷缩的蛹。原来你也知道。你也知道他们以为你不知道，所以你伪装得坚强。我伸出手，看见我的影子也伸出手，缓缓地靠近，然后拥抱住了你的影子……

再见你时，你已经住进了病房。我复杂纷乱的情绪无法言说，却在看见你平静的微笑时顷刻消散。你说化疗不疼，打麻醉没感觉；你说手术不痛苦，睡一觉就好；你说吃流食不委屈，粥很香甜……"只是没法弹钢琴了。"你才深深叹了口气。我开玩笑地说，你都有些像贝多芬了。你哈哈大笑地反驳，贝多芬是钢琴界的高峰，自己没法和他比。

"可你们一样顽强。"我盯着你的眼睛。你低垂了眉眼，思考良久后说："有机会的话，给你弹一曲《命运》吧。"我又想起了初见时你的那句"来日方长"。

可是没有机会了。那天半夜你头痛欲裂，不停捶打着床沿喊着："好痛……好痛啊！"阿姨赶来抓住你充血的拳头，疯了一样地按铃。接着你被推入手术室，专家组召开紧急会议。手术进行到一半时，满身是血的医生打开手术室的门说你颅内大出血，癌细胞严重扩散。医生说，手术停止吧……

这些都是后来，在你的葬礼上，父亲告诉我的。那时我远在杭州，参加绘画比赛。哦，忘了告诉你，我画的就是岩隙里的婆婆纳，画作的名字，叫《光》。

叔叔把你在病房时的手记拿给我看，当我看见你的字依旧细长，忍不住笑出了声。我这是怎么了？为什么我不悲伤？我坐在楼梯口，不住地往后翻，有大段文字也有短句文案，还有随笔涂鸦或一小节曲谱。翻到最后，你的字一改工整，歪歪扭扭地写下最后一句话——我来过，也想成为光。

那天我没有哭，但脸上全是泪；那天我没有喊，但嗓子嘶哑得说不出话。你依旧没告诉我《隙》的含义。我也不知道，在我想着来日方长时，你是否在用那无力的手指，去算你那不多的时日。

只是我再也听不到你答应过的《命运》了……

今年，我又去了一趟山谷，阳光依旧洒满山坡，风依旧裹着花香，但婆婆纳已经从谷底钻出，开满了半山腰。我徜徉在花丛间，生命的气息把我环绕，我再次执笔，勾勒出你的模样。我仿佛听到了《隙》的音符在笔下流淌……

此时影子摇晃，我好像陪在了你身旁。

（指导老师：朱联玉）

【点评】

这里有一个时间轴，初识、熟络、再见、后来，就像一幅四格连环画把两个人的际遇交织，也像两根相交线，从不识到初识，从相识到相知，从相知到分离。这种结构颇具章法。如果说婆婆纳画作与《隙》乐曲表现了一种绘画与音乐的共通，那么《命运》之曲则是一种暗喻与象征，"哥哥"的病痛与死亡、热爱就诠释了他的生命意义。当"我"明白了《隙》的含义，"我"的画作便有了构图与灵魂。当生命交汇后，死亡不再昭示分离，而是意味着永恒的陪伴，正如文末的"影子摇晃，我好像陪在了你身旁"。本文获决赛一等奖。（周玉龙 正高级教师）

图书在版编目（CIP）数据

主题写作例典：叶圣陶杯全国中学生新作文大赛优
秀作品选／王军霞，赵兰玲主编. -- 北京：中国文史
出版社，2025. 1. -- ISBN 978-7-5205-5028-4

Ⅰ. H194.5

中国国家版本馆 CIP 数据核字第 2024E0K569 号

责任编辑：牟国煜
封面设计：蒋昊霖

出版发行：**中国文史出版社**

社　　址：北京市海淀区西八里庄路 69 号院　邮编：100142
电　　话：010-81136606　81136602　81136603（发行部）
传　　真：010-81136655
印　　装：廊坊市海涛印刷有限公司
经　　销：全国新华书店
开　　本：787×1092　1/16
印　　张：15　　　　字数：389 千字
版　　次：2025 年 1 月第 1 版
印　　次：2025 年 1 月第 1 次印刷
定　　价：56.00 元